MAIER · ENGLISCH IM COCKPIT

Wörter
Aussprache
Grammatik
Beispiele

Albert Maier

ENGLISCH IM COCKPIT

Ein Flugfunk-Lehrbuch

Motorbuch Verlag Stuttgart

Einbandgestaltung: Siegfried Horn
unter Verwendung eines Farbfotos von Dietmar Plath.

ISBN 3-613-01154-9

7. Auflage 1991

Ein Unternehmen der Paul Pietsch-Verlage GmbH & Co.

Druck: Dr. Cantz'sche Druckerei, 7302 Ostfildern 1.
Bindung: Verlagsbuchbinderei Karl Dieringer, 7016 Gerlingen.
Printed in Germany.

Inhaltsverzeichnis

Über dieses Buch

Der Titel „Englisch im Cockpit“ sagt bereits, wo Wert und Grenze dieses Buches liegen.

Es soll und kann kein Lehrbuch der (ganzen) englischen Sprache sein.

Es stellt nur das Reservoir der Verkehrssprache der internationalen Luftfahrt dar – mit entsprechenden Hilfen, um sich dieses Reservoir leichter zu machen.

„Nur“ bedeutet hier keinen Mangel, sondern einen Vorzug.

Der Verlag war bemüht, zusammen mit dem langjährig erfahrenen Verfasser jene Linie zu finden, die schnell die richtigen Kenntnisse vermittelt, klar und lebendig bleibt und in der Darbietung übersichtlich gegliedert ist.

Die Mühe des Lernens bleibt jedem Schüler. Verlag und Verfasser konnten nur versuchen, diese Mühe auf das notwendige Maß zu beschränken und das Ganze – im wahrsten Sinne des Wortes – mundgerecht zu servieren.

Für den Verlag:
Manfred Jäger

Vorwort des Autors

Es wird immer wieder gesagt, Fliegerenglisch sei eine eigene Sprache und habe mit dem Unterhaltungsenglisch so gut wie gar nichts gemein.

Wir wollen hier nicht untersuchen, ob dies zutrifft. Fest steht, daß sich dieses scheinbare Kauderwelsch innerhalb der gültigen grammatikalischen Regeln bewegt, wie wir im Verlauf der Übungen sehen werden.

Viele dieser Regeln müssen daher beherrscht und richtig angewandt werden.

Dieses Buch eignet sich vor allem für Kenner der englischen Sprache, die sich mit den Fachausdrücken und Redewendungen des Sprechfunkwesens vertraut machen wollen.

Sie werden sich ganz besonders auch für Teil II des Buches interessieren, in dem mehrere der von einzelnen Prüfungsbehörden geforderte Übersetzungsbeispiele sowie eine grammatikalische Einführung dazu gegeben werden. Wer noch keine oder nur geringe englische Sprachkenntnisse besitzt und mit dem Lernen beginnen möchte, wird in diesem Buch das finden, was er sucht. Obwohl im Sprechfunkwesen nur ein Teil des englischen Wortschatzes verwendet wird, soll dieses Buch nicht dazu verführen, sich mit dem Gelernten zufriedenzugeben. Jede Art von Weiterbildung in der englischen Sprache kann von Nutzen sein, denn nicht alle sprachlichen Vorkommnisse sind in einem Lehrbuch erfaßbar.

Wie machen Sie sich dieses Buch am besten zunutze?

Beim Anfänger besteht die Gefahr, daß er das Buch bald beiseite legt, wenn er mit dem Ausspracheteil beginnt. Hier muß also zu äußerster Vorsicht geraten werden. Genießen Sie den Ausspracheteil nur in ganz vorsichtigen Dosen und am besten unter verständnisvoller Anleitung durch einen englischsprechenden Gewährsmann, dessen Hilfe auch bei den weiteren Studien nützlich sein kann. Befassen Sie sich lieber zunächst überwiegend mit den Beispielen im Grammatikteil, lernen Sie die Ausspracheregeln sozusagen am lebenden Objekt, denn – die englische Aussprache ist wohl für uns mit am schwierigsten.

Lesen Sie aufmerksam die verhältnismäßig wenigen und zumeist auf einen bewußt einfach gehaltenen Nenner gebrachten grammatikalischen Regeln und vertiefen Sie deren Kenntnis durch Erlernen der gegebenen Satzbeispiele, die überwiegend aus der Sprechfunkpraxis stammen.

Man macht dies ganz einfach durch Verdecken einmal der englischen, einmal der deutschen Fassung, je nachdem, was übersetzt werden soll.

Um den Zusammenhang zwischen deutscher und englischer Fassung erkennbar zu halten, wurden absichtlich einfache und möglichst wörtliche oder wortgetreue Übersetzungen ins Deutsche gewählt. Übersetzen Sie jeden Satz immer wieder „hinüber“ und „herüber“!

Gehen Sie der Reihe nach vor, tun Sie jedoch nur soviel, wie Ihnen in der jeweils gegebenen Zeit, Stimmung und Verfassung zusagt, denn auch beim Lernen ist allzuviel ungesund und verdirbt den Appetit. Einen doppelten Nutzen verschafft Ihnen dieses Buch, falls Sie sich die jeweilige fliegerische Situation im Geist vorstellen können. Der Flugfunklehrgang wird Ihnen um so leichter fallen.

Vergrößern Sie Ihren Wortschatz durch Erlernen insbesondere der im Verzeichnis fettgedruckten Wörter. Sie stellen das Minimum dar; jedes weitere beherrschte Wort kann Ihnen eines schönen oder weniger schönen Tages zugute kommen. Auch beim Wörterlernen bewährt sich die Abdeckmethode.

Auf jeden Fall: sprechen Sie beim Lernen immer laut und deutlich mit. Nur so gewöhnen Sie sich schnell an den Lehrstoff – vom deutlich verständlichen Sprechen hängt ja später alles ab.

Besitzen Sie ein Tonbandgerät, dann können Sie alles auf Band sprechen und anschließend sofort etwaige Fehler und Undeutlichkeiten kontrollieren und durch Nachsprechen verbessern.

Und nun viel Erfolg!

Albert Maier

Die Aussprache

des Englischen unterscheidet sich in viel stärkerem Maße als im Deutschen von der Schreibweise – eine der Hauptschwierigkeiten dieser sonst verhältnismäßig leicht zu erlernenden Sprache. Nur in wenigen Fällen lassen sich feste Regeln erstellen. Außerdem tauchen einige Laute auf, die wir im Deutschen nicht kennen.
Hier zunächst das Alphabet und seine englische Aussprache:

Buchstabe	im Alphabet ausgesprochen	und wie noch?	
A	ei (wird fast wie „eh" gesprochen, z. B. Reh)	æ	wie ä, z. B. mähen
		a:	gedehntes ah wie in nah
		ə	wohl der am häufigsten im Englischen vorkommende Laut liegt klanglich zwischen a und e. Die Schwaben verwenden ihn gern: ə Häusle
		ɔ	ist ein offenes o, wie es bei uns ähnlich in dem Wort „Wort" ausgesprochen wird, im Gegensatz zum geschlossenen o = Not
		ɛə	klingt fast wie äə: airport, fair
B	bi:		
C	si:	s	ein stimmloses (zischendes) s wie in Reis, Fleiß
		k	= meist vor a, o, u und Mitlauten
		ch	meist tʃ – aber auch : k
D	di:		
E	i:	e	
		ə	Erklärung siehe unter Buchstabe A
		er	= ə: (ein flaches ö mit angehängtem ə); dies meist dann, wenn die Silbe „er" betont ist. Sonst wird „er" wie einfaches ə gesprochen; meist am Wortende
F	ef		
G	dʒi:	ʒ	ist ein stimmhaftes, weiches sch (wie in Gage, Genie); meist vor e und i
		g	wird auch häufig wie bei uns als g ausgesprochen, hauptsächlich vor a, o, u und Mitlauten
H	eitʃ	wird nur im Alphabet „eitʃ" gesprochen, sonst wie bei uns als h. Manchmal bleibt es unausgesprochen. Aussprache von ʃ = sch	
I	ai	i	ir = ə: (wie „er", siehe bei E)
J	dʒei	wir alle kennen „jet"	
K	kei	bleibt manchmal stumm: knot	
L	el	beim L legt man die Zunge im Gaumen etwas weiter nach hinten als im Deutschen	
M	em		
N	en	ŋ	ist unser ng, wobei das g unhörbar bleibt (fangen)

O	ou	ɔ	offenes o, wie in Wort
		ɔ:	gedehntes offenes o; kommt anschließend ein r, läßt man dies leicht als ə anklingen
		u	
		u:	gedehntes u
		o	geschlossenes o wie in Not
		ʌ	offenes a, wie bei uns in matt
		or	= ə: gesprochen wie betontes „er", „ir", also flaches ö mit leicht anklingendem ə
		ə	(Erklärung bei A)
P	pi:		
Q	kju:		normalerweise wie im Deutschen, nämlich kw
R	a:		sonst wie bei uns, insbesondere am Wortanfang, allerdings etwas klanglich verschieden, geschlossener. Am Wortende wird „er" meist als Universallaut ə gesprochen
S	es		stimmloses (zischendes) s wie in Reis
		z	ist ein stimmhaftes (summendes) s wie in Reise
		sch	= ʃ ist stimmloses, hartes sch wie rasch –
		sch	= ʒ ist wie bereits gesagt stimmhaftes, weiches sch (Gage, Genie)
		sh	= ʃ
T	ti:		den für uns Deutsche schwierigen Laut „th" – phonetisch zwischen d und s gelegen – bilden wir, indem wir die Zungenspitze an die Unterkante der oberen Vorderzähne legen und je nachdem, ob es stimmloses [θ] oder stimmhaftes [ð] „th" ist, rascher und mehr bzw. langsamer und weniger Luft durchpressen
U	ju:	ʌ	offenes a (matt)
		i	
		u	
		u:	gedehntes u
		ə	(Erklärung siehe bei A)
		ur	= ə: (Erklärung bei E)
V	wi:	v	wird wie w gesprochen
W	dʌblju:	w	am Wortanfang fast wie u [uiski] = Whisky
X	eks	x	entweder stimmlos [ks] oder stimmhaft [gz]
Y	wai		entweder i oder ai
Z	zed		(USA: zi:) Aussprache stets wie stimmhaftes s, also z wie in „Reise".

A

a = æ

In zwar meist betonten, jedoch häufig kurz gesprochenen a-Silben wird a meist wie ä ausgesprochen; in der Lautschrift erscheint dafür æ

active	['æktiv]	in Betrieb
altitude	['æltitju:d]	Flughöhe
at	[æt]	bei, in

backtrack	[bæktræk]	zurückrollen
bad		schlimm
bank		Querlage
crash	[kræʃ]	Absturz
establish	[i'stæbliʃ]	festsetzen
flap		Landeklappe
flashing		blinkend
flat		flach, platt
land		landen
ramp		Rampe
taxi		rollen
track		Kurs über Grund
traffic pattern	['træfik 'pætən]	Platzrunde

a = ə

in *unbetonten* Silben wird a im allgemeinen wie ə gesprochen, ein Laut, der zwischen a und e liegt und den man im Schwäbischen sehr häufig hört, zum Beispiel, wenn man „ə Viertele" trinken möchte. Bei anderen Selbstlauten wie e, o und damit gebildeten Doppellauten werden wir dem „ə " wieder begegnen.

abeam	[ə'bi:m]	querab
aboard	[ə'bɔ:d]	an Bord
about	[ə'baut]	ungefähr
above	[ə'bʌv]	über
accept	[ək'sept]	annehmen
advise	[əd'vaiz]	melden
again	[ə'gein]	wieder
negative	['negətiv]	nein

a = a: (langes a)

after	['a:ftə]	nach
aircraft	['εəkra:ft]	Luftfahrzeug
fast	[fa:st]	schnell
forecast	['fɔ:ka:st]	Vorhersage
grass	[gra:s]	Gras, Rasen
overcast	['ouvəka:st]	bedeckt
pass	[pa:s]	passieren
past	[pa:st]	nach

Der Amerikaner versieht auch diese Worte mit einem æ und sagt 'æ:ftə, 'εəkræ:ft.

a.e = ei

Steht hinter dem auf a folgenden Mitlaut ein e, wird a ... e normalerweise wie e mit nachfolgendem schwachem i, also ei (eher schon fast eh) ausgesprochen:

base leg	[beis leg]	Queranflug
brake		Bremse
crane		Kran
estimate	['estimeit]	schätzen
haze	[heiz]	Dunst
late		spät
make, made		machen, machte

operate	['ɔpəreit]	betreiben
place	[pleis]	Ort, Platz
plane		Flugzeug
rate of climb	[reit ɔv klaim]	Steiggeschwindigkeit
take-off		Start

Bei der Bildung anderer Formen (z. B. Mittelwort der Gegenwart, Vergangenheit oder Hauptwort) geht zwar in der Schreibweise das Schluß-e verloren, die Aussprache „ei" bleibt.

braking	['breikiŋ]	bremsend
estimating	['estimeitiŋ]	schätzend
making	['meikiŋ]	machend
taking off	['teikiŋ ɔf]	startend

entsprechend auch ange = eindʒ (ʒ wie sehr weiches stimmhaftes „sch")

arrange	[ə'reindʒ]	einrichten
change	[tʃeindʒ]	wechseln

hingegen: Endung age = idʒ, unbetont

damage	['dæmidʒ]	Schaden
fuselage	['fju:zilidʒ]	Rumpf
message	['mesidʒ]	Nachricht
outage	['autidʒ]	Ausfall

Endung ate = ət, it, unbetont

accurate	['ækjurət]	genau
immediate	[i'mi:diət]	sofort
approximate	[ə'prɔksimit]	ungefähr
moderate	['mɔdərit]	mäßig
intermediate	[intə'mi:diit]	dazwischen
separate	['sepərit]	getrennt

Endung ace = is

surface	['sə:fis]	Oberfläche

Zu allem Überfluß spricht man a ohne nachfolgendes e (jedoch mit nachfolgender Silbe) auch a = ei manchmal sogar auch a = ɔ (im allgemeinen nach w und q, wobei man letzteres im Grunde ja auch „kw" ausspricht).

apron	['eiprən]	Vorfeld
cable	[keibl]	Kabel
radius	['reidiəs]	Radius
station	['steiʃən]	Station
propwash	['prɔpwɔʃ]	Propellerböen
quadrant	['kwɔdrənt]	Quadrant
want	[wɔnt]	wünschen
watch	[wɔtʃ]	aufpassen

ay, ai = ei

available	[ə'veiləbl]	verfügbar
delay	[di'lei]	Verzögerung
hail		Hagel
layer	['leiə]	Schicht

	maintain	[mein'tein]	einhalten
	mayday	[mede]	Notzeichen
	obtain	[əb'tein]	erhalten
	rain		Regen
	remain	[ri'mein]	(ver)bleiben
	runway	['rʌnwei]	Landebahn
	say again	[sei ə'gein]	wiederholen Sie
aber:	mountain	['mauntən]	Berg
(da „tain" hier unbetont)			
	he says	[hi: sez]	er sagt

aight = eit

straight	[streit]	gerade

... ation = eiʃən

aviation	[eivi'-]	Luftfahrt
confirmation	[kɔnfə'm-]	Bestätigung
destination	[desti'n-]	Zielort
identification	[aidentifi'k-]	(Er-)kennung
information	[infɔ:'m-]	Unterrichtung
indication	[indi'k-]	Anzeige
navigation	[nævi'g-]	Ortung
observation	[ɔbsə'v-]	Beobachtung
penetration	[peni'tr-]	Durchflug
precipitation	[prisipi't-]	Niederschlag
publication	[pʌbli'k-]	Veröffentlichung
situation	[sitju'-]	Lage
station	['steiʃən]	Station

Die Endung „ation" entspricht in sehr vielen Fällen unserer Nachsilbe „ung" und bildet sich häufig aus Zeitwörtern, die mit „ate" enden:

to navigate – navigation
to operate – operation

ar ohne nachfolgenden Selbstlaut = a:

car	[ka:]	Wagen
chart	[tʃa:t]	Karte
depart	[di'pa:t]	abfliegen
disregard	['disri'ga:d]	mißachten
far		weit
marker	['ma:kə]	Funkfeuer
park	[pa:k]	abstellen
part	[pa:t]	Teil
start up	[sta:t ʌp]	anlassen
target	['ta:git]	Ziel

... aber auch ar = ɔ:

im allgemeinen nach W und Q, wobei man letzteres im Grunde ja auch „kw" ausspricht; das „r" klingt ganz leicht nach

quarter	['kwɔ:tə]	Viertel
warm	[wɔ:m]	warm
warning	['wɔ:niŋ]	Warnung

ar = ə (unbetont am Wortende)

regular	['regjulə]	regelmäßig
rectangular	[rek'tængjulə]	rechteckig

air, aer, are, ari wird (außer in are [a:]) = stets ɛə, also fast æə (helles ä mit nachfolgendem leicht anklingendem ə) gesprochen

aerodrome	['ɛərodroum]	Flugplatz
aeroplane	['ɛəroplein]	Flugzeug
air	['ɛə]	Luft
area	['ɛəriə]	Gebiet
declare	[di'klɛə]	erklären
repair	[ri'pɛə]	Instandsetzung

al = æl, əl

al(l) mit nachfolgendem Selbstlaut spricht man æl, wo es betont wird, əl, wo es unbetont bleibt

shallow	['ʃælou]	seicht, untief
valid	['vælid]	gültig
valley	['væli]	Tal
altitude	['æltitju:d]	Flughöhe
altimeter	[æl'timitə]	Höhenmesser

aber: (unbetont)

aloft	[ə'lɔft]	hoch oben
along	[ə'lɔŋ]	entlang
balloon	[bə'lu:n]	Ballon

aber auch al(l) = ɔ:l

al(l) ohne folgenden Selbstlaut spricht man ɔ:l; Ausnahme: shall [ʃæl]

all	[ɔ:l]	alle
almost	['ɔlmoust]	beinahe
already	[ɔ:l'redi]	schon
also	['ɔ:lsou]	auch
call	[kɔ:l]	Ruf, rufen
squall	[skwɔ:l]	Böe
stall	[stɔ:l]	überziehen

aber: ... alk = ɔ:k

talk	[tɔ:k]	sprechen

au = ɔ:

au wird mit wenigen Ausnahmen ɔ: ausgesprochen

authorize	['ɔ:θəraiz]	genehmigen
automatic	[ɔ:tə'mætik]	automatisch
caution	['kɔ:ʃən]	Achtung
nautical mile	['nɔ:tikəl mail]	Seemeile

E

Der Buchstabe E wird in unbetonten Silben meist „i", in betonten Silben meist „e" ausgesprochen, in manchen betonten Silben wie langes i:

e = i (meist in unbetonten Silben)
e = iː (in betonten Silben)

abbreviate	[əˈbriːvieit]	abkürzen
acknowledge	[əˈknɔlidʒ]	bestätigen
altimeter	[ælˈtimitə]	Höhenmesser
area	[ˈɛəriə]	Gebiet
elevation	[eliˈveiʃən]	Erhebung
execute	[ˈeksikjuːt]	ausführen
expedite	[ˈekspidait]	beschleunigen
immediate	[iˈmiːdiət]	sofort
me	[miː]	mich
pretty	[ˈpriti]	ziemlich

e = e (fast stets in betonten Silben)

accept	[əkˈsept]	annehmen
check	[tʃek]	überprüfen
end		Ende
enter	[ˈentə]	eintreten
jet	[dʒet]	Strahl
left		links
level		Fläche
negative	[ˈnegətiv]	nein
next		nächster
present	[preznt]	gegenwärtig
request	[riˈkwest]	erbitten
rescue	[ˈreskjuː]	Rettung
second	[ˈsekənd]	zweiter

ee = stets iː

feet	[fiːt]	Fuß (Mehrzahl)
free balloon	[friːbəˈluːn]	Freiballon
freeze	[friːz]	gefrieren
green		grün
jeep	[dʒiːp]	Jeep
keep		behalten
need		brauchen
proceed	[proˈsiːd]	weiterfliegen
see		sehen
seem		erscheinen
sheep		Schafe
sleet		Graupeln
speed		Geschwindigkeit
steep		steil
steer		steuern
succeed	[səkˈsiːd]	folgen
wheel		Rad

ex = igz

exact	[ig'zækt]	genau

meist jedoch ... ex = eks

exceed	[ik'si:d]	übersteigen
except	[ik'sept]	ausgenommen
expect	[iks'pekt]	erwarten
excellent	['eksələnt]	ausgezeichnet
exercise	['eksəsaiz]	Übung
expedite	['ekspidait]	beschleunigen

re = meist ri (unbetont)

remain	[ri'mein]	verbleiben
reply	[ri'plai]	Antwort
request	[ri'kwest]	erbitten
require	[ri'kwaiə]	benötigen
restrict	[ri'strikt]	bechränken
retract	[ri'trækt]	einziehen
return	[ri'tə:n]	zurückkehren

be = bi (unbetont)

become	[bi'kʌm]	werden
before	[bi'fɔ:]	vor
begin	[bi'gin]	beginnen
below	[bi'lou]	unter
between	[bi'twi:n]	zwischen
beyond	[bi'jɔnd]	jenseits

de = di (meist unbetont)

delay	[di'lei]	Verzögerung
depart	[di'pa:t]	abfliegen
descend	[di'send]	sinken

ede, ete = i:d, i:t

complete	[kəm'pli:t]	vollständig
concrete	['kɔnkri:t]	Beton
precede	[pri'si:d]	vorausgehen

ere = iə

atmosphere	['ætməsfiə]	Atmosphäre
here	[hiə]	hier

end = end (betont)

amend	[ə'mend]	verbessern
end		Ende
extend	[iks'tend]	ausdehnen
intend	[in'tend]	beabsichtigen

e = ə in unbetonten Endungen:

accident	['æksidənt]	Unfall
reference	['refrəns]	Bezug
sequence	['si:kwəns]	Reihenfolge

pre (betont) = pre (kurz)

present	['preznt]	gegenwärtig

... aber: pre (unbetont) = pri (kurz)

precede	[pri'si:d]	vorhergehen
prepare	[pri'pεə]	vorbereiten
prevent	[pri'vent]	verhindern
prescribe	[pris'kraib]	vorschreiben

Ausnahme: betontes **pre = pri:** (lang)

previous	['pri:vjəs]	vorhergehend

er als unbetonte Endung = ə

after	['a:ftə]	nach
better	['betə]	besser
center	['sentə]	Mitte

per = pə (wenn unbetont), sonst: 'pə :

	perform	[pə'fɔ:m]	durchführen
	permit	[pə'mit]	erlauben
	permission	[pə'miʃən]	Erlaubnis
jedoch:	perfect	['pə:fekt]	= per betont!

ea = i: ...

abeam	[ə'bi:m]	querab
beacon	['bi:kən]	Funkfeuer
east		Osten
increase	[in'kri:s]	vergrößern
leave		verlassen
mean sea level		NN
reach	[ri:tʃ]	erreichen
read		lesen

aber auch ea = e, ei

	break	[breik]	brechen
(übrigens:	brake	[breik]	bremsen)
	heading	['hediŋ]	Steuerkurs
	headon	['hedɔn]	entgegen
	heavy	['hevi]	schwer
	ready	['redi]	bereit
	weather	['weðə]	Wetter

ear = iə

	appear	[ə'piə]	(er)scheinen
	clearance	['kliərəns]	Freigabe
	gear	[giə]	Fahrwerk
	hear		hören
	near		nahe
	rear		hinten
aber:	bearing	['bɛəriŋ]	Peilung

ei = iː

	ceiling	['siːliŋ]	Hauptwolkenuntergrenze
	receipt	[ri'siːt]	Empfang
	receive	[ri'siːv]	empfangen

eight = eit

	weight	[weit]	Gewicht
	eight		acht
	freight		Fracht
aber:	height	[hait]	Höhe

ey = i

	valley	['væli]	Tal
aber:	obey	[o'bei]	befolgen (ei betont)

er = əː = öə (meist betont)

alert	[ə'ləːt]	Alarm
emergency	[i'məːdʒənsi]	Notfall
observe	[əb'zəːv]	beobachten
prefer	[pri'fəː]	bevorzugen
reverse	[ri'vəːs]	umkehren
terminate	['təːmineit]	beenden
vertical	['vəːtikl]	senkrecht

ew = uː, juː (betont)

crew	[kruː]	Besatzung
dewpoint	['djuːpɔint]	Taupunkt
few	[fjuː]	wenige
new	[njuː]	neu

eo = iː

people	[piːpl]	Leute

I

i = ai (gedehnte Silben, betont)

behind	[bi'haind]	hinter
climb	[klaim]	steigen
final	['fainəl]	Endanflug

find		finden
pilot	['pailət]	Pilot
prior	['praiə]	vor (zeitl.)

i = i (kurze Silben)

altitude	['æltitju:d]	Flughöhe
city	['siti]	Stadt
difficult	['difikəlt]	schwierig
drift		treiben
fixed wing		Starrflügel
in		in
limit		Grenze
minimum	['miniməm]	Mindest ...
traffic	['træfik]	Verkehr
vicinity	[vi'siniti]	Umgebung
visibility	[vizi'biliti]	Sicht
wind		Wind
wing tip		Flügelspitze

i.e = ai, y.e = ai

	airline	['ɛəlain]	Fluglinie
	arrive	[ə'raiv]	ankommen
	expedite	['ekspidait]	beeilen
	mile		Meile
	pipe line		Rohrleitung
	provide	[prə'vaid]	versorgen
	revise	[ri'vaiz]	abändern
	rime ice		Rauheis
	time		Zeit
	type		Baumuster
	utilize	['ju:tilaiz]	benutzen
aber:	engine	['endʒin]	Motor
	give	[giv]	geben
	live	[liv]	leben
	opposite	['ɔpəzit]	gegenüber

Vorsilbe dis = dis

distance	['distəns]	Entfernung

inter = 'intə

international	[-'næʃənəl]	international

ie = i:

airfield	['ɛəfi:ld]	Flugplatz
brief		beraten

ign = ain (am Wortende),

align	[ə'lain]	ausrichten
assign	[ə'sain]	zuweisen
call sign	['kɔ:lsain]	Rufzeichen

aber auch **ign** = **ign**

(Wortanfang oder Wortmitte bei mehrsilbigen Wörtern)

signal	['signəl]	Zeichen
designate	['dezigneit]	bezeichnen

ice = **ais** (betont)

advice	[əd'vais]	Rat
device	[di'vais]	Vorrichtung

aber auch **ice** = **is** (unbetont)

practice	['præktis]	Übung
service	['sə:vis]	Dienst

ise = **aiz** (betont)

advise	[əd'vaiz]	raten

aber auch **ise** = **is** (unbetont)

practise	['præktis]	üben

Wörter, die von den bereits bekannten durch Anhängung von Silben abgeleitet werden, behalten ihre ai-Aussprache, auch wenn sie das Schluß-e dabei verlieren:

arrival	[ə'raivl]	Ankunft
icing	['aisiŋ]	Vereisung

manche erhalten zu dem e ein r:

airliner	['ɛəlainə]	Linienflugzeug
glider	['glaidə]	Segelflugzeug

igh = **ai**

flight		Flug
high		hoch
light		Licht
night		Nacht
right		rechts
in sight		in Sicht

ire = **aiə**

expire	[iks'paiə]	ungültig werden
fire	['faiə]	Feuer
require	[ri'kwaiə]	benötigen
tire, tyre	['taiə]	Reifen

ir = **ə:** (gleich wie er = ə:) betont

affirm	[ə'fə:m]	ja
circle	[sə:kl]	Kreis
circuit	['sə:kit]	Runde
confirm	[kən'fə:m]	bestätigen
first	[fə:st]	erster
third	[θə:d]	dritter

Jetzt noch verschiedene Endungen, die „i" enthalten, das aussprachemäßig meist i bleibt, zuweilen aber auch ganz verschwindet. Interessant ist dabei teilweise das Verhalten der vorhergehenden Selbstlaute (tial, cial, tion, gion, etc.). Wo i sich mit o vereinigt, wird normalerweise unbetontes ə daraus.

official	[ɔ'fiʃəl]	amtlich
national	['næʃnəl]	national
regional	['ri:dʒənəl]	regional
expeditious	[ekspi'diʃəs]	schleunig
initial	[i'niʃəl]	Anfangs ...
opposite	['ɔpəzit]	gegenüber
permission	[pə'miʃən]	Erlaubnis
initiate	[i'niʃieit]	beginnen
attention	[ə'tenʃən]	Achtung
intention	[in'tenʃən]	Absicht
position	[pə'ziʃən]	Standort
transition	[træn'ziʃən]	Übergang
priority	[prai'ɔriti]	Vorrecht

o

o = ou meist in gedehnten Silben

control	[kən'troul]	Kontrolle
go		gehen
hold		halten
local	['loukəl]	örtlich

o.e = ou

aerodrome	['ɛərodroum]	Flugplatz
close	[klouz]	schließen
nose	[nouz]	Nase
note		Notiz
over	['ouvə]	kommen
zone		Zone

o = ɔ (offenes o) meist in kurzen Silben

along	[ə'lɔŋ]	entlang
cockpit		Führerraum
cross		kreuzen
fog		Nebel
follow	['fɔlou]	folgen
from		von
long		lang
not		nicht
on		auf
possible	['pɔsibl]	möglich
stop		halt
top		Obergrenze

ow = ou

below	[bi'lou]	unter
follow	['fɔlou]	folgen
low		niedrig
show		zeigen
slow		langsam

aber auch: ow = au

down	[daun]	unten
now		jetzt
shower	['ʃauə]	Schauer
tower	['tauə]	Turm
town		Stadt

oa = ou

approach	[ə'proutʃ]	Anflug

jedoch: oa = ɔː

board	[bɔ:d]	Brett
broadcast	['brɔ:dka:st]	senden

ou = au

about	[ə'baut]	etwa
cloud		Wolke
ground		Boden
outbound		auswärts
southbound	['sauθbaund]	südwärts

ou = uː

route	[ru:t]	Strecke

ough = ou

(al)though	[ɔ:l'ðou]	obwohl

ough = uː

through	[θru:]	durch

...ough = ʌf

rough	[rʌf]	rauh

ough = ɔː

ought	[ɔ:t]	sollte

oo = uː, u

balloon	[bə'lu:n]	Ballon
good	[gud]	gut
overshoot	['ouvəʃu:t]	überschießen
poor	[pu:ə]	schlecht

oor = ɔ: (r klingt leicht nach)

	door	[dɔ:]	Türe
jedoch:	flood	[flʌd]	Überschwemmung

o.e = u:

approve	[ə'pru:v]	genehmigen
lose	[lu:z]	verlieren
move	[mu:v]	bewegen

... aber auch o.(e) = ʌ

above	[ə'bʌv]	über
come		kommen
hover	['hʌvə]	schweben
nothing	['nʌθiŋ]	nichts
one	[wʌn]	eins
some	[sʌm]	einige

(bis hierher fast alles betont)

o = ə (unbetont)

abandon	[ə'bændən]	abbrechen
aileron	['eilərən]	Querruder
beacon	['bi:kən]	Funkfeuer
propeller	[prə'pelə]	Propeller

... ous = əs

continuous	[kən'tinjuəs]	ständig
dangerous	['deindʒərəs]	gefährlich

ou = ʌ (betont)

country	['kʌntri]	Land
southern	['sʌðən]	südlich
trouble	[trʌbl]	Schwierigkeit

or = meist ɔ: (r leicht anklingend)

according	[ə'kɔ:diŋ]	entsprechend
airborne	['ɛəbɔ:n]	gestartet
airport	['ɛəpɔ:t]	Flughafen
before	[bi'fɔ:]	vor
north	[nɔ:θ]	Norden
orbit	['ɔ:bit]	kreisen
report	[ri'pɔ:t]	melden
short	[ʃɔ:t]	kurz

our ... = ɔ: (r leicht nachklingend)

course	[kɔ:s]	Kurs

unbetont ... or = ə (als Endung)

doctor	['dɔktə]	Arzt
locator	['loukeitə]	Funkfeuer

monitor	['mɔnitə]	abhören
prior	['praiə]	vor
rotor	['routə]	Rotor
sector	['sektə]	Sektor
vector	['vectə]	führen

or = əː (r leicht nachklingend)

word	[wəːd]	Wort
work	[wəːk]	Arbeit

Noch einige Vorsilben

com (betont) = kɔm, kʌm

compass	['kʌmpəs]	Kompaß

con (unbetont) = kən

continue	[kən'tinjuː]	fortsetzen
control	[kən'troul]	Kontrolle

ob = əb (unbetont)

observe	[əb'zəːv]	beobachten
obtain	[əb'tein]	erhalten

ob ... = ɔb (betont)

obstacle	['ɔbstəkl]	Hindernis

cor (unbetont) =kər

correct	[kə'rekt]	richtig

U

u = juː, ju

ambulance	['æmbjuləns]	Krankenwagen
communication	[kəmjuːni'keiʃən]	Verbindung
continuous	[kən'tinjuəs]	fortgesetzt
cumulus	['kjuːmjuləs]	Cumulus

u.e = uː, ju

altitude	['æltitjuːd]	Flughöhe
include	[in'kluːd]	einschließen
parachute	['pærəʃuːt]	Fallschirm
reduce	[ri'djuːs]	verringern
resume	[riz'juːm]	wiederaufnehmen
use	[juːs]	benutzen

ue = juː

continue	[kən'tinjuː]	fortsetzen
due to	[djuː tə]	wegen

fuel	['fju:əl]	Treibstoff
rescue	['reskju:]	Rettung

ue = u:

blue		blau
true		wahr

u = u

full		voll
instrument	['instrumənt]	Instrument
pull, put		ziehen, stellen

u = i

	building	['bildiŋ]	Gebäude
	busy	['bizi]	beschäftigt
	minute	['minit]	Minute
aber:	guard	[ga:d]	überwachen
	cruise	[kru:z]	kreuzen
	suitable	['sju:təbl]	passend
	guide	[gaid]	führen

u = ʌ (meist betont)

adjust	[ə'dʒʌst]	anpassen
bumpy	['bʌmpi]	holprig
but		aber
cut		schneiden
gust		Bö
instruct	[in'strʌkt]	einweisen
jump	[dʒʌmp]	springen
much	[mʌtʃ]	viel
rudder	['rʌdə]	Seitenruder
runup	['rʌnʌp]	Abbremsen
runway	['rʌnwei]	Startbahn
un ...		un ...
uncontrolled	['ʌnkəntrould]	unkontrolliert

u = ə (unbetont)

minimum,	['miniməm]	Mindest
maximum	['mæksiməm]	Höchst
succeed	[sək'si:d]	folgen

ur = ə : (wie er, ir, or) (betont)

further	['fə:ðə]	weitere
return	[ri'tə:n]	zurückkehren
turbulence	['tə:bjuləns]	Böigkeit
turn		drehen

einige Nachsilben:

failure	['feiljə]	Ausfall
departure	[di'pa:tʃə]	Abflug
pressure	['preʃə]	Druck
procedure	[prə'si:dʒə]	Verfahren

C

c(i), c(e) = s (stimmlos) sonst: c = k

accident	['æksidənt]	Unfall
center	['sentə]	Mitte
circle	[sə:kl]	Kreis
circuit	['sə:kit]	Runde
city	['siti]	Stadt
descend	[di'send]	sinken
icing	['aisiŋ]	Vereisung
intercept	[intə'sept]	anschneiden
caution	['kɔ:ʃən]	Vorsicht
clearance	['kliərəns]	Freigabe
local	['loukəl]	örtlich
localizer	['loukəlaizə]	Landekurs
medical	['medikəl]	ärztlich
practicable	['præktikəbl]	möglich

com, con = kɔn, kɔn (betont), kəm, kən (unbetont)
cor = kɔr (betont), kər (unbetont)

Beispiele siehe bei Buchstabe O

Endung ce = s

e am Wortende fällt aussprachemäßig meist weg

ambulance	['æmbjuləns]	Krankenwagen
assistance	[ə'sistəns]	Hilfe
clearance	['kliərəns]	Freigabe
distance	['distəns]	Entfernung
practice	['præktis]	Übung
service	['sə:vis]	Dienst

cial = ʃəl

commercial	[kə'mə:ʃəl]	wirtschaftlich
official	[ə'fiʃəl]	amtlich
special	['speʃəl]	besonders

cation = keiʃən

identification	[aidentifi'keiʃən]	(Er)Kennung

ch ... (am Anfang) meist = tʃ, manchmal = k

	change	[tʃeindʒ]	überwechseln
	channel	[tʃænl]	Kanal
	check	[tʃek]	prüfen
	chock	[tʃɔk]	Bremsklotz
aber:	characteristics	['kæriktə'ristiks]	Eigenarten

... ch am Schluß = tʃ

ditch		Graben
much	[mʌtʃ]	viel
reach	[ri:tʃ]	erreichen
switch		schalten

G

Bei der Aussprache des Buchstabens G ist es ähnlich wie beim C entscheidend, welcher Selbstlaut auf G folgt. E und I (auch Y) nach G fordern normalerweise aussprachemäßig ein dʒ, also ein sehr stimmhaftes dsch. Schluß-E bleibt stumm!

g = dʒ (ge, gi gy)

	general	['dʒenərəl]	allgemein
	meteorology	[mi:tjə'rələdʒi]	Meteorologie
	regional	['ri:dʒənəl]	regional
	suggest	[sə'dʒest]	vorschlagen
aber:	get	[get]	bekommen
	give	[giv]	geben
	girl	[gə:l]	Mädchen

... dge = dʒ

acknowledge	[ə'knɔlidʒ]	bestätigen
edge	[edʒ]	Rand

... nge = ndʒ

arrange	[ə'reindʒ]	einrichten
change	[tʃeindʒ]	wechseln
danger	['deindʒə]	Gefahr
engine	['endʒin]	Motor
passenger	['pæsindʒə]	Fluggast
range	[reindʒ]	Reichweite

... erge = ə:dʒ (betont)

converge	[kən'və:dʒ]	zusammenlaufen
emergency	[i'mə:dʒensi]	Notfall

g = g

good		gut
signal	['signəl]	Signal
significant	[sig'nifikənt]	wichtig

... ign = ain (betont)

	assign	[ə'sain]	zuweisen
	callsign	['kɔ:l'sain]	Rufzeichen
aber:	designate	['dezigneit]	bezeichnen
	signal	['signəl]	Signal

igh = ai

Wortende ght = t

flight		Flug
high		hoch
light		leicht, Licht
night		Nacht
right		rechts
in sight		in Sicht
eight	[eit]	acht
freight	[freit]	Fracht
height	[hait]	Höhe
weight		Gewicht

Endung age (unbetont) = idʒ

coverage	['kʌvəridʒ]	Reichweite
damage	['dæmidʒ]	Schaden
fuselage	['fju:zilidʒ]	Rumpf
message	['mesidʒ]	Nachricht

H, K und L

bleiben manchmal stumm:

hour	['auə]	Stunde
knot	[nɔt]	Knoten
know	[nou]	wissen
knowledge	['nɔlidʒ]	Kenntnis
kalm	[ka:m]	(Wind)still
half	[ha:f]	halb

J

= dʒ

injure	['indʒə]	verletzen
jet	[dʒet]	Düsenjäger
join	[dʒɔin]	einfliegen
just	[dʒʌst]	soeben

S

S wird einmal stimmlos (zischend) ausgesprochen = s, einmal stimmhaft (summend) = z. Stimmlos wird das S insbesondere vor und nach stimmlosen Mitlauten gesprochen:

rocks	[rɔks]	Steine

Am Wortanfang wird s normalerweise auch stimmlos gesprochen:

slow	[slou]	langsam

Doppel-s und ce, ci werden auch stets als stimmloses s gesprochen. Stimmhaft wird s vor und nach stimmhaften Mitlauten ausgesprochen:

engines	['endʒinz]	Motoren

...es bei Mehrzahlbildung und 3. Person Einzahl wird nach Zischlauten iz gesprochen:

messages	['mesidʒiz]	Meldungen
he reaches	['ri:tʃiz]	er erreicht

...ssion = ʃən (stimmlos)

emission	[e'miʃən]	Ausstrahlung
permission	[pə'miʃən]	Erlaubnis
transmission	[trænz'miʃən]	Sendung

...ssure = ʃə (stimmlos)

pressure	['preʃə]	Druck

sh entspricht unserem sch

und wird stimmlos gesprochen.

shall	[ʃæl]	sollen, müssen

...sion = ʒən (stimmhaft)

collision	[kə'liʒən]	Zusammenstoß
precision	[pri'siʒen]	Genauigkeit

...sure = ʒə (stimmhaft)

measure	['meʒə]	messen

...sual = ʒuəl (stimmhaft)

visual	['viʒuəl]	nach Sicht

T

T wird außer bei th (davon später) auch in Endungen interessant:

...tion = ʃən

attention	[ə'tenʃən]	Vorsicht
caution	['kɔ:ʃən]	Vorsicht
condition	[kən'diʃən]	Zustand
construction	[kən'strʌkʃən]	Bauarbeit
correction	[kə'rekʃən]	Berichtigung
direction	[di'rekʃən]	Richtung
exception	[ik'sepʃən]	Ausnahme
ignition	[ig'niʃən]	Zündung
indication	[indi'keiʃən]	Anzeige
instruction	[in'strʌkʃən]	Anweisung
intention	[in'tenʃən]	Absicht
intersection	[intə'sekʃən]	Abzweigung

	interception	[intə'sepʃən]	Anschneiden
	position	[pə'ziʃən]	Standort
	reception	[ri'sepʃən]	Empfang
	restriction	[ri'strikʃən]	Beschränkung
	separation	[sepə'reiʃən]	Staffelung
	termination	[tə:mi'neiʃən]	Beendigung
	transition	[træn'ziʃən]	Übergang
und...	national	['næʃənəl]	national

...tial = ʃəl

initial	[i'niʃəl]	Anfangs...

...tiate = ʃieit

initiate	[i'niʃieit]	einleiten

tious = ʃəs

expeditious	[ekspi'diʃəs]	beschleunigt

...ture = tʃə

departure	[di'pa:tʃə]	Abflug
mixture	['mikstʃə]	Gemisch
temperature	['tempəritʃə]	Temperatur

t bleibt stumm in

listen	[lisn]	horchen

th = ð (stimmhaft), vor Selbstlauten (Vokalen)

southerly	['sʌðəli]	südlich
the	[ðə,ði]	der, die, das
together	[tə'geðə]	zusammen
weather	['weðə]	Wetter
whether	['weðə]	ob

th = θ (stimmlos) meist am Wortende und vor Konsonanten

authorization	[ɔ:θərai'zeiʃən]	Genehmigung
length	[leŋθ]	Länge
south	[sauθ]	Süd

th am Wortanfang auch stimmlos, nach r:

threshold	['θreʃould]	Schwelle
throttle	[θrɔtl]	Gashebel

W

wh = w (am Wortanfang fast wie U)

where	[wεə]	wo
which	[witʃ]	welcher

who = hu:

who	[hu:]	wer
whom	[hu:m]	wen, den

ew = u:, ju:

crew	[kru:]	Besatzung
dewpoint	['dju:pɔint]	Taupunkt
few	[fju:]	wenige
new	[nju:]	neu

X

wird wie „s“ und „th“ mal stimmhaft [gz], meist jedoch stimmlos ausgesprochen

exact	[ig'zækt]	genau
example	[ig'za:mple]	Beispiel
except	[ik'sept]	ausgenommen
vortex	['vɔ:teks]	Wirbel

Y

Y = ai...

fly by		vorbei fliegen
my		mein
identify	[ai'dentifai]	erkennen
megacycle	['megəsaikl]	Megahertz
sky		Himmel

aber auch

Y = i, meist in Endungs-Y

emergency	[i'mə:dʒənsi]	Notfall
ready	['redi]	bereit
system	['sistəm]	System
visibility		Sicht

Zusammenfassung der Ausspracheregeln

	Silbe meist betont	meist unbetont	Beispiel	*Bemerkungen*
			A	
a = æ	x		backtrack	
a = ə		x	aboard	u.a. Anfangs-a sowie in Endungen able, al, ance, ant, ar, ative, ate
a = a:	x		aircraft, grant, pass	meist vor f, n, s, th
a = ei	x		radar, apron	
a.e = ei	x	x	base leg, make, making	unbetonte Endung „age" = idʒ, „ei" bleibt in „ing-Form" erhalten
ai, ay = ei	x	x	maintain	
ar = a:	x		depart	ə klingt ganz leicht nach
ar = ɔ:	x		warning	ə klingt ganz leicht nach
ar = ə		x	similar	am Wortende
a = ɔ:, ɔ	x		water, want	
al(l) = ɔ:l	x		call	
al(l) = əl		x	balloon	
al = æl	x		altitude	
au = ɔ:	x		nautical mile	
aw = ɔ:	x		squawk	
air, aer, are = εə	x		airplane, aerodrome, declare	helles „ä" mit leicht nachklingendem ə
			C	
c = s (bei ce, ci)			center, civil	
c = k			local, clear	
cial = ʃəl			special	
ch = tʃ			switch, channel, aber auch:	
ch = k			characteristics	
			E	
e = i:	x		me	
e = i	x	x	restrict	in Vorsilben be, de, pre, re
ee = i:	x		feet	
e = e	x		red	
e = ə		x	system	meist in Endungen
ea = i:	x		east	
ear = iə	x		clear	
ea = e, ei	x		weather, break	
ei = i:	x		ceiling	
er = ə:	x		prefer	ə klingt leicht nach
er = ə		x	permit, after	also in per und in Endungen „er"

ere = iə	x	x	here	
eight = eit	x		freight	
eo = iː	x		people	
ew = uː, juː	x		crew, new	

G

g = dʒ (bei ge, gi)	general, gin aber: girl, get, give	
g = g	good, great	
ign = ain (g stumm)	callsign	
igh = ai (g stumm)	flight	
age = idʒ (Endung)	message	

I

i = ai	x		pilot	
i.e = ai	x	x	mile	
i = i	x	x	wind	
ie = iː	x	x	airfield	
ice = ais	x		advice	
ice = is		x	service	meist als Endung
ir = əː	x		affirm	ə klingt ganz leicht nach
ire = aiə	x		require	steht meist am Wortende
igh = ai	x		flight	
tion = ʃən		x	position	meist als Endung

H, K, L, bleiben manchmal stumm

hour, knot, half

J = dʒ

jet

O

o = ɔ	x		cockpit	
o = ou	x		hold	
oa = ou	x		approach	
ow = ou	x	x	show	
ow = au	x		tower	
ou = au	x		ground	
ou = uː	x		route	
oo = uː, u	x		balloon, good	
o.e = ou	x		zone	
o.e = uː	x		approve	
o.e = ʌ	x		above	
ou = ʌ	x		trouble	
or = əː	x		work	ə klingt ganz leicht nach
or = ə		x	sector	meist als Endung

S

stimmhaft = z stimmlos = s to use; use

sh = ʃ	short
...ssion = ʃən	permission
...sure = ʒə	measure
...sual = ʒuəl	visual

T

th stimmhaft = ð	the
...tion = ʃən	position
...ture = tʃə	departure
th stimmlos = θ	threshold

U

u = ju:,ju	x	x	cumulus	
ue = ju:, u:	x	x	continue, blue	
u.e = ju:, u:	x	x	use, parachute	
u = u	x	x	full	
u = ʌ	x		runway	
u = ə		x	minimum	
ur = ə:	x		turn	
ure = ə		x	pressure	meist als Endung

W

ew = u:, ju:	crew, new

X

stimmhaft = gz	ecact
stimmlos = ks	except

Y

y = ai	flyby
y = i	ready (unbetont)

Alphabetisches Wörterverzeichnis

Hierzu einige Vorbemerkungen:

– Dieses Zeichen steht jeweils in Vertretung des vorangehenden Stammwortes.

Beispiele:

1. landing	2. approach lighting
– light (statt landing light)	– – system
	(statt approach lighting system)

: der vor dem Doppelpunkt stehende Selbstlaut wird gedehnt ausgesprochen.

Die Aussprachebezeichnungen finden Sie in eckigen Klammern ['redi]. Der Apostroph (') steht dabei jeweils vor der zu betonenden Silbe. Er entfällt infolgedessen in einsilbigen Wörtern.

Bei längeren Ausdrücken kann es vorkommen, daß aus Platzgründen nicht die gesamte Aussprachebezeichnung erscheint. Der fehlende Teil kann jedoch normalerweise den benachbarten Wörtern entnommen werden.

Ausführlich wird die Aussprache ab Seite 11 behandelt.

Lernen Sie im Englisch-Deutschen Teil des alphabetischen Wörterverzeichnisses insbesondere die fettgedruckten Wörter, aber auch die Kenntnis der übrigen kann nur nützen. Decken Sie beim Wiederholen jeweils eine Seite einschließlich der Aussprachebezeichnung ab.

Stehen in einer Zeile mehrere, durch Strichpunkt (Semikolon) getrennte Wörter, so entspricht die Bedeutung der auf der linken Seite vor dem Strichpunkt stehenden Wörter den auf der rechten Seite vor dem Strichpunkt stehenden; entsprechend ist es mit den hinter dem Strichpunkt stehenden Wörtern. Beispiele:

1. Verkehr; zu beachtender Verkehr	traffic; essential traffic
bedeutet:	
Verkehr	traffic
zu beachtender Verkehr	essential traffic
2. viel; viele	much; many
bedeutet:	
viel	much
viele	many
3. vermissen, verfehlen; vermißt	to miss; missing
bedeutet:	
vermissen, verfehlen	to miss
vermißt	missing

English - German

A

a, an	[ə, ən]	ein, eine, ein usw. (s. Gramm.)
to abandon	[ə'bændən]	aufgeben, verlassen (Schiff)
– take-off, to abort take-off	[ə'bændən 'teikɔf, ə'bɔ:t 'teikɔf]	den Start abbrechen
abandoned take-off	[ə'bændənd 'teikɔf]	Startabbruch
to abbreviate	[ə'bri:vieit]	abkürzen, verkürzen
abbreviation	[ə 'bri:vi'eiʃən]	(Wort-) Abkürzung
abeam (ABM)	[ə'bi:m]	querab
able	['eibl	fähig, tüchtig; Hw.: ability
to be able, to be in a position	[tu bi: eibl, tu bi: in ə pə'ziʃən]	können, imstande sein, fähig, in der Lage sein
abnormal	[æb'nɔ:məl]	ungewöhnlich, abnorm
aboard, on board	[ə'bɔ:d, ɔn bɔ:d]	an Bord
about (ABT)	[ə'baut]	etwa, ungefähr, zirka
– to be outer marker inbound	['autə 'ma:kə 'inbaund]	gleich über dem Voreinflugzeichen im Platzanflug sein
to be – to depart	[ə'baut tə di'pa:t]	im Begriff sein abzufliegen, zu starten
it's – time...	[its ə'baut taim]	es wird Zeit...
what about...?	[wɔt ə'baut]	wie steht's mit...?
– – your engine?	[jɔ: 'endʒin]	– – – Ihrem Triebwerk?
above	[ə'bʌv]	(dar)über, oberhalb
– aerodrome level	['ɛəroudroum levl]	über Platzhöhe (AAL)
– ground (level)	[ə'bʌv graund levl]	über Grund (GND, AGL)
– mean sea level (MSL, AMSL)	[ə'bʌv mi:n si: levl]	über mittl. Meeresspiegel, über Normal Null (NN)
– mentioned,	[ə'bʌv 'menʃənd]	oben angeführt, vorstehend
– quoted, above	[ə'bʌv 'kwoutəd]	(oben) genannt, vorgenannt
absolutely	['æbsəlu:tli]	absolut
to accelerate	[æk'seləreit]	beschleunigen (z. B. Fahrzeug)
accelerate stop	[æk'seləreit stɔp	Startlaufabbruch
– – distance (avail.)	'distəns ə'veiləbl]	(verfügb.) Startlaufabbruchstrecke
– – – required	[ri'kwaiəd]	erforderl. Startlaufabbruchstrecke
acceleration	[æksələ'reiʃən]	Beschleunigung
to accept (ACPT)	[ək'sept]	ab-, annehmen, akzeptieren
acceptable	[ək'septəbl]	annehmbar, durchführbar
acceptance flight	[ək'septəns flait]	Abnahmeflug
accessories	[ək'sesəri:z]	Zubehörteile
accident	['æksidənt]	Unfall
– investigation	[– in'vesti'geiʃən]	Unfalluntersuchung
– site, scene of –	[si:n əv 'æksidənt]	Unfallort, -stelle
aircraft –	['ɛəkra:ft 'æksidənt]	Luftfahrzeugunfall, Flugunfall
by –	[bai 'æksidənt]	aus Zufall, zufällig
cause of –	[kɔ:s ɔv 'æksidənt]	Unfallursache
to accomplish	[ə'kɔmpliʃ]	aus-, durchführen; Hw.: accomplishment
according to, in accordance with	[ə'kɔ:diŋ tu, in ə'kɔ:dəns wið]	entsprechend, gemäß, laut..., nach..., zufolge

– – weather report	['weðə ri'pɔ:t]	laut Wetterbericht
accordingly	[ə'kɔ:diŋli]	demgemäß, (dem)entsprechend
account	[ə'kaunt]	Rechnung, Bericht, Grund
on – of (weather)	[ɔn ə'kaunt ɔv]	wegen (Wetter)
to accumulate	[ə'kju:mjuleit]	ansammeln, anhäufen
accuracy	['ækjurəsi]	Genauigkeit, Sorgfalt
accurate(ly)	['ækjurət]	genau, exakt
to achieve	[ə'tʃi:v]	erreichen; Hw.: achievement
to acknowledge	[ə'knɔlidʒ]	bestätigen, quittieren
acknowledge		bestätigen Sie (Verf.sprechgr.)
acknowledgement	[ə'knɔlidʒmənt]	Bestätigung
– of receipt	[ri'si:t]	Empfangsbestätigung, Quittung
acrobatic flight, acrobatics	[ækro'bætik flait, ækro'bætiks]	Kunstflug
across	[ə'krɔs]	quer durch, über...hinweg
act contrary to order	[ækt 'kɔntrəri tu 'ɔ:də]	Ordnungswidrigkeit
action	['ækʃən]	Aktion, Wirkung, wirkende Kraft, Handlung, Maßnahme
braking –	['breikiŋ 'ækʃən]	Bremswirkung
to take –; to act	[teik 'ækʃən]	etwas unternehmen, handeln
to activate (ACT)	['æktiveit]	in Betrieb setzen, aktivieren
active (ACT)	['æktiv]	aktiv, tätig, in Betrieb
– runway (RWY)	['æktiv 'rʌnwei]	benutzte Start- und Landebahn
activity (ACT)	[æk'tiviti]	Tätigkeit, Betätigung, Aktivität
time of activity	[taim əv æk'tiviti]	Gültigkeits-, Wirksamkeitsdauer
actual(ly)	['ækʃuəl]	wirklich, tatsächlich, eigentlich
– time of arrival	[taim ɔv ə'raivl]	tatsächliche Ankunftszeit (ATA)
– time of departure	[taim ɔv di'pa:tʃə]	tatsächliche Abflugzeit (ATD)
– weather	['ækʃuəl 'weðə]	zur Zeit gültige Wettermeldung
to add	[æd]	hinzufügen, beifügen
additional (ADDN)	[ə'diʃənəl]	zusätzlich, weiter-, -er, -e, -es
– traffic	[ə'diʃənəl 'træfik]	zusätzlicher Verkehr
in addition to	[in ə'diʃən tu]	neben, zusätzlich zu, außerdem
adequate	['ædikwət]	angemessen, genügend
to adhere to...	[əd'hiə]	...befolgen, einhalten, beachten
adherence	[əd'hiərəns]	Befolgung, Einhaltung, Beachtg.
adjacent	[ə'dʒeisənt]	angrenzend, benachbart, Nachb.
to adjust	[ə'dʒʌst]	einstellen, anpassen, abstimmen
adjustable	[ə'dʒʌstəbl]	einstellbar, verstellbar, regelbar
– pitch	[ə'dʒʌstəbl pitʃ]	einstellbare Steigung
– pitch propeller	[pitʃ prə'pelə]	Einstellpropeller
adjustment	[ə'dʒʌstmənt]	Einstellung, Abstimmung
admissible	[əd'misibl]	zulässig, erlaubt, annehmbar
admission	[əd'miʃən]	Zulassung
to admit	[əd'mit]	zugeben, zulassen, genehmigen
to advance; **in –**	[əd'va:ns]	vorrücken; im voraus, vorher
adverse weather	[æd'və:s 'weðə]	widriges, ungünstiges Wetter
– – conditions	[kən'diʃənz]	ungünstige Wetterbedingungen
advertising	['ædvətaiziŋ]	Reklame
advice, advisory	[əd'vais, əd'vaizəri]	Mitteilung, Meldung, Rat(schlag)
advisable	[əd'vaizəbl]	ratsam, empfehlenswert
to advise (ADZ)	[əd'vaiz]	anraten, mitteilen, melden, an-, durchgeben, hin-, anweisen
– against	[əd'vaiz ə'genst]	abraten

until further – d	['ʌntil 'fə:ðə əd'vaizd]	(UFA), bis auf weiteres
will – later for left (right) turn	[wil əd'vaiz 'leitə fɔ: left/rait tə:n]	Anweisung für Linkskurve (Rechtskurve) erfolgt später
advisory	[əd'vaizəri]	Beratung; beratend
– area, ADA	[əd'vaizəri 'ɛəriə]	(Flugverkehrs-)Beratungsbezirk
– information	[infɔ:'meiʃən]	beratende Mitteilung
– route (ADR)	[əd'vaizəri ru:t]	Luftweg
aerial	['ɛəriəl]	Antenne; auch: antenna
– inspection	['ɛəriəl in'spekʃən]	Überprüfung aus (in) der Luft
– photography	['ɛəriəl fə'tɔgrəfi]	Luftbildwesen, Fotoflug
– search	['ɛəriəl sə:tʃ]	Suche durch Luftfahrzeuge
– spraying	['ɛəriəl 'spreiiŋ]	Sprühflüge, Zerstäubungsflüge
aerodrome (AD)	['ɛəroudroum]	Flugplatz, Platz
– beacon (ABN)	['bi:kən]	Flugplatzleuchtfeuer
– boundary	['baundəri]	Flugplatzgrenze, -begrenzung
– circling	['sə:kliŋ]	Platzrunde
– – approach	['sə:kliŋ ə'proutʃ]	Platzrundenanflug
– – – procedure	[prə'si:dʒə]	Platzrundenanflugverfahren
– conditions	[kən'diʃənz]	(Flug)Platzzustand
– control	[kən'troul]	(Flug)Platzkontrolle; Schweiz: (Flug)Platzverkehrsleitung
– – service	[kən'troul 'sə:vis]	(Flug)Platzkontrolldienst; S.: (Flug)Platzverkehrsleitdienst
– – tower	[kən'troul 'tauə]	(Flug)Platzkontrollstelle; S.: (Flug)Platzverkehrsleitstelle
– of departure	[di'pa:tʃə]	Startflugplatz, Abgangsflugplatz
– of destination	[desti'neiʃən]	Ziel-, Bestimmungsflugplatz
– of first intended landing	['ɛəroudroum ɔv fə:st in'tendid 'lændiŋ]	erster Zielflugplatz, Landeflugplatz
– elevation	[eli'veiʃən]	Flugplatzbezugshöhe
– forecast (TAF)	['fɔ:ka:st]	Flugplatzwettervorhersage
– lighting	['ɛəroudroum 'laitiŋ]	Flugplatzbefeuerung
– – facilities	['laitiŋ fə'siliti:z]	Flugplatzbefeuerungsanlagen
– – system	['laitiŋ 'sistəm]	Flugplatzbefeuerungssystem
– operator	['ɔpəreitə]	Flugplatzhalter, -unternehmer
– reference point	['refrəns pɔint]	Flugplatzbezugspunkt (ARP)
– traffic	['ɛəroudroum 'træfik]	(Flug-)Platzverkehr
– (traffic) circuit	['træfik 'sə:kit]	Platzrunde
– traffic zone (ATZ)	['træfik zoun]	Flugplatzverkehrszone (ATZ)
aeronautical...	[ɛəro'nɔ:tikl]	Luftfahrt (in Zusammensetzung)
– authority	[ɔ:'θɔriti]	Luftfahrtbehörde
– beacon	[ɛəro'nɔ:tikl 'bi:kən]	Luftfahrt(leucht)feuer
– chart	[ɛəro'nɔ:tikl tʃa:t]	Luftfahrtkarte
– ground light	['graundlait]	Luftfahrtbodenfeuer
– information publication (AIP)	[infɔ:'meiʃən pʌbli'keiʃən]	Luftfahrthandbuch (AIP)
– information service (AIS)	[infɔ:'meiʃən 'sə:vis]	Flugberatungsdienst (Schw. u. Ö.: Luftfahrtberatungsdienst)
– MET office	[met 'ɔfis]	Flugwetterwarte
– mobile service	['moubail 'sə:vis]	beweglicher Flugfunkdienst
– mobile station	['moubail 'steiʃən]	bewegliche Flugfunkstelle
– radio service	['reidiou 'sə:vis]	Flugfunkdienst
– station	['steiʃən]	Bodenfunkstelle
– telecommunication service	[telekəmju:ni'keiʃən 'sə:vis]	Flugfernmeldedienst

aeronautics, aviation	[ɛəro'nɔ:tiks]	Luftfahrt
aeroplane, airplane, plane	['ɛərouplein, 'ɛəplein, plein]	Flugzeug
aeroplane towing	['ɛərouplein 'touiŋ]	Flugzeugschlepp
aero-tow start	['ɛərou tou sta:t]	Flugzeugschleppstart (Segelfl.)
to affect something	[ə'fekt 'sʌmθiŋ]	auf etwas wirken, etwas betreffen
affirm	[ə'fə:m]	Verfahrenssprechgruppe: ja, im deutschen Sprechfunk: positiv
to be afraid	[tə bi: ə'freid]	(be)fürchten, sich fürchten
I am afraid it's too late	[aim ə'freid its tu: leit]	ich fürchte, es ist zu spät
after	['a:ftə]	nach
– passing...	['a:ftə 'pa:siŋ]	nach Überfliegen von...
afterburner	['a:ftə'bə:nə]	Nachbrenner
afternoon; this –	[ðis 'a:ftənu:n]	Nachmittag; heute nachmittag
afterwards	['a:ftəwədz]	nachher, danach, darauf
again (AGN)	[ə'gein, ə'gen]	wieder, nochmals
against, anti	[ə'genst, 'ænti]	gegen, wider
ago	[ə'gou]	vor (zeitlich)
a while ago	[ə wail ə'gou]	vor kurzem, vor einer Weile
how long ago was that?	[hau lɔŋ ə'gou wɔz ðæt]	wie lange ist das her?
one minute ago	[wʌn 'minit ə'gou]	vor einer Minute
to agree (on, with)	[ə'gri: ɔn, wið]	übereinkommen, -stimmen, einverstanden sein, vereinbaren
do you agree?	[du: ju: ə'gri:]	sind Sie einverstanden?
agreeable	[ə'gri:əbl]	angenehm
agreement	[ə'gri:mənt]	Absprache, Ab-, Übereinkommen
ahead	[ə'hed]	vorn, voran, voraus
– of me	[ə'hed ɔv mi:]	vor mir; auch: in front of me
to go –	[gou ə'hed]	weitermachen, vorangehen
go –	[gou ə'hed]	Verfahrenssprechgr.: kommen
straight –	[streit ə'hed]	geradeaus
way –, well –	[wei ə'hed]	weit voraus
to aid, to help	[eid, help]	helfen, beistehen
aid	[eid]	Hilfe, Hilfsmittel, Einrichtung
aid to location	[eid tu lou'keiʃən]	Ortungshilfe
navigation aid	[nævi'geiʃən eid]	Navigationshilfe
aileron	['eilərən]	Querruder
air	['ɛə]	Luft
air activity	['ɛə æk'tiviti]	Flugbetrieb
air base	['ɛə beis]	Fliegerhorst, Militärflugplatz
air blast sweeper	['ɛə bla:st 'swi:pə]	Kehr-Blasgerät
airborne	['ɛəbɔ:n]	Bord...(in Zusammensetzungen)
– radar	['ɛəbɔ:n 'reida:]	Bordradar
– receiver	['ɛəbɔ:n ri'si:və]	Bordempfänger
– time	['ɛəbɔ:n taim]	Start-, Abhebe-, Abflugzeit
– transmitter	['ɛəbɔ:n trænz'mitə]	Bordsender
to be –	[tə bi: 'ɛəbɔ:n]	abgehoben, in der Luft befindlich
air brake	['ɛə breik]	Luftbremse
air carrier	['ɛə 'kæriə]	Luftverkehrsunternehmen
air corridor	['ɛə 'kɔridə]	Luftkorridor
aircraft (a/c)	['ɛəkra:ft]	Luftfahrzeug(e) (ACFT), (Lfz.)
– accident	['ɛəkra:ft 'æksidənt]	Luftfahrzeugunfall
– call sign	['ɛəkra:ft 'kɔ:lsain]	Luftfahrzeugrufzeichen

– equipment	[i'kwipmənt]	Luftfahrzeugausrüstung
– identification	[aidentifi'keiʃən]	Luftfahrzeugkennung
– in distress	['ɛəkra:ft in dis'tres]	Luftfahrzeug in Not
– in formation	[in fɔ:'meiʃən]	Luftfahrzeuge im Verbandsflug
– instruments	['instrumənts]	Luftfahrzeuginstrumente
– maintenance	['meintənəns]	Luftfahrzeugwartung, -überholung
– mechanic	['ɛəkra:ft mi'kænik]	Luftfahrzeugmechaniker
– noise	['ɛəkra:ft nɔiz]	Fluglärm (mehr: siehe noise)
– operator, owner	['ɔpəreitə, 'ounə]	Luftfahrzeughalter, -eigner
– station	['ɛəkra:ft 'steiʃən]	Luft-, Luftfahrzeugfunkstelle
– step, ladder	[step, 'lædə]	Luftfahrzeugtreppe
– type, type of –	['ɛəkra:ft taip]	Luftfahrzeug(bau)muster
air crew	['ɛə kru:]	Flugbesatzung
air defence flight	['ɛə di'fens flait]	Luftverteidigungsflug
air defence identification zone	['ɛə di'fens aidentifi-'keiʃən zoun]	Flugüberwachungszone (FlugÜz), englisch ADIZ
air density	['ɛə 'densiti]	Luftdichte
air display	['ɛə dis'plei]	Luftfahrtveranstaltung, Flugtag
air exercise	['ɛə 'eksəsaiz]	Luftübung
airfield	['ɛəfi:ld]	Flugplatz, Flugfeld, Landeplatz
Air Force (AF)	['ɛə fɔ:s]	Luftwaffe
air freight, cargo	['ɛə freit, 'ka:gou]	Luftfracht
air-ground	['ɛə 'graund]	Luft-Boden
– communication(s)	[kəmju:ni'keiʃənz]	Flugfunkverbindung(en)
– traffic	['ɛə 'graund 'træfik]	Flugfunkverkehr
air inlet, air intake	['ɛə 'inteik]	Lufteinlaß
airline	['ɛəlain]	Fluglinienunternehmen
airliner, transport aeroplane	['ɛəlainə, 'trænspɔ:t 'ɛərouplein]	Linienflugzeug, Verkehrsflugzeug
air mail	['ɛə meil]	Luftpost
air man	['ɛə mæn]	Luftfahrer; Mehrzahl: air men
air mass	['ɛə ma:s]	Luftmasse
airmiss, near miss	['ɛəmis, 'niə mis]	gefährliche Begegnung
airmiss report	['ɛəmis ri'pɔ:t]	Meldung über – – zwischen Lfz.
air navigation	['ɛə nævi'geiʃən]	Flugnavigation; Luftfahrt
– – aid	['ɛə nævi'geiʃən eid]	Flugnavigationshilfe, -einrichtung
– – facility	[fə'siliti]	Flugnavigationseinrichtung
airplane, aeroplane	['ɛəplein, 'ɛərouplein]	Flugzeug
airport	['ɛəpɔ:t]	Flughafen
– company	['ɛəpɔ:t 'kʌmpəni]	Flughafengesellschaft
– obstruction chart	[əb'strʌkʃən tʃa:t]	Flughafenhinderniskarte
– operator	['ɛəpɔ:t 'ɔpəreitə]	Flughafenunternehmer
– surface detection equipment	['sə:fis di'tekʃən i'kwipmənt]	Rollfeldüberwachungsradar (ASDE)
– surveillance radar (ASR)	['ɛəpɔ:t sə:'veijəns 'reida:]	Flughafen-Rundsichtradar
air pressure	['ɛə 'preʃə]	Luftdruck
air rally	['ɛə 'ræli]	Sternflug
air report (AIREP)	['ɛə ri'pɔ:t]	Flugmeldung
air route	['ɛə ru:t]	Flugstrecke, Flugroute
– – surveillance radar	['ɛə ru:t sə:'veijəns 'reida:]	Flugstrecken-Rundsichtradar
air services	['ɛə 'sə:visiz]	Fluglinienverkehr, planmäßiger Luftverkehr
airship	['ɛəʃip]	Luftschiff

airshow	['ɛəʃou]	Flugveranstaltung, Flugschau
airspace	['ɛəspeis]	Luftraum
– restriction	['ɛəspeis rist'rikʃən]	Luftraumbeschränkung
– structure	['ɛəspeis 'strʌktʃə]	Luftraumstruktur, -aufbau
controlled –	[kən'trould 'ɛəspeis]	kontrollierter Luftraum
uncontrolled –	['ʌnkən'trould]	unkontrollierter Luftraum
airspeed	['ɛəspi:d]	Fluggeschwindigkeit
– indicator	['ɛəspi:d 'indikeitə]	Fahrt-, Geschwindigkeitsmesser
indicated – (IAS)	['indikeitid 'ɛəspi:d]	angezeigte Fluggeschwindigkeit
true – (TAS)	[tru: 'ɛəspi:d]	wahre Eigengeschwindigkeit
air stairs	['ɛə 'stɛəz]	Fluggasttreppe
air strip		Landestreifen
air temperature	['ɛə 'tempritʃə]	Lufttemperatur
outside – –	['aut'said]	Außenlufttemperatur
air traffic	['ɛə 'træfik]	Flugverkehr
– – advisory service	['ɛə 'træfik əd'vaizəri 'sə:vis]	Flugverkehrsberatungs-dienst
– – clearance	['ɛə 'træfik 'kliərəns]	Flugverkehrsfreigabe
– – control (ATC)	['ɛə 'træfik kən'troul]	Flugverkehrskontrolle; Schweiz: Flugverkehrsleitung
– – – clearance	[kən'troul 'kliərəns]	Flugverkehrskontrollfreigabe
– – – service (ATC)	['ɛə 'træfik kən'troul 'sə:vis]	Flugverkehrskontrolldienst; Schw.: Flugverkehrsleitdienst
– – – unit (ATC unit)	[ei ti: si: 'ju:nit]	Flugverkehrskontrollstelle Schw.: Flugverkehrsleitstelle
– – controller	['ɛə 'træfik kən'troulə]	Flugverkehrslotse, Österreich: Flugverkehrskontrollor; Schweiz: Flugverkehrsleiter
– – service(s) (ATS)	['ɛə 'træfik 'sə:visiz]	Flugverkehrsdienst(e), S.: Ver-kehrsdienst(e) der Flugsicherg.
– – – route	[ei ti: es ru:t]	Flugverkehrsstrecke (ATS route)
– – – unit	[ei ti: es 'ju:nit]	Flugverkehrsdienststelle; Schweiz: Verkehrsdienststelle der Flugs.
general – –	['dʒenərəl 'ɛə 'træfik]	allgemeiner Luftverkehr
operational – –	[ɔpə'reiʃənəl]	operationeller Luftverkehr
air transport (AT)	['ɛə 'trænspɔ:t]	Luftverkehr
airway (AWY)	['ɛəwei]	Luftstraße
air work	['ɛə wə:k]	Arbeitsflug, Flugübungen
airworthiness	['ɛəwə:θinis]	Lufttüchtigkeit
airworthy	['ɛəwə:θi]	lufttüchtig, flugklar
to alert, to alarm	[ə'lə:t, ə'la:m]	alarmieren
alert, alarm	[ə'lə:t, ə'la:m]	Alarm
alerting service	[ə'lə:tiŋ 'sə:vis]	(Flug-)Alarmdienst
alert phase, ALERFA	[ə'lə:tfeis]	Bereitschaftsstufe, Alarmstufe 2
to alight	[ə'lait]	landen (siehe auch: to land)
alighting area	[ə'laitiŋ 'ɛəriə]	Landebereich (ALA)
to align (with the runway)	[ə'lain wið ðə 'rʌnwei]	(Luftfahrzeug) in Start- oder Landerichtung ausrichten
alignment	[ə'lainmənt]	Ausrichtung, Angleichung
alike	[ə'laik]	gleich, ohne Unterschied
all	[ɔ:l]	alle, alles
all after (AA)	[ɔ:l 'a:ftə]	alles nach...
all before	[ɔ:l bi'fɔ:]	alles vor...
all the time	[ɔ:l ðə taim]	immerzu, die ganze Zeit, (an)dauernd

all weather landing	[ɔ:l 'weðə 'lændiŋ]	Allwetterlandung
all weather operations	[ɔ:l 'weðə ɔpə'reiʃənz]	Allwetterbetrieb
to allocate	['ælokeit]	einordnen, zuordnen
to allow, to permit	[ə'lau, pə'mit]	bewilligen, erlauben, genehmigen
allowable load	[ə'lauəbl loud]	zulässige Beladung
to be allowed	[tə bi: ə'laud]	dürfen
allright, okay	[ɔ:l'rait, ou'kei]	in Ordnung
all-up weight	[ɔ:l'ʌp weit]	Gesamt(flug)gewicht (AUW)
almost, nearly	['ɔ:lmoust, 'niəli]	beinahe, fast, nahezu
along	[ə'lɔŋ]	(an...) entlang, längs
to take along	[teik ə'lɔŋ]	mitnehmen
already	[ɔ:l'redi]	schon, bereits
also, too	['ɔ:lsou, tu:]	auch
to alter, to change	['ɔ:ltə, tʃeindʒ]	ändern, verändern, abändern
– **heading**	['ɔ:ltə 'hediŋ]	Kurs ändern
alternate	['ɔ:ltənit]	Ausweich..., (Aus-)Wechsel...
– **aerodrome**	['ɛəroudroum]	Ausweichflugplatz (ALTN)
– date	['ɔ:ltənit deit]	Ersatztermin
– frequency	['ɔ:ltənit 'fri:kwənsi]	Ausweichfrequenz
– measure	['ɔ:ltənit 'meʒə]	Ausweichmaßnahme
to alternate	['ɔ:ltəneit]	wechseln, abwechseln lassen
alternative	[ɔ:l'tə:nətiv]	Alternative, Möglichkeit, Ausweg
– instruction	[in'strʌkʃən]	Alternativanweisung
although, though	[ɔ:l'ðou, ðou]	obwohl, obgleich, obschon
altimeter	[æl'timetə]	Höhenmesser
– check location	[tʃek lou'keiʃən]	Höhenmesserkontrollort (ACL)
– **setting**	[æl'timetə 'setiŋ]	Höhenmessereinstellung
– – procedure	[prə'si:dʒə]	Höhenmessereinstellverfahren
altitude (ALT, A)	['æltitju:d]	Flughöhe, Höhe über Meer
– **assignment**	[ə'sainmənt]	Höhenzuweisung
– **change**	['æltitju:d tʃeindʒ]	Höhenänderung, -wechsel
– **restriction**	[ri'strikʃən]	Höhenbeschränkung
– separation	[sepə'reiʃən]	Höhenstaffelung
to gain –, to pick up –	[gein, pik ʌp 'æltitju:d]	Höhe gewinnen
to lose –	[lu:z 'æltitju:d]	Höhe verlieren
altogether	[ɔ:ltə'geðə]	zusammen, im Ganzen, sämtlich
altocumulus (AC)	[æltou'kju:mjuləs]	Altocumulus
altostratus (AS)	[æltou'strætəs]	Altostratus
always	['ɔ:lweiz]	stets, immer
amber (A)	['æmbə]	gelb, bernsteinfarben
ambient temperature	['æmbiənt 'tempritʃə]	Außentemperatur
ambulance (car)	['æmbjuləns]	Krankenwagen, Sanitätsauto
ambulance aircraft	['ɛəkra:ft]	Sanitätsluftfahrzeug
to amend (AMD)	[ə'mend]	berichtigen, ergänzen, ändern
amended clearance	[ə'mendid 'kliərəns]	geänderte Freigabe
amendment	[ə'mendmənt]	Berichtigung, Verbesserung, Ergänzung, Änderung, Nachtrag
amount	[ə'maunt]	Betrag, Menge, Grad, Summe
amount of traffic	[ə'maunt ɔv 'træfik]	Verkehrsaufkommen
amphibian	[əm'fi:biən]	Amphibienluftfahrzeug, -flugzeug
and (so on)	[ænd sou ɔn]	und (so weiter)
angle	[æŋgl]	Winkel

– of approach (lights)	[æŋgl ɔv ə'proutʃ laits]	Anflugwinkel(feuer)
– of attack,	[æŋgl ɔv ə'tæk]	Anstellwinkel, Einstellwinkel
– of incidence	[æŋgl ɔv 'insidəns]	
– of bank	[æŋgl ɔv bæŋk]	Querneigungswinkel
– of pitch	[æŋgl ɔv pitʃ]	Längsneigungs-, Anstellwinkel
at right angles	[æt rait æŋglz]	im rechten Winkel, rechtwinklig
angular	['æŋgjulə]	winkelförmig, Winkel...
animal	['æniməl]	Tier
to announce; Hw.: announcement	[ə'nauns] [ə'naunsmənt]	ankündigen, anzeigen, bekanntgeben, verkünden
another	[ə'nʌðə]	noch ein, ein(e) andere, -er, -es
to answer, to reply	['a:nsə, ri'plai]	antworten, beantworten
answer	['a:nsə]	Antwort
antenna (mast)	[æn'tenə ma:st]	Antenne(nmast)
anti	['ænti]	gegen
– clockwise, counter-clockw.	['ænti 'klɔkwaiz, 'kauntə 'klɔkwaiz]	entgegen dem Uhrzeigersinn
– collision light	['ænti kə'liʒən lait]	Zusammenstoßwarnlicht
– icing device	['ænti 'aisiŋ di'vais]	Vereisungsschutzanlage
to anticipate	[æn'tisipeit]	erwarten, ab-, vorhersehen
any	['eni]	irgendein, jeder, jede, jedes
any moment, any second	['eni 'moumənt, 'eni 'sekənd]	jeden Augenblick
anybody, anyone	['enibɔdi, 'eniwʌn]	(irgend) jemand, jeder beliebige
anyhow	['enihau]	doch, trotzdem, dennoch, sowieso, ohnehin, irgendwie
anything; – else?	['eniθiŋ els]	irgend etwas, alles; noch etwas?
anywhere	['eniwɛə]	irgendwo, irgendwohin, überall
not anywhere	[nɔt 'eniwɛə]	nirgends, nirgendwo
to apologize	[ə'pɔlədʒaiz]	um Entschuldigung bitten
apparatus	[æpə'rætəs]	Apparat(e), Gerät(e)
apparent(ly)	[ə'pɛərəntli]	scheinbar, offensichtlich
to appear	[ə'piə]	(er)scheinen, sichtbar werden
– unreliable	[ə'piə ʌnri'laiəbl]	unzuverlässig erscheinen
applicable	['æplikəbl]	anwendbar, gültig, zutreffend
if applicable	[if 'æplikəbl]	falls, soweit zutreffend
applicant	['æplikənt]	Antragsteller
application	[æpli'keiʃən]	Anwendung, Antrag
to apply	[ə'plai]	beantragen, anwenden, gelten
to appreciate	[ə'pri:ʃieit]	(hoch)schätzen, begrüßen
I would appreciate	[ai wud ə'pri:ʃieit]	ich würde es begrüßen, schätzen, es wäre mir lieb
apprehension	[æpri'henʃən]	Besorgnis, Befürchtung
to approach	[ə'proutʃ]	anfliegen, sich nähern
– headon	[ə'proutʃ hed'ɔn]	entgegenkommen
– to land	[ə'proutʃ tu lænd]	zur Landung anfliegen
approach (APCH)	[ə'proutʃ]	Anflug, Annäherung
– aid	[ə'proutʃ eid]	Anflughilfe
– area	[ə'proutʃ 'ɛəriə]	Anflugsektor
– center line	[ə'proutʃ 'sentəlain]	Anflugmittellinie
– – – light	['sentəlain lait]	Anflugmittellinienfeuer
– chart, – plate	[ə'proutʃ tʃa:t, pleit]	Anflugkarte
– clearance	[ə'proutʃ 'kliərəns]	Anflugfreigabe
– control	[ə'proutʃ kən'troul]	Anflugkontrolle; S.: Anflugleitung

– control office (APP)	[ə'proutʃ 'kən'troul 'ɔfis]	Anflugkontrollstelle Schweiz: Anflugleitstelle
– control service	[ə'proutʃ kən'troul 'sə:vis]	Anflugkontrolldienst Schweiz: Anflugleitdienst
– end of runway	[end ɔv 'rʌnwei]	Anfang der Piste
– ing headon	[ə'proutʃiŋ hed'ɔn]	entgegenkommen(d)
– instructions	[in'strʌkʃənz]	Anfluganweisungen
– lane	[ə'proutʃ lein]	Anflugschneise
– lighting (system)	[ə'proutʃ 'laitiŋ]	Anflugbefeuerung(ssystem)
– lights	[ə'proutʃ laits]	Anflugfeuer
high intensity – lights	[hai in'tensiti ə'proutʃ laits]	Hochleistungsanflugbefeuerung
low intensity – lights	[lou in'tensiti ə'proutʃ laits]	Niederleistungsanflugbefeuerung
– path, – way	[ə'proutʃ pa:θ, wei]	Anflugbahn, Anflugweg
– procedure	[ə'proutʃ prə'si:dʒə]	Anflugverfahren
– sector, area	[ə'proutʃ 'sektə]	Anflugsektor
– sequence	[ə'proutʃ 'si:kwəns]	Anflugfolge (von Luftfahrzeugen)
– speed	[ə'proutʃ spi:d]	Anfluggeschwindigkeit
– time	[ə'proutʃ taim]	Anflugzeitpunkt
expected – –, EAT	[iks'pektəd]	voraussichtlicher Anflugzeitpunkt
– to land (proced.)	[lænd prə'si:dʒə]	Landeanflug(verfahren)
low –, low pass	[lou pa:s]	Tiefanflug, Niedriganflug
appropriate	[ə'prouprieit]	entsprechend, angemessen, angebracht, passend, zuständig, einschlägig, zugehörig, zutreffend, geeignet, zweckdienlich
– frequency	['fri:kwənsi]	zugehörige Frequenz
approval	[ə'pru:vəl]	Genehmigung, Bewilligung
approval request	[ə'pru:vəl ri'kwest]	Zustimmungsantrag
to approve	[ə'pru:v]	genehmigen, erlauben, bewilligen
unable to –	['ʌneibl tu ə'pru:v]	kann nicht genehmigt werden
approved	[ə'pru:vd]	genehmigt, anerkannt, zugelassen, bewilligt
request –	[ri'kwest ə'pru:vd]	Anfrage, Antrag genehmigt
approximate(ly) (APRX), **about**	[ə'prɔksimit] [ə'baut]	annähernd, ungefähr, etwa, schätzungsweise, circa
– position	[ə'prɔksimit pə'ziʃən]	Standort ungefähr, etwa...
– ly 5 airplanes	[faiv 'ɛəpleinz]	etwa 5 Flugzeuge
apron, ramp	['eiprən, ræmp]	Abstellfläche, Vorfeld
arc of a circle	[a:k ɔv ə sə:kl]	Kreisbogen
area	['ɛəriə]	Bezirk, Gebiet, Bereich
– control center	[kən'troul 'sentə]	Bezirkskontrollstelle (ACC); Schweiz: Bezirksleitstelle
– control service	[kən'troul 'sə:vis]	Bezirkskontrolldienst; Schweiz: Bezirksleitdienst
– forecast	['ɛəriə 'fɔ:ka:st]	Gebiets-Wettervorhersage
– of competency, – of jurisdiction	['ɛəriə ɔv 'kɔmpitensi ɔv dʒuris'dikʃən]	Zuständigkeitsbereich
approach area	[ə'proutʃ 'ɛəriə]	Anflugsektor
danger area	['deindʒə 'ɛəriə]	Gefahrengebiet
prohibited area	[prə'hibitid 'ɛəriə]	Sperrgebiet
restricted area	[ri'striktid 'ɛəriə]	Flugbeschränkungsgebiet
run-up area	['rʌnʌp 'ɛəriə]	Abbremsfläche
around	[ə'raund]	um... herum; etwa...

to look around	[luk ə'raund]	umsehen, sich umsehen
to turn around	[tə:n ə'raund]	(sich) (her)umdrehen
to arrange	[ə'reindʒ]	einrichten, planen, ordnen
arrange your flight so as to...	[ə'reindʒ juə flait sou æz tu]	teilen Sie Ihren Flug so ein, daß Sie...
arrangement	[ə'reindʒmənt]	Vereinbarung, Absprache, Regelung, Einteilung, Anordnung
arrival (ARR)	[ə'raivl]	Ankunft, Eintreffen
– message (ARR)	[ə'raivl 'mesidʒ]	Landemeldung
to arrive (ARR)	[ə'raiv]	ankommen, eintreffen
arrow	['ærou]	Pfeil
artificial horizon	[a:ti'fiʃl hə'raizn]	künstlicher Horizont
artillery firing	[a:'tiləri 'faiəriŋ]	Artillerieschießübung
as	[æz]	so, als, wie, da, weil
as...as		so...wie
as before	[æz bi'fɔ:]	wie zuvor
as cleared	[æz 'kliəd]	wie freigegeben
as far as	[æz fa: æz]	bis nach, sofern; so weit wie
as if	[æz if]	als ob
as long as	[æz lɔŋ æz]	solange
as soon as	[æz su:n æz]	so bald wie
– – – **possible**	[æz su:n æz 'pɔsibl]	baldmöglichst, so bald wie mögl.
– – – **practicable**	['præktikəbl]	sobald durchführbar
as well as		sowie
to ascend, climb	[ə'send, klaim]	steigen, aufsteigen (ASC)
ascent	[ə'sent]	Aufstieg (z. B. bei Ballonen)
to ascertain, **to make sure**	['æsə'tein] [meik ʃuə]	sich vergewissern
to ask	[a:sk]	fragen
– for, to request	[a:sk fɔ:, ri'kwest]	bitten um, erbitten
– a question	[a:sk ə 'kwestʃən]	eine Frage stellen, fragen
aspect	['æspekt]	Gesichtspunkt
asphalt (ASPH)	['æsfælt, 'æsfɔ:lt]	Asphalt
to assign (FL, RWY)	[ə'sain]	zuweisen, zuteilen, anweisen
assignment	[ə'sainmənt]	Zuweisung, Angabe
altitude –	[ə'sainmənt]	Flughöhenzuweisung
frequency –	['fri:kwənsi]	Frequenzzuteilung, -zuweisung
level –	[levl ə'sainmənt]	Höhenzuweisung
runway –	['rʌnwei ə'sainmənt]	Start- und Landebahnzuweisung
to assist, to help	[ə'sist]	beistehen, helfen, unterstützen
assistance, help	[ə'sistəns]	Beistand, Hilfe, Unterstützung
associated with	[ə'souʃieitid wið]	im Zusammenhang, verbunden m.
to assume	[ə'sju:m]	annehmen, vermuten
assumed position	[ə'sju:md pə'ziʃən]	vermutlicher Standort
assumption	[ə'sʌmpʃən]	Annahme, Vermutung
to assure	[ə'ʃuə]	ver-, zusichern, gewährleisten
assured	[ə'ʃuəd]	zugesichert, sichergestellt
landing assured	['lændiŋ ə'ʃuəd]	Landung sichergestellt
at	[æt]	in, bei, an, zu, auf, um (Uhrzeit)
at first	[æt fə:st]	zuerst
at least	[æt 'li:st]	mindestens, wenigstens, zuerst
at night	[æt 'nait]	nachts, in der Nacht, abends
at once	[æt 'wʌns]	sofort
at present, presently	[æt 'prezənt]	gegenwärtig, im Augenblick
at times	[æt 'taimz]	manchmal, zeitweise

atmosphere	['ætməsfiə]	Atmosphäre, Lufthülle
– ic pressure	['ætməs'fiərik 'preʃə]	atmosphärischer Luftdruck
atmospherics (XS)	['ætməs'fiəriks]	atmosphärische Störungen
atomic power plant	[ə'tɔmik 'pauə pla:nt]	Atomkraftwerk
ATS-route	[ei ti: es ru:t]	Flugverkehrsstrecke
ATS unit	[ei ti: es 'ju:nit]	FS-Stelle, Flugverkehrsdienststelle
to attach	[ə'tætʃ]	beilegen, befestigen, beifügen
– special importance	['speʃəl im'pɔ:təns]	besonderen Wert legen
attachment	[ə'tætʃmənt]	Anlage, Beilage
to attain	[ə'tein]	erreichen, erlangen
to attempt, to try	[ə'tempt, trai]	versuchen, probieren
attempt, try	[ə'tempt, trai]	Versuch, Probe
to attend to	[ə'tend tu]	sorgen für
attention (ATTN)	[ə'tenʃən]	Achtung! Aufmerksamkeit
to draw – to	[drɔ: ə'tenʃən tu]	hinweisen auf
to pay – to	[pei ə'tenʃən tu]	achten auf..., beachten
attitude	['ætitju:d]	Lage, Haltung
– of flight, flight –	['ætitju:d ɔv flait]	Fluglage
audible	['ɔ:dibl]	hörbar
aural(ly)	['ɔ:rəli]	akustisch
authority	[ɔ:'θɔriti]	Behörde, Stelle
to authorize	['ɔ:θəraiz]	genehmigen, ermächtigen
authorized	['ɔ:θəraizd]	bevollmächtigt, genehmigt
authorization	[ɔ:θərai'zeiʃən]	Genehmigung, Bewilligung
automatic	[ɔ:tə'mætik]	automatisch, selbsttätig
– direction finder	[di'rekʃən 'faində]	automatisches Peilgerät (ADF)
– pilot	[ɔ:tə'mætik 'pailət]	Flugregler, Selbststeuerungsanl.
– terminal information service	['tə:minəl infɔ:'meiʃən 'sə:vis]	autom. Ausstrahlung von Lande- und Startinformationen (ATIS)
– teleph. responder	['telefoun ri'spɔndə]	automatischer Anrufbeantworter
automatically	[ɔ:tə'mætikəli]	automatisch
autorotation landing	['ɔ:tərou'teiʃən 'lændiŋ]	Autorotationslandung (Hubschrauber)
available (AVBL)	[ə'veiləbl]	verfügbar, vorhanden, benützbar
to be available	[tə bi: ə'veiləbl]	zur Verfügung stehen, vorhanden sein, verfügbar sein
availability	[əveilə'biliti]	Vorhandensein, Verfügbarkeit
average	['ævridʒ]	Durchschnitt, durchschnittlich
aviation	[eivi'eiʃən]	Flugwesen, Luftfahrt, Fliegerei
to avoid	[ə'vɔid]	(ver)meiden, umgehen
to avoid overflying	[ə'vɔid 'ouvə'flaiiŋ]	den Überflug vermeiden
avoidable	[ə'vɔidəbl]	vermeidbar
avoidance	[ə'vɔidəns]	Vermeidung, Verhütung
avoiding action, evasive action	[ə'vɔidiŋ 'ækʃən, i'veisiv 'ækʃən]	Ausweichbewegung, Ausweichmanöver
avoiding turn	[ə'vɔidiŋ tə:n]	Ausweichkurve
to await	[ə'weit]	erwarten, abwarten
aware; to be – of	[tu bi: ə'wɛə ɔv]	gewahr; gewahr, bewußt sein
away (from)	[ə'wei frɔm]	weg (von), entfernt
axis	['æksis]	Achse
azimuth (AZM)	['æziməθ]	Azimut, Richtung

B

back	[bæk]	zurück, hinten, rückwärts; Rücken
– and forth	[bæk ænd fɔːθ]	auf und ab, hin und her
to be – on frequ.	[bæk ɔn 'friːkwənsi]	auf der Frequenz zurücksein
to come back	[kʌm bæk]	zurückkommen
to fly back	[flai bæk]	zurückfliegen
to go back	[gou bæk]	zurückgehen
back beam (ILS)	['bæk biːm]	rückseitiger Leitstrahl
back course (ILS)	['bæk kɔːs]	rückseitiger Kurs
to backfire	['bækfaiə]	fehlzünden
backfire, backfiring	['bækfairiŋ]	Fehlzündung, Rückschlag
background noise	['bækgraund nɔiz]	Neben-, Hintergrundgeräusch
back swept wing	['bæk swept wiŋ]	Pfeilflügel, gepfeilter Flügel
to backtrack	['bæk'træk]	zurückrollen (auf der Landebahn)
back-up...	['bækʌp]	Reserve-, Bereitschafts-, Ersatz-
to back up	[bæk ʌp]	unterstützen
backward(s)	['bækwədz]	nach hinten, rückwärts
bad, poor	[bæd, puːə]	schlecht (Steigerg.: worse, worst)
– radio	['reidiou]	schlechtes Funkgerät
– visibility	[vizi'biliti]	schlechte Sicht
– weather	['weðə]	schlechtes Wetter
baggage, luggage	['bægidʒ, 'lʌgidʒ]	Gepäck
to bail out	[beil aut]	(mit dem Fallschirm) abspringen
balked landing	[bɔːkt lændiŋ]	abgebrochene Landg., Durchstart
balloon	[bə'luːn]	Ballon
balloon ascent	[bə'luːn ə'sent]	Ballonaufstieg
balloon cover	[bə'luːn 'kʌvə]	Ballonhülle
balloon flight	[bə'luːn flait]	Ballonfahrt
band (width)	[bænd widθ]	Band(breite)
to bank	[bæŋk]	Lfz. in Schräglage bringen
bank	[bæŋk]	Querneigung, -lage; Ufer, Küste
– and pitch indicator	[bæŋk ænd pitʃ 'indikeitə]	Quer- und Längsneigungsanzeiger
– and turn indicator	[təːn 'indikeitə]	Wendezeiger
banked turn	[bæŋkt təːn]	Kurve mit Querneigung
banner	['bænə]	Werbeband, Werbebanner
– drop	['bænə drɔp]	Bannerabwurf
– pick up	['bænə pik ʌp]	Banneraufnahme
– towing (flight)	['bænə 'touiŋ flait]	Bannerschlepp(flug)
to drop –	[drɔp 'bænə]	Banner abwerfen
to pick up –	[pik ʌp 'bænə]	Banner aufnehmen
barely, hardly	['bɛəli, 'haːdli]	kaum
– audible	['bɛəli 'ɔːdibl]	kaum hörbar
– readable	['bɛəli 'riːdəbl]	kaum verständlich
barometr. pressure	[bərɔ'metrik 'preʃə]	Luftdruck
base	[beis]	Untergrenze; Grundlage
– leg	[beis leg]	Queranflug (Teil der Platzrunde)
– of cloud, cloud –	[klaud beis]	Wolkenuntergrenze
– turn	[beis təːn]	Wendekurve
basic length	['beisik leŋθ]	Grundlänge (S/L-bahn, Piste)
to be, was, been	[tə biː, wɔz, biːn]	sein, war, gewesen
beach	[biːtʃ]	Strand
beacon (BCN)	['biːkən]	Funkfeuer, Leuchtfeuer

non directional – (NDB)	[nɔn di'rekʃənəl 'bi:kən]	ungerichtetes Funkfeuer
beam	[bi:m]	Strahl, Leitstrahl, Richtstrahl
beam angle	[bi:m æŋgl]	Strahlbreite
beam width	[bi:m widθ]	Abstrahlungswinkel
light beam	[lait bi:m]	Lichtstrahl
radio beam	['reidiou bi:m]	Funkleitstrahl
bearing (BRG)	['bɛəriŋ]	Peilung, Richtung
– accuracy	['bɛəriŋ 'ækjurəsi]	Peilgenauigkeit
– strength, capacity	[streŋθ, kə'pæsiti]	Tragfähigkeit (der Piste)
magnetic –	[mæg'netik 'bɛəriŋ]	mißweisende Peilung, Richtung
relative –	['relətiv 'bɛəriŋ]	Bezugspeilung
true –	[tru: 'bɛəriŋ]	rechtweisende Peilung, Richtung
because, since, as	[bi'kɔ:s, sins, æz]	da, weil
because of, due to	[bi'kɔ:s ɔv, dju: tu]	wegen, auf Grund von
to become, became, become	[bi'kʌm, bi'keim, bi'kʌm]	werden, wurde, geworden
– cloudy	[bi'kʌm 'klaudi]	sich bewölken
– effective	[bi'kʌm i'fektiv]	in Kraft treten
– IMC, to enter IMC	[bi'kʌm ai em si:, 'entə ai em si:]	in Instrumentenwetterbedingungen einfliegen, IMC werden
before, prior to	[bi'fɔ:, 'praiə tu]	(be)vor (zeitlich), vorher, ehe
as before	[æz bi'fɔ:]	wie zuvor, wie vorher
beforehand	[bi'fɔ:hænd]	vorweg
to begin, began, begun	[bi'gin, bi'gæn, bi'gʌn]	anfangen, beginnen (u. Verg.) auch: to commence, to start
beginner	[bi'ginə]	Anfänger
beginning, start	[bi'giniŋ, sta:t]	Anfang, Beginn
behavior	[bi'heiviə]	Benehmen
behind	[bi'haind]	hinter, hinten, nach
to stay behind	[stei bi'haind]	zurückbleiben
to believe	[bi'li:v]	glauben, vermuten
believed to...	[bi'li:vd tu]	vermutlich...
– – be overdue	[bi: 'ouvədju:]	vermutlich überfällig
– – have crashed	[bi'li:vd hæv kræʃt]	vermutlich abgestürzt
belly landing	['beli 'lændiŋ]	Bauchlandung
to belong	[bi'lɔŋ]	gehören
below (BLW), beneath	[bi'lou] [bi'ni:θ]	unter, unterhalb, unten
below clouds	[bi'lou klaudz]	unterhalb der Wolken (BLO)
below (mentioned)	[bi'lou 'menʃənd]	unten-, nachstehend (genannt)
below minimum	[bi'lou 'minimәm]	unter dem Mindestwert
bends (ILS)	[bendz]	Leitstrahlkrümmungen (ILS)
benefit	['benefit]	Nutzen, Vorteil
for the – of...	[fɔ: ðə 'benefit ɔv]	zugunsten von..., wegen...
beside, next to	[bi'said, nekst tu]	neben
better; best	['betə]	besser; bester, beste, bestes
between (BTN)	[bi'twi:n]	zwischen
– layers (BTL)	[bi'twi:n 'leiəz]	zwischen (Wolken-) Schichten
to beware (of)	[bi'wɛə ɔv]	sich vorsehen (vor), achten auf
beyond	[bi'jɔnd]	jenseits, (dar)über hinaus
big		groß, mächtig, stark
bill		(Gesetz) Entwurf
binocular(s)	[bi'nɔkjuləz]	Fernglas
biplane	['baiplein]	Doppeldecker

bird	[bə:d]	Vogel
bird migration	[bə:d mi'greiʃən]	Vogelzug
bird strike	[bə:d straik]	Vogelschlag
flock of birds	[flɔk ɔv bə:dz]	Vogelschwarm
a (little) bit	[litl bit]	ein bißchen, ein wenig
black	[blæk]	schwarz
blast	[bla:st]	Explosion, Strahl
blast of jet engine	[dʒet 'endʒin]	Düsenstrahl, Rückstoßbö
blast fence	[bla:st fens]	Strahlschutzwand, -abweiser
blind	[blaind]	blind
– speed, velocity	[blaind spi:d, vi'lɔsiti]	Blindgeschwindigkeit (bei Radar)
– spot	[blaind spɔt]	Stelle an der Erdoberfläche, an der kein Funkempfang mögl. ist
– transmission, transmitting –	[blaind trænz'miʃən, trænz'mitiŋ blaind]	Blindübermittlung, Blindsendung
to blind, to dazzle	[blaind, dæzl]	blenden
to blink (ldg. lights)		(mit Landescheinwerfern) blinken
blip		Echoanzeige (Radar)
blizzard	['blizəd]	Blizzard, Schneesturm
block, chock	[blɔk, tʃɔk]	Bremsklotz; Schweiz: Radschuh
block to block time	[blɔk tu blɔk taim]	Blockzeit
to block (runway)	[tu blɔk 'rʌnwei]	(Start- u. Landebahn) versperren
to block out	[blɔk aut]	ausblockieren, sperren, stören
you were blocked out	[ju: wɛə blɔkt aut]	Ihre Ausstrahlung wurde gestört, überlagert
to blow, blew, blown	[blou, blu:, bloun]	blasen, wehen (u. Verg.)
to blow a tyre	[blou ə 'taiə]	einen Reifen beschädigen
blown tyre	[bloun 'taiə]	geplatzter Reifen
blowing dust, sand	['blouiŋ dʌst, sænd]	Staubtreiben, Sandtreiben
blowing snow	['blouiŋ snou]	Schneetreiben, wehender Schnee
blue (B)	[blu:]	blau
to board (the a/c)	[bɔ:d ði 'ɛəkra:ft]	(das Luftfahrzeug) betreten
boat	[bout]	Boot, Schiff
bomb threat	[bɔm θret]	Bombendrohung
bomb warning	['bɔm 'wɔ:niŋ]	Bombenwarnung
bombing	['bɔmiŋ]	Bombenabwurf
to boost; booster	[bu:st, 'bu:stə]	vorverdichten, aufladen; Lader
boost pressure	['bu:st 'preʃə]	Ladedruck; Laderdruck
booster pump	['bu:stə pʌmp]	Hilfspumpe
border, frontier	['bɔ:də, 'frɔntiə]	(Landes-)Grenze
both; – sides	[bouθ saidz]	beide; beiderseits
both...and...	[bouθ ænd]	sowohl...als (auch)...
bound for	[baund fɔ:]	unterwegs nach
boundary (BDRY)	['baundəri]	Grenze, Begrenzung, Rand
– layer (control)	['leiə kən'troul]	Grenzschicht(-beeinflussung)
bounded	['baundid]	begrenzt
bracketing	['brækitiŋ]	Erfliegen eines Leitstrahls
to brake	[breik]	bremsen
brake	[breik]	Bremse
– check	[breik tʃek]	Bremsenüberprüfung
– (para)chute	[breik 'pærəʃu:t]	Bremsschirm
braking	['breikiŋ]	bremsend, Brems...
– action	['breikiŋ 'ækʃən]	Bremswirkung
– coefficient	['breikiŋ kouə'fiʃənt]	Bremskoeffizient
– (para)chute	['breikiŋ 'pærəʃu:t]	Bremsschirm

– values	['breikiŋ 'vælju:s]	Bremswerte
to break, broke, broken	[breik, brouk, 'broukən]	(unter)brechen, abdrehen (und Vergangenheit)
break	[breik]	Pause; Verf.-sprechgr.: Trennung
breaks in overcast	[breiks in 'ouvəka:st]	Wolkenlücken
breakdown	['breikdaun]	Ausfall, Panne, Versagen
breaking cloud	['breikiŋ klaud]	aus Wolken herauskommen(d)
(to be) **breaking** (ground) **contact**	['breikiŋ graund 'kɔntækt]	durchstoßen, Erdsicht erlangen
breaking tops of clouds, haze, fog	['breikiŋ tɔps ɔv klaudz, heiz, fɔg]	soeben die (Wolken-, Dunst-, Nebel-)Obergrenze durchstoßen
to break off	[breik ɔf]	abbrechen, abdrehen
break-off height	['breikɔf hait]	Abbruchhöhe (Anflug) (BOH)
breakout, -through	['breikaut, θru:]	Durchstoßen (z.B. Wolken)
breath difficulties	[breθ 'difikəltiz]	Atemnot
bridge	[bridʒ]	Brücke
brief	[bri:f]	kurz (gefaßt)
briefing	['bri:fiŋ]	mündliche (Flug-)Beratung
briefing office	['bri:fiŋ 'ɔfis]	(Flug-)Beratungsstelle
bright; brightness	[brait, 'braitnis]	strahlend, hell; Helligkeit
brillancy	['briljənsi]	Helligkeit, Glanz
to bring, brought, –	[briŋ, brɔ:t, brɔ:t]	bringen, brachte, gebracht
broad	[brɔ:d]	breit
to broadcast, –, –	['brɔ:dka:st]	senden, ausstrahlen (u. Verg.)
broadcast (BCST)	['brɔ:dka:st]	Rundfunk, Rundsendung
– ing station (BS)	['steiʃən]	Rundfunksender, Rundsendestelle
broken cloud (BKN)	['broukən klaud]	aufgebrochene, aufgerissene Bewölkung, stark bewölkt ($^5/_8$–$^7/_8$)
broken line	['broukən lain]	gestrichelte Linie
brown	[braun]	braun
buffer (zone)	['bʌfə zoun]	Puffer(zone)
buffeting	['bʌfitiŋ]	Schütteln, Flattern
pre-stall –	['pri:'stɔ:l 'bʌfitiŋ]	– vor d. Ablösen d. Strömung
building (BLDG)	['bildiŋ]	Gebäude, Bauwerk
built-up area	['biltʌp 'ɛəriə]	bebautes Gebiet, Ortschaft
populated area	['pɔpjuleitəd 'ɛəriə]	be-, überbautes, besiedeltes Gebiet, Ortschaft, Wohngebiet
bumpy, rough	['bʌmpi, rʌf]	uneben, holprig, böig
bumpy flight	['bʌmpi flait]	böiger Flug
to burn, burnt, –	[bə:n, bə:nt, bə:nt]	brennen, verbrennen (u. Verg.)
to burst, –, –,	[bə:st, bə:st, bə:st]	platzen, platzte, geplatzt
burst tire, blown t.	[bloun 'taiə]	geplatzter Reifen
business a/c	['biznis 'ɛəkra:ft]	Geschäftsluftfahrzeug
busy; too busy	[tu: 'bizi]	beschäftigt; zu (sehr) beschäftigt
line is busy	[lain iz 'bizi]	die (Telefon-)Leitung ist besetzt
but	[bʌt]	jedoch, aber, sondern, außer, als
nothing but	['nʌθiŋ bʌt]	nichts als
buzzer	['bʌzə]	Summer
by	[bai]	durch, an, bei, mit, von
by-pass	[bai pa:s]	Ausweich-, Überholstelle
– – area	['bai'pa:s 'ɛəriə]	Überholfläche
– – taxiway	['tæksiwei]	Überholrollweg; D.:–... rollbahn

C

cabin	['kæbin]	Kabine, Passagierraum
– door	['kæbin dɔ:]	Kabinentüre
– heating	['kæbin 'hi:tiŋ]	Kabinenheizung
– lighting	['kæbin 'laitiŋ]	Kabinenbeleuchtung
– pressure	['kæbin 'preʃə]	Kabinendruck
pressurized –	['preʃəraizd 'kæbin]	Druckkabine
cable	[keibl]	Kabel
cable digging	[keibl 'digiŋ]	Kabelgrabung
to cage gyro	[keidʒ 'dʒairou]	Kreiselkompaß feststellen
caging device	['keidʒiŋ di'wais]	Feststellvorrichtung
to calculate	['kælkjuleit]	(be)rechnen; Hw.: calculation
to calibrate	['kælibreit]	funk(ver)messen, eichen
calibrated airspeed	['kælibreitəd 'ɛəspi:d]	berichtigte Fahrtmesseranzeige
calibration	[kæli'breiʃən]	Funk(ver)messung, Eichung
calibration flight	[kæli'breiʃən flait]	Funkmeßflug, Vermessungsflug
to call	['kɔ:l]	rufen, anrufen, herbeirufen
– attention to...	['kɔ:l ə'tenʃən tu]	aufmerksam machen auf...
– up	[kɔ:l ʌp]	anrufen (Telefon)
call		Ruf, Anruf
call sign (CS)	['kɔ:l sain]	Rufzeichen
radio call sign	['reidiou 'kɔlsain]	Funkrufzeichen
calm; wind calm	[ka:m]	still, ruhig, Windstille; windstill
camouflage	['kæmufla:ʒ]	Tarnanstrich
can, could, could	[kæn, kud, kud]	können, konnte, gekonnt
to cancel (CNL) (flight plan)	['kænsəl flait plæn]	(Flugplan) aufheben, streichen, annullieren, widerrufen
cancel	['kænsəl]	Verf. sprechgruppe: streichen Sie die soeben erteilte Freigabe
cancellation (CNL)	[kænsə'leiʃən]	Aufhebung, Streichung
cannot	['kænɔt]	kann nicht, können nicht
capable	['keipəbl]	fähig, tüchtig
capability	[keipə'biliti]	Fähigkeit, Tragfähigkeit
capacity	[kə'pæsiti]	Fassungsvermögen, Kapazität
runway capacity, bearing strength	['rʌnwei kə'pæsiti, 'bɛəriŋ streŋθ]	Aufnahmevermögen, Tragfähigkeit der Start- und Landebahn
captain	['kæptən]	(Flug-)Kapitän, mil.: Hauptmann
captive balloon	['kæptiv bə'lu:n]	Fesselballon; auch: fixed balloon
car	[ka:]	Wagen, Auto
carburettor	['ka:bjuretə]	Vergaser
carburettor heat	['ka:bjuretə hi:t]	Vergaservorwärmung
carburettor icing	['ka:bjuretə 'aisiŋ]	Vergaservereisung
care	[kɛə]	Vorsicht, Sorge, Sorgfalt
to care for	[tu kɛə fɔ:]	sich kümmern um
to take care of	[teik kɛə ɔv]	sorgen für
careful(ly)	['kɛəful]	vorsichtig, gründlich
careless, negligent	['kɛəlis, 'neglidʒənt]	nachlässig, unachtsam
cargo	['ka:gou]	Fracht, Ladung
– plane, freight aeroplane	['ka:gou plein, freit 'ɛərouplein]	Frachtflugzeug
carrier(wave)	['kæriə weiv]	Träger(welle)
to carry	['kæri]	tragen
– along	['kæri ə'lɔŋ]	mitführen

– on		fortfahren, weiterführen
– **out,** through	['kæri aut, θru:]	ausführen, durchführen
case; in case of...	[keis]	Fall; im Falle von..., bei...
castle	[ka:sl]	Burg, Schloß
to catch, caught, –	[kætʃ, kɔ:t, kɔ:t]	fassen, erfassen, fangen (u. Verg.)
to catch fire	[kætʃ 'faiə]	Feuer fangen
category	['kætigəri]	Kategorie
caterpillar	['keitəpilə]	Planierraupe, Ladegerät
to cause	[kɔ:s]	verursachen, bewirken, veranlass.
to cause delay	[kɔ:s di'lei]	Verspätung verursachen
cause	[kɔ:s]	Ursache, Grund
caution (CTN)	['kɔ:ʃən]	Vorsicht, Achtung; Warnung
(use) – **with...**	[ju:s 'kɔ:ʃən wið]	achten Sie auf...
with –, cautious	[wið 'kɔ:ʃən, 'kɔ:ʃəs]	vorsichtig
to cease, to end	[si:s]	beenden, aufhören
ceiling	['si:liŋ]	Hauptwolkenuntergrenze (HWU), Gipfelhöhe von Luftfahrzeugen
ceiling and visibility OK (CAVOK)	['si:liŋ ænd vizi'biliti oukei, ka:vou'kei]	Sicht, Wolken und gegenw. Wetter besser als die vorgeschriebenen Werte oder Bedingungen
ceiling unlimited	['si:liŋ ʌn'limitid]	keine HWU vorhanden
ceiling zero	['si:liŋ 'zi:rou]	aufliegende Hauptwolkenuntergr.
ceilometer	['si:ləmi:tə]	Wolkenhöhenmesser
center	['sentə]	Mitte, Mittelpunkt, Zentrum
center line (lights)	['sentəlain laits]	Mittellinie(nfeuer)
center of taxiway	['tæksiwei]	Rollbahnmitte
centered	['sentəd]	zentriert, in der Mitte, um...
centigrade (C)	['sentigreid]	Grad Celsius
central portion	['sentrəl 'pɔ:ʃən]	mittlerer Teil
certain(ly)	['sə:tnli]	bestimmt, gewiß, sicher, einzeln
certificate, licence	[sə'tifikeit, 'laisəns]	Ausweis, Erlaubnis, Schein
championship	['tʃæmpiənʃip]	Meisterschaft
chance	[tʃa:ns]	Aussicht, Möglichkeit, Zufall
by (any) chance	[bai 'eni tʃa:ns]	zufällig
to change	[tʃeindʒ]	wechseln, (sich) (ver)ändern
– to other frequency	[tʃeindʒ tu 'ʌðə 'fri:kwənsi]	auf andere Frequenz überwechseln, umschalten
change		Wechsel, Änderung
frequency –	['fri:kwənsi tʃeindʒ]	Frequenzwechsel, -änderung
channel (CH)	['tʃænl]	Kanal; (Frequenz) Kanal
– selector	['tʃænl si'lektə]	Kanalwahlschalter, -wähler
– spacing	['tʃænl 'speisiŋ]	Kanalabstand, -abstände
characteristics	[kæræktə'ristiks]	Merkmale, Einzelheiten
charges	['tʃa:dʒiz]	Gebühren
chart	[tʃa:t]	Plan, (Navigations-)Karte
to check	[tʃek]	untersuchen, erproben, vergleichen, (über)prüfen, melden über
check		Verf. sprechgr.: überprüfen Sie ein System oder Verfahren
check		Überprüfung, Kontrolle
– flight, test flight	[tʃek flait]	Überprüfungsflug, Testflug
– list	[tʃek list]	Kontrolliste, Prüfliste, Klarliste
– pilot	[tʃek 'pailət]	Prüfpilot, Prüfluftfahrzeugführer
– point	[tʃek pɔint]	Prüfstelle, Kontrollpunkt
child, children	[tʃaild, 'tʃildren]	Kind, Kinder

chimney	['tʃimni]	Schornstein, Kamin
chock, block	[tʃɔk, blɔk]	Bremsklotz; Schweiz: Radschuh
choice	[tʃɔis]	Wahl, Auswahl
at your –, at your discretion	[æt juə tʃɔis, æt juə dis'kreʃən]	nach Ihrer Wahl, nach Ihrem Ermessen
to choose, chose, chosen	[tʃu:z, tʃouz, 'tʃouzən]	(aus-)wählen, aussuchen (und Vergangenheit)
church steeple	[tʃə:tʃ sti:pl]	Kirchturm
to circle, to orbit	['sə:kl, 'ɔ:bit]	kreisen, umkreisen
circle, orbit	['sə:kl, 'ɔ:bit]	Kreis, Vollkreis
circling approach	['sə:kliŋ ə'proutʃ]	Platzrundenanflug
circular; – letter	['sə:kjulə 'letə]	(kreis)rund; Rundschreiben
to circumfly, to circumnavigate	['sə:kəmflai] ['sə:kəm'nævigeit]	umfliegen
circumstances	['sə:kəmstənsiz]	Umstände, Verhältnisse, Gründe
cirrocumulus (CC)	['sirou'kju:mələs]	Cirrokumulus(wolke)
cirrostratus (CS)	['sirou'streitəs]	Cirrostratus(wolke)
cirrus (CI)	['sirəs]	Cirrus(wolke), Federwolke
citizen	['sitizən]	Bürger
city	['siti]	Stadt, Stadtkern, Innenstadt
civil; civil aircraft	['sivil 'ɛəkra:ft]	zivil (CIV); Zivilluftfahrzeug
to clarify	['klɛərifai]	klären; Hw.: clarification
to clear	[kliə]	freigeben, freimachen, räumen
to clear up	[kliə ʌp]	aufklaren (Wetter)
clear (CLR)	[kliə]	klar, deutlich, hell, sauber
clear air	[kliə 'ɛə]	wolkenfrei
clear air turbulence	[kliə 'ɛə 'tə:bjuləns]	Turbulenz in –er Luftschicht
clear ice	[kliə ais]	Klareis, klares Eis
clear of clouds	[kliə ɔv klaudz]	Wolken dürfen nicht berührt werden, frei von Wolken
clear of ice	[kliə ɔv ais]	eisfrei
clear(ed) (of snow)	[kliə ɔv snou]	geräumt (von Schnee)
clear of (traffic)	[kliə ɔv 'træfik]	frei von, weg vom (übrigen Verk.)
clear sky	[kliə skai]	wolkenloser Himmel
clear weather	[kliə 'weðə]	wolkenloses Wetter
clearance (CLR)	['kliərəns]	Freigabe, Erlaubnis; Abstand
– delivery	['kliərəns di'livəri]	Freigabeübermittlung
– expires (at...)	[iks'paiəz æt]	Freigabe verfällt (um...)
– expiry time, – void time	[iks'pairi taim] ['kliərəns vɔid taim]	Freigabeablauf, Freigabe-ungültigkeitszeitpunkt
– limit	['kliərəns 'limit]	Freigabegrenze
– request	['kliərəns ri'kwest]	Anforderung einer Freigabe
cleared (to) (CLR)	[kliəd]	frei(gegeben) (zu, nach); geräumt
as cleared	[æz kliəd]	wie freigegeben
clearway	['kliərwei]	Freifläche
to climb, to ascend	[klaim, ə'send]	aufsteigen, klettern, steigen
climb, ascent	['klaim, ə'sent]	Steigflug, Aufstieg
– and descent indicator	[klaim ænd di'sent 'indikeitə]	Variometer
– on course	[klaim ɔn kɔ:s]	steigen Sie auf Kurs
– performance	[klaim pə'fɔ:məns]	Steigleistung
– ing instructions	['klaimiŋ in'strʌkʃənz]	Steiganweisung(en)
climb(ing) speed	['klaimiŋ spi:d]	Geschwindigkeit im Steigflug
rate of climb	[reit ɔv klaim]	Steiggeschwindigkeit, Steigrate
clock, watch	[klɔk, wɔtʃ]	Uhr

clockwise	['klɔkwaiz]	im Uhrzeigersinn, in U.-richtung
anti–, counter–	['kauntə 'klɔkwaiz]	im entgeg. gesetzt. Uhrzeigersinn
close(ly)	['klouzli]	eng, dicht, nahe
close by	[klouz bai]	in der Nähe
close to, near...	[klouz tu, 'niə]	nahe bei, in der Nähe von...
close proximity	[klouz prɔk'simiti]	geringe Entfernung, große Nähe
(to be) **too close**	[tu: klouz]	zu dicht auf, zu nahe (sein)
to get too close	[get tu: klouz]	zu nahe kommen
to close	[klouz]	schließen, sperren, zumachen
to close down	[klouz daun]	abschalten, abstellen, zumachen
to close flight plan	[klouz flait plæn]	Flugplan aufheben
closed (CLSD)	[klouzd]	gesperrt, geschlossen
runway closed	['rʌnwei klouzd]	Start- und Landebahn gesperrt
closing with...	['klouziŋ wið]	sich...nähern (b. Radarführung)
– – localizer	['loukəlaizə]	in den Landekurs einfliegen
closing, closure	['klouziŋ, 'klouʒə]	Sperrung, Schließung
closing times	['klouziŋ taimz]	Sperrzeit
closure	['klouʒə]	Schließung, Annäherung
rate of closure	[reit əv 'klouʒə]	Annäherungsgeschwindigkeit
cloud (CLD)	[klaud]	Wolke, Wolken, Bewölkungs-...
– bank	[klaud bæŋk]	Wolkenbank
– base, base of –	[klaud beis]	Wolkenuntergrenze (BASE)
– breaking procedure	[klaud 'breikiŋ prə'si:dʒə]	(Wolken-)Durchstoßverfahren auch: penetration procedure
– condition	[klaud kən'diʃən]	Bewölkungsverhältnisse
– cover	[klaud 'kʌvə]	Wolkendecke
– coverage, amount	['kʌvəridʒ, ə'maunt]	Wolkenbedeckung(sgrad)
– height	[klaud hait]	Wolkenhöhe
– hole, – gap	[klaud houl, gæp]	Wolkenloch
– layer, – deck	[klaud 'leiə, dek]	Wolkenschicht
– lift		Anheben der Wolken
– search light	[klaud 'sə:tʃlait]	Wolkenscheinwerfer
– top, top of –	[klaud tɔp]	Wolkenobergrenze (TOP)
broken –	['broukən klaud]	aufgebrochene Bewölkung
low –	[lou klaud]	tiefe Wolken
scattered –	['skætəd klaud]	stark aufgelockerte Bewölkung
type of –	[taip ɔv klaud]	Wolkenart
cloudy	['klaudi]	bewölkt, wolkig
to become –	[bi'kʌm 'klaudi]	sich bewölken
partly –	['pa:tli 'klaudi]	teilweise bewölkt
clutter (radar)	['klʌtə]	Störflecken
coast, shore	[koust, ʃɔ:]	Küste
cockpit	['kɔkpit]	Führerraum, Pilotenraum
cockpit check	['kɔkpit tʃek]	Führerraumkontrolle
cockpit visibility	['kɔkpit vizi'biliti]	Sicht vom Führerraum
code (SSR code)	[koud]	Schlüssel, Kode (Sekundärradar)
to coincide	[kouin'said]	übereinstimmen
cold front	['kould frʌnt]	Kaltfront
to collapse (landing gear)	[kə'læps] ['lændiŋ giə]	zusammenbrechen, zusammenfallen, einknicken (Fahrwerk)
to collide	[kə'laid]	zusammenstoßen
collision (hazard)	[kə'liʒən 'hæzəd]	Zusammenstoß(gefahr)
collision course	[kə'liʒən kɔ:s]	Kollisionskurs
collision warning	[kə'liʒən 'wɔ:niŋ]	Zusammenstoßwarnung

color, colour	['kʌlə]	Farbe
combustion chamber	[kəm'bʌstʃən 'tʃæmbə]	Brennkammer
to come, came, come	[kʌm, keim, kʌm]	kommen, kam, gekommen
– back, to return	[kʌm bæk, ri'tə:n]	zurückkommen
– in	[kʌm in]	hereinkommen
– through	[kʌm θru:]	durchkommen
– to a full stop		haltmachen, anhalten
– up, to approach	[kʌm ʌp, ə'proutʃ]	näherkommen, sich nähern
to commence	[kə'mens]	anfangen, beginnen
commencement	[kə'mensmənt]	Anfang, Beginn
comment	['kɔment]	Bemerkung, Beschreibung
commercial	[kə'mə:ʃəl]	kommerziell, gewerblich
– air traffic	[kə'mə:ʃəl 'ɛə 'træfik]	gewerblicher Luftverkehr
– flight	['kə'mə:ʃəl flait]	gewerblicher Flug
– pilot	['kə'mə:ʃəl 'pailət]	Berufspilot; D.: Berufsflugzeugf.
commissioned	[kə'miʃənd]	freigegeben (z. B. Nav. anlage)
communication(s) (COM)	[kəmju:ni'keiʃən]	Fernmeldeverkehr, -wesen, -verbindung, Fernmelde...
– difficulties	['difikəltiz]	Schwierigkeiten im –
– equipment	[i'kwipmənt]	Fernmeldeausrüstung
– facility	[fə'siliti]	Fernmeldeeinrichtung, -anlage
radio –	['reidiou]	Funkverbindung, Funkverkehr
radio – failure	['feiljə]	Ausfall der Funkverbindung
compact rime	['kɔmpækt raim]	dichtes Rauheis
company, airline –	['ɛəlain 'kʌmpəni]	Luftverkehrsgesellschaft
to compare	[kəm'pɛə]	vergleichen; Hw.: comparison
compass	['kʌmpəs]	Kompaß
– base	['kʌmpəs beis]	Kompensierscheibe
– course	['kʌmpəs kɔ:s]	Kompaßkurs
– deviation	['kʌmpəs divi'eiʃən]	Deviation, Ablenkung
– error	['kʌmpəs 'erə]	Kompaßfehler
– heading	['kʌmpəs 'hediŋ]	Kompaß-Steuerkurs
– locator (beacon)	['kʌmpəs 'loukeitə]	Platzfunkfeuer
– needle	['kʌmpəs ni:dl]	Kompaßnadel
– rose	['kʌmpəs rouz]	Kompaßrose
magnetic –	[mæg'netic 'kʌmpəs]	Magnetkompaß
radio –	['reidiou 'kʌmpəs]	Radiokompaß, Funkkompaß
to compel, force	[kəm'pel, fɔ:s]	zwingen
competent	['kɔmpitənt]	zuständig, sachverständig
– ATC unit	[ei ti: si: 'ju:nit]	zust. Flugverkehrskontrollstelle
– authority	['kɔmpitənt ɔ:'θɔriti]	zuständige Behörde, Stelle
competition	[kɔmpi'tiʃən]	Wettbewerb
to complain (of)	[kəm'plein]	klagen, sich beschweren (über)
complaint	[kəm'pleint]	Klage, Beschwerde, Beanstandg.
to complete	[kəm'pli:t]	beenden, vervollständigen
completed, CMPL	[kəm'pli:təd]	beendet, abgeschlossen
complete(ly)	[kəm'pli:tli]	vollständig, ganz (und gar)
completion, CMPL	[kəm'pli:ʃən]	Fertigstellung, Vollendung
compliance	[kəm'plaiəns]	Einwilligung, Übereinstimmung
in compliance with	[in kəm'plaiəns wið]	unter Einhaltung, Befolgung von..., in Übereinstimmung mit
complicated	['kɔmplikeitəd]	kompliziert, schwierig
to comply with	[kəm'plai wið]	befolgen, entsprechen, nachkommen, einhalten, erfüllen

– – a clearance	['kliərəns]	eine Freigabe einhalten
– – an instruction	[in'strʌkʃən]	eine Anweisung befolgen
component	[kəm'pounənt]	Bestandteil
comprehensive	[kɔmpri'hensiv]	umfassend
to comprise	[kəm'praiz]	umfassen, sich erstrecken auf
compulsory, mandatory	[kəm'pʌlsəri] ['mændətəri]	Pflicht-..., vorgeschrieben, obligatorisch
– report	[kəm'pʌlsəri ri'pɔ:t]	Plichtmeldung
– reporting point	[ri'pɔ:tiŋ pɔint]	Pflichtmeldepunkt
– (position) report	[pə'ziʃən ri'pɔ:t]	Pflicht(Standort-)Meldung
to concern	[kən'sə:n]	betreffen, angehen
concerned	[kən'sə:nd]	betroffen
concerning	[kən'sə:niŋ]	betreffend, bezüglich, hinsichtlich
concrete (CONC)	['kɔnkri:t]	Beton
concrete runway	['kɔnkri:t 'rʌnwei]	Beton-Start- und Landebahn
condition(s) (COND)	[kən'diʃənz]	Zustand, Beschaffenheit, Verhältnisse, Voraussetzungen, Bedingung, Auflage
flight – s	[flait kən'diʃənz]	Flugbedingungen
on – that	[ɔn kən'diʃən ðæt]	unter der Voraussetzung, daß...
operating –s	['ɔpəreitiŋ kən'diʃənz]	Betriebsbedingungen
runway –	[rʌnwei kən'diʃən]	Start- und Landebahnzustand
weather –s	['weðə kən'diʃənz]	Wetterverhältnisse, -bedingungen
conducive	[kən'dju:siv]	förderlich, dienlich
to conduct	[kən'dʌkt]	durchführen
conduct	['kɔndʌkt]	Durchführung
conduct of flight	['kɔndʌkt əv flait]	Flugdurchführung
to confirm (CFM)	[kən'fə:m]	bestätigen, bekräftigen
confirm	[kən'fə:m]	Sprechgruppe: bestätigen Sie
confirmation	['kɔnfə'meiʃən]	Bestätigung, Bekräftigung
conflicting traffic	[kən'fliktiŋ 'træfik]	störender (Flug-)Verkehr
confliction	[kən'flikʃən]	Staffelungsunterschreitung
to conform to	[kən'fɔ:m tu]	sich (ein)fügen, sich richten nach, (be)folgen, entsprechen
confused	[kən'fju:zd]	verwirrt
congested airspace	[kən'dʒestəd 'ɛəspeis]	Luftraum mit Verkehrszusammenballung
congested area	[kən'dʒestəd 'ɛəriə]	dichtbesiedeltes Gebiet
congestion	[kən'dʒestʃən]	Anhäufung, Stauung, Überfüllung
frequency –	['fri:kwənsi]	Frequenzüberlastung
traffic –	['træfik kən'dʒestʃən]	Verkehrsstau, Verkehrsballung
to connect	[kə'nekt]	verbinden, anschließen
connecting flight	[kə'nektiŋ flait]	Anschlußflug
connection	[kə'nekʃən]	Verbindung, Zusammenhang
conscientious	[kɔnʃi'enʃəs]	gewissenhaft
conscious of environment	['kɔnʃəs əv en'vaiənmənt]	umweltbewußt
to consent	[kən'sent]	einwilligen, zustimmen
consent	[kən'sent]	Zustimmung, Einwilligung
consequence	['kɔnsikwəns]	Folge, Konsequenz
consequent(ly)	['kɔnsikwəntli]	folglich, infolgedessen, deshalb
to consider	[kən'sidə]	betrachten, erwägen, beachten
considerable	[kən'sidərəbl]	beträchtlich, erheblich
consideration	[kənsidə'reiʃən]	Betrachtung, Erwägung

to take into –	[teik 'intu –]	in Betr. ziehen, berücksichtigen
to consist (of)	[kən'sist]	bestehen (aus)
constant(ly)	['kɔnstənt]	gleichbleibend, konstant, stetig
– listening watch	['kɔnstənt 'lisniŋ wɔtʃ]	ständige Hörbereitschaft
– speed propeller	['kɔnstənt spi:d prə'pelə]	(Verstell)Propeller mit konstanter Drehzahl, Reglerpropeller
to constitute (dang.)	['kɔnstitju:t 'deindʒə]	(Gefahr) bilden
to construct	[kən'strʌkt]	aufstellen, errichten, bauen
construction	[kən'strʌkʃən]	Bau(arbeiten), Gebäude, Anlage; Bauausführung, Bauweise
– equipment	[i'kwipmənt]	Baugerät, Baumaschinen
– period	['piəriəd]	Bauzeit
– phase	[kən'strʌkʃən feis]	Bauabschnitt
– site, area	[kən'strʌkʃən sait]	Baustelle
– work	[kən'strʌkʃən wə:k]	Bauarbeiten, Bauausführung
under –	['ʌndə kən'strʌkʃən]	im Bau
to consult	[kən'sʌlt]	befragen
to contact, to call	['kɔntækt, kɔ:l]	Verbindung aufnehmen mit, rufen
contact	['kɔntækt]	(Sicht)Verbindung; (Verfahrenssprechgruppe): rufen Sie
– authority	['kɔntækt ɔ:'θɔriti]	Verbindungsstelle
– point	['kɔntækt pɔint]	Verbindungsaufnahmepunkt
ground –	[graund 'kɔntækt]	Erdsicht, Bodenberührung
radar –	['reida 'kɔntækt]	Radarkontakt
radio –	['reidiou 'kɔntækt]	Funkverbindung
visual –	['viʒuəl 'kɔntækt]	Erdsicht; Sichtverbindung
to be in – with	[bi: in 'kɔntækt wið]	in Verbindung stehen mit
to establish –	[is'tæbliʃ 'kɔntækt]	Verbindung aufnehmen
to lose –	[lu:z 'kɔntækt]	Verbindung verlieren
to contain	[kən'tein]	enthalten, beinhalten
container = provisional VOR	[kən'teinə] [prə'viʒənəl vi:ou a:]	Behälter; VOR Überbrückungsanlage
contents	['kɔntents]	Inhalt
contest	['kɔntest]	Wettbewerb
continuance	[kən'tinjuəns]	Weiterführung, Fortsetzung
continuation	[kəntinju'eiʃən]	Fortsetzung
to continue (CONT)	[kən'tinju:]	fortsetzen, -fahren, weiterfliegen
continue	[kən'tinju:]	fahren Sie fort, setzen Sie fort
– approach	[kən'tinju: ə'proutʃ]	Anflug fortsetzen
– circling	[kən'tinju: 'sə:kliŋ]	kreisen Sie weiter
continued (CONT)	[kən'tinju:d]	fortgesetzt
continuous, –ly (CNS), auch:	[kən'tinjuəs]	durchgehend, fortlaufend, (fort-) dauernd, ständig, fortgesetzt
continual(ly)	[kən'tinjuəli]	ununterbrochen
– cloud	[kən'tinjuəs klaud]	geschlossene Bewölkung
– line	[kən'tinjuəs lain]	durchgezogene Linie
– (listening) watch	['lisniŋwɔtʃ]	dauernde Empfangsbereitschaft
– wave (CW)	[kən'tinjuəs weiv]	ungedämpfte Welle
contour (line)	['kɔntuə lain]	Umriß(linie), Höhenlinie
contravention	[kɔntrə'venʃən]	Zuwiderhandlung, Verstoß
to control	[kən'troul]	überwachen; steuern, regeln
control (CTL)	[kən'troul]	Kontrolle, Überwachung; Regler, Steuerung, Regelung
– area (CTA)	[kən'troul 'ɛəriə]	Kontrollbezirk

– column, stick	[kən'troul 'kɔləm]	Steuersäule, Steuerknüppel
– panel	[kən'troul 'pænəl]	Bedienungsfeld
– surface	[kən'troul 'sə:fis]	Ruder
– surfaces	[kən'troul 'sə:fisiz]	Leitwerk
– system	[kən'troul 'sistəm]	Steuer-, Steuerungssystem
– tower (TWR)	[kən'troul 'tauə]	Kontrollturm
– zone (CTR)	[kən'troul zoun]	Kontrollzone
– – boundary	['baundəri]	Kontrollzonengrenze
controllable	[kən'trouləbl]	steuerbar; Hw.: controllability
– pitch propeller	[pitʃ prə'pelə]	Verstellpropeller
controlled	[kən'trould]	kontrolliert
– aerodrome	['ɛəroudroum]	Flugplatz mit Verkehrskontrolle
– airspace	['ɛəspeis]	kontrollierter Luftraum
– flight	[kən'trould flait]	kontrollierter Flug
– VFR flight	[kən'trould vi: ef a: flait]	kontrollierter VFR-Flug, CVFR-Flug, kontrollierter Sichtflug
controller	[kən'troulə]	Fluglotse; s. air traffic contr.
controls	[kən'troulz]	Steuerung (u. Bedieneinrichtung)
convenience	[kən'vi:njəns]	Belieben
at your –	[æt juə kən'vi:njəns]	nach (Ihrem) Belieben, beliebig
convenient	[kən'vi:njənt]	passend, angenehm, günstig
conventional; – eng.	[kən'venʃənəl 'endʒin]	herkömmlich; Kolbenmotor
to converge	[kən'və:dʒ]	zusammenlaufen
converging courses	[kən'və:dʒiŋ 'kɔ:siz]	(sich) kreuzende Kurse
to converse	[kən'və:s]	sich unterhalten
conversation	[kɔnvə'seiʃən]	Unterhaltung, Gespräch
conversion table	[kən'və:ʒən teibl]	Umwandlungstabelle
to convert	[kən'və:t]	umwandeln, umrechnen
cool; to – down	[ku:l, ku:l daun]	kühl; abkühlen
cooling flaps	['ku:liŋ flæps]	Kühlklappen
cooperation	[kouɔpə'reiʃən]	Zusammenarbeit, -wirken
to coordinate	[kou'ɔ:dineit]	koordinieren, absprechen, abstimmen, vereinbaren
coordinates	[kou'ɔ:dinits]	Koordinaten
coordination	[kouɔ:di'neiʃən]	Koordinierung, Absprache
co-pilot, 2nd pilot	['kou'pailət]	2. Luftfahrzeugführer, 2. Pilot
to copy	['kɔpi]	mitschreiben, kopieren
ready to copy	['redi tə 'kɔpi]	bereit zum Mitschreiben
to correct	[kə'rekt]	berichtigen verbessern
correct (COR)	[kə'rekt]	richtig, fehlerfrei, korrekt
correct	[kə'rekt]	Verfahrenssprechgruppe: richtig
correction	[kə'rekʃən]	Korrektur, Berichtigung
correction (COR)	[kə'rekʃən]	Verf.sprechgr.: Berichtigung
corrective	[kə'rektiv]	richtigstellend, berichtigend
correctness	[kə'rektnis]	Richtigkeit
corresponding	[kɔris'pɔndiŋ]	entsprechend, passend
corridor; air –	['ɛə 'kɔridə]	Korridor; Luftkorridor
cost	[kɔst]	Kosten, Preis, Gebühr
costly	['kɔstli]	kostspielig, teuer
could	[kud]	konnte, könnte
to count; count	[kaunt]	zählen; Zählung
counter-clockwise, anti-clockwise	['kauntə'klɔkwaiz, 'ænti'klɔkwaiz]	dem Uhrzeigersinn entgegen
country	['kʌntri]	Land
cross – flight	[krɔs 'kʌntri flait]	Überlandflug

a couple of	[ə kʌpl ɔv]	ein paar, einige
course	[kɔ:s]	Kurs
– alignment	[kɔ:s ə'lainmənt]	Kurseinstellung
– bend (ILS)	[kɔ:s bend]	Kurskrümmung, -biegung (ILS)
– correction	[kɔ:s kə'rekʃən]	Kursverbesserung
– deviation	[kɔ:s di:vi'eiʃən]	Kursabweichung
– – indicator (CDI)	['indikeitə]	Kursabweichanzeiger (VOR, ILS)
– scalloping	[kɔ:s 'skælɔpiŋ]	Kursschwingungen (ILS, VOR)
– selector (VOR)	[kɔ:s si'lektə]	Kurswähler (VOR)
before proceeding on – (BPOC)	[bi'fɔ: prə'si:diŋ ɔn kɔ:s]	bevor Sie auf Kurs gehen
of course	[ɔv kɔ:s]	natürlich, gewiß, selbstverständl.
off course	[ɔf kɔ:s]	weg vom Kurs
on course	[ɔn kɔ:s]	auf Kurs
to cover	['kʌvə]	be-, überdecken, zurücklegen
cover (COV)		Decke, Schutz
coverage	['kʌvəridʒ]	Überdeckung, Erfassungsbereich
cloud – (in oktas)	[klaud 'kʌvəridʒ]	Wolkenbedeckung(sgrad) (in /8)
radar –	['reida: 'kʌvəridʒ]	Radarerfassungsbereich
radio –	['reidiou 'kʌvəridʒ]	(Funk-)Reichweite
out(side) of –	['aut'said ɔv]	außerhalb der Reichweite
within –	[wi'ðin 'kʌvəridʒ]	innerhalb, in Reichweite
covered (COV)	['kʌvəd]	bedeckt
– by (or — with)	['kʌvəd bai ɔ: wið]	bedeckt mit (oder von)
cowling	['kauliŋ]	Verkleidung, Motorhaube
to crackle	[krækl]	knistern
crackling (noise)	['krækliŋ nɔiz]	Geknister
crane	[krein]	Kran
to crank up	[kræŋk ʌp]	(Motor) anlassen
crankshaft	['kræŋkʃa:ft]	Kurbelwelle
to crash	[kræʃ]	abstürzen, aufschlagen
crash	[kræʃ]	Absturz, Bruch, Aufschlag
– crew	[kræʃ kru:]	Bergungs-, Rettungsmannschaft
– equipment	[kræʃ i'kwipmənt]	Bergungs-, Rettungsgerät
– landing	[kræʃ 'lændiŋ]	Bruchlandung
– rescue (service)	[kræʃ 'reskju:]	Rettung(sdienst), Bergung(sd.)
– (rescue) vehicle	[kræʃ 'vi:hikl]	Rettungs-, Bergungsfahrzeug
crew, team	[kru, ti:m]	Mannschaft, (Lfz.-)Besatzung
crew member	['kru: 'membə]	Besatzungsmitglied
criteria	[krai'ti:əriə]	Merkmale, Daten, Normen
critical, serious	['kritikəl, 'si:riəs]	kritisch, gefährlich, bedenklich, ernstlich, bedrohlich
critical speed	['kritikəl spi:d]	kritische Geschwindigkeit
to cross	[krɔs]	durch-, überqueren, -fliegen
crossbar (XBAR)	['krɔsba:]	Querbalken (Anflugbefeuerung)
cross bearing	['krɔs 'bɛəriŋ]	Kreuzpeilung
cross check	[krɔs tʃek]	Vergleich
cross country flight	[krɔs 'kʌntri flait]	Überlandflug
crossing	['krɔsiŋ]	Kreuzen, Überfliegen, Überqueren
crossing courses	['krɔsiŋ 'kɔ:siz]	(sich) kreuzende Kurse
cross pointer instrument	[krɔs 'pɔintə 'instrumənt]	Kreuzzeigerinstrument (ILS)
cross talk	[krɔs tɔ:k]	Neben-, Übersprechen
cross wind	[krɔs wind]	Seitenwind, Querwind
– – component	[kəm'pounənt]	Seitenwindkomponente

– – landing	[krɔs wind 'lændiŋ]	Landung mit Seitenwind
– – leg		Querabflug (in der Platzrunde)
– – take-off	[krɔs wind 'teikɔf]	Start mit Seitenwind
crowd	[kraud]	Menschenmenge
crowded	['kraudid]	überfüllt
to cruise	[kru:z]	kreuzen; hier: fliegen
cruise, cruising	[kru:z, 'kru:ziŋ]	Reiseflug
cruising altitude	['kru:ziŋ 'æltitju:d]	Reiseflughöhe, Reisehöhe ü. Meer
cruising level	['kru:ziŋ 'levl]	Reiseflughöhe bzw. -fläche
cruising power	['kru:ziŋ 'pauə]	Reiseleistung
cruising speed	['kru:ziŋ spi:d]	Reisegeschwindigkeit
cumulonimbus (CB)	[kju:mjulə'nimbəs]	Kumulonimbus(wolke)
cumulus (CU)	['kju:mjuləs]	Kumulus(wolke)
current	['kʌrənt]	laufend, gegenwärtig; el. Strom
current flight plan	['kʌrənt flait plæn]	geltender Flugplan
curve	[kə:v]	Kurve, Krümmung
customs (CUST)	['kʌstəmz]	Zoll
– clearance	['kʌstəmz 'kliərəns]	Zollabfertigung
to cut, cut, cut	[kʌt]	(sich) schneiden, kürzen (u. Verg.)
– across	[kʌt ə'krɔs]	quer durchfliegen
– down	[kʌt daun]	einschränken, vermindern
– grass, to mow	[kʌt gra:s, mou]	mähen
– off	[kʌt ɔf]	abschneiden
– short	[kʌt ʃɔ:t]	abkürzen
– the engine	[kʌt ði 'endʒin]	das Triebwerk abstellen
– through	[kʌt θru:]	durchschneiden
cut-off	['kʌtɔf]	Abzweigung; Abschaltung
Autobahn –		Autobahnabzweigung, -zufahrt
CVFR	[si: vi: ef a:]	CVFR, kontrollierter Sichtflug
– area	[si: vi: ef a: 'ɛəriə]	CVFR-Gebiet
– clearance	[si: vi: ef a: 'kliərəns]	CVFR-Freigabe
– control	[kən'troul]	CVFR-Kontrolle
– flight	[si: vi: ef a: flait]	CVFR-Flug
– operations	[ɔpə'reiʃənz]	CVFR-Betrieb
– route	[si: vi: ef a: ru:t]	CVFR-Strecke
cylinder	['silində]	Zylinder
cylinder block	['silində blɔk]	Zylinderblock
cylinder head	['silində hed]	Zylinderkopf
cyclone, depression	['saikloun, di'preʃən]	Tiefdruckgebiet, Tief

D

daily	['deili]	täglich
to damage	['dæmidʒ]	beschädigen
damage	['dæmidʒ]	Sachschaden, Beschädigung
substantial –	[səb'stænʃəl]	erheblicher, wesentlicher –
damp	[dæmp]	feucht
danger, hazard	['deindʒə, 'hæzəd]	Gefahr, Gefährdung
– area (D...)	['deindʒə 'ɛəriə]	Gefahrengebiet
– of collision	['deindʒə ɔv kə'liʒən]	Zusammenstoßgefahr
– of icing	['deindʒə ɔv 'aisiŋ]	Vereisungsgefahr

dangerous (DNG)	['deindʒərəs]	gefährlich
– ly close	['deindʒərəsli klouz]	gefährlich nahe
dark	[da:k]	dunkel, finster; das Dunkel
darkness	['da:knis]	Dunkelheit, Finsternis
data	['deitə, 'dætə]	Angaben, Daten, Werte
date	[deit]	Datum, Termin
effective –	[i'fektiv deit]	Inkrafttreten
(to keep) up to –	[ki:p ʌp tu deit]	auf dem laufenden (halten)
day	[dei]	Tag
day light hours	['deilait 'auəz]	Tagesstunden
day marking	['dei 'ma:kiŋ]	Tagesmarkierung (v. Hindernissen)
day task	[dei ta:sk]	Tagesaufgabe (bei Wettbewerb)
during day time	['dju:riŋ 'deitaim]	bei Tage
to dazzle	[dæzl]	blenden
dead	[ded]	tot
– ahead	[ded ə'hed]	genau voraus
– engine	[ded 'endʒin]	ausgefallener, abgestellter Motor
– reckoning (nav)	[ded 'rekəniŋ]	Koppeln, Koppelnavigation
– – position	[pə'ziʃən]	Koppelort, Koppelstandort
debriefing	[di'bri:fiŋ]	Flugbericht, Abschlußbesprechg.
to decide	[di'said]	(sich) entscheiden, beschließen
decimal	['desiməl]	Komma (in Zahlen)
decision altitude (DA)	[di'siʒən 'æltitude]	Entscheidungshöhe über NN
decision height (DH)	[di'siʒən hait]	Entscheidungsh. ü. Flugplatzh.
decision speed	[di'siʒən spi:d]	Entscheidungsgeschwindigkeit
to declare	[di'klɛə]	erklären, verzollen
– emergency	[di'klɛə i'mə:dʒənsi]	Notfall, Notlage erklären
declination	[dekli'neiʃən]	Mißweisung, Ortsmißweisung
to decode	['di:koud]	entschlüsseln; Hw.: decoding
decompression	[di:kəm'preʃən]	Druckverlust
to decrease (e. g. visibility)	[di:'kri:s]	sich vermindern, abnehmen, sich verringern (z. B. Sicht)
to deem	[di:m]	erachten, halten für
to deem necessary	[di:m 'nesisəri]	als notwendig erachten
deep	[di:p]	tief
defective	[di'fektiv]	defekt, fehlerhaft
deficiency	[di'fiʃənsi]	Unvollkommenheit, Mangel
to define	[di'fain]	(begriffl.) genau bestimmen
definite(ly)	['definitli]	bestimmt, fest, genau
to deflect	[di'flekt]	ablenken, abweichen
deflection	[di'flekʃən]	Ablenkung, Abweichung, Ausschlag (Steuer, Kompaß, Ruder)
degree	[di'gri:]	Grad, Stufe
degrees centigrade	[di'gri:z 'sentigreid]	Celsiusgrade
to de-ice	[di'ais]	enteisen
de-icer	[di'aisə]	Enteisungsvorrichtung, -anlage
de-icer spray	[di'aisə sprei]	Enteisungssprühflüssigkeit
de-icing	[di'aisiŋ]	Enteisung
– equipment	[di'aisiŋ i'kwipmənt]	Enteisungsanlage
– fluid	[di'aisiŋ 'flu:id]	Enteisungsflüssigkeit
– system	[di'aisiŋ 'sistəm]	Enteisungsanlage
hot air –	['hɔt 'ɛə di'aisiŋ]	Heißluftenteisung
pneumatic –	['nju:'mætik]	Druckluftenteisung
to delay	[di'lei]	verzögern, verspäten, aufhalten
delay (DLA)	[di'lei]	Verzögerung, Verspätung

– indefinite,	[di'lei in'definit]	unbestimmte Verzögerungsdauer,
not determined	[di'lei nɔt di'tə:mind]	– steht noch nicht fest
– message (DLA)	[di'lei 'mesidʒ]	Verspätungsmeldung
no – expected	[nou di'lei iks'pektid]	keine Verzögerung erwartet
without delay	[wið'aut di'lei]	unverzüglich
to deliver	[di'livə]	übermitteln, zustellen, liefern
– clearance	[di'livə 'kliərəns]	Freigabe übermitteln
– message	[di'livə 'mesidʒ]	Nachricht übermitteln
delivery (clearance)	[di'livəri, 'kliərəns]	Übermittlung (z.B. Freigabe)
delta wing	['deltə wiŋ]	Delta-, Pfeil-, Dreieckflügel
to demand	[di'ma:nd]	fordern, verlangen; nachfragen
demarcation	[dima:'keiʃən]	Abgrenzung
demonstration	[demən'streiʃən]	Darbietung, Vorführung
– flight	[flait]	Vorführungsflug
aerial–, flight–	['ɛəriəl, flait –]	Flugdarbietungen, -vorführungen
dense(ly)	['densli]	dicht; Dichte: density
– populated area	['pɔpjuleitid 'ɛəriə]	dichtbesiedeltes Gebiet
dense traffic	[dens 'træfik]	starker Verkehr
density; – altitude	['densiti 'æltitju:d]	Dichte; (Luft)Dichtenhöhe
to deny	[di'nai]	verneinen, bestreiten, abstreiten
to depart (DEP)	[di'pa:t]	abfliegen, starten
departure (DEP)	[di'pa:tʃə]	Abflug, Start; Ausflug, Ausreise
– control	[di'pa:tʃə kən'troul]	Abflugkontrolle; S.: Abflugleitung
– instructions	[in'strʌkʃənz]	Abfluganweisungen
– message (DEP)	[di'pa:tʃə 'mesidʒ]	Startmeldung, Abflugmeldung
– procedure	[di'pa:tʃə prə'si:dʒə]	Abflugverfahren
– route	[di'pa:tʃə ru:t]	Abflugstrecke
– routing	[di'pa:tʃə 'ru:tiŋ]	Abflugstreckenführung
– sector	[di'pa:tʃə 'sektə]	Abflugsektor
– slot	[di'pa:tʃə slɔt]	Abflugraster, -zeitraum
– time, airborne t.	[di'pa:tʃə taim]	Abflugzeit, Startzeit
point of –	[pɔint ɔv di'pa:tʃə]	Abflugort, Ausgangspunkt
to depend from	[di'pend frɔm]	abhängen von
to depend on	[di'pend ɔn]	sich verlassen auf
to depict	[di'pikt]	darstellen (z.B. auf einer Karte)
depiction	[di'pikʃən]	Darstellung
depth	[depθ]	Tiefe, Raumtiefe
to descend (DES)	[di'send]	sinken, absteigen
– to and maintain	[mein'tein]	sinken auf u. beibehalten (DTAM)
descent	[di'sent]	Sinkflug, Abstieg
descent path	[di'sent pa:θ]	Sinkflugweg
rate of descent	[reit ɔv di'sent]	Sinkgeschwindigkeit
to describe	[dis'kraib]	beschreiben, schildern
description	[dis'kripʃən]	Beschreibung, Schilderung
desert	['dezət]	Wüste
to designate	['dezigneit]	kenn-, bezeichnen, bestimmen
designation	[dezig'neiʃən]	Bezeichnung, Bestimmung
designator	['dezigneitə]	Bezeichnung, Kennzeichnung
to desire; desire	[di'zaiə]	wünschen; Wunsch
if (so) desired	[if sou di'zaiəd]	falls (so) erwünscht, gewünscht
destination	[desti'neiʃən]	Ziel(ort), Bestimmungsflughafen
– aerodrome	['ɛəroudroum]	Zielflugplatz
to destroy	[di'strɔi]	zerstören
to detach	[di'tætʃ]	sich lösen (z.B. Werbebanner)
detached location	[di'tætʃt lou'keiʃən]	Einzelstellung

detail; in detail	['diteil, in 'diteil]	Einzelheit, Angabe; ausführlich
detailed	['diteild]	detailliert, ausführlich
– information	['diteild infɔ:'meiʃən]	Einzelheiten
to deteriorate	[di'tiəriəreit]	sich verschlechtern (Sicht, Wetter)
deterioration (of weather)	[ditiəriə'reiʃən əv 'weðə]	(Wetter-)Verschlechterung, Verschlimmerung
to determine	[di'tə:min]	bestimmen, ermitteln, festlegen
delay not – ed	[di'lei nɔt di'tə:mind]	Verspätung unbestimmt
determination	[ditə:mi'neiʃən]	Bestimmung
detour	[di'tuə]	Umweg, Umleitung
to develop	[di'veləp]	(sich) entwickeln; hervorbringen
development	[di'veləpmənt]	Entwicklung
to deviate (e.g. from flight plan)	['di:vieit]	abweichen (z.B. von einem Flugplan), abkommen
deviation	[di:vi'eiʃən]	Abweichung, Ablenkung
– indicator (VOR)	[– 'indikeitə]	Ablage-, Abweichungsanzeiger
magnetic –]	[mæg'netic	horizontale Kompaßablenkung
device	[di'vais]	Ein-, Vorrichtung, Anlage, Gerät
dew point (DP)	['dju:pɔint]	Taupunkt(temperatur)
diagonal	[dai'ægənəl]	diagonal, schräg; Diagonale
– final	[dai'ægənəl 'fainəl]	diagonaler Endanflug, Schräganfl.
diagram	['daiəgræm]	Skizze, Diagramm, Zeichnung
diameter	[dai'æmitə]	Durchmesser
to differ	['difə]	verschieden sein
difference	['difrəns]	Unterschied
different	['difrənt]	verschieden, ander-, unterschiedlich; anders
different location	['difrənt lou'keiʃən]	anderer Ort
difficult	['difikəlt]	schwierig, schwer
difficulty, (-ies)	['difikəltiz]	Schwierigkeit(en)
to dig, dug, dug	[dig, dʌg, dʌg]	graben, grub, gegraben
digit	['didʒit]	Ziffer, Stelle (in einer Zahl)
to dim, cut down	[kʌt daun]	abblenden, verdunkeln
to dim lights	[dim laits]	Befeuerung herunterschalten
dimension(s)	[di'menʃən]	Ausmaß(e), Abmessung(en)
to diminish	[di'miniʃ]	verringern, vermindern
dinghy	['diŋgi]	Schlauchboot
to direct	[di'rekt]	anweisen, regeln, leiten, führen
direct, -ly (DCT)	[di'rekt, 'dairekt]	direkt, unmittelbar
direct approach	['dairekt ə'proutʃ]	Direktanflug
direct take-off	['dairekt 'teikɔf]	Direktabflug
direction	[di'rekʃən, dai'rekʃən]	Richtung, Anweisung, Anordnung
– finder (DF)	[di'rekʃən 'faində]	Funkpeilgerät, kurz: Peiler
– finding	[di'rekʃən 'faindiŋ]	(Funk-)Peilen, Peilwesen
– – facility	[fə'siliti]	Peilanlage, Peilstelle
– – station	['steiʃən]	Peilstelle
directional	[di'rekʃənəl]	gerichtet; Richtungs . . .
– gyro(scope)	[di'rekʃənəl 'dʒairou]	Kreiselkompaß, Kurskreisel
director (radar)	[di'rektə, dai'rektə]	Radar-Einspeiser
disabled, immobilised aircraft	[dis'eibld, i'moubilaizd 'ɛəkra:ft]	bewegungsunfähiges, manövrierunfähiges, liegengebliebenes Lfz.
to disagree	['disə'gri:]	nicht übereinstimmen
to disappear	['disə'piə]	verschwinden
to disapprove	['disə'pru:v]	ablehnen, nicht billigen
disaster	[di'za:stə]	Katastrophe

to discharge (load)	[dis'tʃa:dʒ]	ablassen, (Last) absetzen
to disconnect	['diskə'nekt]	trennen, ausschalten
discontinuance	['diskən'tinjuəns]	Einstellung, Unterbrechung
to discontinue	['diskən'tinju:]	beenden, einstellen, abbrechen
– approach	[ə'proutʃ]	Anflug abbrechen
to discover	[dis'kʌvə]	entdecken
discrepancy	[dis'krepənsi]	Unstimmigkeit, Diskrepanz
discretion	[dis'kreʃən]	Ermessen, Belieben, Gutdünken
at pilot's –	['pailəts dis'kreʃən]	nach – des Luftfahrzeugführers
at your own –, on your own –	[juə own dis'kreʃən]	nach Ihrem eigenen Ermessen, es ist Ihnen anheimgestellt
disease, illness	[di'si:z, 'ilnis]	Krankheit
to disembark	['disem'ba:k]	aussteigen, von Bord gehen
– passengers	['pæsindʒəz]	die Fluggäste aussteigen lassen
disorientation	[disɔriən'teiʃən]	Orientierungsverlust
to dispatch	[dis'pætʃ]	abfertigen, verteilen; dispatcher
displaced threshold	[dis'pleisd 'θreʃould]	verlegte, versetzte (Landebahn-) Schwelle (auch: relocated)
to display	[dis'plei]	ausstellen, zeigen; Hw.: display
disposal	[dis'pouzəl]	Verfügung, Verwendung
to disregard	['disri'ga:d]	nicht beachten
disregard	['disri'ga:d]	Sprechgruppe: betrachten Sie diese Übermittlung als nicht gesendet
to disseminate	[di'semineit]	verbreiten
dissemination	[disemi'neiʃən]	Verbreitung
to dissipate	['disipeit]	(sich)zerstreuen; Hw.: dissipation
distance, range	['distəns, reindʒ]	Entfernung, Abstand, Distanz
– measuring equipment	['distəns 'meʒəriŋ ik'wipmənt]	Entfernungsmeßgerät (DME)
distant	['distənt]	entfernt
to distinguish	[dis'tiŋgwiʃ]	unterscheiden
distorted	[dis'tɔ:tid]	entstellt, verzerrt (Funkempfang)
distortion	[dis'tɔ:ʃən]	Störung, Verzerrung (Funk)
distress	[dis'tres]	Luft-, Flugnot (s. emergency)
– call	[dis'tres kɔ:l]	Notruf
– communication	[kəmju:ni'keiʃən]	Notverkehr
– frequency	[dis'tres 'fri:kwənsi]	Notfrequenz
– message	[dis'tres 'mesidʒ]	Notmeldung
– phase	[dis'tres feis]	Notstufe, Alarmst. 3 (DETRESFA)
– signal	[dis'tres 'signəl]	Notsignal (= mayday)
– traffic	[dis'tres 'træfik]	Notverkehr
to distribute	[dis'tribju:t]	verteilen; Hw.: distribution
to disturb	[dis'tə:b]	stören, verwirren
disturbance	[dis'tə:bəns]	Störung, Belästigung
disturbed; un –	[dis'tə:bd, 'ʌn-]	gestört; ungestört
ditch; draining –	['dreiniŋ ditʃ]	Graben; Entwässerungsgraben
to ditch		auf dem Wasser notlanden
ditching	['ditʃiŋ]	Notwasserung
to dive; dive	[daiv]	stürzen; Sturzflug, Steckflug
to diverge	[dai'və:dʒ]	auseinanderlaufen
diversion	[dai'və:ʒən]	Umleitung
– aerodrome	['ɛəroudroum]	Umleitungsflugplatz
– landing	[dai'və:ʒən 'lændiŋ]	Ausweichlandung
to divert	[dai'və:t, di'və:t]	ausweichen, umleiten, zum Ausweichflugplatz weiterfliegen

dizzy	['dizi]	schwindlig
to do, did, done	[du:, did, dʌn]	tun, machen (u. Vergangenheit)
he, she, it does	[hi:, ʃi:, it dʌz]	er, sie, es tut
it doesn't matter	[it dʌznt 'mætə]	macht nichts (aus)
doctor; physician	['dɔktə, fi'siʃən]	Arzt
dog; dog leg	[dɔg, 'dɔgleg]	Hund; Teil des SRE-Anflugs
door	['dɔ:]	Tür
dotted line	['dɔtid lain]	punktierte Linie
double; to double	[dʌbl]	doppelt; verdoppeln
to doubt; doubt	[daut]	zweifeln; Zweifel
down	[daun]	unten, hinab, abwärts
– and in place,	[daun ænd in pleis]	ausgefahren und eingerastet,
– and locked	[daun ænd lɔkt]	verriegelt (Fahrwerk)
– current, draught,	['daun 'kʌrənt, 'daun	Abwind
– wash	dra:ft, 'daun wɔʃ]	
– gust	[daun gʌst]	Fallbö
– time	['daun taim]	Landezeit
flaps down	[flæps daun]	Klappen ausgefahren
up and down	[ʌp ænd daun]	auf und ab, auf und nieder
downwind	['daunwind]	mit (Rücken)wind, Gegenanflug
downwind landing	['daunwind 'lændiŋ]	Rückenwindlandung
downwind (leg)	['daunwind leg]	Gegenanflug(teil)
downwind take-off	['daunwind 'teikɔf]	Rückenwindstart
drag	[dræg]	Luftwiderstand
drainage	['dreinidʒ]	Entwässerungsanlagen
to draw, drew, drawn	[drɔ:, dru:, drɔ:n]	zeichnen, ziehen (und Verg.)
– attention to	[drɔ: ə'tenʃən tu]	aufmerksam machen auf
to drift		treiben, abgetrieben werden
drift (angle)	['drift æŋgl]	Abtrift(winkel)
– correction angle	[drift kə'rekʃən æŋgl]	Luvwinkel
– error	[drift 'erə]	(Ab)Triftfehler
– indicator	[drift 'indikeitə]	Abtriftanzeiger
– landing	[drift 'lændiŋ]	Schiebelandung
drifted snow	['driftid snou]	verwehter Schnee, Schneewehe
drifting snow	['driftiŋ snou]	Schneefegen (in Bodennähe)
to drive, drove, driven	[draiv, drouv, 'drivən]	fahren, fuhr, gefahren
drizzle (DZ)	[drizl]	Nieseln, Sprühregen
freezing –	['fri:ziŋ drizl]	unterkühlter Nieselregen
to drop (dropping)	['drɔpiŋ]	fallen(d), sinken(d); (aus dem Lfz.) abwerfen(d), absetzen(d)
drop, dropping		Absprung, Abwurf, Abfall (Druck)
parachute drop	['pærəʃu:t drɔp]	Fallschirmabwurf, -absprung
drop clearance	[drɔp 'kliərəns]	Absprung-, Abwurffreigabe
drop zone	['drɔp zoun]	Absprung-, Abwurfgebiet
parachute – –		Fallschirmabsprunggebiet
drop in rpm	[drɔp in a: pi: em]	Drehzahlabfall
dry; to dry	[drai]	trocken; trocknen
dry snow	[drai snou]	Pulverschnee, trockener Schnee
dual controls	['dju:əl kən'troulz]	Doppelsteuerung
due	[dju:]	fällig
in – time, in time	[in dju: taim, in taim]	rechtzeitig, termingerecht
due to, because of	[dju:tu, bi'kɔ:s ɔv]	wegen, auf Grund von ...
dumb-bell signal	['dʌmbel 'signəl]	Hantelzeichen
to dump fuel	[dʌmp 'fju:əl]	Kraftstoff ablassen
dumping, jettisoning	['dʌmpiŋ, 'dʒetisoniŋ]	(Treibstoff)Schnellablaß

duration (DUR)	[djuə'reiʃən]	Dauer
– unknown	[ʌn'noun]	Dauer unbekannt, unbekannte D.
during (DRG)	['dju:riŋ]	während, auch: anläßlich
dusk	[dʌsk]	Abenddämmerung
dust	[dʌst]	Staub
– devils, – whirl	[dʌst 'devilz, wə:l]	Staubwirbel
– haze	[dʌst heiz]	Staubdunst
– storm (SA)	[dʌst stɔ:m]	Staubsturm
duty; (customs) duty	['dju:ti, 'kʌstəmz]	Aufgabe, Pflicht, Dienst; Zoll
duty hours	['dju:ti 'auəz]	Dienststunden

E

each (one), every	[i:tʃ wʌn, 'evri]	(ein) jeder, jede, jedes
ear; earphone	['iəfoun]	Ohr; Kopfhörer
early	['ə:li]	früh, zeitig, frühzeitig, bald
at the earliest	[æt ði 'ə:liəst]	frühestens
not earlier than	[nɔt 'ə:liə ðæn]	nicht früher als, nicht vor...
earth heap	[ə:θ hi:p]	Erdhaufen
ease	[i:z]	Leichtigkeit
east (E)	[i:st]	Ost oder östlich(e Länge)
eastbound	['i:stbaund]	in Ostrichtung fliegend
easterly, eastern	['i:stəli, 'i:stən]	östlich
easy, easily	['i:zili]	leicht, nicht schwierig; Hw.: ease
edge	[edʒ]	Rand, Kante, Ecke
leading – (of wing)	['li:diŋ edʒ]	(Flügel-)Vorderkante
trailing – (of wing)	['treiliŋ edʒ]	(Flügel-)Hinterkante
runway –	['rʌnwei edʒ]	Start- und Landebahnrand
to effect	[i'fekt]	erwirken, bewirken, beeinflussen, ausführen
– coordination	[kouɔ:di'neiʃən]	Absprache durchführen
effect	[i'fekt]	Wirkung, Folge, Ergebnis, Einfluß
to be in effect	[bi: in i'fekt]	in Kraft sein
to go into effect	[gou 'intu i'fekt]	in Kraft treten
ground effect	[graund i'fekt]	Bodeneinfluß
with effect from	[wið i'fekt frɔm]	mit Wirkung vom, ab... (WEF)
effective (time)	[i'fektiv]	ab (Zeitpunkt); wirksam
– date	[i'fektiv deit]	Inkrafttreten
– immediately	[i'fektiv i'mi:diətli]	mit sofortiger Wirkung, ab sofort
to become –	[bi'kʌm i'fektiv]	in Kraft treten
effectiveness	[i'fektivnis]	Wirksamkeit
efficiency	[i'fiʃənsi]	Leistung, Fähigkeit, Tüchtigkeit
effort	['efət]	Bemühung, Anstrengung
either	['aiðə, 'i:ðə]	einer von beiden oder mehreren
– direction	['aiðə di'rekʃən]	beide Richtungen
– edge	['aiðə edʒ]	beide Ränder
– (one) is correct	['aiðə wʌn iz kə'rekt]	beides ist richtig
– ... or...	['aiðə... ɔ:]	entweder... oder...
– runway	['aiðə 'rʌnwei]	beide Pisten, (-richtungen)
– side	['aiðə said]	beiderseits
not... either	[nɔt... 'aiðə]	auch nicht

ejection seat	[i'dʒekʃən si:t]	Schleudersitz
elapsed time	[i'læpst taim]	verstrichene, vergangene Zeit
– – of flight	[i'læpst taim ɔv flait]	Flugdauer
estimated – –	['estimeitid]	voraussichtliche Flugdauer (EET)
electricity	[ilek'trisiti]	Elektrizität
electric system	[i'lektrik 'sistəm]	elektrische Anlage
elevation (ELEV)	[eli'veiʃən]	Ortshöhe üb. Meer
elevated terrain	['eliveitəd tə'rein]	erhöhtes Gelände
elevator	['eliveitə]	Höhenruder, Höhensteuer, Aufzug
elevator controls	['eliveitə kən'troulz]	Höhensteuerung
elevator fin		Höhenflosse
elever	[i'li:və]	Höhenseitenruder; S.: Leitruder
elevon	['elivɔn]	Höhenquerruder; S.: Leitruder
to eliminate	[i'limineit]	ausschließen, aussondern
else	[els]	sonst noch
or else	[ɔ: els]	sonst, andernfalls
what else?	[wɔt els]	was noch?
elsewhere	['elswεə]	anderswo, woanders
to embark (pass.)	[im'ba:k]	einsteigen (lassen, Fluggäste)
emergency	[i'mə:dʒənsi]	Notlage, Notfall, Not... (EMERG)
– call, distress call	[dis'tres kɔ:l]	Notruf
– case	[i'mə:dʒənsi keis]	Notfall
– communication	[kəmju:ni'keiʃən]	Not(sprechfunk)verkehr
– descent	[i'mə:dʒənsi di'sent]	Notsinkflug, Sinkflug im Notfall
– equipment	[i'kwipmənt]	Notausrüstung
– exit	[i'mə:dʒənsi 'eksit]	Notausgang, Notausstieg
– frequency	['fri:kwənsi]	Notfrequenz
– landing	[i'mə:dʒənsi 'lændiŋ]	Notlandung
– – site, ground	[sait, graund]	Notlandeplatz, -gelände
– lighting	[i'mə:dʒənsi 'laitiŋ]	Notbefeuerung
– message	[i'mə:dʒənsi 'mesidʒ]	Notmeldung
– phase(s)	[i'mə:dʒənsi 'feisiz]	Alarmstufe(n)
– power	[i'mə:dʒənsi 'pauə]	Notstrom
– – supply	['pauə sə'plai]	Notstromversorgung
– procedure	[prə'si:dʒə]	Notverfahren
– signal	[i'mə:dʒənsi 'signəl]	Notsignal
– situation, state of –	[sitju'eiʃən] [steit ɔv i'mə:dʒənsi]	Notlage, Notzustand
in case of –	[in keis ɔv]	im Notfall
emission (EM)	[i'miʃən]	Ausstrahlung, Aussendung
type of emission	[taip ɔv i'miʃən]	Sendeart
to emit	[e'mit]	ausstrahlen, senden, verbreiten
empennage	[em'penidʒ]	Leitwerk
to emphasize	['emfəsaiz]	eindringl. hinweisen, betonen
empty; to empty	['emti]	leer; entleeren, ausleeren
to enable	[i'neibl]	instandsetzen, in die Lage versetzen, ermöglichen
to encounter	[in'kauntə]	unvermutet begegnen, antreffen
– emergency	[i'mə:dʒənsi]	in Not(lage) geraten
– icing	[in'kauntə 'aisiŋ]	in Vereisung geraten
– IMC	[in'kauntə ai em si:]	in IMC geraten, IMC antreffen
to end		(be)enden, aufhören, abschließen
end of runway	[end ɔv 'rʌnwei]	Ende der Start- und Landebahn
to endanger	[in'deindʒə]	gefährden
to endeavour	[in'devə]	sich bemühen; Hw.: endeavor

endurance	[in'djuərəns]	(Höchstflug)Dauer, Treibstoffvorrat
engaged	[en'geidʒd]	eingesetzt (z. B. Lfz. im Liniend.)
engine	['endʒin]	Motor, Triebwerk
– check	['endʒin tʃek]]	Motorüberprüfung
– controls	['endʒin kən'troulz]	Motorsteuerung, -bedieneinrichtg.
– – instruments	['instrumənts]	Triebwerküberwachungsgerät
– cowling	['endʒin 'kauliŋ]	Motorverkleidung
– failure	['endʒin 'feiljə]	Motorausfall, Triebwerkausfall
– inoperative	['endʒin in'ɔpərətiv]	Motor ausgefallen, außer Betrieb
– nacelle, pod	['endʒin nə'sel, pɔd]	Motorgondel
– noise	['endʒin nɔiz]	Triebwerkslärm
– on fire	['endʒin ɔn 'faiə]	brennendes Triebwerk
– power	['endʒin 'pauə]	Motorleistung, Triebwerkleistung
– run-up	['endʒin 'rʌnʌp]	Abbremsen der Motoren
– speed	['endʒin spi:d]	Motordrehzahl
– torque	['endʒin tɔ:k]	Motordrehmoment
– trailing smoke	['treiliŋ smouk]	rauchender Motor
– trouble	['endʒin trʌbl]	Motorstörung, Triebwerkstörung
engineer	['endʒi'niə]	Ingenieur, Mechaniker
to enlarge	[in'la:dʒ]	vergrößern, erweitern
enormous	[i'nɔ:məs]	mächtig, ungeheuer, enorm
enough	[i'nʌf]	genug, genügend
to enquire, inquire	[in'kwaiə]	sich erkundigen
enquiry, inquiry	[in'kwaiəri]	Rückfrage
en route (to)	[en 'ru:t]	auf Strecke, unterwegs (nach)
en-route (ENRT)		Strecken ... (in Zusammensetzg.)
– clearance	[en'ru:t 'kliərəns]	Streckenfreigabe
– flight	[en'ru:t flait]	Streckenflug
– navigation	[en'ru:t nævi'geiʃən]	Streckennavigation
– slot		Überflugraster
– stop		Zwischenhalt, -landung
– surveillance radar	[sə:'veijəns 'reida:]	Streckenrundsichtradar
– traffic	[en'ru:t 'træfik]	Streckenverkehr
– weather	[en'ru:t 'weðə]	Streckenwetter
to ensure	[in'ʃuə]	gewährleisten, sicherstellen
to enter	['entə]	einfliegen, einrollen in; eintragen
entire	[en'taiə]	ganz, gesamt
entirely	[en'taiəli]	völlig, vollkommen, ganz
entirely different	[en'taiəli 'difrənt]	grundverschieden
entitled	[in'taitlt]	berechtigt
entry	['entri]	Einflug (sonst: Eingang, Eintritt)
entry clearance	['entri 'kliərəns]	Einflugfreigabe
entry fix		Einflugfixpunkt, festgelegter Einflugort
entry point	['entri pɔint]	Einflugpunkt, Einflugort
entry procedure	['entri prə'si:dʒə]	Einflugverfahren
entry route	['entri ru:t]	Einflugstrecke
environment	[in'vaiənmənt]	Umwelt
to equal; equal	['i:kwəl]	gleichen; gleich, gleichmäßig
to equip	[i'kwip]	ausrüsten
equipment (EQPT)	[i'kwipmənt]	Ausrüstung, Gerät(e), Einrichtung
– on test		Gerät in Erprobung
equipped with ...	[i'kwipt wið]	ausgerüstet, versehen mit ...
equivalent	[i'kwivələnt]	gleichwertig, gleichbedeutend
to erect	[i'rekt]	errichten; Hauptwort: erection

error, mistake	['erə, mis'teik]	Irrtum, Fehler, Versehen
to escort	['eskɔ:t]	begleiten, geleiten
especially	[is'peʃəli]	besonders, insbesondere
essential	[i'senʃəl]	wichtig, wesentlich, bedeutsam
– aerodrome traffic	['ɛəroudroum 'træfik]	zu beachtender Flugplatzverkehr
– traffic	[i'senʃəl 'træfik]	zu beachtender Verkehr
– – information	[infɔ:'meiʃən]	Hinweis auf zu beachtenden Verk.
to establish	[is'tæbliʃ]	aufnehmen, er-, herstellen, er-, ein-, ausrichten, festlegen, -setzen, -stellen
– radio communication	[is'tæbliʃ 'reidiou kəmju:ni'keiʃən]	Funkverkehr aufnehmen
– radio contact	['reidiou 'kɔntækt]	Funkverbindung herstellen
established	[is'tæbliʃt]	festgelegt, vereinbart, errichtet
– procedure	[prə'si:dʒə]	festgelegtes Verfahren
to be – on track, VOR-radial, ILS (localizer and glide path)	[is'tæbliʃt ɔn træk, vi: ou a: 'reidiəl, ai el es 'loukəlaizə ænd glaid pa:θ]	sich auf Kurs über Grund, VOR-Leitstrahl, ILS (Landekurs und Gleitweg) befinden, ausgerichtet sein auf . . .
establishment	[is'tæbliʃmənt]	Festlegung; Errichtung
to estimate	['estimeit]	schätzen
estimate (EST)	['estimeit]	Schätzung, voraussichtliche Zeit über einem bestimmten Punkt
estimated (EST)	['estimeitid]	geschätzt, voraussichtlich
– elapsed time, EET	[i'læpst taim]	voraussichtliche Flugdauer
– off block time (EOBT)	['estimeitid ɔf blɔk taim]	voraussichtliche Abblockzeit
– time of arrival	[taim ɔv ə'raivl]	voraussichtliche Ankunftszeit, ETA
– time of departure (ETD)	['estimeitid taim ɔv di'pa:tʃə]	voraussichtliche Abflugzeit, Startzeit
– (time) over (ETO)	[taim 'ouvə]	voraussichtliche Überflugzeit
– time en route	[taim en ru:t]	voraussichtliche Flugzeit (ETE)
estimating... (+ place)	['estimeitiŋ]	voraussichtliche Ankunfts- bzw. Überflugzeit (+ Ortsangabe)
evacuation	[ivækju'eiʃən]	Räumung, (Ent-)Leerung
medical –	['medikəl]	Krankentransport
evasive action	[i'veisiv 'ækʃən]	Ausweichbewegung, -manöver
to take – –	[teik i'veisiv 'ækʃən]	ausweichen
even (numbers)	['i:vən 'nʌmbəz]	gerade (Zahlen); sogar, auch
evening; in the –	['i:vniŋ]	Abend; abends, am Abend
event	[i'vent]	(Vor-)Fall, Ereignis, Veranstaltung
in the – of...	[in ði i'vent ɔv]	im Falle von...
every (ev)	['evri]	jeder, jede, jedes, alle (zeitlich)
– now and then, – once in a while	['evri nau ænd ðen] ['evri wʌns in ə wail]	ab und zu
everybody, everyone	['evribɔdi, 'evriwʌn]	(ein) jeder, jedermann
everything	['evriθiŋ]	alles
every time	['evri taim]	jedesmal
everywhere	['evriwɛə]	überall
exact, accurate	[ig'zækt, 'ækjurət]	genau; Hw.: exactness, accuracy
example	[ig'za:mpl]	Beispiel
for example	[fɔ: ig'za:mpl]	zum Beispiel (e.g. = z.B.)
excavation (work)	['ekskə'veiʃən wə:k]	Erdarbeiten
excavator	['ekskəveitə]	Bagger
to exceed	[ik'si:d]	übertreffen, -steigen, -schreiten

do not exceed	[du: nɔt ik'si:d]	steigen Sie nicht höher als ...
excellent	['eksələnt]	ausgezeichnet, vorzüglich
to except (EXC)	[ik'sept]	ausnehmen
except (EXC)	[ik'sept]	außer; es sei denn, daß ...; ausgenommen
exception	[ik'sepʃən]	Ausnahme(regelung)
exceptional case	[ik'sepʃənəl keis]	Ausnahmefall
excerpt	[ek'sə:pt]	Auszug
excess	[ik'ses]	überschüssig
excessive	[ik'sesiv]	übermäßig, stark
to exchange	[iks'tʃeindʒ]	auswechseln, tauschen
to exclude	[iks'klu:d]	ausschließen, ausnehmen
excluding	[iks'klu:diŋ]	außer, ausschließend
exclusive(ly)	[iks'klu:siv]	ausschließlich
to excuse; excuse	[iks'kju:z]	entschuldigen; Entschuldigung
to execute, perform	['eksikju:t, pə'fɔ:m]	ausführen, durchführen
– missed approach	[mist ə'proutʃ]	Fehlanflug durchführen
– touch and go landing	[tʌtʃ ænd gou 'lændiŋ]	Aufsetz- und Durchstartlandung ausführen, machen
execution	[eksi'kju:ʃən]	Ausführung, Durchführung
executive aircraft	[ig'zekjutiv 'ɛəkra:ft]	Geschäftsluftfahrzeug
to exempt	[ig'zempt]	ausnehmen, ausschließen
to exercise (EXER)	['eksəsaiz]	üben, ausüben
exercise (EXER)	['eksəsaiz]	Übung, Ausübung
exercise aircraft	['eksəsaiz 'ɛəkra:ft]	Übungsluftfahrzeug
exercise airspace	['eksəsaiz 'ɛəspeis]	Übungs-, Veranstaltungsluftraum
exercise area	['eksəsaiz 'ɛəriə]	Übungsgebiet
exhaust pipe	[ig'zɔ:st paip]	Auspuffrohr
exhaust system	[ig'zɔ:st 'sistəm]	Abgasanlage, Auspuff
exhaust valve	[ig'zɔ:st vælv]	Auslaßventil
exhausted (fuel)	[ig'zɔ:stid]	erschöpft (Treibstoffvorrat)
to exhibit	[ig'zibit]	ausstellen
exhibition	[eksi'biʃən]	Ausstellung
to exist	[ig'zist]	dasein, bestehen, vorhanden sein
existence	[ig'zistəns]	Vorhandensein
exit fix	['eksit fiks]	Ausflugfixpunkt, Ausflugort
exit point	['eksit pɔint]	Ausflugpunkt
exit route	['eksit ru:t]	Ausflugstrecke
exit taxiway	['eksit 'tæksiwei]	Abrollweg; D.: Abrollbahn
to expect (EXP)	[iks'pekt]	erwarten; Hauptw.: expectation
expected approach time (EAT)	[iks'pektid ə'proutʃ taim]	voraussichtlicher Anflugzeitpunkt
no delay expected	[nou di'lei iks'pektid]	keine Verzögerung erwartet
to expedite	['ekspidait]	beschleunigen (eine Tätigkeit)
expeditious, -ly	[ekspi'diʃəs]	schnell, schleunig, beschleunigt
most –	[moust ekspi'diʃəs]	schnellstens
to experience	[iks'piəriəns]	durchmachen, erleiden, erfahren
– an airmiss	[ən 'ɛəmis]	eine gefährl. Begegnung haben
– difficulties	['difikəlti:z]	Schwierigkeiten haben
– radio communication failure	['reidiou kəmju:ni-'keiʃən 'feiljə]	Funkausfall haben
experimental flight	[iksperi'mentl flait]	Versuchsflug
to expire	[iks'paiə]	ungültig werden, verfallen (Freig.)
clearance –s	['kliərəns iks'paiəz]	Freigabe wird ungültig, verfällt

expiry	[iks'pairi]	Gültigkeitsablauf
to explain	[iks'plein]	erklären; Hw.: explanation
to explode	[iks'ploud]	explodieren
to explore	[iks'plɔ:]	untersuchen, sondieren
explosion	[iks'plouʒən]	Explosion
to express	[iks'pres]	äußern, sich ausdrücken
expression	[iks'preʃən]	Äußerung, Ausdrucksweise
to extend	[iks'tend]	(sich) ausdehnen, erweitern, erstrecken, verlängern, vergrößern
– flaps	[iks'tend flæps]	Klappen ausfahren
– landing gear	[iks'tend 'lændiŋ giə]	Fahrwerk ausfahren (auch: lower)
– take-off leg	[iks'tend 'teikɔf leg]	Geradeausflug nach dem Start ausdehnen, verlängern
extended landing gear	[iks'tendid 'lændiŋ giə]	ausgefahrenes Fahrwerk
extended runway centerline	[iks'tendid 'rʌnwei 'sentəlain]	Anfluggrundlinie (auch: approach center line)
extension	[iks'tenʃən]	Ausdehnung, Verlängerung
runway –	['rʌnwei iks'tenʃən]	Landebahnerweiterung, -ausbau
extensive	[iks'tensiv]	ausgedehnt, umfassend, umfangreich, weitgehend
extent	[iks'tent]	Grad, Maß, Ausmaß, Umfang
extraordinary	[iks'trɔ:dinəri]	außergewöhnlich
extreme, -ly	[iks'tri:m]	außerordentlich, äußerst, höchst
extreme caution	[iks'tri:m 'kɔ:ʃən]	äußerste Vorsicht
eye; to keep an – on	[ai, tu ki:p ən ai ɔn]	Auge; im Auge behalten
eye-to-wheel-height	[ai tu wi:l hait]	Auge/Rad-Vertikalabstand

F

to facilitate	[fə'siliteit]	erleichtern
facilitation	[fəsili'teiʃən]	Erleichterung
facility (FAC)	[fə'siliti]	Einrichtung, Anlage, ... hilfe
fact; due to the –	[dju: tu ðə fækt]	Tatsache; auf Grund der –
factory, plant	['fæktəri, pla:nt]	Fabrik, Werk
to fade out	[feid aut]	leiser werden, schwinden (Funk)
fading	['feidiŋ]	Schwund (Funk)
to fail	[feil]	ausfallen, versäumen, unterlassen
fail safe	[feil seif]	ausfallsicher
failure	['feiljə]	Ausfall, Panne, Versagen
engine failure	['endʒin 'feiljə]	Motorausfall
radio communication failure	['reidiou kəmju:ni'keiʃən 'feiljə]	Ausfall der Funk(sprech)verbindung
faint	[feint]	schwach, matt; Ohnmacht
faint target	[feint 'ta:git]	schwaches (Radar-)Ziel
fair	['fɛə]	günstig, gut; als Hw.: Messe
fairly (well)	['fɛəli wel]	ziemlich (gut)
to fall, fell, fallen	[fɔ:l, fel, 'fɔ:lən]	fallen, fiel, gefallen
false, wrong	[fɔ:ls, rɔŋ]	falsch
familiar	[fə'miliə]	vertraut, bekannt
to be – with ...	[bi: fə'miliə wið]	vertraut sein mit...

to familiarize	[fə'miljəraiz]	einweisen, vertraut machen
to – oneself with...	[wʌn'self wið]	sich vertraut machen mit...
familiarization flight	[fəmiljərai'zeiʃən flait]	Einweisungsflug
fan marker beacon	['fæn 'ma:kə 'bi:kən]	Fächerfunkfeuer
far, -ther, -thest	[fa:, 'fa:ðə, 'fa:ðist]	weit, fern (u. Steigerung)
far away	[fa: ə'wei]	weit entfernt, weit weg
how far	[hau fa:]	wie weit
so far	[sou fa:]	so weit, bis jetzt, bisher
farming equipment	['fa:miŋ i'kwipmənt]	landwirtschaftliche Geräte
fast, quick	[fa:st, kwik]	schnell, flott, rasch
to fasten	[fa:sn]	befestigen, festmachen
– seat belts	[fa:sn si:t belts]	(sich) anschnallen
favorable	['feivərəbl]	günstig, vorteilhaft
feasible	['fi:zəbl]	tunlich, aus-, durchführbar, mögl.
to feather (engine, propeller)	['feðə 'endʒin, prə'pelə]	(Propellerblätter) in Segelstellung bringen
feathered pitch	['feðəd pitʃ]	Segelstellung, Fahnenstellung
feathered propeller	['feðəd prə'pelə]	Propeller in Segelstellung
federal	['fedərəl]	Bundes-...
federal road	['fedərəl roud]	Bundesstraße
fee, charge, cost	[fi:, tʃa:dʒ, kɔst]	Gebühr
feeder	['fi:də]	Einspeiser (Radar)
to feel, felt, felt	[fi:l, felt]	fühlen, fühlte, gefühlt
feet (ft)	[fi:t]	Fuß (Mehrzahl) (Einz.: foot)
– per minute	[fi:t pə 'minit]	Fuß je Minute (FPM)
fence; blast fence	[bla:st fens]	Zaun; Strahlschutzwand
ferry flight	['feri flait]	Überführungsflug
fever	['fi:və]	Fieber
few; a few	['fju:, ə 'fju:]	wenige; einige
a – minutes ago	[ə 'fju: 'minits ə'gou]	vor einigen Minuten
field (airfield)	[fi:ld, 'ɛəfi:ld]	Feld, (Flug-)Platz
– in sight	[fi:ld in sait]	(Flug-)Platz in Sicht
– intensity, strength	[in'tensiti, streŋθ]	Feldstärke
fighter aeroplane	['faitə 'ɛərouplein]	Jagdflugzeug
to figure	['figə]	schätzen, glauben, vermuten
figure	['figə]	Zahl, Ziffer, Abbildung
to file (flight plan or message)	[fail flait plæn, 'mesidʒ]	(Flugplan oder Meldung) ab-, aufgeben, einreichen
filing of flight plan	['failiŋ ɔv flait plæn]	Flugplanabgabe, -aufgabe
to fill; to refill		füllen; wieder auffüllen
filling station	['filiŋ 'steiʃən]	Tankstelle
film		Schicht, Film
to filter		filtern, filtrieren; Hw.: filter
fin		Flosse
final	['fainəl]	Endanflug
– approach	['fainəl ə'proutʃ]	Endanflug
– – area	['fainəl ə'proutʃ 'ɛəriə]	Endanflugsektor
– – fix (FAF)	['fainəl ə'proutʃ fiks]	Endanflugpunkt
– – speed	['fainəl ə'proutʃ spi:d]	Endanfluggeschwindigkeit
– – track	['fainəl ə'proutʃ træk]	Endanflugkurs (über Grund)
– check	['fainəl tʃek]	Endanflugkontrolle
– descent	['fainəl di'sent]	Endsinkflug
– leg	['fainəl leg]	Endanflugteil (Platzrunde)
finally	['fainəli]	endlich, schließlich, abschließend
to find, found –	[faind, faund, –]	finden, antreffen (u. Verg.)

to find out	[faind aut]	ausfindig machen, herausfinden
fine	[fain]	Geldbuße, Geldstrafe
finger		Finger, Fingerflugsteig
to finish	['finiʃ]	abschließen, beenden
to fire	['faiə]	schießen, abfeuern, auflassen
fire	['faiə]	Feuer, Brand
– brigade, – crew,	['faiə bri'geid, kru:]	Feuerwehr
– department	['faiə di'pa:tmənt]	
– extinguisher	['faiə iks'tiŋguiʃə]	Feuerlöscher
– fighting	['faiə 'faitiŋ]	Brand-, Feuerbekämpfung
– – equipment	[– – ik'wipmənt]	Feuerbekämpfungsausrüstung
– man	['faiəmæn]	Feuerwehrmann
– station	['faiə 'steiʃən]	Feuerwache, Feuerstation
– truck	['faiə trʌk]	Lösch-, Feuerwehrfahrzeug
– warning	['faiə 'wɔ:niŋ]	Feuer-, Brandwarnung
to be on fire	[tu bi: ɔn 'faiə]	in Brand stehen, brennen
to catch fire	[kætʃ 'faiə]	in Brand geraten
to set on fire		in Brand setzen
fireproof	['faiəpru:f]	feuersicher, feuerfest
firing (FRNG)	['fairiŋ]	Schießen, Abfeuern, Auflassen
firing area	['fairiŋ 'ɛəriə]	Schießgebiet
artillery firing	[a:'tiləri 'fairiŋ]	Artillerieschießübungen
firm	[fə:m]	fest, hart; Firma
first; (at) first	[æt 'fə:st]	erster, erste, erstes; zuerst
first aid (kit)	[fə:st eid kit]	erste Hilfe(ausrüstung)
to fishtail	['fiʃteil]	zickzack fliegen
fix; s. auch entry–, exit–, holding–, radar–, radio–	[fiks]	Festpunkt; Standortpeilung, Funkbezugspunkt, festgelegter Standort, ermittelter Standort, Fix
to fix a position	[fiks ə pə'ziʃən]	Standort bestimmen
fixed	[fikst]	fest
– balloon	[fikst bə'lu:n]	Fesselballon; auch: captive ball.
– landing gear	[fikst 'lændiŋ giə]	Festfahrwerk, nicht einziehbar
– pitch propeller	[fikst pitʃ prə'pelə]	Festpropeller, nicht verstellbar
– wing		Starrflügel
– – aircraft	[fikst wiŋ 'ɛəkra:ft]	Starrflügler, Flächenflugzeug
flag alarm	[flæg ə'la:m]	Warnschauzeichen (ILS usw.)
flame	[fleim]	Flamme
flame out	['fleim aut]	Flammabriß (Strahltriebwerk)
flaps (up, down)	[flæps ʌp, daun]	Landeklappen (ein-, ausgefahren)
flap indication	[flæp indi'keiʃən]	Landeklappenanzeige
flap setting	[flæp 'setiŋ]	Klappenstellung
flare(s)	['flɛəz]	Leuchtkugel(n)
to flare out	['flɛə aut]	abfangen vor dem Aufsetzen, ausschweben
flashing (FLG)	['flæʃiŋ]	blitzend, blinkend
– beacon	['flæʃiŋ 'bi:kən]	Blitz(leucht)feuer
– green (white, red) light signal	['flæʃiŋ gri:n, wait, red lait 'signəl]	grünes (weißes, rotes) Blinklichtzeichen, Blitzzeichen
– light	['flæʃiŋ lait]	Blitzfeuer
– warning light	['flæʃiŋ 'wɔ:niŋ lait]	Warnblinkleuchte
flat	[flæt]	platt, flach, eben
flat spin		Flachtrudeln; S.: flache Vrille
flat terrain	[flæt tə'rein]	flaches, ebenes Gelände
flat turn	[flæt tə:n]	flache Kurve

flat tyre, tire	[flæt 'taiə]	platter Reifen, Reifenpanne
flight (FLT)	[flait]	Flug
– accident	[flait 'æksidənt]	Flugunfall
– activity	[flait æk'tiviti]	Flugtätigkeit, Flugbetrieb
– attitude	[flait 'ætitju:d]	Fluglage
– check (FLTCK)	[flait tʃek]	Überprüfung (Kontrolle) im Fluge
– competition	[flait kəmpe'tiʃən]	Flugwettbewerb
– conditions	[flait kən'diʃənz]	Flug(wetter)bedingungen
– controls	[flait kən'troulz]	Steuerorgane
– crew	[flait kru:]	Flugbesatzung
– data	[flait 'dætə, 'deitə]	Flugdaten
– demonstration	[flait demən'streiʃən]	Flugvorführung
– director	[flait di'rektə]	Flugkommandoanlage
– engineer	[flait 'endʒi'niə]	Flugingenieur
– information	[flait infɔ:'meiʃən]	Fluginformation
– – center (FIC)	[infɔ:'meiʃən 'sentə]	Fluginformationszentrale
– – region (FIR)	[infɔ:'meiʃən 'ri:dʒən]	Fluginformationsgebiet
– – service (FIS)	[infɔ:'meiʃən 'sə:vis]	Fluginformationsdienst
– instructor	[flait in'strʌktə]	Fluglehrer
– instruments	[flait 'instrumənts]	Flugüberwachungsinstrumente
– level (FL)	[flait levl]	Flugfläche
– log; – manual	[flait 'mænjuəl]	Flugbuch; Flughandbuch
– of, formation of	[fɔ:'meiʃən ɔv]	Formation von...
– operation(s)	[flait ɔpə'reiʃənz]	Flugbetrieb
– – al reasons	[ɔpə'reiʃənəl 'ri:zənz]	flugbetriebliche Gründe
– path	[flait pa:θ]	Flugweg, Flugbahn
– plan	[flait plæn]	Flugplan (PLN)
– – filed in the air	[faild in ði 'ɛə]	– abgabe in der Luft (AFIL)
– – form	[flait plæn fɔ:m]	Flugplanformular, -vordruck
– – message	[flait plæn 'mesidʒ]	Flugplanmeldung
– – route	[flait plæn ru:t]	Strecke laut Flugplan
– planning	[flait 'plæniŋ]	Flugplanung
– preparation, preflight action	[flait prepə'reiʃən] ['pri:flait 'ækʃən]	Flugvorbereitung
– recorder	[flait ri'kɔ:də]	Flugschreiber
– regularity message	[flait regju'læriti 'mesidʒ]	Flugregelmäßigkeits-, Flugbetriebsmeldung
– restrictions	[flait ri'strikʃənz]	Flugbeschränkungen
– route, route of –	[flait ru:t]	Flugstrecke
– rules	[flait ru:lz]	Flugregeln
– safety message	[flait 'seifti 'mesidʒ]	Flugsicherheitsmeldung
– simulator	[flait 'simjuleitə]	Flugsimulator
– test	[flait test]	Probe-, Prüfflug, Flugerprobung
– time, flying time	[flait taim, 'flaiiŋtaim]	Flugzeit
– training	[flait 'treiniŋ]	Flugausbildung
– visibility	[flait vizi'biliti]	Flugsicht
in-flight		im Fluge (in Zusammensetzungen)
post-flight	[poust flait]	nach dem Flug (in Zusammensetzungen)
pre-flight	['pri:flait]	vor dem Fluge (in Zusammensetzungen)
to float	[flout]	dahintreiben, -schwimmen
flock; – of birds	[flɔk ɔv 'bə:dz]	Schwarm; Vogelschwarm
flock; – of sheep	[flɔk ɔv 'ʃi:p]	Herde; Schafherde
flood	[flʌd]	Überschwemmung
floodlight(s)	['flʌdlaits]	Flutlicht(scheinwerfer)
flow control	[flou kən'troul]	Verkehrsflußsteuerung

– – measures	['meʒəz]	–smaßnahmen
to fluctuate	['flʌktjueit]	schwanken (z. B. Leitstrahl)
fluctuation	[flʌktju'eiʃən]	Schwankung
fluent	['flu:ənt]	fließend, geläufig, reibungslos
fluid	['flu:id]	Flüssigkeit, flüssig
flush lights	['flʌʃ laits]	Unterflurfeuer
to fly, flew, flown	[flai, flu:, floun]	fliegen, flog, geflogen
flyby	['flaibai]	Vorbeiflug
fly down indication	[flai daun indi'keiʃən]	„fliege tiefer"-Anzeige
fly up indication	[flai ʌp indi'keiʃən]	„fliege höher"-Anzeige
flying low	['flaiiŋ lou]	tieffliegend
flying regulation	['flaiiŋ regju'leiʃən]	Flugregelung, -vorschrift
flying object	['flaiiŋ 'ɔbdʒekt]	Flugkörper
foam	[foum]	Schaum
– blanket, – layer	[foum 'blæŋkit, 'leiə]	Schaumdecke, Schaumteppich
foaming vehicle	['foumiŋ 'vi:əkl]	Beschäumungsfahrzeug
to focus	['foukəs]	genau einstellen, ausrichten
focus	['foukəs]	Brennpunkt
out of focus	[aut ɔv 'foukəs]	nicht scharf eingestellt, unscharf
fog (FG)	[fɔg]	Nebel
fog bank	[fɔg bæŋk]	Nebelbank
fog development	[fɔg di'veləpmənt]	Nebelbildung
fog dispersal	[fɔg dis'pə:səl]	Entnebelung(sverfahren)
fog layer	[fɔg 'leiə]	Nebelschicht
fog patches, BZFG	[fɔg 'pætʃiz]	Nebelschwaden
ground fog	[graund fɔg]	Bodennebel
foggy	['fɔgi]	neblig
to follow	['fɔlou]	folgen, befolgen (Anweisg., Kurs)
follow-me car	['fɔlou mi: ka:]	Vorfeld(leit)fahrzeug
following (FLW)	['fɔlouiŋ]	folgend; wie folgt: as follows
foot, feet (ft)	[fut, fi:t]	Fuß (Ein- u. Mehrzahl)
for	[fɔ:]	für, als, nach, zu, denn (s. Gramm.)
for instance	[fɔ: 'instəns]	zum Beispiel; auch: for example
for one hour	[fɔ: wʌn 'auə]	eine Stunde lang
what for?	[wɔt fɔ:]	wofür, wozu
force	[fɔ:s]	Stärke, Gewalt, Macht
in force		in Kraft
to force, to compel	[fɔ:s, kəm'pel]	zwingen, erzwingen
forced landing	[fɔ:st 'lændiŋ]	Notlandung
to forecast	['fɔ:ka:st]	vorhersagen (Wetter)
forecast (FCST), **weather forecast**	['fɔ:ka:st] ['weðə 'fɔ:ka:st]	Wettervorhersage
forecaster	['fɔ:ka:stə]	Wetterberater, Meteorologe
foreign armed forces	['fɔrin a:md 'fɔ:siz]	ausländische Streitkräfte
foreign state	['fɔrin steit]	ausländischer Staat, Ausland
forest (fire)	['fɔrist 'faiə]	Wald(brand)
to forget, forgot, -ten	[fə'get, fə'gɔt, fə'gɔtən]	vergessen, vergaß, vergessen
fork lift	[fɔ:k lift]	Gabelstapler
form	[fɔ:m]	Form, Formblatt, Vordruck
formation	[fɔ:'meiʃən]	Formation, Verband
– of three aircraft	[ɔv θri: 'ɛəkra:ft]	Verband von 3 Luftfahrzeugen
– flight	[fɔ:'meiʃən flait]	Formations-, Verbandsflug
former(ly)	['fɔ:məli]	früher, vormalig, ehemals
to forward	['fɔ:wəd]	übermitteln, weiterbefördern

forward	['fɔ:wəd]	vorn, vorwärts
– speed	['fɔ:wəd spi:d]	Vorwärtsgeschwindigkeit
– visibility	['fɔ:wəd vizi'biliti]	Sicht voraus
fracture	['fræktʃə]	Bruch
free balloon	['fri: bə'lu:n]	Freiballon (bemannt = manned)
free flying sonde	[fri: 'flaiiŋ sɔnd]	freifliegende Sonde
to freeze, – up, froze, frozen	[fri:z, frouz, frouzn]	(ge)frieren, (ge)fror, gefroren
freezing (FZ)	['fri:ziŋ]	gefrierend
– drizzle (FZDZ)	['fri:ziŋ drizl]	vereisender Sprühregen, Nieseln
– fog (FZFG)	['fri:ziŋ fɔg]	gefrierender, vereisender Nebel
– level	['fri:ziŋ levl]	Nullgradgrenze
– rain (FZRA)	['fri:ziŋ rein]	gefrierender, vereisender Regen
freight, cargo	[freit, 'ka:gou]	Fracht
frequency (FREQ)	['fri:kwənsi]	Frequenz
– band, range	[bænd, reindʒ]	Frequenzband, Frequenzbereich
– change	['fri:kwənsi tʃeindʒ]	Frequenzwechsel, -änderung
– channel	['fri:kwənsi 'tʃænl]	Frequenzkanal
– selector (VOR)	['fri:kwənsi si'lektə]	Frequenzwähler
primary –	['praiməri 'fri:kwənsi]	Hauptfrequenz
secondary –	['sekəndəri 'fri:kwənsi]	Zweitfrequenz, Nebenfrequenz
frequent(ly)	['fri:kwənt]	häufig, oft
– rainshowers	['fri:kwənt 'reinʃauəz]	verbreitete Regenschauer
fresh; – snow	[freʃ, freʃ snou]	frisch; Neuschnee
friction	['frikʃən]	Reibung
– coefficient	['frikʃən kouə'fiʃənt]	Reibungs-, Bremskoeffizient
from	[frɔm]	von (zeitlich, räumlich)
– now on	[frɔm nau ɔn]	von jetzt an
– ...to...	[frɔm tu]	von... bis... (räumlich, zeitlich)
– ...until...	[frɔm ʌn'til]	von... bis... (zeitlich)
front; in – of	[frʌnt, in frʌnt ɔv]	Vorderseite; vor (räumlich)
front (cold-, warm-) –	[kould, wɔ:m frʌnt]	(Wetter-)Front; (Kalt-, Warm-)Front
– beam, – course	[frʌnt bi:m, frʌnt kɔ:s]	frontseitiger, Hauptanflugkurs
– wheel, nose wh.	[frʌnt wi:l, nouz wi:l]	Bugrad
frontier, border	['frɔntiə, 'bɔ:də]	Grenze, Landesgrenze
frost	[frɔst]	Frost, Reif
frozen	['frouzən]	gefroren
– rain	['frouzən rein]	Eisregen
– ruts or ridges	[rʌts ɔ: 'ridʒiz]	gefr. Radspuren oder Furchen
– slush	['frouzən slʌʃ]	gefrorener Schneematsch
– snow	['frouzən snou]	gefrorener Schnee
to fuel, refuel	['fju:əl, 'ri:fju:əl]	(auf-)tanken; Hw.: refuelling
fuel	['fju:əl]	Treibstoff, Kraftstoff
– capacity	['fju:əl kə'pæsiti]	Treibstoffassungsvermögen
– cock		Treibstoffhahn, Brandhahn
– consumption	['fju:əl kən'sʌmpʃən]	Treibstoffverbrauch
– dumping,	['fju:əl 'dʌmpiŋ]	Treibstoffschnellablaß
– jettisoning	['fju:əl 'dʒetisəniŋ]	
– – area	['dʒetisəniŋ 'ɛəriə]	Treibstoffschnellablaßgebiet
– exhausted	['fju:əl ig'zɔ:stid]	Treibstoffvorrat erschöpft
– grade	['fju:əl greid]	Oktanzahl
– leak	['fju:əl li:k]	Treibstoffleck
– mixture (lean; rich; weak)	['fju:əl 'mikstʃə] [li:n, ritʃ, wi:k]	Treibstoffgemisch (arm, mager; fett, reich; Spar-)

– on board, aboard	[ɔn 'bɔ:d, ə'bɔ:d]	Treibstoffvorrat
– pipe	['fju:əl paip]	Treibstoffleitung
– pressure (gauge)	['fju:əl 'preʃə geidʒ]	Treibstoffdruck(messer)
– pump	['fju:əl pʌmp]	Treibstoffpumpe
– quantity	['fju:əl 'kwɔntiti]	Treibstoffmenge
– – indicator	['kwɔntiti 'indikeitə]	Treibstoffvorratsanzeige
– requirement	['fju:əl ri'kwaiəmənt]	Treibstoffbedarf
– shortage, lack of –	['fju:əl 'ʃɔ:tidʒ, læk ɔv 'fju:əl]	Treibstoffknappheit
– supply	['fju:əl sə'plai]	Treibstoffversorgung, -vorrat
– system	['fju:əl 'sistem]	Treibstoffanlage
– tank	['fju:əl tæŋk]	Treibstoffbehälter
– truck	['fju:əl trʌk]	Tankfahrzeug
to be short of –, to be low on –	[ʃɔ:t ɔv 'fju:əl] [lou ɔn 'fju:əl]	Treibstoffmangel haben
full, fully	[ful]	voll(ständig)
full call sign	[ful 'kɔ:l sain]	vollständiges Rufzeichen
full power, throttle	[ful 'pauə, θrɔtl]	Vollgas, Volleistung
full procedure	[ful prə'si:dʒə]	vollständiges Verfahren
full speed	[ful spi:d]	hohe Geschwindigkeit
full stop landing	[ful stɔp 'lændiŋ]	Abschlußlandung (FSL)
to come to a full stop	[kʌm tu ə ful stɔp]	anhalten
to function	['fʌnkʃən]	funktionieren, wirksam sein
function	['fʌnkʃən]	Aufgabe, Funktion
functioning	['fʌnkʃəniŋ]	betriebsklar, betriebsbereit
funnel cloud	[fʌnl klaud]	Trombe, Wolkenschlauch
further	['fə:ðə]	weiter, zusätzlich, ferner, ander(e)
further clearance	['fə:ðə 'kliərəns]	weitere, zusätzliche Freigabe
further instruction	['fə:ðə in'strʌkʃən]	weitere, zusätzliche Anweisung
furthermore	['fə:ðəmɔ:]	außerdem, ferner
furtheron	['fə:ðərɔn]	weiterhin
fuse	[fju:z]	elektrische Sicherung
fuselage	['fju:zilidʒ]	Flugzeugrumpf
future; in the –	['fju:tʃə, in ðə 'fju:tʃə]	Zukunft, künftig; (zu)künftig

G

to gain altitude	[gein 'æltitju:d]	Höhe gewinnen
to gain speed	[gein spi:d]	Geschwindigkeit aufnehmen
gale; gale warning	[geil, geil 'wɔ:niŋ]	Sturm; Sturmwarnung
gallon	['gælən]	Gallone
gap	[gæp]	Lücke, Loch (z.B. in Wolken)
garbled	[ga:bld]	verzerrt, verstümmelt
– message	[ga:bld 'mesidʒ]	verstümmelte Meldung
– transmission	[ga:bld trænz'miʃən]	verzerrte Ausstrahlung
gasoline, gas	['gæsəli:n, gæs]	Benzin, Treibstoff
gate, approach –	[geit, ə'proutʃ geit]	Ablaufpunkt f. Instrumentenanfl.
gauge	[geidʒ]	Meßgerät, -messer
GCA approach	[dʒi: si: ei ə'proutʃ]	GCA-Anflug
gear (s. ldg. gear)	[giə]	Getriebe, Gang; Fahrwerk
gear down	[giə daun]	Fahrwerk ausgefahren

gear up	[giə ʌp]	Fahrwerk eingefahren
gear check	[giə tʃek]	Fahrwerküberprüfung, -kontrolle
gear trouble	[giə trʌbl]	Fahrwerkschwierigkeiten, -störg.
general (GEN)	['dʒenərəl]	allgemein, gewöhnlich
– ly, in general	[in 'dʒenərəl]	im allgemeinen, in der Regel
– aviation	['dʒenərəl eivi'eiʃən]	Allgemeine Luftfahrt
– – forecast, GAFOR	['fɔ:ka:st]	Wettervorhersage für die – –
– – terminal (GAT)	['tə:minəl]	Abfertigung Allgemeine Luftfahrt
– call	['dʒenərəl kɔ:l]	allgemeiner Anruf „an alle"
generator	['dʒenəreitə]	Generator
geographic (GEO)	[dʒiə'græfik]	geographisch
German (GE)	['dʒə:mən]	deutsch; Deutscher, -e, –es
to get, got, gotten		werden, bekommen, erhalten, beschaffen, besorgen, holen (u. Verg.)
– airborne, to become airborne	[bi'kʌm 'ɛəbɔ:n]	abheben (Start)
– in (to)		herein-, hineinkommen
– lost	[get lɔst]	Orientierung verlieren, sich verfliegen
– off, out	[get ɔf, aut]	aussteigen
– on		einsteigen
– ready	[get 'redi]	sich fertigmachen, fertigwerden
– rid of		loswerden
– the field in sight	[get ðə fi:ld in sait]	den Platz in Sicht bekommen
– there	[get ðɛə]	hinkommen
– through	[get θru:]	durchkommen
– too close	[get tu: klouz]	zu nahe kommen
to give, gave, given	[giv, geiv, 'givən]	(an)geben, gab, gegeben
give me a call	[giv mi: ə kɔ:l]	rufen Sie mich
to give way to	[giv wei tu]	ausweichen
a given time	[ə 'givən taim]	eine bestimmte Zeit
glass	[gla:s]	Glas
glaze, glaze ice	[gleiz, gleiz ais]	Klareis
glazed frost	[gleizd frɔst]	Glatteis
to glide; glide	[glaid]	gleiten, segelfliegen; Gleitflug
glide angle	['glaid æŋgl]	Gleitwinkel
glide path (GP)	['glaid pa:θ]	Gleitweg; auch: glide slope
– – angle	[glaid pa:θ æŋgl]	Gleitwegwinkel
– – intercept altitude	[glaid pa:θ intə'sept 'æltitju:d]	Gleitwegeinflughöhe
– – transmitter	[trænz'mitə]	Gleitwegsender
glider (GLD)	['glaidə]	Segelflugzeug; auch: sailplane
– activity, – flying	[æk'tiviti, 'flaiiŋ]	Segelflug(betrieb)
– competition	['glaidə kɔmpi'tiʃən]	Segelflugwettbewerb
– site, gliding site	['glaidiŋ sait]	Segelfluggelände
– towing	['glaidə 'touiŋ]	Segelflugschlepp
to go, went, gone	[gou, went, gʌn]	gehen, sich fortbewegen (u. V.)
– around	[tə gou ə'raund]	durchstarten
– back, to return	[tə gou bæk, ri'tə:n]	zurückgehen, -fliegen, -kehren
– on, to go ahead	[gou ə'hed]	fortfahren, weitergehen
go ahead	[gou ə'hed]	Sprechgr.: senden Sie Ihre Meldg.
to go around	[gou ə'raund]	durchstarten
go around	[gou ə'raund]	starten Sie durch

go-around, – – landing	[gou ə'raund] ['lændiŋ]	Durchstarten
on the go	[ɔn ðə gou]	beim Durchstarten
to be going to	[tu bi: 'gouiŋ tə]	werden (Zukunft)
what are you going to do (now)?	[wɔt a: ju: 'gouiŋ tə du: nau]	was werden Sie (jetzt) tun
I'm going to land	[aim 'gouiŋ tu lænd]	ich werde landen
good, well	[gud, wel]	gut, günstig (Adj. und Adv.)
good morning	[gud 'mɔ:niŋ]	guten Morgen
in good time	[in gud taim]	rechtzeitig
to make good (track)	[meik gud træk]	(Kurs über Grund) einhalten
government	['gʌvənmənt]	Regierung
gradual(ly) (GRADU)	['grædjuəli]	allmählich, nach und nach
– decreasing	[di'kri:siŋ]	allmählich abnehmend
to grant	[gra:nt]	gewähren, erteilen, gestatten
to grant exception	[gra:nt ik'sepʃən]	Ausnahme gewähren, zulassen
to grant permission	[gra:nt pə'miʃən]	Erlaubnis erteilen
permission (is) granted	[pə'miʃən 'gra:ntid]	Erlaubnis (wird) erteilt
granular snow	['grænjulə snou]	Griesel(schnee)
grass cutting	['gra:s 'kʌtiŋ]	Mäharbeiten, Heuen, Mähen
– – in progress	[in 'prougres]	Mäharbeiten im Gang
grass runway	['gra:s 'rʌnwei]	Grasstart- und Landebahn
grass strip, runway	[gra:s strip]	Graspiste; D.: Grasbahn
gray	[grei]	grau
great; – circle	[greit, greit sə:kl]	groß, bedeutend; Großkreis
green (G)	[gri:n]	grün
to grit		Splitt streuen
gross weight	[grɔs weit]	Gesamt(flug)gewicht, Fluggewicht
to ground (an a/c)	[graund ən 'εəkra:ft]	(ein Lfz.) auf dem Boden halten
ground (GND)	[graund]	Boden, Grund, Erdboden
– aid	[graund eid]	Bodenhilfe
– /air	[graund 'εə]	Boden/Bord
– check, – test	[graund tʃek]	Überprüfung am Boden (GNDCK)
– checked	[graund tʃekt]	(Funkanlage) am Boden überprüft
– clearance	[graund 'kliərəns]	Bodenfreiheit, Bodenabstand
– clutter (radar)	[graund 'klʌtə]	Störflecke durch Bodenechos
– contact	[graund 'kɔntækt]	Erdsicht, Bodenberührung
– control	[graund kən'troul]	Rollkontrolle, Rufz.: ground
– – frequency	[– – 'fri:kwənsi]	Rollkontrollfrequenz
– controlled approach (system)	[graund kən'trould ə'proutʃ 'sistəm]	GCA-Anflug(system) (GCA)
– effect	[graund i'fekt]	Bodeneffekt, Bodeneinfluß
– equipment	[graund i'kwipmənt]	Bodenausrüstung, -gerät
– fog, shallow fog	['ʃælou fɔg]	Bodennebel
– handling	[graund 'hændliŋ]	Bodendienstabfertigung, -betrieb
– level	[graund 'levl]	Bodenhöhe, Bodenfläche
– loop	[graund lu:p]	Ausbrechen (am Boden)
– return	[graund ri'tə:n]	Bodenecho
– run-up	[graund 'rʌnʌp]	Standlauf, Prüflauf, Abbremsen
– services	[graund 'sə:visiz]	Bodendienste
– signal	[graund 'signəl]	Bodensignal
– speed (GS)	[graund spi:d]	Geschwindigkeit über Grund
– station	[graund 'steiʃən]	Boden(funk)stelle

– to air (G/A)	[graund tu 'ɛə]	Boden/Bord
– traffic	[graund 'træfik]	Bodenverkehr
– visibility	[graund vizi'biliti]	Bodensicht
– wave	[graund weiv]	Bodenwelle
above ground	[ə'bʌv graund]	über Grund
on the ground	[ɔn ðə graund]	auf dem Boden, Landezeit
group	[gru:p]	Gruppe
to guard (frequ.)	[ga:d 'fri:kwənsi]	(Funkfrequenz) überwachen
guard	[ga:d]	Wache
guard frequency	['ga:d 'fri:kwənsi]	Wachfrequenz
to guess	[ges]	annehmen, vermuten, glauben
to guide	[gaid]	führen, den Weg weisen
guidance; radar –	['reida: 'gaidəns]	Führung; Radarführung, -anleitg.
gust; gusty	[gʌst, 'gʌsti]	Windstoß, Bö; böig
gust lock	[gʌst lɔk]	Ruderverriegelung
gustiness, gusty conditions	['gʌstinis, 'gʌsti kən'diʃənz]	Böigkeit
gusting up to...	['gʌstiŋ ʌp tu]	Böenspitzen bis...
gusty air	['gʌsti 'ɛə]	böige Luft
gusty winds	['gʌsti windz]	böige Winde
gyro; – check	['dʒairou tʃek]	Kurskreisel; – Überprüfung
gyroscopic	['dʒairou'skoupik]	kreiselgestützt, Kreisel...
– compass	['dʒairou 'kʌmpəs]	Kreiselkompaß
– direction indicator	[di'rekʃən 'indikeitə]	Kurskreisel
– horizon	['dʒairou hɔ'raizn]	künstlicher Horizont, Kreiselhoriz.
– instrument	['instrumənt]	Kreiselgerät

H

had	[hæd]	hatte(n)
hail (GR)	[heil]	Hagel; Zeitw.: to hail
soft hail (GR)	[sɔft heil]	Graupel
half	[ha:f]	halb
half an hour	['ha:fən'auə]	eine halbe Stunde
half a mile	[ha:f ə mail]	eine halbe Meile
half-hourly	['ha:fauəli]	halbstündlich, jede halbe Stunde
halfway	['ha:fwei]	auf halbem Weg, halbwegs
– down (landg. gear)	['ha:fwei daun]	halb ausgefahren (z. B. Fahrwerk)
hand	[hænd]	Hand
– brake	[hænd breik]	Handbremse
right – traffic	[rait hænd 'træfik]	Rechtsverkehr in der Platzrunde
to handle (traffic, message, passengers)	[hændl 'træfik, 'mesidʒ, 'pæsindʒəz]	(Verkehr) abwickeln, (Meldung) befördern, (Fluggäste) abfertigen
handling	['hændliŋ]	Abfertigung, Behandlung
ground handling	[graund 'hændliŋ]	Bodenabfertigung
to hang, hung, –	[hæŋ, hʌŋ, hʌŋ]	hängen, aufhängen (und Verg.)
hangar (H)	['hæŋə]	Flugzeughalle, Hangar
– charge, fee	['hæŋə tʃa:dʒ, fi:]	Unterstell-, Hangargebühr
to happen	['hæpən]	geschehen, passieren, sich ereign.
harbour, port	['ha:bə, pɔ:t]	Hafen
hard; – landing	[ha:d, ha:d 'lændiŋ]	hart, fest; harte Landung
hardly, barely	['ha:dli, 'bɛəli]	schwerlich, kaum

hard rime	[ha:d raim]	Rauhfrost
hard surface runway, paved rwy.	[ha:d 'sə:fis 'rʌnwei, peivd 'rʌnwei]	Hartbelag-Start- und Landebahn, befestigte Start- u. Landebahn
hardstand	['ha:dstænd]	befestigter Abstellplatz
hatch	[hætʃ]	Luke
to have, had, had	[hæv, hæd, hæd]	haben, hatte, gehabt
to have to	[tə hæv tə]	müssen
hay; hay making	[hei, hei 'meikiŋ]	Heu; heuen
hazard	['hæzəd]	Gefahr, Wagnis
– beacon, – light	['hæzəd 'bi:kən, lait]	Gefahrenfeuer (HBN)
collision hazard	[kə'liʒən 'hæzəd]	Zusammenstoßgefahr
hazardous	['hæzədəs]	gefährlich
– flight conditions	[flait kən'diʃənz]	gefährliche Flugbedingungen
– weather condit.	['weðə kən'diʃənz]	gefährliche Wetterbedingungen
haze	[heiz]	(trockener) Dunst
– layer	[heiz 'leiə]	Dunstschicht
tops of –	[tɔps ɔv heiz]	Dunstobergrenze
hazy, misty	['heizi, 'misti]	dunstig
to head (for)...	[hed fɔ:]	nach, in Richtung...steuern
head; headache	[hed, 'hedeik]	Kopf; Kopfweh
heading (HDG)	['hediŋ]	Steuerkurs
– south	['hediŋ sauθ]	auf Südkurs
magnetic –	[mæg'netik 'hediŋ]	mißweisender Steuerkurs
runway –	['rʌnwei 'hediŋ]	Start- und Landebahnrichtung
true –	[tru: 'hediŋ]	rechtweisender Steuerkurs
head-on	[hed'ɔn]	auf Gegenkurs, aufeinander zu
approaching –	[əp'routʃiŋ hed'ɔn]	sich im Gegenflug nähern
headphones, earphone	['hedfounz, 'iəfoun]	Kopfhörer
headset	['hedset]	Sprechgarnitur
head wind	['hed wind]	Gegenwind
health resort	[helθ ri'sɔ:t]	Kurort, Erholungsort
to hear, heard, –	[hiə, hə:d, hə:d]	hören, hörte, gehört
heart attack	[ha:t ə'tæk]	Herzanfall
heat; heating	[hi:t, 'hi:tiŋ]	Hitze, Wärme; Heizung
heavy (+, VIO), **strong, severe**	['hevi, strɔŋ, si'viə]	schwer, heftig, stark (bei Wettererscheinungen wie Regen usw.)
height (HGT)	[hait]	Höhe
– finder	[hait 'faində]	Höhenmeßradar
– loss margin	[hait lɔs 'ma:dʒin]	Höhenverlustwert (Präzisionsanfl.)
helicopter (HEL)	['helikɔptə]	Hubschrauber, Helikopter
– landing area	['lændiŋ 'ɛəriə]	Hubschrauberlandefläche
– traffic circuit	['træfik 'sə:kit]	Hubschrauberplatzrunde
helipad	['helipæd]	Hubschrauberplattform
heliport	['helipɔ:t]	Hubschrauberlandeplatz
helispot	['helispɔt]	Hubschrauberlandefläche
to help, assist, aid	[help, ə'sist, eid]	helfen
help, assistance	[ə'sistəns]	Hilfe
here	[hiə]	hier, da; hierher
herewith	['hiəwið]	hiermit
high	[hai]	hoch, Hochdruckgebiet
– altitude flight	[hai 'æltitju:d flait]	Höhenflug
– cloud	[hai klaud]	hohe Wolken
– cruise	[hai kru:z]	hohe Geschwindigkeit
maintain – –	[mein'tein hai kru:z]	behalten Sie – – bei

– density traffic area	[hai 'densiti 'træfik 'ɛəriə]	Gebiet mit hoher Verkehrsdichte
– frequency (HF)	[hai 'fri:kwənsi]	Kurzwelle (3000–30 000 kHz)
– intensity	[hai in'tensiti]	Hochleistung, hohe Intensität
– – lights	[hai in'tensiti laits]	Hochleistungsfeuer, -befeuerung
– – app. lighting	[ə'proutʃ 'laitiŋ]	Hochleistungsanflugbefeuerung
– – lighting system	[hai in'tensiti 'laitiŋ 'sistəm]	Hochleistungsbefeuerungs-system
– – runway lighting	[hai in'tensiti 'rʌnwei 'laitiŋ]	Hochleistungslandebahnbefeu-erung
– level	[hai levl]	große Höhe(n)
– – approach procedure	[hai levl ə'proutʃ prə'si:dʒə]	Höhen-Anflugverfahren, Anflugver-fahren aus großer Höhe
– – area	[hai levl 'ɛəriə]	oberer Luftraum, Luftraum in großer Höhe
– – flight	[hai levl flait]	Flug in großen Höhen, Höhenflug
– performance a/c	[hai pə'fɔ:məns]	Hochleistungsluftfahrzeug
– power, – tension, – voltage (line)	[hai 'pauə, 'tenʃən, hai 'voultidʒ lain]	Hochspannung(sleitung)
– (pressure area)	[hai 'preʃə 'ɛəriə]	Hochdruckgebiet
– rise	['hairaiz]	Hochhaus
– speed	[hai spi:d]	hohe Geschwindigkeit
– speed taxiway, – speed turn-off	[hai spi:d 'tæksiwei] [hai spi:d 'tə:nɔf]	Schnellabrollbahn
– way	['haiwei]	Hauptstraße, Schnellstraße, Autob.
– wing airplane	[hai wing 'ɛəplein]	Hochdecker
to hijack an a/c	['haidʒæk ən 'ɛəkra:ft]	ein Luftfahrzeug entführen
hijacking of an a/c	['haidʒækiŋ]	Luftfahrzeugentführung
hill; hilly		Hügel, Hang; hügelig
to hit, hit, hit		treffen, traf, getroffen
to hold, held, held	[hould, held, held]	halten, warten (und Vergangenh.)
hold as instructed	[hould æz in'strʌktəd]	halten Sie wie angewiesen
hold as published	[hould æz 'pʌbliʃt]	halten Sie wie veröffentlicht
hold (well) clear of	[hould wel kliə ɔv]	h. Sie in (großem) Abstand von...
to hold on call	[hould ɔn cɔ:l]	warten auf Abruf
hold position	[hould pə'zlʃən]	halten Sie Position!
hold short of	[hould ʃɔ:t ɔv]	halten Sie vor...
holding	['houldiŋ]	das Halten, Warten
– altitude	['houldiŋ 'æltitju:d]	Wartehöhe über Meer
– area	['houldiŋ 'ɛəriə]	Warteraum, Wartebereich, -fläche
– fix, – point	['houldiŋ fiks, pɔint]	Wartepunkt (in der Luft)
– instructions	['houldiŋ in'strʌkʃənz]	Warteanweisungen
– pattern	['houldiŋ 'pætən]	Warteschleife, -runde, -volte
– position	['houldiŋ pə'ziʃən]	Halteposition, Rollhalteort
– procedure	['houldiŋ prə'si:dʒə]	Warteverfahren
– sequence	['houldiŋ 'si:kwəns]	Wartefolge
– speed	['houldiŋ spi:d]	Warte(flug)geschwindigkeit
– stack	['houldiŋ stæk]	Wartestapel
hole	[houl]	Loch
cloud hole	[klaud houl]	Wolkenloch
holiday (HOL)	['hɔlidei]	Feiertag
to home for...	[houm fɔ:]	...ansteuern, anpeilen
home airfield	['houm 'ɛəfi:ld]	Heimatflugplatz
homer; homing	['houmə, 'houmiŋ]	Platzpeiler; Zielflug(vorsatzgerät)
to hope	[houp]	hoffen; Hauptwort: hope

horizon	[hɔ'raizn]	Horizont
horizontal	[hɔri'zɔntəl]	waagrecht, horizontal
– separation	[sepə'reiʃən]	Horizontalstaffelung
– speed	[hɔri'zɔntəl spi:d]	Horizontalgeschwindigkeit
– stabilizer,	['steibilaizə]	Höhenflosse
– tail plane	[teil plein]	
– tail surfaces	[teil 'sə:fisiz]	Höhenleitwerk
horse power	[hɔ:s 'pauə]	Pferdestärke, Leistung
hospital	['hɔspitəl]	Krankenhaus
hospital aircraft	['hɔspitəl 'ɛəkra:ft]	Sanitätsluftfahrzeug
hot	[hɔt]	heiß
hot air de-icing	[hɔt 'ɛə di'aisiŋ]	Heißluftenteisung
hour	['auə]	Stunde
– s of operation	['auəz ɔv ɔpə'reiʃən]	Betriebsstunden, -zeit
– s of service,	['auəz ɔv 'sə:vis]	Dienststunden, Dienstzeit
duty –s	['dju:ti 'auəz]	
half an –	['ha:f ən 'auə]	eine halbe Stunde
a quarter of an –	[ə 'kwɔ:tə ɔv ən 'auə]	eine Viertelstunde
on the hour	[ɔn ði 'auə]	zur vollen Stunde
hourly	['auəli]	stündlich
housing area	['hausiŋ 'ɛəriə]	Wohngebiet
to hover	['hʌvə]	schweben (Hubschrauber)
hovering flight of a helicopter	['hʌvəriŋ flait ɔv ə 'helikɔptə]	Schwebeflug, Schwebebewegungen eines Hubschraubers
how	[hau]	wie
how do you read?	[hau du: ju: ri:d]	wie verstehen Sie mich?
however	[hau'evə]	jedoch, allerdings
how far	[hau fa:]	wie weit
how many	[hau 'meni]	wie viele
how much	[hau mʌtʃ]	wieviel
humidity	[hju:'miditi]	(Luft-)Feuchtigkeit
hundred	['hʌndrəd]	hundert; Flugfunk: one zero zero
to hurry	['hʌri]	eilen, sich beeilen; Hw.: hurry
to hurt, hurt, hurt	[hə:t]	schmerzen, verletzen (u. Verg.)
hydraulic brake	[hai'drɔ:lik breik]	Öldruckbremse
hydraulic system	[hai'drɔ:lik 'sistəm]	Hydraulik, Flüssigkeitsdruckanl.
hydroplaning	['haidrouplæniŋ]	Wassergleiten (eines Rades)

I

I (myself)	[ai mai'self]	ich (selbst)
I say again	[ai sei ə'gen]	Sprechgr.: ich wiederhole
ice	[ais]	Eis
– accretion	[ais ə'kri:ʃən]	Eisansatz
– coating	[ais 'koutiŋ]	Eismantel, Eisüberzug
– fog	[ais fɔg]	Eisnebel
– formation	[ais fɔ:'meiʃən]	Eisbildung
– on runway (IR)	[ais ɔn 'rʌnwei]	Eis auf der Start- und Landeb.
– pellets (PE)	[ais 'pelits]	Eiskörner, Graupel
clear –, glaze –	[kliə ais, gleiz ais]	Klareis
opaque –	[o'peik ais]	trübes Eis
patches of –	['pætʃiz ɔv ais]	Eisreste, Eisflecken
rime –	[raim ais]	Rauheis

icing (light, moderate, severe, heavy)	['aisiŋ– lait, 'mɔdərit, si'viə, 'hevi]	Vereisung (ICE) (leicht, mäßig, stark)
– conditions	['aisiŋ kən'diʃənz]	Vereisungsbedingungen
– level	['aisiŋ levl]	Vereisungshöhe
danger of icing	['deindʒə ɔv 'aisiŋ]	Vereisungsgefahr
icy	['aisi]	eisig, vereist
identical	[ai'dentikl]	identisch
identification (ID)	[aidentifi'keiʃən]	Kennung, Luftfahrzeugerkennung, Identifzierung (Radar)
– beacon (IBN)	['bi:kən]	Kennfeuer
– group	[gru:p]	Kenngruppe
– turn	[aidentifi'keiʃən tə:n]	Identifizierungskurve
to identify (ID)	[ai'dentifai]	erkennen, identifizieren (Radar)
identified	[ai'dentifaid]	identifiziert, erkannt
– on take-off	[ɔn 'teikɔf]	beim Start identifiziert
to idle (engine)	[aidl]	leerlaufen (Motor)
idling	['aidliŋ]	Leerlauf, das Leerlaufen
if		falls, wenn, ob
if (not) possible	['pɔsibl]	falls (nicht) möglich
IFR, instrument flight rules	[ai ef a:, 'instrumənt flait ru:lz]	IFR, Instrumentenflugregeln
IFR approach	[ai ef a: ə'proutʃ]	IFR-Anflug
IFR clearance	[ai ef a: 'kliərəns]	IFR-Freigabe
IFR flight	[ai ef a: flait]	IFR-Flug
IFR flight plan	[ai ef a: 'flait plæn]	IFR–Flugplan
IFR licence, rating	['laisəns, 'reitiŋ]	IFR-Berechtigung
IFR separation	[ai ef a: sepə'reiʃən]	IFR-Staffelung
IFR traffic	[ai ef a: 'træfik]	IFR-Verkehr
ignition (system)	[ig'niʃən 'sistəm]	Zündung (Zündanlage)
ill, sick		krank
illness, sickness	['ilnis, 'siknis]	Krankheit
illegal	[i'li:gəl]	gesetzwidrig, unerlaubt, illegal
ILS (instrument landing system)	[ai el es, 'instrumənt 'lændiŋ 'sistəm]	Instrumentenlandesystem
ILS approach	[ai el es ə'proutʃ]	ILS-Anflug
ILS backbeam	[ai el es 'bækbi:m]	ILS-Rückkurs, auch: back course
– – approach	['bækbi:m ə'proutʃ]	ILS-Rückkursanflug
ILS crosspointer instrument	[ai el es 'krɔspɔintə 'instrumənt]	ILS-Kreuzzeigergerät
ILS glide path	[ai el es 'glaid pa:θ]	ILS-Gleitweg
– – – angle	[glaid pa:θ æŋgl]	ILS-Gleitwegwinkel
ILS localizer	[ai el es 'loukəlaizə]	ILS-Landekurs
ILS monitored app.	['mɔnitəd ə'proutʃ]	(Radar-)überwachter ILS-Anflug
ILS receiver	[ai el es ri'si:və]	ILS-Empfänger
IMC (s. instrument)	[ai em si:]	Instrumentenwetterbedingungen
to become, enter, to encounter IMC	[bi'kʌm, 'entə, in'kauntə ai em si:]	in IMC einfliegen, IMC antreffen
immediate (IMT)	[i'mi:diət]	sofort, unverzüglich
– take-off	[i'mi:diət 'teikɔf]	Sofortstart
with – effect	[wið i'mi:diət i'fekt]	mit sofortiger Wirkung
immediately (Adv.)	[i'mi:diətli]	sofort, unmittelbar, unverzüglich
immobilized a/c	[i'moubilaizd]	bewegungsunfähiges Luftfahrz.
impact	['impækt]	Aufprall, Aufschlag, Stoß
to impair	[im'pɛə]	beeinträchtigen
to impede	[im'pi:d]	(be)hindern, erschweren

to implement	['impləmənt]	einführen, in Betrieb nehmen
to be – ed	[tə bi: 'impləməntəd]	in Kraft treten
implementation	[impləmən'teiʃən]	Einführung, Inbetriebnahme
to imply	[im'plai]	voraussetzen, bedeuten
important	[im'pɔ:tənt]	wichtig; Hauptw.: importance
to impose (restr.)	[im'pouz ri'strikʃən]	(Einschr.) auferlegen, verfügen
impossible	[im'pɔsibl]	unmöglich
impression	[im'preʃən]	Eindruck
to improve (IMPR)	[im'pru:v]	verbessern, (sich) bessern
improvement	[im'pru:vmənt]	Besserung, Verbesserung
improving	[im'pru:viŋ]	sich bessernd, besser werdend
in		in
in advance	[in əd'va:ns]	im voraus
in and out (of clouds) (IAO)	[in ænd aut ɔv klaudz]	zeitweise in Wolken (IAO)
in cloud(s)	[in klaudz]	in Wolken
in force	[in fɔ:s]	in Kraft
in front of	[in frʌnt ɔv]	vor (räumlich)
in general	[in 'dʒenərəl]	im allgemeinen
in order to	[in 'ɔ:də tu]	um zu
in sight	[in sait]	in Sicht
in so far as	[in sou fa: æz]	insofern als
in time, in due time	[in taim, in dju: taim]	rechtzeitig
inaccurate	[i'nækjurət]	ungenau
inadequate	[in'ædikwət]	unzulänglich
inbound (INBD)	['inbaund]	einwärts, ankommend, anfliegend
– (magnetic) heading, track	[mæg'netik 'hediŋ, træk]	(mißweisender) Anflugsteuerkurs, Anflugkurs über Grund
– leg	['inbaund leg]	Anflugteil (bei Warteverfahren)
– route	['inbaund ru:t]	Einflugstrecke
–, incoming traffic	['inkʌmiŋ 'træfik]	ankommender Verkehr
inch(es) (ins)	['intʃiz]	Zoll (Maßeinheit)
incident, event	['insidənt, i'vent]	Vorfall, Ereignis, Vorkommnis
to include	[in'klu:d]	einschließen, enthalten
including, inclusive	[in'klu:diŋ, in'klu:siv]	einschließlich
incomplete	['inkəmpli:t]	unvollständig
inconvenience	[inkən'vi:niəns]	Unannehmlichkeit
inconvenient	[inkən'vi:niənt]	unangenehm, unbequem
to increase	[in'kri:s]	vergrößern, verstärken, steigern, zunehmen, anwachsen, erhöhen
to increase speed	[in'kri:s spi:d]	Geschwindigkeit erhöhen
increase	[in'kri:s]	Vergrößerung, Zunahme
indefinite	[in'definit]	unbestimmt, unklar
indefinite delay	[in'definit di'lei]	– e Verzögerung, Verspätung
to indicate (indicating)	['indikeit, 'indikeitiŋ]	anzeigen(d), angeben(d), aufführen(d), bekanntgeben(d)
indicated	['indikeitəd]	angezeigt(e); angegeben
– airspeed (IAS)	['indikeitəd 'ɛəspi:d]	angezeigte Fluggeschwindigkeit, (abgelesene) Fahrtmesseranz.
– air temperature	['ɛə 'tempritʃə]	angezeigte Lufttemperatur
– altitude	['indikeitəd 'æltitju:d]	angezeigte Flughöhe
indication	[indi'keiʃən]	Anzeige, Angabe
indicator	['indikeitə]	Zeiger, Anzeiger, Anzeigegerät, Kenngruppe, Kennung
indicator lamp	['indikeitə læmp]	Anzeigelampe

individual	[indi'vidjuəl]	einzeln; der Einzelne
individual case	[indi'vidjuəl keis]	Einzelfall
inertial navigation system (INS)	[i'nə:ʃəl nævi-'geiʃən 'sistəm]	Trägheitsnavigationssystem
inevitable	[in'evitəbl]	unvermeidlich, unausweichlich
inflatable raft	[in'fleitəbl ra:ft]	aufblasbares Floß
in-flight	[in flait]	im Fluge, während des Fluges
in-flight report	[in flait ri'pɔ:t]	Wettermeldung im Flug
to inform	[in'fɔ:m]	benachrichtigen, unterrichten
to keep informed	[ki:p in'fɔ:md]	auf dem laufenden halten
information (INFO)	[infɔ:'meiʃən]	Information, Unterrichtung, Auskunft, Angaben, Mitteilung
for your –	[fɔ: juə infɔ:'meiʃən]	zu Ihrer Information, Unterrichtg.
initial	[i'niʃəl]	anfänglich, Anfangs..., Erst...
– approach (INA)	[i'niʃəl ə'proutʃ]	Anfangsanflug
– – altitude	['æltitju:d]	Anfangsanflughöhe
– – fix (IAF)	[i'niʃəl ə'proutʃ fiks]	Anfangsanflugpunkt
– call up	[i'niʃəl 'kɔ:l ʌp]	erster Anruf, Erstanruf
– climb	[i'niʃəl klaim]	Anfangssteigflug, erstes Steigen
– contact	[i'niʃəl 'kɔntækt]	Erstkontakt, Erstverbindung
initially	[i'niʃəli]	vorerst, vorläufig, einstweilen
to initiate (turn)	[i'niʃieit tə:n]	einleiten, beginnen (Kurve)
– a message	[i'niʃieit ə 'mesidʒ]	eine Meldung veranlassen
initiation	[iniʃi'eiʃən]	Einleitung, Beginn
to inject	[in'dʒekt]	einspritzen
injection pump	[in'dʒekʃən pʌmp]	Einspritzpumpe
to injure; injured	['indʒə, 'indʒəd]	verletzen; verletzt
injury	['indʒəri]	Verletzung
inlet; air –, intake	['εə 'inlet, 'inteik]	Einlaß; Lufteinlaß
inoperative (INOP)	[in'ɔpərətiv]	unbenutzbar, außer Betrieb, ausgefallen, nicht betriebsfähig
input		Eingang(ssignal)
to inquire	[in'kwaiə]	anfragen, sich erkundigen
inquiry	[in'kwaiəri]	Erkundigung, Untersuchung
to insert	[in'sə:t]	einfügen, eintragen, einzeichnen
inset light, flush light	['inset lait, flʌʃ lait]	Unterflurfeuer
inside	['insaid]	innerhalb, innen, das Innere
to insist on		bestehen, beharren auf
to install	[in'stɔ:l]	einbauen, installieren
installation	[instə'leiʃən]	Anlage, Einbau, Einrichtung
instance	['instəns]	Fall, Beispiel
for instance	[fɔ: 'instəns]	zum Beispiel
instantaneous	[instən'teinjəs]	augenblicklich
instead of	[in'sted ɔv]	anstelle von, anstatt
to instruct	[in'strʌkt]	unterrichten, zu-, anweisen
instructed; as –	[æz in'strʌktid]	angewiesen; wie angewiesen
instruction(s)	[in'strʌkʃən]	Anweisung(en); Schulung, Übung
instruction flight	[in'strʌkʃən flait]	Schulungsflug
instructor	[in'strʌktə]	Lehrer
– pilot, flight –	[flait in'strʌktə]	Fluglehrer
instrument	['instrumənt]	Instrument, Gerät
– approach	['instrumənt ə'proutʃ]	Instrumenten-Anflug
– – aid	[ə'proutʃ eid]	Instrumentenanflughilfe, -einrichtg.
– – area	[ə'proutʃ 'εəriə]	Instrumentenanflugsektor
– – chart	[ə'proutʃ tʃa:t]	Instrumentenanflugkarte

– – procedure	[ə'proutʃ prə'si:dʒə]	Instrumentenanflugverfahren
– error	['instrumənt 'erə]	Instrumentenfehler
– flight (rules, IFR)	[flait ru:lz]	Instrumentenflug(regeln)
– indication	['indi'keiʃən]	Instrumentenanzeige
– landing	['instrumənt 'lændiŋ]	Instrumentenlandung
– landing system	['lændiŋ 'sistəm]	Instrumentenlandesystem (ILS)
– letdown	['instrumənt 'letdaun]	Instrumentensinkflug, -anflug
– met(eorological) conditions (IMC)	[mi:tiərə'lɔdʒikəl kən'diʃənz]	Instrumentenwetterbedingungen
– panel	['instrumənt 'pænəl]	Instrumentenbrett
– procedure	[prə'si:dʒə]	Instrumenten(flug)verfahren
– rating	['instrumənt 'reitiŋ]	Instrumentenflugberechtigung
– reading	['instrumənt 'ri:diŋ]	Instrumentenablesung, –anzeige
– runway	['instrumənt 'rʌnwei]	Instrumentenpiste, -landebahn
– traffic	['instrumənt 'træfik]	Instrumentenflugverkehr
insufficient	[insə'fiʃənt]	ungenügend, unzureichend
to intend	[in'tend]	beabsichtigen, vorhaben
intended track	[in'tendid træk]	beabsichtigter Kurs über Grund
intense, intensive	[in'tens(iv)]	angespannt, angestrengt, stark
to intensify	[in'tensifai]	(sich) verstärken
intensity	[in'tensiti]	(Licht-)Stärke, Intensität
high intensity	[hai in'tensiti]	Hochleistung, hohe Intensität
light intensity	[lait in'tensiti]	Lichtstärke, Helligkeit
low intensity	[lou in'tensiti]	Niederleistung
intention	[in'tenʃən]	Absicht, Zweck, Vorhaben
what are your intentions?	[wɔt a: juə in'tenʃənz]	was beabsichtigen Sie?
inter alia	['intə 'eiliə]	unter anderem
to intercept (course, track, ILS, VOR radial)	[intə'sept]	anschneiden, eindrehen auf, einfliegen in (Kurs usw.); ansteuern (durch Militärluftfahrzeug)
interception	[intə'sepʃən]	Eindrehen auf (Kurs usw.); Ansteuern, Abfangen (and. Lfz.)
intercommunication	['intəkɔmju:ni'keiʃən]	Gegensprechverkehr
– system	[– 'sistəm]	Gegensprechanlage
interdiction	[intə'dikʃən]	Verbot
interest	['intrist]	Interesse
in the interest of	[in ði 'intrist ɔv]	im Interesse von
interested	['intristəd]	interessiert
to be interested in	[tu bi: 'intristəd in]	Interesse haben, wissen wollen
to interfere	[intə'fiə]	stören, sich einmischen
interference	[intə'fiərəns]	Störung, Überlagerung, Beeinflussung, Interferenz
unlawful –	[ʌn'lɔ:ful intə'fiərəns]	widerrechtlicher Eingriff
intermediate	[intə'mi:diit]	dazwischen befindlich
– approach (fix)	[intə'mi:diit ə'proutʃ]	Zwischenanflug(punkt)
– landing	[intə'mi:diit 'lændiŋ]	Zwischenlandung
– stop	[intə'mi:diit stɔp]	Zwischenhalt
intermittent, now and then	[intə'mitənt, nau ænd ðen]	zeitweise, gelegentlich, aussetzend, unterbrochen, ab und zu
international	[intə'næʃənəl]	international (INTL)
interpreter	[in'tə:prətə]	Übersetzer, Dolmetscher
interrogator	['intəro'geitə]	Abfragegerät, -sender (SSR)
to interrupt	[intə'rʌpt]	unterbrechen, abbrechen
interruption	[intə'rʌpʃən]	Unterbrechung, Störung

to intersect	[intə'sekt]	sich schneiden, kreuzen
intersection (INT) (runway/taxiway)	['intə'sekʃən] ['rʌnwei, 'tæksiwei]	Einmündung von Rollbahnen (in Start- u. Landebahnen), Autobahnauffahrt, -abzweigung
– **take-off**	['intə'sekʃən 'teikɔf]	Start von einer Rollbahneinmündung aus
VOR intersection	[vi ou a: 'intə'sekʃən]	VOR-Kurskreuzung
interval	['intəvəl]	Abstand, Zwischenraum
landing interval	['lændiŋ 'intəvəl]	Landeabstand
into	['intu]	in, hinein
into the sun	['intu ðə sʌn]	gegen die Sonne
into the wind		gegen den Wind
intoxicating	[in'tɔksikeitiŋ]	berauschend
introduction	[intrə'dʌkʃən]	Einführung; Zw.: to introduce
invalid, void	[in'vælid, vɔid]	ungültig
inversion	[in'və:ʒən]	Inversion
– **layer**	[in'və:ʒən 'leiə]	Inversionsschicht
temperature –	['tempritʃə in'və:ʒən]	Temperaturumkehr
inverted flight	[in'və:tid flait]	Rückenflug
to investigate	[in'vestigeit]	untersuchen, prüfen
investigation	[investi'geiʃən]	Untersuchung
to involve	[in'vɔlv]	einbeziehen, verwickeln
involved	[in'vɔlvd]	betroffen, beteiligt
inward	['inwəd]	ankommend
irregular	[i'regjulə]	unregelmäßig; Hw.: irregularity
irregularity	[iregju'læriti]	Verstoß, Ordnungswidrigkeit
to irritate, confuse	['iriteit, kən'fju:z]	irritieren, verwirren
island	['ailænd]	Insel
isolated	['aisoleitid]	einzeln, isoliert
– **thunderstorm**	['θʌndəstɔ:m]	einzelnes Gewitter
to issue	['iʃju:]	(her)ausgeben, erteilen
to issue clearance	['iʃju: 'kliərəns]	Freigabe erteilen
to issue instruction	['iʃju: in'strʌkʃən]	Anweisung erteilen
to issue permission	['iʃju: pə'miʃən]	Genehmigung erteilen
issuance od. issue	['iʃju:əns, 'iʃju:]	Herausgabe, Erteilung
– of a clearance	[ɔv ə 'kliərəns]	Erteilung einer Freigabe
item	['aitəm]	Flugplanfeld, Angabe; Artikel
itinerant flight	[i'tinərənt, ai'tinərənt]	Reiseflug, Überlandflug

J

jam	[dʒæm]	Stauung, Stockung
jet	[dʒet]	Strahl, Düse
jet activity	[dʒet æk'tiviti]	Düsenjägerflugbetrieb
jet aeroplane	[dʒet 'ɛərouplein]	Flugzeug mit Strahlantrieb
jet blast	[dʒet bla:st]	Düsenstrahl, Rückstoßböe
jet engine	[dʒet 'endʒin]	Strahltriebwerk, Strahlmotor
jet nozzle	[dʒet nɔzl]	Schubdüse, Austrittsdüse
jet (propelled) a/c	[dʒet prə'peld]	Strahlluftfahrzeug, -flugzeug
jet propulsion	[dʒet prə'pʌlʃən]	Strahlantrieb
jet stream	[dʒet stri:m]	Strahlstrom, Strahlströmung
jet turbulence	[dʒet 'tə:bjuləns]	Rückstoßböe

jet wash, jet wake	[dʒet wɔʃ, weik]	Düsenwirbel, -böen, Strahlwirbel
to jettison (fuel)	['dʒetisən]	schnell (Treibstoff) ablassen
jettisoning (of fuel)	['dʒetisəniŋ ɔv 'fju:əl]	(Treibstoff-)Schnellablaß
to join	[dʒɔin]	verbinden, vereinigen
– holding pattern	['houldiŋ 'pætən]	in die Warterunde einfliegen
– traffic circuit	[dʒɔin 'træfik 'sə:kit]	in die Platzrunde einfliegen
joining turn	['dʒɔiniŋ tə:n]	Eindrehkurve
joint	[dʒɔint]	gemeinsam, vereinigt
to jump	[dʒʌmp]	springen, abspringen
jump	[dʒʌmp]	Sprung, Absprung
parachute jump	['pærəʃu:t dʒʌmp]	Fallschirmabsprung
junction, intersection, cutoff	['dʒʌnkʃən, 'intə-'sekʃən, 'kʌtɔf]	(Rollbahn-) Abzweigung, Einmündung, Autobahnauffahrt
just	[dʒʌst]	gerade (noch), nur, bloß
just now, right now	[dʒʌst nau, rait nau]	eben, soeben, gerade
justified	['dʒʌstifaid]	berechtigt, begründet

K

to keep, kept, kept	[ki:p, kept, kept]	halten, be-, einhalten (u. Verg.)
– a log book	[ki:p ə lɔg buk]	ein Bordbuch führen
– a (special, sharp) look-out	[ki:p ə 'speʃəl, ʃa:p 'lukaut]	Luftraum (besonders gut, aufmerksam) beobachten
– advised,	[ki:p əd'vaizd]	auf dem laufenden halten
– informed	[ki:p in'fɔ:md]	auf dem laufenden halten
– an eye on	[ki:p ən ai ɔn]	achten auf..., im Auge behalten
– (well) clear of	[ki:p wel kliə ɔv]	(sich) (weit) entfernt von... halten, (großen) Abstand einnehmen
– in mind	[ki:p in maind]	sich merken, im Gedächtnis behalten, daran denken
– out	[ki:p aut]	sich fernhalten von
– to the right	[ki:p tu ðə rait]	sich rechts halten
to key	[ki:]	tasten (morsen)
to key mike button	[ki: maik 'bʌtən]	Mikrophontaste drücken
keying	['ki:iŋ]	(Morse-)Tastung, Tastverkehr
kind, type	[kaind, taip]	Art, Sorte
kite	[kait]	Drachen
to knock	[nɔk]	klopfen, schlagen, stoßen
knot(s) (KT)	[nɔt]	Knoten (1 sm/h = 1,852 km/h)
to know, knew, known	[nou, nju:, noun]	wissen, kennen (u. Vergangenh.)
to know about	[nou ə'baut]	wissen von (oder über)
let me know	[let mi: nou]	geben Sie mir Bescheid
knowledge	['nɔlidʒ]	Kenntnis, Wissen
lacking –	['lækiŋ 'nɔlidʒ]	fehlende, mangelnde Kenntnis
to my knowledge	[tu mai 'nɔlidʒ]	soviel ich weiß
known traffic	[noun 'træfik]	bekannter, gemeldeter Verkehr

L

laborer	['leibərə]	Arbeiter
to lack (fuel)	[læk 'fju:əl]	(Treibstoff) Mangel haben
lack; lack of fuel	[læk, læk ɔv 'fju:əl]	Mangel; Treibstoffmangel
lag	[læg]	Zeitverzug, -abstand, Verzögerung
laid down	[leid daun]	festgelegt
lake	[leik]	See, Teich
lamp, light	[læmp, lait]	Lampe, Scheinwerfer
to land	[lænd]	landen
land	[lænd]	Festland, Land
land aerodrome	[lænd 'εəroudroum]	Landflugplatz
landing (LDG)	['lændiŋ]	landend, Landung
– aid	['lændiŋ eid]	Landehilfe
– area	['lændiŋ 'εəriə]	Landebereich
– chart	['lændiŋ tʃa:t]	Landekarte
– clearance	['lændiŋ 'kliərəns]	Landefreigabe, -erlaubnis
– configuration	[kənfigjuə'reiʃən]	Landezustand
– direction	['lændiŋ di'rekʃən]	Landerichtung
– – indicator (LDI)	[di'rekʃən 'indikeitə]	Landerichtungsanzeiger
– distance	['lændiŋ 'distəns]	Landestrecke
– – available (LDA)	[ə'veiləbl]	verfügbare Landestrecke
– fee, – charge	['lændiŋ fi:, tʃa:dʒ]	Landegebühr
– forecast	['lændiŋ 'fɔ:ka:st]	Landewettervorhersage
– gear	['lændiŋ giə]	Fahrwerk (s. auch gear)
– – door	['lændiŋ giə dɔ:]	Fahrwerkklappe, Fahrwerktor
– – down	['lændiŋ giə daun]	Fahrwerk ausgefahren
– – indication	['indi'keiʃən]	Fahrwerkanzeige
– – lever	['lændiŋ giə 'li:və]	Fahrwerkhebel
– – light	['lændiŋ giə lait]	Fahrwerkkontrollicht
– – lock	['lændiŋ giə lɔk]	Fahrwerkverriegelung
– – retracted, up	[ri'træktəd, ʌp]	Fahrwerk eingefahren
– – trouble	['lændiŋ giə trʌbl]	Fahrwerkstörung
– – warning light	['wɔ:niŋ lait]	Fahrwerkkontrollampe
– – well	['lændiŋ giə wel]	Fahrwerkschacht
– information	['lændiŋ infɔ:'meiʃən]	Landeinformation (unk. Flugplatz)
– instructions	['lændiŋ in'strʌkʃənz]	Landeanweisung (kontr. Flugpl.)
– interval	['lændiŋ 'intəvəl]	Landeabstand, Abstand zwischen einzelnen Landungen
– light	['lændiŋ lait]	Landescheinwerfer
– mass	['lændiŋ ma:s]	Landegewicht
– pad	['lændiŋ pæd]	kleine Landefläche (für Hubschr.)
– priority	['lændiŋ prai'ɔriti]	Landevorrecht, -vorrang
– rate	['lændiŋ reit]	Landefolge, Landereihenfolge
– run	['lændiŋ rʌn]	Landelauf(strecke)
– sequence	['lændiŋ 'si:kwəns]	Landefolge
– speed	['lændiŋ spi:d]	Landegeschwindigkeit
– strip		Landestreifen
– tee	['lændiŋ ti:]	Landekreuz, Landeweiser, -T
– threshold	['lændiŋ 'θreʃould]	Lande(bahn)schwelle
– time	['lændiŋ taim]	Landezeit
– weight	['lændiŋ weit]	Landegewicht
landmark	['lændma:k]	Landmarke, Landschaftsmerkmal
prominent –	['prɔminənt]	markanter Punkt im Gelände

landscape	['lændskeip]	Landschaft
language	['læŋgwidʒ]	Sprache
large; largely	[la:dʒ, 'la:dʒli]	groß; größtenteils
large scale	[la:dʒ skeil]	groß (angelegt), großes Ausmaß
last	[la:st]	letzter, letzte, letztes; zuletzt
to last		(an)dauern, anhalten, ausreichen
late, later, latest	[leit, 'leitə, 'leitist]	spät, später, am spätesten
to be late	[tu bi: leit]	sich verspäten, verspätet sein
not later than (time, place)	[nɔt 'leitə θæn] [taim, pleis]	nicht später als..., nicht nach (Zeit, Ort)
lately, recently	['leitli, 'ri:səntli]	kürzlich, neulich
lateral	['lætərəl]	seitlich, Seiten...
lateral limits	['lætərəl 'limits]	seitliche Begrenzung
lateral separation	['lætərəl sepə'reiʃən]	Seitenstaffelung
lateron	[leitər'ɔn]	später(hin)
latest (over...)	['leitist 'ouvə]	spätestens (über...)
latest weather	['leitist 'weðə]	letzte Wettermeldg., -beobachtg.
at the latest	[æt ðə 'leitəst]	spätestens
latitude (LAT)	['lætitju:d]	geographische Breite
to launch, to fire	[lɔ:ntʃ, 'faiə]	abschießen, aufsteigen lassen
law	[lɔ:]	Gesetz, Recht
to lay, put, place	[lei, put, pleis]	legen
to lay down	[lei daun]	niederlegen, (Regelung) treffen
layer (LYR)	['leiə]	Schicht
cloud layer	[klaud 'leiə]	Wolkenschicht
fog layer	[fɔg 'leiə]	Nebelschicht
haze layer	[heiz 'leiə]	Dunstschicht
transition layer	[træn'ziʃən 'leiə]	Übergangsschicht
to lead, led, led	[li:d, led, led]	führen, führte, geführt
lead-in lights	[li:d in laits]	(Anflug)Leitfeuer
leading edge	['li:diŋ edʒ]	Eintritts-, Flügelvorderkante
to leak	[li:k]	leck sein, undicht sein, rinnen
leak	[li:k]	Leck, undichte Stelle
least; at least	[li:st, æt li:st]	geringst; mindestens
to leave, left, left	[li:v, left, left]	verlassen, belassen (u. Verg.)
leaving	['li:viŋ]	soeben verlassen, verlassend
left		links
left ahead	[left ə'hed]	links voraus
left (hand) turn	[left hænd tə:n]	Linkskurve
on the left		links, zur Linken
to the left		nach links
(to the) left of		links von
leg		Bein; Streckenteil, -abschnitt
downwind (leg)	['daunwind leg]	Gegenanflug(teil) } Platzrunde
base (leg)	[beis leg]	Queranflug(teil) } Platzrunde
final (leg)	['fainəl leg]	Endanflug(teil) } Platzrunde
outbound leg	['autbaund leg]	Abflugteil } eines Anflug- oder Warteverfahrens
inbound leg	['inbaund leg]	Anflugteil } eines Anflug- oder Warteverfahrens
legal	['li:gəl]	gesetzlich; Gegenteil: illegal
length	[leŋθ]	Länge, Dauer
less; less than	[les, les ðæn]	weniger; weniger als
to let, let, let		lassen (und Vergangenheit)
let me know	[let mi: nou]	– Sie mich wissen, sagen Sie mir
to let down, descend	[let daun, di'send]	sinken
let-down	['letdaun]	Sinkflug

let-down path	['letdaun pa:θ]	Sinkflugweg
let-down procedure	['letdaun prə'si:dʒə]	Sinkflugverfahren
letter	['letə]	Brief, (Kenn)Buchstabe
level	[levl]	Flughöhe (allg.); Fläche, Höhe
– acceleration	[levl ækselə'reiʃən]	Beschleunigung im Horizontalflug
– assignment	[levl ə'sainmənt]	Höhenzuweisung
– change	[levl tʃeindʒ]	Höhenänderung
– flight	[levl flait]	Horizontalflug, Waagrechtflug
straight and – –	[streit ænd levl flait]	waagrechter Geradeausflug
– instructions	[levl in'strʌkʃənz]	Höhenanweisung
cruising –	['kru:ziŋ levl]	Reiseflughöhe, -fläche
freezing –	['fri:ziŋ levl]	Nullgradgrenze
to – off, to stop climb, descent	[levl ɔf, stɔp klaim, di'sent]	abfangen, Höhe beibehalten (nach Steig- oder Sinkflug)
on the level of	[ɔn ðə levl ɔv]	in Höhe von
lever	['li:və]	Hebel
liability	[laiə'biliti]	Haftung
liable	['laiəbl]	haftbar
being liable to severe fines	['bi:iŋ 'laiəbl tu si'viə fainz]	schwerer Bestrafung unterliegen
licence	['laisəns]	Ausweis, Erlaubnis, Schein
to lie, to be situated	[lai, 'sitjueitəd]	liegen
life	[laif]	Leben, Lebensdauer
– belt		Rettungsgürtel, -ring
– boat	[laif bout]	Rettungsboot
– saving equipment	['seiviŋ i'kwipmənt]	Lebensrettungsausrüstung
– (–) jacket	[laif 'seiviŋ 'dʒækit]	Schwimmweste
– (–) raft	[laif 'seiviŋ ra:ft]	Rettungsfloß; D.: Rettungsinsel
lift		Auftrieb
to – off (take off)	[lift ɔf, teik ɔf]	abheben
lift off speed	[lift ɔf spi:d]	Abhebegeschwindigkeit
lifting of clouds	['liftiŋ ɔv klaudz]	Anheben der Wolken
light (LGT)	[lait]	leicht, Licht; (Luftfahrt:) Feuer
– (type) aircraft	[lait taip 'ɛəkra:ft]	Leichtluftfahrzeug
– gun	[lait gʌn]	Signalscheinwerfer
– intensity	[lait in'tensiti]	Lichtstärke, Helligkeit
– intensity high	[lait in'tensiti hai]	Hochleistungsbefeuerung (LIH)
– intensity low (LIL)	[lait in'tensiti lou]	Niederleistungsbefeuerung
– signal	[lait 'signəl]	Lichtsignal
lighted (LGTD)	['laitid]	befeuert, beleuchtet
lighting (LGT)	['laitiŋ]	Befeuerung(ssystem)
lighting aid	['laitiŋ eid]	Befeuerungshilfe
lighting facilities	['laitiŋ fə'siliti:z]	Befeuerungsanlagen
lightning	['laitniŋ]	Blitz
to like	[laik]	mögen, gern haben
like		wie
I would – to...	[ai wud laik tə]	ich würde gerne, ich möchte...
likely, probably	['laikli, 'prɔbəbli]	wahrscheinlich
to limit		beschränken, begrenzen
limit		Grenze, Begrenzung, Rand
clearance limit	['kliərəns 'limit]	Freigabegrenze
limitation	[limi'teiʃən]	Begrenzung, Beschränkung
limited (LTD)	['limitid]	begrenzt, beschränkt
line	[lain]	Linie, Strich
center –	['sentə lain]	Mittellinie

in – with the rwy.	['rʌnwei]	in Verlängerung der Landebahn
line of position	[lain ɔv pə'ziʃən]	(Funk-)Standlinie (LOP)
line squall (LSQ)	[lain skwɔ:l]	Böenwalze, Linienböe
line vortex	[lain 'vɔ:teks]	Linienwirbel
to line up	[lain ʌp]	sich (auf der Startbahn) zum Start aufstellen
line up	[lain ʌp]	rollen Sie zum Startpunkt
link route	[link ru:t]	Verbindungsstrecke
liquid, fluid	['likwuid, 'flu:id]	flüssig; Flüssigkeit
list; check list	[list, 'tʃek list]	Liste; Prüfliste, Klarliste
to list; listed	[list, 'listəd]	aufführen; aufgeführt
to listen (to...)	['lisn]	hin-, zuhören, horchen (auf)
– in (on frequ.)	['fri:kwənsi]	mithören, abhören (Frequenz)
listening watch	['lisniŋ wɔtʃ]	Hör-, Empfangsbereitschaft
maintain – –	[mein'tein 'lisniŋ wɔtʃ]	bleiben Sie empfangsbereit
little	[litl]	gering, wenig, klein
a little (bit)		ein wenig
in a little while	[in ə litl wail]	bald, in Kürze
to live	[liv]	leben, wohnen
to load	[loud]	laden, beladen, verladen
load; load sheet	[loud, 'loud ʃi:t]	(Be)last(ung), Ladung; Ladeplan
load limitations	[loud limi'teiʃənz]	Beladungsbeschränkungen
local, – ly (LOC)	['loukəl]	örtlich Adj., Adv.
local flight	['loukəl flait]	örtlicher Flug, Platzflug
local (mean) time	['loukəl mi:n taim]	(mittlere) Ortszeit (LMT)
local QNH	['loukəl kju: en 'eitʃ]	örtliches QNH
localizer (LLZ)	['loukəlaizə]	Landekurssender
– course (ILS)	['loukəlaizə kɔ:s]	Landekurs
to locate	['loukeit]	ausfindig machen, finden
to try to locate	[trai tə 'loukeit]	suchen
located (LOC)	['loukeitəd]	gelegen; auch: situated
location (LOC)	[lou'keiʃən]	Lage, (Aufstellungs)Ort
– indicator	[lou'keiʃən 'indikeitə]	Ortskennung
locator (beacon) (L)	['loukeitə 'bi:kən]	(Platz-) Anflugfunkfeuer
–, middle (LM)	['loukeitə midl]	(Platz)Anflugfunkfeuer am Haupteinflugzeichen
–, outer (LO)	['loukeitə 'autə]	(Platz)Anflugfunkfeuer am Voreinflugzeichen
to lock; locked (landing gear)	[lɔk, lɔkt] ['lændiŋ giə]	(ab-,) (zu-,) (ver)schließen; verriegelt, gesichert (Fahrwerk)
log book	[lɔg buk]	Bordbuch
long	[lɔŋ]	lang, groß, weit
– approach	[lɔŋ ə'proutʃ]	langer Anflug, Langanflug
– distance flight	[lɔŋ 'distəns flait]	Langstreckenflug
– landing	[lɔŋ 'lændiŋ]	lange Landung
– range (LRG)	[lɔŋ reindʒ]	Langstrecke, große Reichweite
– – radar	[lɔŋ reindʒ 'reida:]	Radargerät mit großer Reichweite
the–way around	[ðə lɔŋ wei ə'raund]	über die längere Strecke
not any longer, no longer	[nɔt 'eni 'lɔŋgə, nou 'lɔŋgə]	nicht mehr
longitude (LONG)	['lɔndʒitju:d]	geographische Länge
longitudinal	[lɔndʒi'tju:dinəl]	längenmäßig, Längs...
– axis of an aircraft	['æksiz]	Luftfahrzeuglängsachse
– separation	[sepə'reiʃən]	Längsstaffelung
to look	[luk]	schauen, blicken, (aus)sehen

to look after	[luk 'a:ftə]	sich kümmern um, sehen nach
to look at	[luk æt]	(sich) ansehen, anschauen
to look better	[luk 'betə]	besser aussehen
to look for	[luk fɔ:]	suchen, nachschauen, sehen nach
to look out for...	[luk aut fɔ:]	achten auf, ausschauen nach...
look	[luk]	Blick
to keep a – out	[ki:p ə 'luk aut]	den Luftraum beobachten
to take a – at...	[teik ə luk æt]	(sich) etwas ansehen
loose; to be loose	[lu:s]	lose, locker; locker, lose sein
to lose, lost, lost	[lu:z, lɔst, lɔst]	verlieren (u. Verg.); Hw.: loss
– altitude (rapidly)	[lu:z 'æltitju:d]	(schnell) (an) Höhe verlieren
– control	[lu:z kən'troul]	Steuerbarkeit verlieren
– orientation	[lu:z ɔriən'teiʃən]	Orientierung verlieren
– out of sight	[lu:z aut ɔv sait]	aus der Sicht verlieren
– radar contact	[lu:z 'reida: 'kɔntækt]	Radarerfassung verlieren
– radio contact	['reidiou 'kɔntækt]	Funkverbindung verlieren
– time	[lu:z taim]	Zeit verlieren
loss		Verlust
– of control	[lɔs ɔv kən'troul]	Verlust der Steuerbarkeit
– of orientation	[lɔs əv ɔriən'teiʃən]	Orientierungsverlust
– of power	[lɔs ɔv 'pauə]	Leistungsabfall
– of pressurization	[preʃərai'zeiʃən]	Druckverlust
to be lost		sich verflogen haben
to get lost		die Orientierung verlieren
a lot (of), lots of	[ə lɔt əv, lɔts ɔv]	sehr viel, eine Menge
loud	[laud]	laut
loudspeaker	['laudspi:kə]	Lautsprecher
low	[lou]	tief, niedrig, Tief (Meteorologie)
– approach,	[lou ə'proutʃ]	Tiefanflug, Niedriganflug, tiefes
– crossing,	[lou 'krɔsiŋ]	Überfliegen der Landebahn
– pass	[lou pa:s]	ohne Bodenberührung
– ceiling	[lou 'siliŋ]	niedrige Hauptwolkenuntergrenze
– cloud	[lou klaud]	tiefe Wolken, Bewölkung
– cruise	[lou kru:z]	geringe Geschwindigkeit
– density area	[lou 'densiti 'ɛəriə]	Gebiet m. geringer Verkehrsdichte
– drifting snow	[lou 'driftiŋ snou]	niedriges Schneefegen (DRSN)
– flying	[lou 'flaiiŋ]	Tiefflug
– flying area	[lou 'flaiiŋ 'ɛəriə]	Tieffluggebiet
– flying jet	[lou 'flaiiŋ dʒet]	tieffliegender Düsenjäger
– flying route	[lou 'flaiiŋ ru:t]	Tiefflugstrecke
– frequency (LF)	[lou 'fri:kwənsi]	Langwelle (30-300 kHz)
– intensity (rwy., approach) lights	[lou in'tensiti 'rʌnwei, ə'proutʃ laits]	Niederleistungs-(Landebahn-, Anflug-) Befeuerung
– – lighting system	[lou in'tensiti 'laitiŋ 'sistəm]	Niederleistungsbefeuerungs-system
– level	[lou levl]	niedrige, geringe Höhe(n)
– – airspace	[lou levl 'ɛəspeis]	Luftraum in niedrigen Höhen
– – flight, flying	[lou levl flait, 'flaiiŋ]	(im) Tiefflug
– – route	[lou levl ru:t]	Tiefflugstrecke
– – system	[lou levl 'sistəm]	Tiefflugsystem
– pass, – crossing	[lou pa:s, lou 'krɔsiŋ]	tiefes Überfliegen
– pressure area	[lou 'preʃə 'ɛəriə]	Gebiet tiefen Drucks
– speed	[lou spi:d]	geringe Geschwindigkeit
– – flight	[lou spi:d flait]	Langsamflug

– **visibility approach (landing]**	[lou vizi'biliti ə'proutʃ, 'lændiŋ]	Anflug (Landung) bei geringer Sicht
– **wing airplane**	[lou wiŋ 'εəplein]	Tiefdecker
at – levels	[æt lou 'levlz]	in niedriger Höhe
to be – on fuel, short of fuel	[lou ɔn 'fju:əl] [ʃɔ:t ɔv 'fju:əl]	Treibstoffmangel haben, knapp an Treibstoff sein
flying low	['flaiiŋ lou]	tieffliegend
to lower (extend) landing gear	['louə 'lændiŋ giə, iks'tend l.g.]	Fahrwerk herablassen, ausfahren
visibility lowering, decreasing	[vizi'biliti 'louəriŋ, di'kri:siŋ]	Sicht sinkt ab, nimmt ab
lower limit	['louə 'limit]	Untergrenze, untere Begrenzung
lowest cloud layer	['louist klaud 'leiə]	tiefste, niedrigste Wolkenschicht
lowest flight level	['louist flait levl]	niedrigste Flugfläche

M

Mach number	['nʌmbə]	Machzahl
magnetic (Mag)	[mæg'netik]	mißweisend, magnetisch
– **bearing**	[mæg'netik 'bεəriŋ]	mißweisende Peilung, Richtung
– **compass**	[mæg'netik 'kʌmpəs]	Magnetkompaß
– **course**	[mæg'netik kɔ:s]	mißweisender Kurs
– **heading**	[mæg'netik 'hediŋ]	mißweisender Steuerkurs
– **track**	[mæg'netik træk]	mißweisender Kurs über Grund
– orientation of rwy.	[ɔriən'teiʃən]	mißw. Richtung der S/L-Bahn
– variation	[vεəri'eiʃən]	Ortsmißweisung
magneto	[mæg'ni:tou]	(Zünd-)Magnet
mag drop	['mæg drɔp]	Drehzahlabfall, Zündstörung
mail	[meil]	Post(Sendungen)
main...	[mein]	Haupt- (in Zusammensetzungen)
– **(landing) gear**	[mein 'lændiŋ giə]	Hauptfahrwerk
– radio navigation aid	[mein 'reidiou nævi'geiʃən eid]	Hauptfunknavigationsanlage, -hilfe
– **runway**	[mein 'rʌnwei]	Hauptstart- und Landebahn
– switch, master sw.	[mein switʃ]	Hauptschalter
– **wheel**	[mein wi:l]	Hauptrad, Hauptfahrwerk
mainly	['meinli]	hauptsächlich, meistens
to maintain (M) (altitude, heading)	[mein'tein] ['æltitju:d, 'hediŋ]	beibehalten, einhalten (z. B. Höhe, Steuerkurs)
maintenance (MAINT)	['meintənəns]	Wartung, Unterhaltung (einer Sache), Instandsetzung, -haltung
– facility	[fə'siliti]	Wartungseinrichtung
– hangar	['meintənəns 'hæŋgə]	Wartungshalle
– personnel	[pə:sə'nel]	Wartungs-, Unterhaltungsperson.
– **work**	['meintənəns wə:k]	Wartungsarbeiten
radio –	['reidiou 'meintənəns]	funktechnischer Wartungsdienst
major...	['meidʒə]	Haupt..., größer, groß
major damage	['meidʒə 'dæmidʒ]	größerer, wesentlicher Schaden
to make, made, –	[meik, meid, meid]	machen, schaffen (u. Verg.)
to make certain	[meik 'sə:tn]	sicherstellen, sich überzeugen
to make good a track of...	[meik gud ə træk ɔv]	einen Kurs über Grund von... einhalten

to make out	[meik aut]	ausfindig machen
to make sure	[meik ʃuə]	sich vergewissern
to make use of	[meik ju:s ɔv]	benutzen; auch: to use, utilize
to make way	[meik wei]	Fahrt machen
to malfunction	['mælfʌŋkʃən]	versagen, schlecht funktionieren
malfunctioning	['mælfʌŋkʃəniŋ]	Versagen, schlechtes Funktionieren, Defekt
man; men	[mæn, men]	Mann; Männer
mandatory	['mændətəri]	Pflicht...; vorgeschrieben
– reporting point	[ri'pɔ:tiŋ pɔint]	Pflichtmeldepunkt
manifold pressure	['mænifould 'preʃə]	Ladedruck
– – control	['preʃə kən'troul]	Ladedruckregler
– – gauge	['preʃə geidʒ]	Ladedruckmesser
manned free balloon	[mænd fri: bə'lu:n]	bemannter Freiballon
manner, way	['mænə, wei]	Weise
manoeuvrability	[mənu:vrə'biliti]	Steuerbarkeit, Beweglichkeit
manoeuvring area	[mə'nu:vriŋ 'ɛəriə]	Rollfeld (S/L-u. Rollbahnen)
to manoeuvre	[mə'nu:və]	handhaben, lenken, bedienen
manual	['mænjuəl]	Leitfaden, Handbuch; von Hand
manual switching	['mænjuəl 'switʃiŋ]	Handschaltung
route manual	[ru:t 'mænjuəl]	Streckenhandbuch
many; how many	['meni, hau 'meni]	viele; wie viele
map, chart	[mæp, tʃa:t]	(Land-)Karte
map symbol	[mæp 'simbəl]	Kartenzeichen
margin	['ma:dʒin]	Rand, Spielraum, Reserve
hidden margin	['hidən 'ma:dʒin]	stille Reserve
marginal	['ma:dʒinəl]	Rand..., Grenz..., am Rande
– vortex, vortices	['ma:dʒinəl 'vɔ:teks, 'vɔ:tisiz]	Randwirbel, auch: wing tip vortices, wake turbulence
– weather conditions	['ma:dʒinəl 'weðə kən'diʃənz]	Randwetterbedingungen, „krit. Wetterbedingungen" (GAFOR)
maritime	['mæritaim]	See... (in Zusammensetzungen)
maritime overflight	['mæritaim 'ouvəflait]	See-Überflug
to mark	[ma:k]	anzeigen, bezeichnen, markieren
mark	[ma:k]	Zeichen
marked by...	[ma:kt bai]	markiert, angezeigt durch...
marker	['ma:kə]	Marker (Gegenstand)
– (radio) beacon	['reidiou 'bi:kən]	Markierungsfunkfeuer (MKR)
middle – (MM)	[midl 'ma:kə]	Mittelmarker; D.: Haupteinflugz.
outer – (OM)	['autə 'ma:kə]	Außenmarker; D.: Voreinflugz.
marking	['ma:kiŋ]	Markierung, Kennzeichnung
marshaller	['ma:ʃələ]	Einwinker; Schweiz: Rollwart
marshalling signal	['ma:ʃəliŋ 'signəl]	Einwinkzeichen
mast	[ma:st]	Mast
master switch	['ma:stə switʃ]	Hauptschalter
matter	['mætə]	Sache, Angelegenheit
that doesn't –	[θæt 'dʌznt 'mætə]	(das) macht nichts (aus)
what is the – ?	[wɔts ðə 'mætə]	was ist (denn) los?
maximum (MAX)	['mæksiməm]	Höchst..., maximal(e)
– cruising level	['kru:ziŋ levl]	höchste Reiseflughöhe, -fläche
– flight level	['mæksiməm flait levl]	höchste Flugfläche
– noise level(s)	['mæksiməm nɔiz levl]	Lärmgrenzwert(e)
– permissible weight (MPW)	['mæksiməm pə'misibl weit]	zulässiges Höchstgewicht

– rate of climb (descent)	['mæksiməm reit ɔv klaim, di'sent]	höchste Steig-(Sink-)geschwindigkeit
– speed	['mæksiməm spi:d]	Höchstgeschwindigkeit
– take-off power	['teikɔf 'pauə]	höchste Startleistung
– take-off weight	['teikɔf weit]	(zulässiges) Starthöchstgewicht
may	[mei]	können, dürfen, mögen
maybe, perhaps	[mei'bi:, pə'hæps]	vielleicht
mayday	[me'dee]	Notzeichen
mayday relay	['meidei ri'lei]	Übermittlung von Notverkehr
me; to me	[mi:, tu mi:]	mich; mir
meadow	['medou]	Wiese
to mean, meant, –	[mi:n, ment, ment]	bedeuten, meinen (u. Verg.)
mean	[mi:n]	mittlerer, -e, -es, durchschnittlich
– sea level	[mi:n si: levl]	mittlerer Meeresspiegel, NN
above – – –	[ə'bʌv mi:n si: levl]	über – –, über Normalnull (AMSL)
mean wind		mittlerer Wind
meaning	['mi:niŋ]	Bedeutung
meanwhile, in the meantime	['mi:nwail, in ðə 'mi:ntaim]	mittlerweile, inzwischen, unterdessen, in der Zwischenzeit
to measure	['meʒə]	(ab)messen, ermitteln
measured	['meʒəd]	gemessen
– by aircraft	['meʒəd bai 'ɛəkra:ft]	durch Luftfahrzeug gemessen
– by balloon	['meʒəd bai bə'lu:n]	durch Ballon gemessen, ermittelt
– by searchlight	['meʒəd bai 'sə:tʃlait]	durch Wolkenscheinwerfer gem.
measure (taken)	['meʒə 'teikən]	Maß; Maßnahme (getroffen)
remedial measure	[ri'mi:diəl 'meʒə]	Abhilfemaßnahme
measurement	['meʒəmənt]	Messung
mechanic	[mi'kænik]	Mechaniker, Techniker, Monteur
mechanical	[mi'kænikəl]	technisch; auch: technical
– difficulty, -ies	['difikəlti]	technische Schwierigkeit(en)
– trouble	[mi'kænikəl trʌbl]	technische Schwierigkeit(en)
medical	['medikəl]	ärztlich, medizinisch
– assistance, help	['medikəl ə'sistəns]	ärztliche Hilfe, ärztl. Beistand
– evacuation	[ivækju'eiʃən]	Krankentransport
– flight	['medikəl flait]	Heilflug
medium	['mi:diəm]	mittler..., mittel(mäßig), durchschnittlich, Durchschnitts...
– frequency (MF)	['mi:diəm 'fri:kwənsi]	Mittelwelle, (300-3000 kHz)
– range (MRA)	['mi:diəm reindʒ]	mittlere Reichweite (SAR-Flugz.)
– visibility	['mi:diəm vizi'biliti]	mittlere, durchschnittliche Sicht
to meet, met, met	[mi:t, met, met]	(sich) treffen, begegnen (u. Verg.)
– an obligation	[mi:t ən ɔbli'geiʃən]	einer Verpflichtung nachkommen
– requirements	[mi:t ri'kwaiəmənts]	den Anforderungen entsprechen
to melt	[melt]	tauen, schmelzen
melting snow	['meltiŋ snou]	tauender Schnee
to mention; not to –	['menʃən]	erwähnen; abgesehen davon
to merge (targets)	[mə:dʒ]	sich überdecken, verschmelzen
message (MSG)	['mesidʒ]	Nachricht, Meldung, Spruch, Mitteilung, Botschaft, Sendung
metal (piece)	['metəl pi:s]	Metall(stück)
meteorological, (weather...)	[mi:tiərə'lɔdʒikəl] ['weðə]	meteorologisch, Wetter..., (in Zusammensetzungen)
– briefing	['bri:fiŋ]	mündliche Wetterberatung
– broadcast	['brɔ:dka:st]	Wetterausstrahlung, -sendung

– **conditions**	[kən'diʃənz]	Wetterverhältnisse
– **forecast**	['fɔ:ka:st]	Wettervorhersage
– **information**	[infɔ:'meiʃən]	Wetterinformation, -auskunft
– message	['mesidʒ]	Wettermeldung
– **minima**	['minimə]	Wettermindestbedingungen
– observation	[ɔbzə'veiʃən]	Wetterbeobachtung
– observer	[əb'zə:və]	Wetterbeobachter
– office	['ɔfis]	D: Wetterwarte; Ö: Wetterstation; S: Wetterdienststelle
– phenomenon	[fə'nɔmənən]	Wettererscheinung; Mehrzahl: phenomena
– **report, met rep.**	[ri'pɔ:t]	Wetterbericht, Wettermeldung
– **situation**	[sitju'eiʃən]	Wetterlage, Wetterzustand
meteorologist	[mi:tiə'rɔlədʒist]	Meteorologe
meteorology	['mi:tjə'rɔlədʒi]	Meteorologie, Wetterkunde
meter (m)	['mi:tə]	Meter, Messer
–s per second	['mi:təz pə 'sekənd]	Meter je Sekunde (mps)
microphone, mike	['maikrəfoun, maik]	Mikrophon
– **button**	[maik 'bʌtən]	Mikrophonknopf, -taste
mid-air collision	['midɛə kə'liʒən]	Zusammenstoß in der Luft
middle, center	[midl, 'sentə]	mittler-, Mitte
– **marker (MM)**	[midl 'ma:kə]	Mittelmarker, D: Haupteinflugz.
in the –, centered	['sentəd]	in der Mitte
mid field	['mid fi:ld]	(in) Platzmitte, Mittelfeld
mid field crossing	['mid fi:ld 'krɔsiŋ]	Flughafenüberquerung in Platzm.
midnight	['midnait]	Mitternacht
might	[mait]	dürfte, würde, könnte
mile	[mail]	Meile
nautical – (NM)	['nɔ:tikəl mail]	Seemeile (1,852 km)
statute – (ML)	['stætju:t mail]	engl. Meile (1,609 km)
mileage	['mailidʒ]	Entfernung in Meilen, Meilenzahl
miles per hour	[mailz pə: 'auə]	engl. Meilen pro Stunde (MPH)
military(Mil)	['militəri]	militärisch, Militär...
military aircraft	['militəri 'ɛəkra:ft]	Militärluftfahrzeug
to mind	[maind]	achten auf, beachten, aufpassen
mind	[maind]	Verstand
to change one's –	[tʃeindʒ wʌnz maind]	Plan ändern, Absicht ändern
to have in –	[hæv in maind]	im Sinn haben
to keep in –	[ki:p in maind]	merken, im Gedächtnis behalten
never –	['nevə maind]	schon gut, macht nichts
minima	['minimə]	Mehrzahl von „minimum"
to minimize	['minimaiz]	gering halten
minimum (MNM)	['miniməm]	Mindest..., Mindestwert, -maß
– **altitude**	['miniməm 'æltitju:d]	Mindest(flug-)höhe
– clearance	['miniməm 'kliərəns]	Mindestabstand
– cruising altitude	['kru:ziŋ 'æltitju:d]	niedrigste Reiseflughöhe
– **cruising level**	['kru:ziŋ levl]	Mindestreiseflughöhe, -fläche
– **descent altitude**	[di'sent 'æltitju:d]	Mindestsinkflughöhe
– distance	['miniməm 'distəns]	Mindestentfernung, -abstand
– **en route altitude**	[en'ru:t 'æltitju:d]	Mindestreisehöhe über Meer, MEA
– **flight level**	['miniməm flait levl]	niedrigste Flugfläche
– **fuel**	['miniməm 'fju:əl]	Mindesttreibstoffreserve
– height	['miniməm hait]	Mindesthöhe
– **holding altitude**	['houldiŋ 'æltitju:d]	Mindestwartehöhe über NN
– IFR cruising level	[ai ef a: 'kru:ziŋ levl]	IFR-Mindestreiseflughöhe

– IFR en-route altit.	[en ru:t 'æltitju:d]	IFR-Mindestreisehöhe über Meer
– initial approach altitude	[i'niʃəl ə'proutʃ 'æltitju:d]	Anfangsanflugmindesthöhe
– noise route	['miniməm nɔiz ru:t]	Flugstrecke geringster Lärmstörg.
– obstacle clearance (MOC)	['minimәm 'ɔbstәkl 'kliərəns]	Mindesthindernisabstand, -freiheit
– reception altitude (MRA)	['minimәm ri'sepʃən 'æltitju:d]	Mindestempfangshöhe
– safe altitude (MSA)	['minimәm seif 'æltitju:d]	Sicherheitsmindestflughöhe über Meer
– safe height	['minimәm seif hait]	Sicherheitsmindesthöhe (über G.)
– safe level	['minimәm seif levl]	Sicherheitsmindesthöhe, -fläche
– sector altitude	['sektə 'æltitju:d]	Sektorenmindesthöhe
– value	['minimәm 'vælju:]	Mindestwert
– vertical clearance	['minimәm 'vә:tikl 'kliərəns]	vertikaler Mindestabstand (über Hindernissen)
below –	[bi'lou 'minimәm]	unter dem Mindestwert
minor (accident)	['mainə 'æksidənt]	geringfügig, leicht (Unfall)
minus (MS)	['mainəs]	minus
minute(s) (MIN)	['minit]	Minute(n) (Zeit- und Bogenmin.)
miscellaneous	[misə'leinjəs]	Verschiedenes
misconception	[miskən'sepʃən]	Mißverständnis
to miss		(ver)missen, verfehlen, versäumen
missed approach	[mist ə'proutʃ]	Fehlanflug
– – procedure	[prə'si:dʒə]	Fehlanflugverfahren
missing aircraft	['misiŋ 'ɛəkra:ft]	vermißtes Luftfahrzeug
to be missing		vermißt werden, fehlen
mission	['miʃən]	Auftrag, Einsatz, Mission
mist (BR); misty		feuchter Dunst; dunstig
mistake, error	[mis'teik, 'erə]	Fehler, Irrtum, Versehen
by mistake	[bai mis'teik]	versehentlich
to mistake, mistook, mistaken	[mis'teik, mis'tuk, mis'teikən]	verwechseln (u. Vergangenheit)
to be mistaken	[tə bi: mis'teikən]	sich irren
to misunderstand, -stood, -stood	[misʌndə'stænd, misʌndə'stud]	mißverstehen, falsch verstehen (u. Vergangenheit)
misunderstanding	[misʌndə'stændiŋ]	Mißverständnis
misuse	[mis'ju:s]	Mißbrauch
mixture	['mikstʃə]	Gemisch, Mischung
mixture controls	['mikstʃə kən'troulz]	Gemischregler
fuel mixture	['fju:əl 'mikstʃə]	Treibstoffgemisch
lean – –	[li:n 'fju:əl 'mikstʃə]	armes, mageres –
rich – –	[ritʃ 'fju:əl 'mikstʃə]	fettes, reiches –
weak – –	[wi:k 'fju:əl 'mikstʃə]	Spargemisch
mobile	['moubail]	beweglich
– (radio) service	['reidiou 'sə:vis]	beweglicher Funkdienst
– (radio) station	['reidiou 'steiʃən]	bewegliche Funkstelle
mode; code	[moud, koud]	(Sekundärradar:) Modus; Kode
moderate (MOD)	['mɔdərit]	mäßig, mittler
– turbulence	['mɔdərit 'tə:bjuləns]	mäßige, mittlere Turbulenz
modification	[mɔdifi'keiʃən]	Abänderung
– message (CHG)	['mesidʒ]	Änderungsmeldung
modulation	[mɔdju'leiʃən]	Modulation
moist; moisture	[mɔist, 'mɔistʃə]	feucht; Feuchtigkeit
moment	['moumənt]	Augenblick, Moment

to monitor	['mɔnitə]	mithören, überwachen
to monitor frequency	['mɔnitə 'fri:kwənsi]	Frequenz überwachen
did you monitor?	[did ju: 'mɔnitə]	haben Sie mitgehört?
monitor	['mɔnitə]	monitor, bleiben Sie hörbereit
monitor (MNT)	['mɔnitə]	Überwachungsgerät
monitored approach	['mɔnitəd ə'proutʃ]	(Radar-)überwachter Anflug
monoplane	['mɔnəplein]	Eindecker
monument	['mɔnjəmənt]	Denkmal
to moor, tie down	['mu:ə, tai daun]	vertäuen, (ein Lfz.) verankern
mooring	['mu:əriŋ]	Vertäuen, Verankern
mooring area	['mu:əriŋ 'ɛəriə]	Liegeplatz, Anlegestelle
mooring mast	['mu:əriŋ ma:st]	Ankermast (für Luftschiffe)
mooring place	['mu:əriŋ pleis]	Ankerplatz
mooring rope	['mu:əriŋ roup]	Halteseil
more	[mɔ:]	mehr
more expeditious	[mɔ: ekspi'diʃəs]	schneller
more or less	[mɔ: ɔ: les]	mehr oder weniger
more than	[mɔ: ðæn]	mehr als
once more	[wʌns mɔ:]	noch einmal, nochmals
morning	['mɔ:niŋ]	(der) Morgen
in the –; this –	[ðis 'mɔ:niŋ]	morgens; heute morgen
morse code	[mɔ:s koud]	Morsealphabet
most, mostly	[moust, 'moustli]	meist, am meisten
most expeditious	[moust ekspi'diʃəs]	schnellstens
motion	['mouʃən]	Bewegung
motor	['moutə]	Motor
mountain; mountains	['mauntən]	Berg; Gebirge
mountain peak	['mauntən pi:k]	Bergspitze
mountain ridge	['mauntən ridʒ]	Gebirgskamm, Bergrücken
mountain waves	['mauntən weivz]	Wellenbildung am Gebirge
mountainous	['mauntənəs]	bergig, gebirgig
mountainous area	['mauntənəs 'ɛəriə]	bergiges Gelände
movable, mobile	['mu:vəbl, 'moubail]	beweglich
to move	[mu:v]	(sich) bewegen; Hw.: move
– aileron, rudder	[mu:v 'eilərən, 'rʌdə]	das Querruder, Seitenruder –
movement	['mu:vmənt]	Bewegung
movement area	['mu:vmənt 'ɛəriə]	Bewegungsfläche
to mow	[mou]	mähen
mower	['mouə]	Mähmaschine
mowing, grass cutting	['mouiŋ, gra:s 'kʌtiŋ]	Grasmähen
mowing equipment	['mouiŋ i'kwipmənt]	Mähmaschinen, Mähgeräte
mowing in progress	['mouiŋ in 'prougres]	zur Zeit wird Gras gemäht, Mäharbeiten sind im Gange
much; many	[mʌtʃ, 'meni]	viel; viele
mud	[mʌd]	Schlamm, Schmutz, Dreck
muddy, soft	['mʌdi, sɔft]	schlammig, aufgeweicht
multi engine a/c	['mʌlti 'endʒin]	mehrmotoriges Luftfahrzeug
multiple call	['mʌltipl kɔ:l]	Mehrfachanruf
multiple wheel landing gear	['mʌltipl wi:l 'lændiŋ giə]	Mehrradfahrwerk
must, to have to	[mʌst, tə hæv tə]	müssen
must not	[mʌst nɔt]	darf nicht
my	[mai]	mein, meine, meines

N

nacelle	[nə'sel]	(Motor-) Gondel
name; namely	[neim, 'neimli]	Name; nämlich
narrow	['nærou]	eng, schmal, knapp
national guard frequency	['næʃnəl ga:d 'fri:kwənsi]	nationale Wachfrequenz
nationality	[næʃ'næliti]	Staatsangehörigkeit, Nationalität
nationality and registration marks	[næʃ'næliti ænd redʒi'streiʃən ma:ks]	Staatszugehörigkeits- und Eintragungszeichen; S.: Hoheitszeich.
natural sight	['nætʃərəl sait]	Natursehenswürdigkeit
nature	['neitʃə]	Natur, Charakter, Art, Wesen
nautical mile (NM)	['nɔ:tikəl mail]	Seemeile (1,852 km)
navigation (NAV)	[nævi'geiʃən]	Navigation, Ortung
– (al) aid, NAVAID	[nævi'geiʃən eid]	Navigationshilfe
– al assistance	[ə'sistəns]	navigatorische Unterstützung
– chart	[nævi'geiʃən tʃa:t]	Luftfahrtnavigationskarte
– (al) equipment	[i'kwipmənt]	Navigationsausrüstung
– (al) facility	[fə'siliti]	Navigationsanlage, -einrichtung
– (al) instrument	['instrumənt]	Navigationsinstrument, -gerät
– lights	[nævi'geiʃən laits]	Navigationslichter, -leuchten
– (al) warning	['wɔ:niŋ]	Flug-, Navigationswarnung
radio navigation	['reidiou nævi'geiʃən]	Funkortung, Funknavigation
navigator	['nævigeitə]	Navigator, Navigationsoffizier
navy	['neivi]	Marine
near, – by, close to	['niə bai, klouz tu]	in der Nähe von, nahe bei, bei
near collision, near miss (USA)	['niə kə'liʒən, 'niə mis]	Fastzusammenstoß, gefährliche Begegnung zw. Luftfahrzeugen
nearest	['niərist]	nächst (gelegen)
nearly, almost	['niəli, 'ɔ:lmoust]	fast, beinahe
necessary	['nesisəri]	nötig, notwendig, erforderlich
necessity	[nə'sesiti]	Notwendigkeit, Erfordernis
to need, require	[ni:d, ri'kwaiə]	benötigen, brauchen
to be in need of	[tu bi: in ni:d ɔv]	brauchen
needle; indicator –	['ni:dl, 'indikeitə]	Nadel; Anzeigenadel
negative	['negətiv]	negativ; auch als Verf.sprechgr.: nein, Erlaubnis wird nicht erteilt, das ist nicht richtig
negligent flying	['neglidʒənt 'flaiiŋ]	nachlässige Luftfahrzeugführung
neither, neither one	['ni:ðə, 'naiðə wʌn]	keiner (von beiden, mehreren)
neither... nor	['naiðə nɔ:]	weder ... noch
network	['netwə:k]	Netz
never	['nevə]	nie, niemals
nevertheless	['nevəðə'les]	dennoch, trotzdem
new; news	[nju:s]	neu; Neuigkeiten, Nachrichten
next		nächster, -e, -es (zeitlich, räuml.)
next to		neben, nächst
nice(ly)	['naisli]	hübsch, nett, schön
night (NGT)	[nait]	Nacht
– flight, – flying	[nait flait, nait 'flaiiŋ]	Nachtflug
– – operations	[ɔpə'reiʃənz]	Nachtflugbetrieb
– – regulation	[regju'leiʃən]	Nachtflugregelung
– low level flight	[nait lou levl flait]	Nachttiefflug
– low level route	[nait lou levl ru:t]	Nachttiefflugstrecke

– marking	[nait 'ma:kiŋ]	Nachtmarkierung
at –, by –	[æt nait, bai nait]	nachts, bei Nacht
nimbostratus (NS)		Nimbostratus(-wolke)
no; no (clouds)	[nou]	nein; kein, keine (Wolken)
no change (NC)	[nou tʃeindʒ]	keine Veränderung
no more...	[nou mɔ:]	kein... mehr
no significant change (NOSIG)	[nou sig'nifikənt tʃeindʒ]	keine bedeutsame Veränderung (Trend in Landewettervorhers.)
nobody, no one	['noubɔdi, nou wʌn]	keiner, niemand
no... whatsoever	[nou wɔtsou'evə]	gar kein, überhaupt kein...
to be no good	[tə bi: nou gud]	nichts taugen
noise	[nɔiz]	Lärm, Geräusch, Krach, Schall
– abatement	[nɔiz ə'beitmənt]	Lärmminderung
– – commissioner	[kə'miʃənə]	Lärmschutzbeauftragter
– – procedure	[prə'si:dʒə]	Lärmschutzverfahren
– – reasons	['ri:znz]	Lärmschutzgründe
– – route	[nɔiz ə'beitmənt ru:t]	Lärmminderungsstrecke
– complaint	[nɔiz kəm'pleint]	Lärmbeschwerde
– control system	[kən'troul 'sistəm]	Lärmüberwachungsanlage
– disturbance	[nɔiz dis'tə:bəns]	Lärmbelästigung
– level	[nɔiz levl]	Lärm-, Schall-, Geräuschpegel
– measuring	[nɔiz 'meʒəriŋ]	Schallmessung
– monitoring point	[nɔiz 'mɔnitəriŋ pɔint]	Lärmmeßstelle
aircraft noise	['ɛəkra:ft nɔiz]	Fluglärm
noisy	['nɔizi]	laut
non	[nɔn]	(in Zusammensetzg.): un-, nicht-
non-commercial	[nɔn kə'mə:ʃəl]	nicht gewerblich
non-compliance, non-observance	[nɔn kəm'plaiəns] [nɔn əb'zə:vəns]	Nichtbeachtung
non directional radio beacon	[nɔn di'rekʃənəl 'reidiou 'bi:kən]	ungerichtetes Funkfeuer (NDB)
non-exercise a/c	[nɔn 'eksəsaiz]	nicht an der Übung beteiligte Lfz.
non-precision appr.	[nɔn pri'siʒən]	Nichtpräzisionsanflug
non-retractable landing gear	[nɔn ri'træktəbl 'lændiŋ 'giə]	festes Fahrwerk; auch: fixed landing gear
non-scheduled flight	[nɔn 'skedju:ld flait]	Bedarfsflug, nicht planm. Flug
non-stop flight	[nɔn stɔp flait]	Direktflug
none	[nʌn]	keiner, -e, -es (alleinstehend)
noon; at noon	[nu:n, æt nu:n]	Mittag; mittags
normal (NML)	['nɔ:məl]	normal
– approach	['nɔ:məl ə'proutʃ]	normaler Anflug, Normalanflug
– operation	['nɔ:məl ɔpə'reiʃən]	Normalbetrieb
– rate (of descent)	[reit əv di'sent]	normale Sinkrate, Sinkgeschw.
normally, usually	['nɔ:məli, 'ju:ʒuəli]	normalerweise, im allgemeinen
north (N)	[nɔ:θ]	Nord, nördlich (von = of)
northbound	['nɔ:θbaund]	nordwärts
to be northbound		in Nordrichtung fliegen
northern	['nɔ:θən]	nördlich
northern latitude	['nɔ:θən 'lætitju:d]	nördliche Breite
nose	[nouz]	Nase, Rumpfspitze
– down attitude	[nouz daun 'ætitju:d]	gedrückte Fluglage
– heaviness	[nouz 'hevinis]	Kopflastigkeit
– up attitude	[nouz ʌp 'ætitju:d]	gezogene Fluglage
– wheel, – gear	[wi:l, giə]	Bugrad
– – landing gear	['lændiŋ giə]	Bugradfahrwerk

to nose over	[nouz 'ouvə]	(sich) überschlagen (am Boden)
not	[nɔt]	nicht
not any longer	[nɔt 'eni 'lɔŋgə]	nicht mehr
not any more	[nɔt 'eni mɔ:]	
not at all	[nɔt æt 'ɔ:l]	gar nicht, überhaupt nicht
not before, not until	[nɔt bi'fɔ:, nɔt 'ʌntil]	nicht vor, erst
not later than	[nɔt 'leitə ðæn]	nicht später als, spätestens, nicht nach
not less than	[nɔt les ðæn]	nicht weniger als, mindestens
not more than	[nɔt mɔ: ðæn]	nicht mehr als, höchstens
not yet	[nɔt jet]	noch nicht
notably	['noutəbli]	insbesondere
to note	[nout]	achten auf, beachten, ver-, vormerken, aufführen, notieren
note	[nout]	Notiz, Anmerkung, Vermerk
to take notes	[teik nouts]	Notizen, Aufzeichnungen machen
noted	['noutid]	vorgemerkt
request noted	[ri'kwest 'noutid]	Wunsch, Bitte vorgemerkt
nothing, NIL	['nʌθiŋ]	nichts
nothing but...	['nʌθiŋ bʌt]	nichts als...
to notice	['noutis]	(be)merken, wahrnehmen, feststellen, beobachten
notice	['noutis]	Meldung, Notiz, Nachricht
– to airmen	['noutæm]	Nachricht für Luftfahrer (NOTAM)
prior – required	[ri'kwaiəd]	vorherige (An-)Meldung erforderl.
until further –	[ən'til 'fə:ðə 'noutis]	bis auf weiteres (UFN)
without prior –	[wi'ðaut 'praiə]	unvermittelt
notifiable	['noutifaiəbl]	anzeigepflichtig
notification	[noutifi'keiʃən]	Benachrichtigung, Anmeldung
to notify	['noutifai]	benachrichtigen, verständigen
notified	['noutifaid]	benachrichtigt, verständigt
notwithstanding	[nɔtwið'stændiŋ]	unbeschadet, ungeachtet
now	[nau]	jetzt, nun(mehr)
now and then	[nau ænd ðen]	ab und zu, hin und wieder
by now	[bai nau]	jetzt
from now on	[frɔm nau ɔn]	von jetzt an
just now	[dʒʌst nau]	soeben
up to now	[ʌp tə nau]	bis jetzt
nowhere	['nouwɛə]	nirgends
nozzle, jet	[nɔzl, dʒet]	Düse
nuclear...	['nju:kliə]	Kern...
– power plant	['nju:kliə 'pauə pla:nt]	Atomkraftwerk
– reactor	['nju:kliə ri'æktə]	Kernenergieanlage
number	['nʌmbə]	Nummer, Zahl, Anzahl, Menge
number 2 to land	['nʌmbə tu: tə lænd]	Landenummer zwo
numerous	['nju:mərəs]	zahlreich
numerous targets	['nju:mərəs 'ta:gits]	zahlreiche (Radar-)Ziele

O

to obey	[o'bei]	befolgen, folgen, gehorchen
to object (to)	[əb'dʒekt]	Anstoß nehmen (an), protestieren, etwas haben gegen
object	['ɔbdʒekt]	Gegenstand, Zweck

objection	[əb'dʒekʃən]	Einwand, Einwurf
objective	[əb'dʒektiv]	Zweck, Auflage
obligation; to meet –	[mi:t ɔbli'geiʃən]	Verpflichtung; – einhalten
obligatory	['ɔbligətəri]	obligatorisch, Pflicht
obliged	[əb'laidʒd]	verpflichtet
oblique visibility	[o'bli:k vizi'biliti]	Schrägsicht
obscured (OBSC)	[əbs'kjuəd]	verdeckt, verdunkelt, verschleiert, unklar, undeutlich, unbekannt
observance	[əb'zə:vəns]	Beobachtung
observation (OBS)	['ɔbzə:'veiʃən]	Beobachtung, Wahrnehmung
to observe (OBS)	[əb'zə:v]	be(ob)achten, bemerken, befolgen
– regulation	[əb'zə:v regju'leiʃən]	Regelung einhalten
observer	[əb'zə:və]	Beobachter
obsolete	['ɔbsəli:t]	veraltet, überholt
obstacle	['ɔbstəkl]	Hindernis (s. auch obstruction)
– clearance	['ɔbstəkl 'kliərəns]	Hindernisabstand, -freiheit
– – altitude (OCA)	['kliərəns 'æltitju:d]	Hindernisfreihöhe über NN
– – height (OCH)	['kliərəns hait]	Hindernisfreihöhe über Schwelle
– – surface (OCS)	['kliərəns 'sə:fis]	Hindernisfreifläche
minimum – clearance	['miniməm 'ɔbstəkl 'kliərəns]	Mindesthindernisfreiheit, Mindesthindernisabstand
to obstruct	[əb'strʌkt]	hindern, versperren
obstruction (OBST)	[əb'strʌkʃən]	Hindernis
– light(s)	[əb'strʌkʃən laits]	Hindernisfeuer
– lighting	[əb'strʌkʃən 'laitiŋ]	Hindernisbefeuerung
– marking	[əb'strʌkʃən 'ma:kiŋ]	Hindernismarkierung
– warning light	['wɔ:niŋ lait]	Hinderniswarnlicht
to obtain	[əb'tein]	erhalten, erreichen, erfragen
to obtain clearance	[əb'tein 'kliərəns]	Freigabe einholen
obvious(ly)	['ɔbviəsli]	offensichtlich
occasion	[ə'keiʒən]	Gelegenheit
occasional (OCNL), intermittent	[ə'keiʒənəl] [intə'mitənt]	gelegentlich, zeitweise
occupant	['ɔkjupənt]	Insasse
to occupy	['ɔkjupai]	besetzen, belegen
occupied	['ɔkjupaid]	besetzt, belegt
runway still –	['rʌnwei stil 'ɔkjupaid]	Landebahn noch belegt
to occur, to happen	[ə'kə:, 'hæpən]	eintreten, sich ereignen, vorkommen, auftreten, auftauchen
occurrence, event	[ə'kə:rəns, i'vent]	Vorkommnis, Ereignis
... o'clock	[ə'klɔk]	... Uhr; Standortang. nach dem
12 – your position	[twelv – juə pə'ziʃən]	Uhrz.: 12 Uhr = genau voraus
odd	[ɔd]	eigenartig, sonderbar, seltsam
– figures, numbers	[ɔd 'figəz, 'nʌmbəz]	ungerade Zahlen
of; of me	[ɔv, əv mi:]	von, aus; von mir
because of	[bi'kɔ:z əv]	wegen; auch: due to
of course	[ɔv kɔ:s]	selbstverständlich
off	[ɔf]	ab, weg, fort
off and on	[ɔf ænd ɔn]	ab und zu, dann und wann
to offcenter	['ɔfsentə]	dezentrieren
off course	[ɔf kɔ:s]	vom Kurs abgekommen
off field landing	[ɔf fi:ld 'lændiŋ]	Notaußenlandg. (außerhalb eines zugelassenen Fluggeländes)
off-flag (VOR, ILS)	[ɔf flæg]	Betriebswarnanzeige
offence	[ə'fens]	Straftat

to offer	['ɔfə]	bieten, anbieten; Hw.: offer
official	[ə'fiʃəl]	amtlich; amtlich Beauftragter
often, frequently	[ɔfn, 'fri:kwəntli]	oft, häufig
oil	[ɔil]	Schmierstoff, Öl
oil cooler	[ɔil 'ku:lə]	Ölkühler
oil leak	[ɔil li:k]	Ölleck
oil pipe	[ɔil paip]	Ölleitung
oil pressure	[ɔil 'preʃə]	Öldruck
oil system	[ɔil 'sistəm]	Schmiersystem
oil tank	[ɔil 'tæŋk]	Öltank, Ölbehälter
oil temperature	[ɔil 'tempritʃə]	Öltemperatur
okta(s), octa(s)	['ɔktə]	Achtel (Wolkenbedeckungsgrad)
old	[ould]	alt
to omit	[ou'mit]	auslassen, weglassen
omni bearing selector (OBS)	['ɔmni 'bɛəriŋ si'lektə]	Kurswähler, Azimutwähler (VOR)
omnidirectional	['ɔmnidi'rekʃənəl]	rundstrahlend, nicht gerichtet
on	[ɔn]	auf, an (s. Grammatik)
on request (O/R)	[ɔn ri'kwest]	auf Anforderung, auf Wunsch
– – reporting point	[ri'pɔ:tiŋ pɔint]	Meldepunkt auf Anforderung
on the air	[ɔn ði 'ɛə]	sende- und empfangsbereit
on the hour	[ɔn ði 'auə]	zur vollen Stunde
on the way	[ɔn ðə wei]	unterwegs
on time	[ɔn taim]	pünktlich
once	[wʌns]	einmal
once before	[wʌns bi'fɔ:]	schon einmal
once in a while	[wʌns in ə wail]	hin und wieder
once more	[wʌns mɔ:]	noch einmal, nochmals
at once	[æt wʌns]	sofort, auf einmal
one; one-eighty	[wʌn, wʌn 'eiti]	ein(s); man; 180°-Kurve, -Drehung
one way traffic	[wʌn wei 'træfik]	Einbahnverkehr
only	['ounli]	nur; erst
onto	['ɔntu]	auf... hinauf
on top (of cloud, haze etc.) (OTP)	[ɔn tɔp əv klaud, heiz]	an der (Wolken-, Dunst-) Obergrenze, über (oberhalb) der Wolkendecke, Dunstschicht
opaque (OPA); – ice	[o'peik ais]	trübe; trübes Eis
to open (up)	['oupən ʌp]	öffnen, aufmachen
open (e. g. runway)	['oupən]	(Landebahn) offen, geöffnet, OPN
open area	['oupən 'ɛəriə]	unbesied. Gebiet, freies Gelände
open sea	['oupən si:]	offenes Meer, offene See
opening	['oupəniŋ]	Öffnung
to operate (OPR)	['ɔpəreit]	betreiben, in Betrieb haben
operating	['ɔpəreitiŋ]	funktionierend, betriebsklar
– conditions	['ɔpəreitiŋ kən'diʃənz]	Betriebsbedingungen
– efficiency	['ɔpəreitiŋ e'fiʃənsi]	Betriebsleistung
– instructions	[in'strʌkʃənz]	Betriebsanweisungen
– procedures	[prə'si:dʒəz]	Betriebsverfahren
operation(s) (OPS)	['ɔpə'reiʃən]	Betrieb, Tätigkeit
– building	['ɔpə'reiʃənz 'bildiŋ]	Betriebsgebäude
– manual	['ɔpə'reiʃənz 'mænjuəl]	Betriebshandbuch
hours of –	['auəz əv 'ɔpə'reiʃən]	Betriebsstunden
in –, operating	['ɔpəreitiŋ]	in Betrieb, in Tätigkeit
operational (OPR)	['ɔpə'reiʃənəl]	in Betrieb, in Tätigkeit
operative (OPR)	['ɔpərətiv]	in Betrieb, in Tätigkeit

inoperative, out of operation	[in'ɔpərətiv] [aut əv 'ɔpə'reiʃən]	außer Betrieb, gestört
operational air traffic (OAT)	['ɔpə'reiʃənəl 'εə 'træfik]	operationeller Luftverkehr
operational hours	['ɔpə'reiʃənəl 'auəz]	Betriebsstunden, Betriebszeit
operational performance category	['ɔpə'reiʃənəl pə'fɔ:məns 'kætigəri]	Betriebsstufe nach Kategorie I, II, III
operational range	['ɔpə'reiʃənəl reindʒ]	Reichweite
operational safety	['ɔpə'reiʃənəl 'seifti]	Betriebssicherheit
operational stop	['ɔpə'reiʃənəl stɔp]	technische Zwischenlandung
operator (OPR)	['ɔpəreitə]	Halter, Unternehmer
aerodrome –	['εəroudroum –]	Flugplatzhalter
aircraft –	['εəkra:ft 'ɔpəreitə]	Luftfahrzeughalter
radio –	['reidiou 'ɔpəreitə]	Funker
opinion	[ə'pinjən]	Ansicht, Meinung
to be of the –	[bi: ɔv ði ə'pinjən]	der Meinung sein
opportunity	['ɔpə'tju:niti]	günstige Gelegenheit
opposite	['ɔpəzit]	entgegengesetzt, gegenüber
– direction	['ɔpəzit di'rekʃən]	Gegenrichtung
– – traffic, – traffic	['ɔpəzit 'træfik]	Gegenverkehr
– heading	['ɔpəzit 'hediŋ]	Gegenkurs
or	[ɔ:]	oder
to orbit, circle	['ɔ:bit, 'sə:kl]	kreisen, umkreisen
orbit, circle	['ɔ:bit, 'sə:kl]	Kreis
to order	['ɔ:də]	anordnen, bestellen
order	['ɔ:də]	Anweisung, Auftrag, Ordnung
in order to	[in 'ɔ:də tu]	um zu
order of priority	['ɔ:də ɔv prai'ɔriti]	Rangfolge
ordinance	['ɔ:dinəns]	Verordnung
to orientate	['ɔ:riənteit]	sich orientieren
orientation	['ɔriən'teiʃən]	Orientierung
to lose –, to get lost	[lu:z 'ɔriən'teiʃən] [get lɔst]	sich verirren, die Orientierung verlieren, sich verfliegen
loss of –	[lɔs ɔv ɔriən'teiʃən]	Orientierungsverlust
origin	['ɔridʒin]	Ursprung, Herkunft
point of origin	[pɔint ɔv 'ɔridʒin]	Abflugort, Ausgangspunkt
original(ly)	[ə'ridʒənəli]	ursprünglich, anfänglich
to originate (a message)	[ə'ridʒineit] ['mesidʒ]	(Meldung) aufliefern, abgeben; ausgehen von; hervorbringen
originator (of a message)	[ə'ridʒineitə ɔv ə 'mesidʒ]	Aufgeber, Absender (einer Meldung)
to oscillate; – ing	['ɔsileit, 'ɔsileitiŋ]	schwingen; schwingend
other	['ʌðə]	anderer, -e, -es
each other	[i:tʃ 'ʌðə]	sich einander
otherwise, or else	['ʌðəwaiz, ɔ: els]	sonst, andernfalls, anderweitig
ought to, should	[ɔ:t tə, ʃud]	sollte, müßte
our	['auə]	unser, -e, -es
out	[aut]	aus, hinaus, heraus; auch: Ende
out of		aus, außer
out of order	[aut ɔv 'ɔ:də]	nicht in Ordnung, kaputt
out of service	[aut ɔv 'sə:vis]	außer Betrieb, ausgefallen
out of the sun	[aut ɔv ðə sʌn]	aus der Sonne
outage	['autidʒ]	Ausfall, Störung, Panne
outbound	['autbaund]	abgehend, ab-, wegfliegend
outbound leg		Abflugteil (in Warterunde)

outbound portion of approach	['autbaund 'pɔ:ʃən əv ə'proutʃ]	von der Anflughilfe wegführender Teil des Anfluges
outbound route	['autbaund ru:t]	Abflugstrecke
outbound track	['autbaund træk]	Abflugkurs über Grund
outbound traffic, outgoing traffic	['autbaund 'træfik, 'autgouiŋ 'træfik]	abfliegender, abgehender Verkehr
outer engine	['autə 'endʒin]	äußerer Motor
outer marker (OM)	['autə 'ma:kə]	Voreinflugzeichen, Außenmarker
outline	['autlain]	Umriß
output	['autput]	Ausgang(ssignal, Sender)
outside	['autsaid]	außen, außerhalb, draußen
– air temperature	['ɛə 'tempritʃə]	Außenlufttemperatur
over	['ouvə]	(dar)über; kommen (Verfahrenssprechgruppe); vorüber
– there	['ouvə ðɛə]	dort drüben
all –, everywhere	[ɔ:l 'ouvə, 'evriwɛə]	überall
overcast	['ouvəka:st]	vollständig bedeckt
overdue aircraft	['ouvə'dju: 'ɛəkra:ft]	überfälliges Luftfahrzeug
to overfly, to pass	['ouverflai, pa:s]	überfliegen
overflight, passing	['ouvəflait, 'pa:siŋ]	Überflug
to overhaul	['ouvə'hɔ:l]	überholen (Motor); Hw.: overhaul
overhead	['ouvə'hed]	oben, darüber, direkt über (Ort)
to overhear, overheard, –	['ouvə'hiə, 'ouvə'hə:d]	zufällig mithören (und Vergangenheit)
to overlap	['ouvə'læp]	überlappen; Hw.: overlap
to overlook	['ouvə'luk]	übersehen, überblicken
to overrun, -ran, -run	['ouvə'rʌn, -ræn, -rʌn]	überrollen (und Vergangenheit)
overrun area	['ouvə'rʌn 'ɛəriə]	Überrollfläche
to overshoot, overshot, overshot	['ouvə'ʃu:t, 'ouvə'ʃɔt]	(bei Landung) zu weit kommen (und Vergangenheit)
to overtake	['ouvə'teik]	überholen (im Verkehr)
overtaking	['ouvə'teikiŋ]	Überholen
owing to	['ouiŋ tu]	infolge von, verursacht von
own	[oun]	eigen
own navigation	[oun nævi'geiʃən]	Eigennavigation
on your own	[ɔn juə oun]	selbständig, mit eigenen Mitteln
owner	['ounə]	Eigentümer
oxygen	['ɔksidʒən]	Sauerstoff
oxygen mask	['ɔksidʒən ma:sk]	Sauerstoffmaske
oxygen supply	['ɔksidʒən sə'plai]	Sauerstoffvorrat, -versorgung

P

pad, helipad	[pæd, 'helipæd]	Hubschrauberplattform
to pancake	['pænkeik]	durchsacken
paper	['peipə]	Papier
PAR approach	[pi: ei a: ə'proutʃ]	PAR-Anflug, Präzisionsanflug
parachute	['pærəʃu:t]	Fallschirm
– activity	['pærəʃu:t æk'tiviti]	Fallschirmbetrieb, -einsätze
– descent,	['pærəʃu:t di'sent]	Fallschirmabsprung
– jump, paradrop	['pærəʃu:t dʒʌmp]	Fallschirmabsprung
– drop zone	['pærəʃu:t drɔp zoun]	Fallschirmabsprunggebiet
– jumping	['pærəʃu:t 'dʒʌmpiŋ]	Fallschirmsprungbetrieb

– – exercise(s)	['eksəsaiziz]	Fallschirmabsprungübung(en)
– jumper, parachutist	['pærəʃu:t 'dʒʌmpə]	Fallschirmspringer
parallel	['pærəlel]	parallel, Parallele
to park	[pa:k]	parken, abstellen; parkieren
parking area	['pa:kiŋ 'ɛəriə]	Abstellfläche, Abstellplatz
parking fee	['pa:kiŋ fi:]	Abstellgebühr
parking position	['pa:kiŋ pə'ziʃən]	Abstellposition, Abstellplatz
part	[pa:t]	Teil, Bestandteil
partially	['pa:ʃəli]	teilweise
participant	[pa:'tisipənt]	Teilnehmer
to participate	[pa:'tisipeit]	teilnehmen; Hw.: participation
particularly; **in particular**	[pa:'tikjuləli] [in pa:'tikjulə]	besonders, insbesondere
partly, partially	['pa:tli, 'pa:ʃəli]	teilweise, stellenweise
to pass (through)	[pa:s θru:]	durch-, überfliegen
after passing (flight level, place)	['a:ftə 'pa:siŋ] [flait levl, pleis]	nach Durchfliegen von (FL), nach Überfliegen von (Ort)
report passing (flight level, place)	[ri'pɔ:t 'pa:siŋ] [flait levl, pleis]	melden Sie das Durchfliegen von (FL), Überfliegen von (Ort)
passenger	['pæsindʒə]	Fluggast, Passagier
– aeroplane	[– 'ɛərouplein]	Passagierflugzeug
– cabin, – compartment	['pæsindʒə 'kæbin, kəm'pa:tmənt]	Fluggastkabine, Fluggastraum
– loading steps	['loudiŋ steps]	Fluggasttreppe
– ramp	['pæsindʒə ræmp]	Flugsteig
past	[pa:st]	nach, vorüber, vorbei; Vergangenh.
past weather	[pa:st 'weðə]	vergangenes Wetter
patches	['pætʃiz]	Flecken, Fetzen, einzelne Stellen
– of clouds	['pætʃiz əv klaudz]	Wolkenfetzen
– of (ground) fog	[graund fɔg]	(Boden) Nebelfetzen, -schwaden
– of ice	['pætʃiz əv ais]	Eisflecken, stellenweise Eis
pattern	['pætən]	Muster, Modell, Diagramm
holding pattern	['houldiŋ 'pætən]	Warterunde, Warteschleife
race track – –	[reis træk]	rennbahnförmige Warteschleife
standard – –	['stændəd]	Normalwarteschleife
paved runway	[peivd 'rʌnwei]	befestigte Start- und Landebahn
to pay, paid, paid	[pei, peid, peid]	bezahlen, bezahlte, bezahlt
– (special) attention	[pei ə'tenʃən]	(besonders) beachten, aufpassen
payload	['peiloud]	Nutzlast
peak period	[pi:k 'pi:riəd	Hauptbetriebszeit
peak traffic	['pi:k 'træfik]	Spitzenverkehr
peak traffic hours	[pi:k 'træfik 'auəz]	Hauptverkehrsstunden
peak traffic period	[pi:k 'træfik 'pi:riəd]	Hauptverkehrszeit
traffic peak	['træfik pi:k]	Verkehrsspitze
pedal	['pedl]	Pedal, Fußhebel
pedestrian	[pi'destriən]	Fußgänger
to penetrate	['penitreit]	einfliegen, durchfliegen, -stoßen
penetration	[peni'treiʃən]	Durchflug, Durchstoßen
– procedure	[prə'si:dʒə]	Durchstoßverfahren
people	['pi:pl]	Leute
per	[pə, pə:]	pro, je; durch
1000 ft. per minute	[wʌn 'θausənd fi:t]	1000 Fuß pro Minute
to perceive	[pə'si:v]	wahrnehmen, beobachten
percentage	[pə'sentidʒ]	Prozentsatz
perceptible	[pə'septəbl]	wahrnehmbar

perception	[pə'sepʃən]	Wahrnehmung, Beobachtung
perfect(ly)	['pə:fekt]	vollkommen, vollendet
– ly readable (5)	['pə:fektli 'ri:dəbl]	sehr gut verständlich
to perform	[pə'fɔ:m]	leisten, aus-, durchführen
– cockpit check	[pə'fɔ:m 'kɔkpit tʃek]	Führerraumkontrolle durchführen
performance	[pə'fɔ:məns]	Leistung; Abwicklung, Ablauf
– criteria, – data	[krai'tiəriə, 'deitə]	Leistungsdaten, Leistungen
aircraft –	['ɛəkra:ft pə'fɔ:məns]	Luftfahrzeugleistung
perhaps, maybe	[pə'hæps, præps]	vielleicht
period	['pi:riəd]	Zeitabschnitt, Zeitraum, Periode, Zeitdauer; Punkt (Satzzeichen)
permanent(ly)	['pə:mənənt]	(be)ständig, fest, dauernd (PERM)
permissible	[pə'misəbl]	zulässig, erlaubt, statthaft
permission; – granted	[pə'miʃən] [pə'miʃən 'gra:ntid]	Erlaubnis, Bewilligung, Genehmigung; – wird erteilt
prior – required (PPR)	['praiə pə'miʃən ri'kwaiəd]	vorherige Genehmigung erforderlich
to permit, to allow	[pə:'mit, ə'lau]	erlauben, gestatten
to be permitted		dürfen; erlaubt, gestattet sein
traffic and weather permitting	['træfik ænd 'weðə pə:'mitiŋ]	falls Verkehrs- und Wetterlage es gestatten
permit	['pə:mit]	Berechtigung, Erlaubnis, Lizenz
perpendicular (to)	[pə:pən'dikjulə]	senkrecht, rechtwinklig (zu, auf)
person	['pə:sən]	Person
– s on board (POB)	['pə:sənz ɔn bɔ:d]	Personen an Bord
personnel	[pə:sə'nel]	Personal
phase	[feis]	Phase, Stadium, Abschnitt
photo flight	['foutou flait]	Fotoflug
phrase	[freis]	Sprechgruppe
phraseology	[freizi'ɔlədʒi]	Redewendungen, Sprechgruppen
physician	[fi'ziʃən]	Arzt, Doktor
to pick up	[pik ʌp]	aufnehmen, aufheben
– altitude, to gain altitude	[pik ʌp 'æltitju:d, gein 'æltitju:d]	Höhe gewinnen
– banner	[pik ʌp 'bænə]	Werbebanner im Flug aufnehmen
– freight	[pik ʌp freit]	Fracht aufnehmen, mitnehmen
– heading	[pik ʌp 'hediŋ]	Steuerkurs aufnehmen
– mail	[pik ʌp meil]	Post mitnehmen
– passengers	[pik ʌp 'pæsindʒəz]	Fluggäste aufnehmen
– speed	[pik ʌp spi:d]	Geschwindigkeit vergrößern
piece (of rubber)	[pi:s əv 'rʌbə]	Stück (Gummi)
pierced steel plank (PSP)	['piəst sti:l plæŋk]	Stahlrostplatte
– – – runway	[pi: es pi: 'rʌnwei]	Stahlstartbahn
pile of gravel	[pail əv 'grævəl]	Kieshaufen
to pilot, to steer	['pailət, 'stiə]	führen, steuern, lenken
pilot	['pailət]	Luftfahrzeugführer, Pilot
– in command	['pailət in kə'ma:nd]	verantwortlicher–, Kommandant
– (weather) report	['pailət 'weðə ri'pɔ:t]	(Wetter-)Meldung eines Lfzf.
pink		rosa
pipe(line)	['paiplain]	Rohr(leitung)
piston engine	['pistən 'endʒin]	Kolbenmotor
to pitch	[pitʃ]	neigen um die Querachse, nicken
pitch (a/c., prop.)	[pitʃ]	Längsneigung (Lfz.), Steigung (P.)
– control	[pitʃ kən'troul]	Neigungswinkelverstellung des P.

– reversing	[pitʃ ri'və:siŋ]	(Prop.) in Bremsstellung bringen
– setting	[pitʃ 'setiŋ]	Steigungseinstellung
pitot tube, p. head	['paitət tju:b]	Staudruckrohr
place	[pleis]	Ort(schaft), Platz, Stelle
in – (ldg. gear)	[in pleis, 'lændiŋ giə]	ausgefahren (Fahrwerk)
to place, to put	[pleis, put]	setzen, stellen, legen
place name abbreviations	[pleis neim ə'bri:vi'eiʃənz]	Ortsnamenabkürzungen
plain, level	[plein, levl]	Fläche, Ebene; eben, flach
plain language	[plein 'læŋgwidʒ]	Klartext, offene Sprache
to plan	[plæn]	planen
– on go around	[ɔn gou ə'raund]	mit Durchstarten rechnen
plan	[plæn]	Plan
flight plan	[flait plæn]	Flugplan
plane	[plein]	Flugzeug (Kurzf.), Ebene, Fläche
plant	[pla:nt]	Werk, Fabrik(anlage)
– spraying flight	[pla:nt 'spreiiŋ flait]	Sprühflug
to plead for	[pli:d fɔ:]	befürworten
please	[pli:z]	bitte
plenty (of), lots of		sehr viel, reichlich, eine Menge
to plot	[plɔt]	einen Kurs abstecken, absetzen
plotting chart	['plɔtiŋ tʃa:t]	Navigationsarbeitskarte
plus (PS)	[plʌs]	plus, zuzüglich
pneumatic	[nju:'mætik]	Preßluft, Luftdruck-...
– de-icing	[nju:'mætik di'aisiŋ]	Druckluftenteisung
to point out	[pɔint aut]	darauf hinweisen
to – (to) (toward)	[pɔint tɔ:d]	zeigen, (hin-)weisen (auf)
point	[pɔint]	Punkt, Ort, Stelle
point of departure	[pɔint ɔv di'pa:tʃə]	Abflugort, Abflugpunkt
point of destination	[pɔint ɔv desti'neiʃən]	Bestimmungsort
point of entry	[pɔint ɔv 'entri]	Einflugpunkt
point of exit	[pɔint ɔv 'eksit]	Ausflugpunkt
point of first intended landing	[pɔint ɔv fə:st in'tendid 'lændiŋ]	erster Landeort
point of no return	[pɔint ɔv nou ri'tə:n]	Umkehrgrenzpunkt
point of origin	[pɔint ɔv 'ɔridʒin]	Ausgangspunkt, Ursprungsort
polar air	['poulə 'ɛə]	Polarluft
polar front	['poulə frʌnt]	Polarfront
polar navigation	['poulə nævi'geiʃən]	Polarnavigation
police (station)	[pə'li:s 'steiʃən]	Polizei(wache)
pollution	[pəl'ju:ʃən]	Verschmutzung
poor	[pu:ə]	schwach, gering, schlecht, arm
poor visibility	[pu:ə vizi'biliti]	schlechte Sicht
braking action –	['breikiŋ 'ækʃən pu:ə]	geringe, schlechte Bremswirkung
populated area	['pɔpjuleitid 'ɛəriə]	besiedeltes Gebiet
densely – –	['densli]	dichtbesiedeltes Gebiet
population	[pɔpju'leiʃən]	Bevölkerung
porpoising	['pɔ:pəsiŋ]	Tauchstampfen, Pumpen
port	[pɔ:t]	Hafen, Backbord
port engine	[pɔ:t 'endʒin]	Backbordtriebwerk
port light	[pɔ:t lait]	Backbordlicht, -leuchte, -lampe
portable (radio)	['pɔ:təbl 'reidiou]	tragbar(es Funkgerät)
portion	['pɔ:ʃən]	Teil, Anteil, Teilstück
to position	[pə'ziʃən]	Standort einnehmen
position (PSN)	[pə'ziʃən]	Standort, Stelle

– fixing	[pə'ziʃən 'fiksiŋ]	Standortbestimmung
– light	[pə'ziʃən lait]	Positionslicht, -leuchte, -lampe
– line, line of –	[pə'ziʃən lain]	Standlinie
– report	[pə'ziʃən ri'pɔ:t]	Standortmeldung
are you in a –?	[a: ju: in ə pə'ziʃən]	sind Sie in der Lage?
positioning	[pə'ziʃəniŋ]	Standortbestimmung
– for approach	[fɔ: ə'proutʃ]	Radarführung zum Anflug
positive	['pɔzitiv]	positiv, sicher
possibility	[pɔsi'biliti]	Möglichkeit
possible	['pɔsibl]	möglich
as soon as –	[æz su:n æz 'pɔsibl]	so bald wie möglich
if possible		falls möglich
possibly	['pɔsibli]	möglicherweise, eventuell
post-flight	[poust flait]	nach dem Flug (in Zusammens.)
to postpone	['poustpoun]	verschieben, verlegen
potential	[pə'tenʃəl]	möglich, denkbar, potentiell
power (PWR)	['pauə]	Leistung, Kraft, Stärke; Macht
– approach	['pauə ə'proutʃ]	Schleppgasanflug
– check	['pauə tʃek]	Motorenkontrolle, Abbremsen
– driven	['pauə 'drivən]	mit eigenem Kraftantrieb
– – aircraft	['ɛəkra:ft]	Motorluftfahrzeug
– failure	['pauə 'feiljə]	Stromausfall, Motorenausfall
– landing	['pauə 'lændiŋ]	Landung mit laufendem Triebw. (Motorsegler); Schleppgaslandg.
– off	['pauə ɔf]	ohne Leistung, Leerlauf
– on	['pauə ɔn]	mit Leistung, laufender Motor
– plant	['pauə pla:nt]	Kraftwerk, Triebwerkanlage
atomic – –	[ə'tɔmik 'pauə 'pla:nt]	Atomkraftwerk
– setting	['pauə 'setiŋ]	Leistungseinstellung
– supply	['pauə sə'plai]	Stromversorgung, Netzgerät
– unit	['pauə 'ju:nit]	Triebwerkeinheit, Netzgerät
full power		volle Leistung, Vollgas
powered aircraft	['pauəd 'ɛəkra:ft]	Motorluftfahrzeug
powered approach	['pauəd ə'proutʃ]	Anflug mit Triebwerkleistung
powered glider	['pauəd 'glaidə]	Motorsegler
powered sporting aeroplane	['pauəd 'spɔ:tiŋ 'ɛərouplein]	Motorsportflugzeug
powered sporting flights	['pauəd 'spɔ:tiŋ flaits]	Motorsportflüge, Motorflugsport
practicable	['præktikəbl]	durchführbar, möglich
as soon as –	[æz su:n æz –]	sobald wie möglich, baldmögl.
practical(ly)	['præktikəl]	praktisch
to practice	['præktis]	durch-, ausführen, (aus-)üben
– low approach	[lou ə'proutʃ]	einen Tiefanflug durchführen
practice	['præktis]	Übung, Praxis
– (low) approach	[lou ə'proutʃ]	Übungsanflug (im Tiefflug) (PLA)
precaution	[pri'kɔ:ʃən]	Vorsorge
precautionary landing	[pri'kɔ:ʃənəri 'lændiŋ]	vorsorgliche Landung (aus techn. od. meteorologischen Gründen)
precaut. measure	[pri'kɔ:ʃənəri 'meʒə]	Vorsichtsmaßnahme
to precede;	[pri'si:d]	vorher-, vorausgehen, -fliegen,
preceded by . . .	[pri'si:dəd bai]	-rollen, -fahren, -gehen; nach . . .
preceding (a/c)	[pri'si:diŋ 'ɛəkra:ft]	vorausfliegend(es Luftfahrzeug)
– traffic	[pri'si:diŋ 'træfik]	vorausfliegender Verkehr
precipitation	[prisipi'teiʃən]	Niederschlag

– area	[prisipi'teiʃən 'ɛəriə]	Niederschlagsgebiet
– clutter	[prisipi'teiʃən 'klʌtə]	Niederschlagsstörflecke
precise(ly)	[pri'sais]	genau
precision	[pri'siʒən]	Genauigkeit
– approach	[pri'siʒən ə'proutʃ]	Präzisionsanflug
– – radar	[ə'proutʃ 'reida:]	Präzisionsanflugradar (PAR)
– – runway	[ə'proutʃ 'rʌnwei]	Präzisionsanflugpiste
– point landing	[pɔint 'lændiŋ]	Ziellandung
predetermined route (track)	[pri:di'tə:mind ru:t, træk]	vorbestimmte Strecke (Kurs über Grund)
to prefer	[pri'fə:]	vorziehen, bevorzugen
preferable, -ly	['prefərəbl]	vorzuziehen, vorzugsweise
pre-flight	['pri:flait]	vor dem Fluge (in Zus.setzg.)
– action	['pri:flait 'ækʃən]	Flugvorbereitung
– briefing	['pri:flait 'bri:fiŋ]	mündliche Wetterberatung
– check, – inspection	['pri:flait tʃek] ['pri:flait in'spekʃən]	Überprüfung vor dem Fluge
– information	['pri:flait infɔ:'meiʃən]	Flugberatung
– – bulletin	['pri:flait 'buletin]	NOTAM-Kurzfassung
– planning	['pri:flait 'plæniŋ]	Flugvorbereitung
preliminary	['pri'liminəri]	vorläufig
preparation	[prepə'reiʃən]	Vorbereitung
flight –	[flait prepə'reiʃən]	Flugvorbereitung
preparatory; – flight	[pri'pærətəri flait]	vorbereitend; Vorbereitungsflug
to prepare	[pri'pɛə]	(sich) vorbereiten, bereitmachen, einrichten, herrichten
– for straight in approach, to plan on str.	[pri'pɛə fɔ: streit in ə'proutʃ, plæn ɔn streit in ə'proutʃ]	sich auf Geradeausanflug einrichten, mit Geradeausanflug rechnen
to be – d (for)	[tu bi: pri'pɛəd fɔ:]	vorbereitet, gefaßt sein (auf)
to prescribe	[pris'kraib]	vorschreiben, verordnen
presence	['prezəns]	Vorkommen, Vorhandensein
present(ly)	['prezəntli]	gegenwärtig, derzeitig, jetzig, z. Zt.
present heading	['prezənt 'hediŋ]	augenblicklicher Steuerkurs
present position	['prezənt pə'ziʃən]	jetziger, gegenwärtiger Standort
present weather	['prezənt 'weðə]	gegenwärtige Wetterverhältnisse
at present (time)	[æt 'prezənt taim]	gegenwärtig, z. Zeit, im Moment
to press	[pres]	pressen, drücken
to press mike button	[pres 'maik 'bʌtən]	den Mikrophonknopf drücken
pressure; air –	['ɛə 'preʃə]	Druck; Luftdruck
pressure altimeter	['preʃə æl'timetə]	Druckhöhenmesser
pressure altitude	['preʃə 'æltitju:d]	Druckhöhe
pressure change	['preʃə tʃeindʒ]	Luftdruckänderung
pressure drop	['preʃə drɔp]	Druckabfall
pressure dropping	['preʃə 'drɔpiŋ]	Druck sinkt
pressure level	['preʃə levl]	Druckfläche, Druckpegel
pressure pattern	['preʃə 'pætən]	Druckfeld
pressure rise	['preʃə raiz]	Druckanstieg
pressure rising	['preʃə 'raiziŋ]	Druck steigt
pressure variation	['preʃə vɛəri'eiʃən]	Luftdruckänderung
pressurization	['preʃərai'zeiʃən]	Druckbelüftung
– troubles	['trʌblz]	Schwierigkeiten mit dem -system
pressurized cabin	['preʃəraizd 'kæbin]	Druckkabine
pre-stall buffeting	[pri: stɔ:l 'bʌfitiŋ]	Schütteln vor Abreißen d. Strömg.
presumable	[pri'zju:məbl]	vermutlich, mutmaßlich

to presume	[pri'zju:m]	annehmen, vermuten
pretty	['priti]	hübsch, ziemlich, beträchtlich
– high, – low, poor	[hai, lou, pu:ə]	ziemlich hoch, niedrig, schlecht
to previal (winds)	[pri'veil]	(vor)herrschen (z. B. Winde, VMC)
to prevent	[pri'vent]	verhindern, vorbeugen, verhüten
prevention	[pri'venʃən]	Verhinderung
preventive action	[pri'ventiv 'ækʃən]	vorbeugende Maßnahme
previous(ly)	['pri:vjəs]	voraus-, vorhergehend, seitherig
– instructions	[in'strʌkʃənz]	frühere Anweisungen
primarily	[prai'mærili]	vor allem
primary frequency	['praiməri]	Hauptfrequenz
primary radar	['praiməri 'reida:]	Primärradar
primary returns	['praiməri ri'tə:nz]	Primärradarecho
prior, – to, before	['praiə tu, bi'fɔ:]	vor (zeitlich), bevor, vorherig
prior notice required (PN)	['praiə 'noutis ri'kwaiəd]	nur nach Voranmeldung, vorherige Meldung erforderlich
prior permission required (PPR)	['praiə pə'miʃən ri'kwaiəd]	vorherige Genehmigung erforderlich
prior to reentering control zone	['praiə tu 'ri:entəriŋ kən'troul zoun]	vor Wiedereinflug in die Kontrollzone
priority	[prai'ɔriti]	Vorrecht, Vorrang
landing priority	['lændiŋ prai'ɔriti]	Landevorrecht, Landevorrang
private (aircraft)	['praivit 'ɛəkra:ft]	privat, Privat... (–luftfahrzeug)
– pilot	['praivit 'pailət]	Privatflugzeugführer
– – licence	['pailət 'laisəns]	Privatflugzeugführerschein
probable, p-ly	['prɔbəbl]	wahrscheinlich, vermutlich, mögl.
probability (PROB)	['prɔbə'biliti]	Wahrscheinlichkeit, Möglichkeit
problem	['prɔbləm]	Problem, Aufgabe
procedural area	[prə'si:dʒərəl 'ɛəriə]	Verfahrensbereich
procedure	[prə'si:dʒə]	Verfahren
– turn (PTN)	[prə'si:dʒə tə:n]	Verfahrenskurve
to proceed (to)	[prə'si:d]	fortfahren, (weiter)fliegen (nach)
– on course	[prə'si:d ɔn kɔ:s]	auf Kurs gehen
proceed on course	[prə'si:d ɔn kɔ:s]	fliegen Sie auf Kurs weiter
before proceeding on course	[bi'fɔ: prə'si:diŋ ɔn kɔ:s]	bevor Sie auf Kurs weiterfliegen (BPOC)
to process	[pro'ses]	entwickeln, abwickeln
progress; in –	['prougres]	Fortgang, Fortschritt; im Gange
prohibited	[prə'hibitəd]	verboten, untersagt; gesperrt
– area, (P...)	[prə'hibitəd 'ɛəriə]	(Luft-)Sperrgebiet
prohibition	[prohi'biʃən]	Verbot
to prolong	[prə'lɔŋ]	verlängern
prolongation	[prəlɔŋ'geiʃən]	Verlängerung
prominent	['prɔminənt]	prominent, hervorragend
– landmarks	['lændma:ks]	auffällige Landschaftsmerkmale
prompt(ly)	[prɔmpt]	umgehend, prompt, pünktlich
to pronounce	[prə'nauns]	aussprechen
pronunciation	[prənʌnsi'eiʃən]	Aussprache
propeller, prop	[prə'pelə]	Luftschraube, Propeller
– blade	[prə'pelə bleid]	Luftschraubenblatt
– clearance	[prə'pelə 'kliərəns]	Propellerblattspitzenfreiheit
– de-icing	[prə'pelə di'aisiŋ]	Luftschraubenenteisung
– driven	[prə'pelə 'drivən]	propellergetrieben
– pitch	[prə'pelə pitʃ]	Propellersteigung
– – controls	[– – kən'troulz]	P.-verstelleinrichtung, -steuerung

– – reversing	[prə'pelə pitʃ ri'və:siŋ]	Verstellen des Propellers auf Bremsstellung
– speed	[prə'pelə spi:d]	Propellerdrehzahl
– thrust	[prə'pelə θrʌst]	Propellerschub
– torque	[prə'pelə tɔ:k]	Propellerdrehmoment
– wash, propwash	['prɔpwɔʃ]	Propellerstrahl
proper, properly	['prɔpə, 'prɔpəli]	richtig, passend, geeignet, gebührend, zuständig
space yourself –	[speis juə'self 'prɔpəli]	halten Sie genügend Abstand
proposal	[prə'pouzəl]	Vorschlag
to propose	[prə'pouz]	vorschlagen, sich vornehmen
proposed altitude	[prə'pouzd 'æltitju:d]	voraussichtliche Flughöhe
proposed time of departure	[prə'pouzd taim ɔv di'pa:tʃə]	voraussichtliche Startzeit, voraussichtliche Abflugzeit
propulsion	[prə'pʌlʃən]	Antrieb
propwash	['prɔpwɔʃ]	Propellerstrahl, Propellerböen
protected zone	[prə'tektəd zoun]	Schutzzone
protection	[prə'tekʃən]	Schutz; Zeitw.: to protect
provable, -ly	['pru:vəbl, 'pru:vəbli]	nachweislich, nachweisbar
to prove	[pru:v]	beweisen, nachweisen
to prove to be	[pru:v tə bi:]	sich erweisen, herausstellen als
to provide	[prə'vaid]	ver-, besorgen, verschaffen, bereitstellen, liefern
– ATC service	[ei ti: si: 'sə:vis]	FVK-Dienst vorhalten, durchführen
– for restrictions	[fɔ: ri'strikʃənz]	Beschränkungen vorsehen
– separation	[prə'vaid sepə'reiʃən]	Staffelung schaffen, staffeln
– with, supply with	[prə'vaid, sə'plai wið]	versorgen, versehen mit
provided (that...)	[prə'vaidid ðæt]	vorausgesetzt, (daß...); sofern
provision	[prə'viʒən]	Bereitstellung, Verordng., Klausel, Inhalt, Umfang (einer Vorschr.)
provisional (PROV)	[prə'viʒənəl]	vorläufig
proximity; close –	[prɔk'simiti, klouz –]	Nähe; unmittelbare Nähe
public	['pʌblik]	öffentlich; Öffentlichkeit
– interest	['pʌblik 'intərest]	öffentliches Interesse
– safety or order	['pʌblik 'seifti ɔ: 'ɔ:də]	öffentl. Sicherheit oder Ordnung
publication	[pʌbli'keiʃən]	Veröffentlichung
to publish	['pʌbliʃ]	veröffentlichen, bekanntgeben
hold as published	[hould æz 'pʌbliʃt]	halten Sie wie veröffentlicht
to pull out (spin, dive)	[pul aut]	abfangen, herausnehmen (Trudeln, Sturzflug)
to pull up	[pul ʌp]	hochziehen, abfangen
pulse	[pʌls]	Impuls
to pump; pump	[pʌmp]	pumpen; Pumpe
to punish	['pʌniʃ]	bestrafen, ahnden
purple	[pə:pl]	purpurn, violett
purpose	['pə:pəs]	Absicht, Zweck
for the – of	[fɔ: ðə 'pə:pəs ɔv]	zwecks
on –	[ɔn 'pə:pəs]	absichtlich, mit Absicht
with the – of	[wið ðə 'pə:pəs ɔv]	mit der Absicht, zwecks
pursuant to	[pə'sju:ənt tu]	zufolge, gemäß, nach, auf Grund
to push	[puʃ]	schieben, stoßen; Hw.: push
to push back	[puʃ bæk]	zurückstoßen (aus Parkposition)
push-back clearance	[puʃ bæk 'kliərəns]	Freigabe zum Zurückstoßen eines Lfz. aus einer Parkposition
to put, put, put	[put]	setzen, stellen, legen (u. Verg.)

to put into operation	[put 'intu ɔpə'reiʃən]	in Betrieb nehmen, stellen
pyrotechnics	[pairo'tekniks]	Feuerwerkskörper, Leuchtkugeln

Q

quadrant (Quad)	['kwɔdrənt]	Quadrant, Viertelkreis, Sektor
qualified	['kwɔlifaid]	geeignet, befähigt, qualifiziert
quantity	['kwɔntiti]	Menge, Masse
fuel quantity	['fju:əl 'kwɔntiti]	Treibstoffmenge
quarter (of an hour)	['kwɔ:tə ɔv ən'auə]	Viertel(stunde)
query	['kwi:əri]	Frage, Nachfrage
question	['kwestʃən]	Frage
quick(ly), fast	[kwik, fa:st]	schnell, rasch, geschwind, flott
quiet	['kwaiət]	ruhig; Ruhe, Stille
quite	[kwait]	ganz

R

rabbit; hare	['ræbit, 'hɛə]	Kaninchen; Hase
race track procedure	[reis træk prə'si:dʒə]	„Rennbahn"-Verfahren
radar (radio detection and ranging)	['reida:]	Radar
– altimeter	['reida: æl'timetə]	Radarhöhenmesser
– antenna	['reida: æn'tenə]	Radarantenne
– approach	['reida: ə'proutʃ]	Radaranflug
– assistance	['reida: ə'sistəns]	Radarunterstützung, -hilfe
– blip	['reida: blip]	Radarechoanzeige
– clutter	['reida: 'klʌtə]	Radarstörflecke
– – area	['reida: 'klʌtə 'ɛəriə]	Gebiet mit Störflecken
– contact	['reida: 'kɔntækt]	Radarkontakt
in – –		in –, identifiziert
to lose – –	[lu:z 'reida: 'kɔntækt]	– verlieren (Verg. lost, lost)
to regain – –	['ri:gein]	– wiedergewinnen
– controller	['reida: kən'troulə]	Radarlotse
– coverage	['reida: 'kʌvəridʒ]	Radarerfassungsbereich
– directed	['reida: di'rektəd]	radargeführt
– echo, – return	['reida: 'ekou, ri'tə:n]	Radarecho, Radarziel
– fix	['reida: fiks]	Radarstandort
– guidance	['reida: 'gaidəns]	Radarführung
– identification	[aidentifi'keiʃən]	Radaridentifizierung
– identified	['reida: ai'dentifaid]	Radar erfaßt, -identifiziert
– monitoring	['reida: 'mɔnitəriŋ]	Radarüberwachung
– navigation	['reida: nævi'geiʃən]	Radarnavigation
– pick-up	['reida: 'pikʌp]	Erfassung eines Radarzieles
– return	['reida: ri'tə:n]	Radarecho, Echozeichen
– scope	['reida: skoup]	Radarbildschirm, -sichtgerät
– separation	['reida: sepə'reiʃən]	Radarstaffelung
– target	['reida: 'ta:git]	Radarziel
– unit	['reida: 'ju:nit]	Radarstelle
– vectoring, **– positioning**	['reida: 'vektəriŋ, 'reida: pə'ziʃəniŋ]	Radarführung, Radarunterstützung
radial (VOR) (R...)	['reidiəl]	(VOR-) Radial, (-)Leitstrahl

radial engine	['reidiəl 'endʒin]	Sternmotor
to radiate	['reidieit]	ausstrahlen; Hw.:radiation
radiation fog	[reidi'eiʃən fɔg]	Strahlungsnebel
radio (RDO)	['reidiou]	(Sprech-) Funk; Funkgerät
– **aid,** – **facility**	['reidiou eid, fə'siliti]	Funkhilfe
– **altimeter**	['reidiou æl'timetə]	Funkhöhenmesser
– **beacon**	['reidiou 'bi:kən]	Funkfeuer
– bearing	['reidiou 'bɛəriŋ]	Funkpeilung
– **call sign**	['reidiou 'kɔ:lsain]	Funkrufzeichen
– **check**	['reidiou tʃek]	Funkprobe
– communication	[kəmju:ni'keiʃən]	Funkverbindung, Funkverkehr
– – equipment	[i'kwipmənt]	Sprechfunkausrüstung
– – **failure**	['reidiou 'feiljə]	Ausfall der Funkverbindung
– – procedure	[prə'si:dʒə]	Sprechfunkverfahren
– **compass**	['reidiou 'kʌmpəs]	Radiokompaß, Funkkompaß
– **contact**	['reidiou 'kɔntækt]	Funkverbindung, Hörbereitschaft
– **coverage**	['reidiou 'kʌvəridʒ]	Funküberdeckung, -reichweite
– **difficulties,** – **trouble**	['reidiou 'difikəltiz] ['reidiou trʌbl]	Schwierigkeiten mit, Störungen am Funkgerät
– direction-finder	[dai'rekʃən 'faində]	Funkpeilgerät (DF)
– **discipline**	['reidiou 'disiplin]	Funkdisziplin
– **equipment**	['reidiou i'kwipmənt]	Sprechfunkausrüstung
– **facility**	['reidiou fə'siliti]	Funkhilfe, -anlage, -einrichtung
– **fix**		Funkstandort
– **frequency**	['reidiou 'fri:kwənsi]	Funkfrequenz
– **interference**	['reidiou intə'fiərəns]	Funkstörung, Überlagerung
– magnetic indicator (RMI)	['reidiou mæg'netic 'indikeitə]	Radiokompaß mit von Kreiselkompaß gesteuerter Kompaßrose
– **mast, antenna m.**	['reidiou ma:st]	Antennenturm, -mast
– **navigation**	['reidiou nævi'geiʃən]	Funknavigation
– – (al) aid	[nævi'geiʃən eid]	Funknavigationshilfe
– – chart	[nævi'geiʃən tʃa:t]	Funknavigationskarte
– – **equipment**	[i'kwipmənt]	Funknavigationsgerät
– – **facility**	[nævi'geiʃən fə'siliti]	Funknavigationsanlage, -einrichtg.
– operator	['reidiou 'ɔpəreitə]	Funker
– receiver	['reidiou ri'si:və]	Funkempfangsgerät
– silence	['reidiou 'sailəns]	Funkstille
– **station**	['reidiou 'steiʃən]	Funkstelle
– **telephone** (RTF)	['reidiou 'telefoun]	Sprechfunkgerät
– **telephony** (RTF)	['reidiou 'telefəni]	Sprechfunk, Funktelefonie
– – communication	[kəmju:ni'keiʃən]	Sprechfunkverkehr
– – licence	['laisəns]	Sprechfunkerlaubnis, -zeugnis
– **tower**	['reidiou 'tauə]	Funkturm
– transmitter	['reidiou trænz'mitə]	Funksendegerät
– **trouble**	['reidiou trʌbl]	Funkschwierigkeiten, -störungen
radius	['reidiəs]	Radius, Halbmesser
raft	[ra:ft]	Floß
ragged cloud	['rægid klaud]	zerissene Wolken, Wolkenfetzen
rail	[reil]	Schiene
railroad, railway	['reilroud, 'reilwei]	Eisenbahn(strecke)
railway station	['reilwei 'steiʃən]	Bahnhof
railroad tracks	['reilroud træks]	Eisenbahnschienen, -geleise
to rain	[rein]	regnen
rain (RA)	[rein]	Regen
rain falls	[rein fɔ:lz]	Regenfälle

rain shower (RASH)	[rein 'ʃauə]	Regenschauer
rain squall	[rein skwɔ:l]	Regenbö
freezing rain	['fri:ziŋ rein]	gefrierender, vereisender Regen
rainy	['reini]	regnerisch
to raise	[reiz]	anheben
ramp, apron	[ræmp, 'eiprən]	Vorfeld, Abstellfläche
ramp control	[ræmp kən'troul]	Vorfeldkontrolle, -überwachung
ramp service	[ræmp 'sə:vis]	Vorfelddienst, Abfertigungsdienst
range (RG)	[reindʒ]	Bereich, Entfernung, Reichweite
range and azimuth	[reindʒ ænd 'æziməθ]	Entfernung und Richtung
range of vision	[reindʒ ɔv 'viʒən]	Sichtbereich, Gesichtsfeld
out of range	[aut əv reindʒ]	außer(halb der) Reichweite
rapid(ly)	['ræpid]	schnell, geschwind, rasch
rate	[reit]	Rate, Quote, Häufigkeit
rate of climb	[reit ɔv klaim]	Steiggeschwindigkeit
rate of closure	[reit ɔv 'klouʒə]	Annäherungsgeschwindigkeit
rate of descent	[reit ɔv di'sent]	Sinkgeschwindigkeit
rate of climb and desc. indicator	[reit ɔv klaim ænd di'sent 'indikeitə]	Variometer
rate of turn	[reit ɔv tə:n]	(Kurven-)Drehgeschwindigkeit
– – – indicator	['indikeitə]	Wendezeiger
rate I turn	[reit wʌn tə:n]	Instrumentenflugkurve (3°/sec)
rather	['ra:ðə]	ziemlich; eher, lieber
rather high (low)	['ra:ðə hai, lou]	ziemlich hoch, recht hoch (tief)
rather than	['ra:ðə ðæn]	anstatt, eher, lieber als
rating; type –	['reitiŋ, taip 'reitiŋ]	Berechtigung; Musterberechtig.
to reach	[ri:tʃ]	erreichen
to react	[ri:'ækt]	reagieren
reaction	[ri:'ækʃən]	Reaktion
to read, read, read	[ri:d, red, red]	lesen, hören, verstehen (u. Verg.)
how do you read?	[hau du: ju: ri:d]	wie verstehen Sie mich?
readability	[ri:də'biliti]	Verständlichkeit, Lesbarkeit
readability scale	[ri:də'biliti skeil]	Verständlichkeitsstufen
readable	['ri:dəbl]	verständlich, lesbar (4)
to read back	[ri:d 'bæk]	wiederholen, zurücklesen
read back	[ri:d 'bæk]	Sprechgr.: wiederholen Sie wörtl.
readback	['ri:dbæk]	Wiederholen
readout	['ri:daut]	Ablesung
ready	['redi]	bereit, fertig, klar
ready for departure	['redi fɔ: di'pa:tʃə]	startbereit
ready for operation	['redi fɔ: ɔpə'reiʃən]	betriebsklar
ready to copy	['redi tu 'kɔpi]	schreibbereit, bereit zum Mitschr.
to be ready	[tə bi: 'redi]	bereit sein, fertig sein
to get ready	[tə get 'redi]	sich fertigmachen
to reaffirm	[ri:ə'fə:m]	nochmals versichern
real(ly)	['ri:li]	wirklich, tatsächlich
to realign	['ri:əlain]	sich erneut ausrichten
to realize	['ri:əlaiz]	begreifen, erkennen
rear	['riə]	Hintergrund, rückwärtiger Teil
from the rear	[frɔm ðə 'riə]	von hinten
in the rear	[in ðə 'riə]	hinten, im Hintergrund
reason	['ri:zən]	Grund, Ursache, Anlaß
– traffic	['ri:zən 'træfik]	wegen Verkehrs
for any –	[fɔ: 'eni 'ri:zən]	aus irgendeinem Grunde
for this –	[fɔ: ðis 'ri:zən]	aus diesem Grunde

without any –	[wið'aut 'eni 'ri:zən]	grundlos
reasonable	['ri:zənəbl]	angemessen, vernünftig
to recall	[ri'kɔ:l]	sich entsinnen, erinnern
receipt	[ri'si:t]	Erhalt, Empfang (Meldung)
to receive (REC)	[ri'si:v]	empfangen, erhalten
receiver (REC)	[ri'si:və]	Empfänger, Empfangsgerät
receiver difficulties	[ri'si:və 'difikəlti:z]	Empfangsschwierigkeiten
receiver failure	[ri'si:və 'feiljə]	Empfängerausfall
receiving only	[ri'si:viŋ 'ounli]	nur auf Empfang (RON)
recent(ly) (RE)	['ri:səntli]	vor kurzem, kürzlich, unlängst, neulich, in letzter Zeit
reception	[ri'sepʃən]	(Funk-)Empfang
reception disturbed	[ri'sepʃən dis'tə:bd]	Empfang gestört
reciprocal	[ri'siprəkəl]	umgekehrt, reziprok, Gegenstück
reciprocal bearing	[ri'siprəkəl 'bɛəriŋ]	Gegenpeilung, -standlinie
reciprocal course	[ri'siprəkəl kɔ:s]	Gegenkurs
reciprocal track	[ri'siprəkəl træk]	Gegenkurs über Grund
reciprocating engine, piston eng.	[ri'siprəkeitiŋ 'endʒin, 'pistən 'endʒin]	Kolbenmotor
reckless flying	['reklis 'flaiiŋ]	rücksichtslose Lfz.-führung
to reclear	['ri:kliə]	neu freigeben
reclearance	['ri:kliərəns]	Freigabeänderung, Neufreigabe
recleared	['ri:kliəd]	neu freigegeben
to recognize, to perceive	['rekəgnaiz] [pə'si:v]	erkennen, anerkennen, wahrnehmen
to recommend	[rekə'mend]	empfehlen, anraten
recommendation	[rekəmen'deiʃən]	Empfehlung
reconstruction work	['ri:kən'strʌkʃən wə:k]	Umbau, Erneuerung
recreation area	[rekri'eiʃən 'ɛəriə]	Erholungsgebiet
rectangular	[rek'tæŋgjulə]	rechteckig, rechtwinklig
rectified airspeed	['rektifaid 'ɛəspi:d]	berichtigte Fahrtmesseranzeige
to recycle	['ri:saikl]	nochmals (durch)schalten
red(R)	[red]	rot
to reduce	[ri'dju:s]	verringern, herabsetzen, vermindern, verkleinern, reduzieren
to reduce power	[ri'dju:s 'pauə]	die Motorleistung verringern
to reduce speed	[ri'dju:s spi:d]	Geschwindigkeit herabsetzen
reduction	[ri'dʌkʃən]	(Ver)minderung, Verringerung
to reenter	[ri'entə]	wiedereintreten, -fliegen, -rollen
to reestablish oneself	[riis'tæbliʃ wʌn'self]	wieder, erneut ausrichten, einfliegen (z. B. auf Leitstrahl)
to reestimate	[ri:'estimeit]	nochmals, erneut schätzen
to refer to (REF)	[ri'fə: tu]	sich beziehen auf, verweisen auf
reference (to) (REF)	['refrəns]	Bezug (auf); Bezugnahme (auf); Bezugs... (in Zusammensetzg.)
– point	['refrəns pɔint]	Bezugspunkt
aerodrome – –	['ɛəroudroum – –]	Flughafenbezugspunkt
to refile (flight plan)	['ri:fail flait plæn]	erneut aufgeben (Flugplan)
to refrain from	[ri'frein frɔm]	unterlassen, absehen von
to refuel	[ri'fju:əl]	auftanken
refuelling	[ri'fju:əliŋ]	das Auftanken
refuelling facility	[ri'fju:əliŋ fə'siliti]	Tankanlage
refuelling station	[ri'fju:əliŋ 'steiʃən]	Tankstelle
refuelling stop	[ri'fju:əliŋ stɔp]	Halt zum Auftanken
to refuse	[ri'fju:s]	ablehnen, (sich) weigern

to regain	[ri'gein]	wieder gewinnen, erlangen
– radar contact	['reida: 'kɔntækt]	wieder Radarkontakt bekommen
to regard	[ri'ga:d]	betrachten, (be)achten
with regard to, regarding	[wið ri'ga:d tu, ri'ga:diŋ]	mit Bezug auf, betreffend, über..., hinsichtlich
regardless	[ri'ga:dləs]	ungeachtet, unbeschadet
region	['ri:dʒən]	Bereich, Gebiet, Gegend
– al guard frequ.	[ga:d 'fri:kwənsi]	regionale Wachfrequenz
registration (mark)	[redʒist'reiʃən ma:k]	Eintragung(szeichen)
regular(ly)	['regjuləli]	regelmäßig, normal, regulär
regularity	[regju'læriti]	Regelmäßigkeit
regulation	[regju'leiʃən]	Vorschrift, Verordnung, Regelung, Bestimmung
re-implementation	[ri:impləmən'teiʃən]	Wiederinbetriebnahme
to reintercept, to rejoin (track, ILS, VOR-radial)	['riintə'sept] [ri'dʒɔin]	wieder einfliegen, erneut ansteuern, anschneiden (Kurs, ILS, VOR-Leitstrahl)
to reject	[ri'dʒekt]	ablehnen, abweisen
relation	[ri'leiʃən]	Verhältnis, Beziehung, Bezug
in relation to	[in ri'leiʃən tu]	im Verhältnis, mit Bezug auf, bezogen auf, bezüglich
relative(ly)	['relətiv]	verhältnismäßig, relativ
relative bearing	['relətiv 'bɛəriŋ]	Funkseiten-, Bezugspeilung
relative bearing indicator (RBI)	['indikeitə]	Radiokompaß mit feststehender Kompaßrose
to relay	[ri'lei]	übermitteln, weitergeben
relay	[ri'lei]	Weitergabe, Übermittlung
relay station	[ri'lei 'steiʃən]	Weitergabestelle, Relaisstation
to release	[ri'li:s]	übergeben, entlassen, loslassen
release (point, time)	[ri'li:s pɔint, taim]	(Kontroll-)Übergabe (Punkt, Zeit)
relevant	['reləvənt]	sachdienlich, in Frage kommend, einschlägig, relevant
reliability	[rilaiə'biliti]	Zuverlässigkeit
reliable	[ri'laiəbl]	zuverlässig, verläßlich
unreliable	['ʌnri'laiəbl]	unzuverlässig
to relocate	['riloukeit]	verlegen
relocation	['ri:lou'keiʃən]	Verlegung
to rely (upon)	[ri'lai ə'pɔn]	sich verlassen (auf)
to remain, to stay	[ri'mein, stei]	(ver)bleiben, übrigbleiben
– clear of...	[ri'mein kliə ɔv]	Abstand halten von...
– on this frequeny	[ɔn ðis 'fri:kwənsi]	auf dieser Frequenz bleiben
remaining	[ri'meiniŋ]	übrig (bleibend), übriggeblieben
remark; to remark	[ri'ma:k]	An-, Bemerkung; bemerken
remedial measure	[ri'mi:diəl 'meʒə]	Abhilfemaßnahme
to remember	[ri'membə]	sich erinnern an, denken an
remember OCA	[ri'membə ou si ei]	denken Sie an Hindernisfreihöhe
to remind somebody	[ri'maind 'sʌmbɔdi]	jemand erinnern (an = of)
remote control	[ri'mout kən'troul]	Fernsteuerung, -bedienung
remote controlled	[ri'mout kən'trould]	ferngesteuert
removal	[ri'mu:vəl]	Räumung, Beseitigung, Bergung
snow –, snow clearing	[snou ri'mu:vəl, snou 'kliəriŋ]	Schneeräumung, -beseitigung
to remove	[ri'mu:v]	entfernen, wegschaffen, beseitigen, (weg)räumen, abbauen
to rename	[ri:'neim]	umbenennen, anders benennen

to render assistance, to help	['rendə ə'sistəns]	Hilfe leisten, helfen
to renew	[ri'nju:]	erneuern
renewal	[ri'nju:əl]	Erneuerung
to renounce	[ri'nauns]	verzichten, ablehnen
to reopen	[ri'oupən]	wieder(er)öffnen
reoperative	[ri'ɔpərətiv]	wieder in Betrieb, betriebsklar
to render –	['rendə ri'ɔpərətiv]	wieder in Betrieb bringen
to repair	[ri'pɛə]	reparieren, instandsetzen
repair (work)	[ri'pɛə wə:k]	Instandsetzung, Ausbesserung
to repeat (RPT)	[ri'pi:t]	wiederholen
repeated(ly)	[ri'pi:tədli]	wiederholt, mehrmals
repetitive flight plan	[repe'titiv flait plæn]	Dauerflugplan
repetition	[repi'tiʃən]	Wiederholung
to replace	[ri'pleis]	ersetzen
replacement	[ri'pleismənt]	Ersatz, Tausch
to reply	[ri'plai]	antworten, erwidern
reply	[ri'plai]	Antwort, Erwiderung
reply missing	[ri'plai 'misiŋ]	– bleibt aus, fehlt; ohne Antwort
to report	[ri'pɔ:t]	(sich) melden, berichten
report	[ri'pɔ:t]	Verf. sprechgr.: melden Sie
report leaving, passing, reaching	[ri'pɔ:t 'li:viŋ 'pa:siŋ, 'ri:tʃiŋ]	melden Sie Verlassen, Durchfliegen, Erreichen
report	[ri'pɔ:t]	Meldung, Bericht
report of arrival	[ri'pɔ:t ɔv ə'raivl]	Landemeldung
report of departure	[ri'pɔ:t ɔv di'pa:tʃə]	Startmeldung
reported traffic	[ri'pɔ:tid 'træfik]	gemeldeter, bekannter Verkehr
reporting point	[ri'pɔ:tiŋ pɔint]	Meldepunkt, Bezugspunkt (REP)
compulsory – –	[kəm'pʌlsəri – –]	Pflichtmeldepunkt
on request – –	[ɔn ri'kwest – –]	Meldepunkt auf Anforderung
visual – –	['viʒuəl ri'pɔ:tiŋ pɔint]	Sichtmeldepunkt
to request (REQ)	[ri'kwest]	(er)bitten, anfordern, beantragen
request	[ri'kwest]	Verfahrenssprechgr.: erbitte
request	[ri'kwest]	Auf-, Anforderung, Bitte, Antrag
request approved	[ri'kwest ə'pru:vd]	Anforderung, Anfrage genehmigt
request granted	[ri'kwest 'gra:ntid]	Antrag genehmigt
request intentions	[ri'kwest in'tenʃənz]	erbitte (Ihre) Absichten
request noted	[ri'kwest 'noutid]	Antrag vorgemerkt
approval request	[ə'pru:vəl ri'kwest]	Zustimmungsantrag
on request, O/R	[ɔn ri'kwest]	auf Antrag, Anforderung, Wunsch
as requested	[æz ri'kwestid]	wunschgemäß, antragsgemäß
to require	[ri'kwaiə]	(er)fordern, verlangen, benötigen, bedürfen, brauchen
required; as –	[æz ri'kwaiəd]	erforderlich; im Bedarfsfall
if required	[if ri'kwaiəd]	auf Wunsch, falls erforderlich
requirement	[ri'kwaiəmənt]	Erfordernis, (An)forderung
re-routing	[ri:'ru:tiŋ]	(Verkehrs-)Umleitung
to rescue	['reskju:]	retten
rescue	['reskju:]	Rettung
– aircraft	['reskju: 'ɛəkra:ft]	Rettungsluftfahrzeug
– coordination center (RCC)	['reskju: kouɔ:di'neiʃən 'sentə]	Leitstelle des Such- und Rettungsdienstes
– crew, crash crew	[kræʃ kru:]	Rettungsmannschaft
– equipment	['reskju: i'kwipmənt]	Rettungsgerät
– facilities	['reskju: fə'siliti:z]	Rettungseinrichtungen

– operation, mission	['reskju: ɔpə'reiʃən]	Rettungseinsatz
– organization	[ɔ:gənai'zeiʃən]	Rettungsorganisation
– service	['reskju: 'sə:vis]	Rettungsdienst
– unit	['reskju: 'ju:nit]	Rettungseinheit
– vehicle, – craft	['vi:əkl, kra:ft]	Rettungsfahrzeug
– vessel	['reskju: 'vesl]	Rettungsschiff
to re-set (gyro)	['ri:set 'dʒairou]	Kurskreisel nachstellen
residential area	[resi'denʃəl 'ɛəriə]	Wohngebiet
resort area	[ri'sɔ:t 'ɛəriə]	Kurgebiet
respective	[ri'spektiv]	jeweilig, betreffend
in respect of	[in ri'spekt ɔv]	hinsichtlich, über
respective; – ly	[ri'spektivli]	jeweilig; beziehungsweise
respiration equipm.	[respi'reiʃən]	Beatmungsgerät
to respond	[ri'spɔnd]	antworten, erwidern
responder beacon	[ri'spɔndə 'bi:kən]	Antwortsenderbake (RSP)
response, reply	[ri'spɔns, ri'plai]	Antwort
responsibility	[rispɔnsi'biliti]	Verantwortung
responsible	[ri'spɔnsibl]	verantwortlich
rest		Rest; Ruhe; Zeitw.: to rest
to restart (engine)	['ri:sta:t 'endʒin]	wieder anlassen (Triebwerk)
to restrict, limit	[ri'strikt, 'limit]	beschränken, einschränken
restricted	[ri'striktid]	beschränkt; auch: limited
– **area** (R...)	[ri'striktid 'ɛəriə]	Flugbeschränkungsgebiet
– visibility	[ri'striktid vizi'biliti]	beschränkte Sicht
restriction	[ri'strikʃən]	Beschränkung, Einschränkung
VFR – area	[ri'strikʃən 'ɛəriə]	VFR-Beschränkungsgebiet
restrictive measure	[ri'striktiv 'meʒə]	Einschränkungsmaßnahme
to result	[ri'sʌlt]	resultieren, sich ergeben aus
result	[ri'sʌlt]	Ergebnis
as a result	[æz ə ri'sʌlt]	als Ergebnis
to resume	[ri'sju:m]	wieder aufnehmen
– normal navigation (own nav.)	[ri'sju:m 'nɔ:məl nævi'geiʃən]	normale Navigation, (Eigennavigation) wieder aufnehmen
– normal operation	['nɔ:məl ɔpə'reiʃən]	Normalbetrieb wieder aufnehmen
– normal speed	['nɔ:məl spi:d]	normale Geschw. aufnehmen
to resurface	[ri'sə:fis]	mit neuem Belag versehen
to retain	[ri'tein]	(bei)behalten, zurückhalten
to retract	[ri'trækt]	einziehen, einfahren (Fahrwerk)
retractable	[ri'træktəbl]	einziehbar, -fahrbar (Fahrwerk)
– landing gear	['lændiŋ giə]	einziehbares Fahrwerk
retracted l. gear	[ri'træktid]	eingefahrenes Fahrwerk
retracting system	[ri'træktiŋ 'sistəm]	Einziehanlage (Fahrwerk)
to return, fly back	[ri'tə:n, flai bæk]	umkehren, zurückfliegen
return	[ri'tə:n]	Rückkehr; Radar: Echo
point of no return	[pɔint ɔv nou ri'tə:n]	Umkehrgrenzpunkt
reusable	[ri'ju:zəbl]	wieder benutzbar
reversal procedure	[ri'və:səl prə'si:dʒə]	Umkehrverfahren (Instr.anflug)
to reverse course	[ri'və:s kɔ:s]	auf Gegenkurs gehen, umkehren
reverse pitch (prop.)	[ri'və:s pitʃ]	Bremssteigung (Luftschraube)
reverse thrust	[ri'və:s θrʌst]	Bremsschub, Umkehrschub
thrust reversal	[θrʌst ri'və:səl]	Schubumkehr
reversible pitch propeller	[ri'və:sibl pitʃ prə'pelə]	Bremspropeller, (Verstell-)Prop. mit einstellbarer Bremsstellung
to revise	[ri'vaiz]	(ab)ändern, erneuern, berichtigen
revised	[ri'vaizd]	geändert, erneuert, berichtigt

revised ETA (EAT)	[ri'vaizd i: ti: ei]	neue, geänderte voraussichtliche Ankunftszeit (Anflugzeit)
revision	[ri'viʒən]	Änderung, Abänderung
to revoke (clearance)	[ri'vouk 'kliərəns]	(Freigabe) widerrufen, aufheben
rich mixture	[ritʃ 'mikstʃə]	reiches, fettes Gemisch
to get rid of		loswerden
right	[rait]	rechts, rechter; richtig; Recht
– away	[rait ə'wei]	sofort, gleich
– hand traffic	[rait hænd 'træfik]	Rechtsverkehr
– – – circuit	['træfik 'sə:kit]	Rechtsplatzrunde
– now	[rait nau]	jetzt gerade, momentan
– of way	[rait ɔv wei]	hier: Vorflugrecht, Vortrittsrecht
– (hand) turn	[rait hænd tə:n]	Rechtskurve
– – approved	[rait tə:n ə'pru:vd]	Rechtskurve genehmigt
all right, OK	[ɔ:l rait, ou kei]	(schon) gut, in Ordnung
on the right;	[ɔn ðə rait]	rechts, zur Rechten
to the right	[tu ðə rait]	nach rechts
that's right, correct	[ðæts rait, kə'rekt]	das ist richtig, das stimmt
rime (ice)	[raim ais]	Rauheis (rime=Rauhreif)
to rise, rose, risen	[raiz, rouz, 'rizn]	steigen, stieg, gestiegen
rising (pressure)	['raiziŋ 'preʃə]	steigend (Luftdruck)
to risk; risky		wagen, riskieren; riskant, gewagt
risk		Gefahr, Risiko
river (valley)	['rivə 'væli]	Fluß(tal)
river course	['rivə kɔ:s]	Flußlauf
road	[roud]	(Haupt-)Straße
rock	[rɔk]	Fels, Stein
rock (your) wings	[rɔk juə wiŋz]	wackeln Sie mit den Tragflächen
rocket	['rɔkit]	Rakete
roger	['rɔdʒə]	verstanden (Verf.sprechgruppe)
to roll; rolling	[roul]	walzen, rollen; (ab)rollend
landing roll	['lændiŋ roul]	Ausrollen bei der Landung
take-off roll	['teikɔf roul]	Anrollen beim Start
to roll out	[roul aut]	aus dem Kurvenflug herausgehen
roll out (on the GND)	[roul aut]	Ausrollen (am Boden)
rolling motion	['rouliŋ 'mouʃən]	Rollbewegung (um Längsachse)
rolling take-off	['rouliŋ 'teikɔf]	Start aus dem Rollen
roof	[ru:f]	Dach
roof type marker	[ru:f taip 'ma:kə]	Dachreiter(markierung)
rope; attached-	[roup; ə'tætʃt-]	Seil; anhängendes Seil
rotary snow plough	['routəri snou plau]	Schneeschleuder
rotary wing aircraft	['routəri wiŋ 'ɛəkra:ft]	Drehflügler
to rotate	['routeit]	umlaufen, sich drehen, rotieren
rotating beacon	['routeitiŋ 'bi:kən]	Drehscheinwerfer, Drehfeuer
rotation	[rou'teiʃən]	Umdrehung, Umlauf
rotational speed	[rou'teiʃənəl spi:d]	Drehzahl (z. B. Kurbelwelle)
rotor	['routə]	Drehflügel, Rotor
rotor blade	['routə bleid]	Rotorblatt, Rotorschaufel
rotorcraft	['routəkra:ft]	Drehflügler
rough	[rʌf]	wellig, rauh, grob, bewegt (See)
rough engine	[rʌf 'endʒin]	rauher Motor(lauf)
rough landing	[rʌf 'lændiŋ]	harte Landung
rough surface	[rʌf 'sə:fis]	welliger Boden
roughly	['rʌfli]	ungefähr, annähernd
round	[raund]	rund; Runde

route	[ru:t]	(Flug-)Weg, Strecke, Route
– change	[ru:t tʃeindʒ]	Streckenänderung
– chart	[ru:t tʃa:t]	Streckenkarte
– forecast (ROFOR)	[ru:t 'fɔ:ka:st]	Strecken(wetter)vorhersage
– instruction	[ru:t in'strʌkʃən]	Streckenanweisung
– of flight	[ru:t ɔv flait]	Flugstrecke, -route, -weg
– segment	[ru:t 'segmənt]	Streckenabschnitt, -teil
– to be followed	[ru:t tə bi: 'fɔloud]	zu fliegende Strecke
en route, on route	[en ru:t, ɔn ru:t]	auf Strecke, unterwegs
routine	[ru:'tin]	laufend, planmäßig, normal
routing	['ru:tiŋ]	Streckenführung, Flugstrecke
rpm = revolutions per minute	[a: pi: em, revə-'lu:ʃənz pə 'minit]	Umdrehungen pro Minute, Drehzahl
rpm drop	[a: pi: em drɔp]	Drehzahlabfall
rpm indicator	[a: pi: em 'indikeitə]	Drehzahlmesser
rubber; rubber boat	['rʌbə, 'rʌbə bout]	Gummi; Schlauchboot
rudder	['rʌdə]	Seitenruder, Seitensteuer
rudder control	['rʌdə kən'troul]	Seitenrudersteuerung
rudder fin	['rʌdə fin]	Seitenflosse
rule	[ru:l]	Regel, Vorschrift, Bestimmung
against rules	[ə'genst ru:lz]	regelwidrig, gegen Vorschriften
as a rule	[æz ə ru:l]	in der Regel, gewöhnlich
to run, ran, run	[rʌn, ræn, rʌn]	laufen, in Betrieb sein (u. Verg.)
engine is running again	['endʒin iz 'rʌniŋ ə'gein]	Motor läuft wieder
to run into	[rʌn 'intu]	geraten in; zusammenstoßen
running out of fuel, short of f.	['rʌniŋ aut ɔv 'fju:əl, ʃɔ:t ɔv 'fju:əl]	Treibstoff wird knapp, geht aus
to run up (engine)	[rʌn ʌp 'endʒin]	Prüflauf durchführen, abbremsen
engine run-up	['endʒin 'rʌnʌp]	das Abbremsen der Motoren
run-up area, pad	['rʌnʌp 'ɛəriə, pæd]	Abbremsfläche, -raum, -platz
– position, – point	['rʌnʌp pə'ziʃən]	Abbremsstelle, -punkt
running up	['rʌniŋ ʌp]	(soeben) abbremsen
runway (RWY)	['rʌnwei]	Start- und Landebahn, Startbahn, Landebahn; Ö., Schweiz: Piste
– assignment	['rʌnwei ə'sainmənt]	Start- und Landebahnzuweisung
– centerline (RCL)	['rʌnwei 'sentəlain]	Start- und Landebahnmittellinie
– condition	['rʌnwei kən'diʃən]	Start- und Landebahnzustand
– designation	['rʌnwei 'dezig'neiʃən]	Start- und Landebahnbezeichng.
– dimensions	['rʌnwei di'menʃənz]	Start- und Landebahnausmaße
– edge	['rʌnwei edʒ]	Start- und Landebahnrand, -kante
– – lights	['rʌnwei edʒ laits]	Start- und Landebahnrandfeuer
– extension	['rʌnwei iks'tenʃən]	Start- und Landebahnerweiterung
– in use, active runway, life runway	['rʌnwei in ju:s, 'æktiv 'rʌnwei, laif 'rʌnwei]	Betriebsstart- und Landebahn, benutzte Start- und Landebahn, Betriebspiste, Piste in Betrieb
– length	['rʌnwei leŋθ]	Start- und Landebahnlänge
– lighting	['rʌnwei 'laitiŋ]	Start- und Landebahnbefeuerung
– lights	['rʌnwei laits]	Start- und Landebahnfeuer
– markings	['rʌnwei 'ma:kiŋz]	Start- und Landebahnmarken
– slope	['rʌnwei sloup]	Start- und Landebahnneigung
– strength	['rʌnwei streŋθ]	Pistentragfähigkeit
– surface	['rʌnwei 'sə:fis]	Start- und Landebahnoberfläche
– threshold	['rʌnwei 'θreʃould]	Start- und Landebahnschwelle
– turnoff (point)	['rʌnwei 'tə:nɔf pɔint]	Start- und Landebahnausgang

– **visual range** (QBT, RVR)	['rʌnwei 'viʒuəl reindʒ]	Start- und Landebahnsichtweite, Pistensichtweite
– **width**	['rʌnwei widθ]	Start- und Landebahnbreite
concrete –	['kɔnkri:t 'rʌnwei]	Betonstart- und Landebahn
grass, sod –	[gra:s, sɔd 'rʌnwei]	Grasstart- und Landebahn
PSP –	[pi: es pi: 'rʌnwei]	Stahlrostplatten-Start- u. Landeb.
to rupture	['rʌptʃə]	(unter)brechen; Hw.: rupture
ruptured	['rʌptʃəd]	unterbrochen, gebrochen
to rush	[rʌʃ]	hetzen, eilen
rush hour, peak period	[rʌʃ 'auə, pi:k 'pi:riəd]	Hauptverkehrszeit, Verkehrsspitze
rut; frozen ruts and ridges	['frouzn rʌts ænd 'ridʒiz]	Radspur; gefrorene Radspuren und Furchen

S

safe	[seif]	sicher
safe landing	[seif 'lændiŋ]	sichere Landung
safety	['seifti]	Sicherheit
safety belt	['seifti belt]	Anschnallgurt
safety measure	['seifti 'meʒə]	Sicherheitsmaßnahme
safety strip	['seifti strip]	Sicherheitsstreifen
safety reasons	['seifti 'ri:znz]	Sicherheitsgründe
sailplane, glider	['seilplein, 'glaidə]	Segelflugzeug
same; the same	[seim, ðə seim]	selb; der-, die-, dasselbe
same direction	[seim di'rekʃən]	dieselbe Richtung
at the same time	[æt ðə seim taim]	gleichzeitig; auch: simultaneous
to sand; sanding	[sænd, 'sændiŋ]	(Sand, Kies) streuen; Sandstreuen
sand spreader	[sænd 'spredə]	Sandstreuer
sand storm (SA)	[sænd stɔ:m]	Sandsturm
satisfactory	[sætis'fæktəri]	zufriedenstellend, annehmbar
saturated (airspace)	['sætʃəreitid 'ɛəspeis]	überfüllt (Luftraum); gesättigt
saturation	[sætʃə'reiʃən]	Überfüllung, Sättigung
to save	[seiv]	retten; ersparen
to say, said, said	[sei, sed, sed]	sagen, sagte, gesagt
say again	[sei ə'gein, ə'gen]	Verf. sprechgr.: wiederholen Sie
– – before...	[sei ə'gen bi'fɔ:]	wiederholen Sie vor...
– – after...	[sei ə'gen 'a:ftə]	wiederholen Sie nach...
– – between...	[sei ə'gen bi'twi:n]	wiederholen Sie zwischen...
I say again	[ai sei ə'gein]	ich wiederhole (Verf. sprechgr.)
scale	[skeil]	Skala, (Karten-) Maßstab, Ausmaß
to scan	[skæn]	absuchen, abtasten, beobachten
scattered (clouds) (SCT)	['skætəd klaudz]	stark aufgelockert(e Bewölkung, 1/8–4/8 Bedeckung)
scene of accident, scene of crash	[si:n ɔv 'æksidənt] [si:n ɔv kræʃ]	Unfallort
schedule (SKED)	['skedju:l]	Plan, Fahrplan, Flugplan
scheduled (SKED)	['skedju:ld]	nach Plan, planmäßig, geplant
– air services	['ɛə 'sə:visiz]	Fluglinienverkehr (planmäßig)
– charter service	['tʃa:tə 'sə:vis]	planmäßiger Bedarfsluftverkehr
– flight	['skedju:ld flait]	planmäßiger Flug; Kurs
– traffic	['skedju:ld 'træfik]	planmäßiger Verkehr

scheduling coordinator	['skedju:liŋ kou'ɔ:dineitə]	Flugplankoordinator
scope	[skoup]	Rahmen; (Radar)Bildschirm
screw	[skru:]	Schraube
sea	[si:]	Meer, (die) See
sea level	[si: levl]	Meeresspiegel
seaplane	['si:plein]	Wasserflugzeug
to search	[sə:tʃ]	suchen, durchsuchen
search	[sə:tʃ]	Suche
– action, – mission	[sə:tʃ 'ækʃən, 'miʃən]	Suchaktion
search aircraft	[sə:tʃ 'εəkra:ft]	Suchluftfahrzeug
search and rescue	[sə:tʃ ænd 'reskju:]	Such- und Rettungsdienst (SAR)
search area	[sə:tʃ 'εəriə]	Suchgebiet
search light	['sə:tʃ lait]	Suchscheinwerfer
seat; seat belt	[si:t, si:t belt]	Sitzplatz; Anschnallgurt
second (SEC)	['sekənd]	Sekunde; zweiter, zweite, zweites
secondary	['sekəndəri]	Zweit... (in Zusammensetzung)
– frequency	['fri:kwənsi]	Neben-, Ausweichfrequenz
– power (supply)	['pauə sə'plai]	Notstrom(versorgung)
– (surveillance) radar (SSR)	['sekəndəri sə'veijəns 'reida:, es es a:]	(Rundsicht-)Sekundärradar
– – – code	[es es a: koud]	Sekundärradarkode
– – – mode	[es es a: moud]	Sekundärradarmodus
– – – transponder	[es es a: trænz'pɔndə]	Sekundärradar-Antwortgerät
secondhand airplane	['sekəndhænd]	Gebrauchtflugzeug
sector	['sektə]	Sektor, Abschnitt
approach sector	[ə'proutʃ 'sektə]	Anflugsektor
security, safety	[si'kju:riti, 'seifti]	Sicherheit
to see, saw, seen	[si:, sɔ:, si:n]	sehen, sah, gesehen; see = siehe
to seem, to appear	[si:m, ə'piə]	(er)scheinen, den Anschein haben
to select	[si'lekt]	auswählen, auslesen
selective calling system (SELCAL)	[si'lektiv 'kɔ:liŋ 'sistəm]	Selektivrufsystem (SEL)
semi circular	['semi 'sə:kjulə]	halbkreisförmig
– – cruising levels	['kru:ziŋ levlz]	Halbkreisflughöhen
– – rule	['semi 'sə:kjulə ru:l]	Halbkreisregel
sense indicator	[sens 'indikeitə]	Richtungsanzeiger (VOR)
sentence	['sentəns]	Satz
to separate	['sepəreit]	trennen, staffeln
separate	['sepərət]	gesondert
separation	[sepə'reiʃən]	Staffelung, Trennung, Abstand
separation minima	[sepə'reiʃən 'minimə]	Staffelungsmindestwerte
maintain your own separation	[mein'tein juə oun sepə'reiʃən]	halten Sie Ihre eigene Staffelung
sequence	['si:kwəns]	Reihen-, (Aufeinander)Folge
– d flashing lights	['flæʃiŋ laits]	Blitzfolgefeuer
series	['siəri:z]	Reihe, Anzahl, Serie
series of flashes	['siəri:z ɔv 'flæʃiz]	Blinksignal
a series of touch and go landings	[ə 'siəri:z ɔv tʌtʃ ænd gou 'lændiŋz]	eine Reihe Aufsetz- und Durchstartlandungen
serious(ly)	['siəriəsli]	ernst, ernstlich, bedrohlich
to serve	[sə:v]	dienen
service	['sə:vis]	Dienst(leistung), Betrieb
to put into –	[put 'intu 'sə:vis]	in Betrieb nehmen
service ceiling	['sə:vis 'si:liŋ]	Dienstgipfelhöhe

service load	['sə:vis loud]	Nutzlast
service unit	['sə:vis 'ju:nit]	Dienststelle
serviceable (SVCBL)	['sə:visəbl]	betriebsbereit, benutzbar
serviceability	[sə:visə'biliti]	Benutzbarkeit, Betriebsbereitsch.
servicing of aircraft	['sə:visiŋ ɔv 'ɛəkra:ft]	Abfertigung, Versorgung von Lfz.
servicing facility	['sə:visiŋ fə'siliti]	Versorgungseinrichtung
to set, set, set		setzen, (ein)stellen, legen, errichten, festlegen, (ein)richten u. V.
to set the altimeter to local QNH	[set ði æl'timitə tu 'loukəl kju:en'eitʃ]	den Höhenmesser auf das örtliche QNH einstellen
to set course	[set 'kɔ:s]	auf Kurs gehen
setting		Einstellung
altimeter setting	[æl'timitə 'setiŋ]	Höhenmessereinstellung
several, some	['sevrəl, sʌm]	mehrere, verschiedene, einige
several times	['sevrəl taimz]	mehrmals
severe(ly) (SEV)	[si'viə]	schlimm, streng, hart, stark, schwer, heftig, ernstlich
severe icing	[si'viə 'aisiŋ]	schwere Vereisung
severe turbulence	[si'viə 'tə:bjuləns]	starke Turbulenz
shall	[ʃæl]	sollen, müssen; werden (Zukunft)
shallow	['ʃælou]	flach, dünn, seicht, nicht tief
shallow fog (MIFG)	['ʃælou fɔg]	flacher Nebel, Wiesennebel
shallow ground fog	['ʃælou 'graund fɔg]	flacher Bodennebel
shape	[ʃeip]	Form, Gestalt
sharp	[ʃa:p]	scharf
– turn (onto final)	[tə:n 'ɔntu 'fainəl]	Steilkurve (in den Endanflug)
sheep	[ʃi:p]	Schaf, Schafe
shepherd	['ʃepəd]	Schafhirte, Schäfer
to shift, (shifting) (wind)	[ʃift]	drehen(d), wechseln(d), umspringen(d), umlaufen(d) (Wind)
ship, boat, vessel	[ʃip, bout, vesl]	Schiff
shock absorber leg	[ʃɔk əb'sɔ:bə leg]	Fahrwerkfederbein
shooting area	['ʃu:tiŋ 'ɛəriə]	Schießgebiet
shore (line); coast	['ʃɔ:lain, koust]	Küste(nlinie); Küste
short	[ʃɔ:t]	kurz, knapp
– approach	[ʃɔ:t ə'proutʃ]	kurzer Anflug, Kurzanflug
– circuit	[ʃɔ:t 'sə:kit]	Kurzschluß
– circle	[ʃɔ:t sə:kl]	enger Vollkreis
– cut	[ʃɔ:t kʌt]	Abkürzung(sweg)
– final	[ʃɔ:t 'fainəl]	kurzer Endteil, Endanflug
– landing	[ʃɔ:t 'lændiŋ]	kurze Landung, Kurzlandung
– of fuel	[ʃɔ:t ɔv 'fju:əl]	knapp an Treibstoff
– range (SRG)	[ʃɔ:t reindʒ]	Kurzstrecke, geringe Reichweite
– (field) take-off and landing	[ʃɔ:t fi:ld 'teikɔf ænd 'lændiŋ]	Kurzstart und Kurzlandung (STOL)
to be – of (place)	[tə bi: ʃɔ:t ɔv]	kurz vor (bestimmtem Ort) sein
to hold – of rwy.	[hould ʃɔ:t ɔv]	vor der Landebahn halten
to run –	[rʌn ʃɔ:t]	knapp werden, ausgehen
to touch down – of runway	[tʌtʃ daun ʃɔ:t ɔv 'rʌnwei]	vor der Landebahn aufsetzen
shortage	['ʃɔ:tidʒ]	Knappheit
fuel shortage	['fjuə:l 'ʃɔ:tidʒ]	Treibstoffknappheit
to shorten (appr., down wind leg)	['ʃɔ:tən ə'proutʃ, 'daunwind leg]	(den Anflug, den Gegenanflug) abkürzen
shortly (after)	['ʃɔ:tli 'a:ftə]	demnächst, bald, kurz (nach)

should	[ʃud]	sollte(n)
shoulder wing aeroplane	['ʃouldə wiŋ 'ɛərouplein]	Schulterdecker
to show, showed, shown	[ʃou, ʃoud, ʃoun]	zeigen, darstellen, verzeichnen (u. Verg.); Hw.: show = Schau
to be showing	[bi: 'ʃouiŋ]	sichtbar sein
shower (SH)	['ʃauə]	Schauer
rain – (RASH)	[rein 'ʃauə]	Regenschauer
snow – (SNSH)	[snou 'ʃauə]	Schneeschauer
to shut, shut, shut	[ʃʌt]	schließen, schloß, geschlossen
to shut down	[ʃʌt daun]	abschalten, stillegen
to shuttle	[ʃʌtl]	pendeln
shuttle service	[ʃʌtl 'sə:vis]	Pendelverkehr; auch: sh. flights
sick		krank, unwohl, übel, schlecht
sickness	['siknis]	Krankheit, Unwohlsein, Übelkeit
side	[said]	Seite
sideslip	['saidslip]	Seitengleitflug
sideward	['saidwəd]	seitlich, seitwärts
both sides	[bouθ saidz]	beiderseits
to sight	[sait]	sichten
sight	[sait]	Sichtweite, Sehenswürdigkeit
– distance	[sait 'distəns]	Sichtweite
in –	[in sait]	in Sicht
to lose – of, to lose out of –	[lu:z sait ɔv, lu:z aut ɔv sait]	aus den Augen verlieren, aus der Sicht verlieren
sighting (of an a/c)	['saitiŋ]	Sichtung (eines Luftfahrzeugs)
sighting distance	['saitiŋ 'distəns]	Erkennungsentfernung
sightseeing flight	['saitsi:iŋ flait]	Rundflug
to sign; signature	[sain, 'signətʃə]	unterschreiben; Unterschrift
signal	['signəl]	Zeichen, Signal
signal area	['signəl 'ɛəriə]	Signalfläche, -feld, -platz
signal check	['signəl tʃek]	Sprechprobe
signal strength	['signəl streŋθ]	Zeichenstärke, Lautstärke
significance	[sig'nifikəns]	Bedeutung
significant clouds	[sig'nifikənt klaudz]	markante, bedeutsame Wolken
no significant change, NOSIG	[nou sig'nifikənt tʃeindʒ, nousig]	keine bedeutsame (Wetter-)Änderung (NOSIG)
to signify	['signifai]	bedeuten
similar	['similə]	ähnlich
simple, simply	[simpl, 'simpli]	einfach
simulated	['simjuleitid]	nachgeahmt, angenommen
– instrument approach	['simjuleitid 'instrumənt ə'proutʃ]	simulierter Instrumentenanflug, Scheininstrumentenanflug
– instrument flight	['instrumənt flait]	simulierter Instrumentenflug
– one eng. landing	[wʌn 'endʒin 'lændiŋ]	Übungs-Einmotorenlandung
simultaneous(ly)	[siməl'teinjəs, sai-]	gleichzeitig (SIMUL)
since; ever since	[sins, 'evə sins]	da, weil, seit; seitdem
single	[siŋgl]	einzeln, einzig
single engine a/c	[siŋgl 'endʒin ac.]	einmotoriges Luftfahrzeug
single isolated wheel load	[siŋgl 'aisoleitid wi:l loud]	vergleichbare Einzelradlast (SIWL)
to sit, sat, sat	[sit, sæt, sæt]	sitzen, saß, gesessen
site	[sait]	Standort, Aufstellungsort, Stelle
siting	['saitiŋ]	Standortwahl
situated, located	['sitjueitid, 'loukeitid]	gelegen

situation	[sitju'eiʃən]	Lage, Situation
traffic situation	['træfik sitju'eiʃən]	Verkehrslage
size	[saiz]	Größe
to skid		rutschen, schleifen; schieben
skid		Sporn, Kufe
sky	[skai]	Himmel
sky broken	[skai 'broukən]	aufgebrochene Bewölkung
sky clear (SKC)	[skai kliə]	Himmel klar, wolkenlos, heiter
sky coverage	[skai 'kʌvəridʒ]	Bedeckung
sky obscured	[skai əbs'kjuəd]	Himmel verschleiert, verhangen
sky overcast	[skai 'ouvəka:st]	bedeckter Himmel
sky scattered (SCT)	[skai 'skætəd]	stark aufgelockerte Bewölkung
slant range	[sla:nt reindʒ]	Schrägentfernung
slant visibility	[sla:nt vizi'biliti]	Schrägsicht; auch: oblique vis.
sleet	[sli:t]	Schneeregen, körniger Eisregen
slight, -ly, light	['slaitli, lait]	leicht, schwach, gering, unbedeut.
slip, sideslip	['said slip]	Seitengleitflug
to slip		– durchführen; ausrutschen
slippery	['slipəri]	rutschig, glatt, schlüpfrig
slope (of runway)	[sloup ɔv 'rʌnwei]	Neigung, Gefälle (der Startbahn)
slot		Spalte, Schlitz; Zeitraster
slot allocation	[slɔt ælou'keiʃən]	Zuweisung von Zeitrastern
slow(ly)	[slou]	langsam
to slow down	[slou 'daun]	verlangsamen (Flug, Rollen)
slowing down	['slouiŋ daun]	verlangsamend
slush	[slʌʃ]	Schneematsch, Matsch
small	[smɔ:l]	klein, schmal, gering
– hail, snow pellet	[smɔ:l heil]	Reifgraupel
to smell		stinken, riechen
smell		Geruch
smog (smoke + fog)	[smɔ:g]	Smog, Industriedunst und Nebel
smoke (FU)	[smouk]	(Industrie-)Rauch, Qualm
smoke development	[smouk di'veləpmənt]	Rauchentwicklung
smoke stack	[smouk stæk]	Schornstein, Kamin
smooth	[smu:ð]	glatt, fließend, weich, sanft
smooth air	[smu:ð 'ɛə]	böigkeitsfreie, ruhige Luft
smooth interception	[smu:ð intə'sepʃən]	glatter Einflug
to snow	[snou]	schneien
snow (SN)		Schnee, Schneefall
– **bank,** – **wall**	[snou bænk, wɔ:l]	Schneewall, Schneemauer
– **blower**	[snou 'blouə]	Schneeschleuder, -fräse
– **clearance,** – **removal (in progress)**	[snou 'kliərəns, snou ri'mu:vəl in 'prougres]	Schneeräumung (im Gang)
– drifts		Schnee(ver)weh(ung)en
– pellet	[snou 'pelit]	Reifgraupel
– **plough**	[snou plau]	Schneepflug
– **removal**	[snou ri'mu:vəl]	Schneeräumung
– – **equipment**	[i'kwipmənt]	Schneeräumgeräte
– **shower** (SNSH)	[snou 'ʃauə]	Schneeschauer
– **sweeper**	[snou 'swi:pə]	Schneekehr- und Blasgerät
– wall	[snou wɔ:l]	Schneewall
blowing snow	['blouiŋ snou]	wehender Schnee
drifting snow		Schneetreiben
SNOWTAM	['snoutæm]	Schnee-Eis-Matsch-NOTAM

so	[sou]	so
so as to...	[sou æz tu]	so daß Sie..., um zu...
so-called	['sou kɔːld]	sogenannt
so far	[sou faː]	bisher, bis jetzt
so that	[sou ðæt]	damit
and so on	[ænd sou ɔn]	und so weiter
to soar	[sɔː]	segeln
soaring	['sɔːriŋ]	Segelflug
sod runway, grass runway	[sɔd 'rʌnwei, graːs 'rʌnwei]	Grasstart- und Landebahn
soft, muddy	[sɔft, 'mʌdi]	weich, aufgeweicht
soft hail	[sɔft heil]	Frostgraupel
soft rime	[sɔft raim]	Rauhreif
soil	[sɔil]	Erde, Boden
solid	['sɔlid]	fest, massiv
solo flight	['soulou flait]	Alleinflug
solution	[səl(j)'uːʃən]	Lösung
to solve	[sɔlv]	lösen
to solve a problem	[sɔlv ə 'prɔbləm]	ein Problem lösen, beseitigen
some	[sʌm]	(irgend)ein, ein paar, einige, etwas, manche
somebody, someone	['sʌmbɔdi 'sʌmwʌn]	(irgend) jemand
somehow	['sʌmhau]	irgendwie
something	['sʌmθiŋ]	(irgend) etwas
sometime	['sʌmtaim]	irgendwann, einst
sometimes	['sʌmtaimz]	manchmal, dann und wann
somewhere	['sʌmwɛə]	irgendwo
sonic barrier, sound barrier	['sɔnik 'bæriə] [saund 'bæriə]	Schallmauer
soon	[suːn]	bald, in Kürze
whichever is sooner	[witʃ'ever iz 'suːnə]	je nachdem, was früher (eher) kommt, eintrifft
as soon as	[æz suːn æz]	sobald wie
– – – possible	[æz suːn æz 'pɔsibl]	baldmöglichst (SAP)
sorry, I'm sorry	['sɔri, aim 'sɔri]	tut mir leid, Entschuldigung
sound; – barrier	[saund, saund 'bæriə]	Schall, Ton; Schallmauer
source	[sɔːs]	Quelle
south (S)	[sauθ]	Süden, südlich (von = of)
southbound; to be –	['sauθbaund]	südwärts; in Südrichtung fliegend
southern, southerly	['sʌðən, 'sʌðəli]	südlich
to space	[speis]	Abstand schaffen, herstellen
– oneself properly	[wʌn'self 'prɔpəli]	genügend Abstand halten
space	[speis]	Raum, Weltraum
spacing	['speisiŋ]	Staffelung, Abstand
span	[spæn]	Spanne
wing span	[wiŋ spæn]	Spannweite
spare	[spɛə]	Ersatz
spare fuse	[spɛə fjuːz]	Ersatzsicherung
spare parts, spares	[spɛə paːts, spɛəz]	Ersatzteile
spark plug	[spaːk plʌg]	Zündkerze
to speak (to), spoke, spoken	[spiːk, spouk, 'spoukən]	sprechen (mit), sprach, gesprochen
speak slower	[spiːk 'slouə]	sprechen Sie langsamer
speak up, sp. louder	[spiːk ʌp, 'laudə]	sprechen Sie lauter
special	['speʃəl]	Sonder..., besonderer, -e, -es

– airfield	['speʃəl 'ɛəfi:ld]	Sonderlandeplatz
– flight	['speʃəl flait]	Sonderflug
– met report	['speʃəl met ri'pɔ:t]	Sonderwettermeldung
– permission	['speʃəl pə'miʃən]	Sonder-, Ausnahmegenehmigung
– regulation	['speʃəl regju'leiʃən]	Sonderregelung
– request	['speʃəl ri'kwest]	besondere Aufforderung
– VFR	['speʃəl wi: ef a:]	Sonder-VFR
– – clearance	[wi: ef a: 'kliərəns]	Sonder-VFR-Freigabe
– – flight	['speʃəl wi: ef a: flait]	Sonderflug nach Sichtflugregeln
specific	[spe'sifik]	bestimmt, ausdrücklich, speziell
specification	[spesifi'keiʃən]	genaue Angabe, Bezeichnung
to specify	['spesifai]	besonders genau bezeichnen
specified	['spesifaid]	bestimmt, vorgesehen, angegeben, vorgeschrieben, festgelegt
speed	[spi:d]	Geschwindigkeit, Tempo
– brake	[spi:d breik]	Bremsklappe
– control	[spi:d kən'troul]	Geschwindigkeitsregelung
approach –	[ə'proutʃ spi:d]	Anfluggeschwindigkeit
cruising –	['kru:ziŋ spi:d]	Reisegeschwindigkeit
ground –	[graund spi:d]	Geschwindigkeit über Grund
indicated air –	['indikeitid 'ɛəspi:d]	angezeigte Fluggeschwindigkeit
sonic –	['sɔnik spi:d]	Schallgeschwindigkeit
stalling –	['stɔ:liŋ spi:d]	Abreiß-, Überziehgeschwindigkeit
subsonic –	[sʌb'sɔnik spi:d]	Unterschallgeschwindigkeit
supersonic –	[sju:pə'sɔnik spi:d]	Überschallgeschwindigkeit
true air –	[tru: 'ɛəspi:d]	wahre Eigengeschwindigkeit
to speed up	[spi:d ʌp]	beschleunigen, sich beeilen
to spell		buchstabieren
spelling alphabet	['speliŋ 'ælfəbet]	Buchstabieralphabet
to spin; spin		trudeln; das Trudeln
spinner	['spinə]	Propellerhaube
spiral	['spaiərəl]	Spirale
in spite of	[in spait ɔv]	trotz
spoiler	['spɔilə]	Störklappe
to spot	[spɔt]	entdecken, herausfinden
spot	[spɔt]	Stelle, Punkt
spot landing	[spɔt 'lændiŋ]	Ziellandung
spot light	[spɔt lait]	Scheinwerfer
to spray; sprayed	[sprei, spreid]	(ein)sprühen; (ein)gesprüht
spray equipment	[sprei i'kwipmənt]	Sprühgerät
spraying flight	['spreiiŋ flait]	Sprühflug
to spread, spread, –	[spred, spred, spred]	(sich) ausbreiten, um sich greifen
spreader	['spredə]	Streuer
squall; line –; – line	[skwɔ:l, 'lain skwɔ:l]	Bö; Linienbö; Böenwalze, -linie
square	[skwɛə]	Quadrat, quadratisch
to squawk (SSR)	[skwɔ:k]	Transponder schalten auf...
to squeak	[skwi:k]	quietschen, pfeifen; Hw.: squeak
SRE-approach	[es a: i: ə'proutʃ]	SRE-(Radar-)Anflug; auch: PPI
SSR mode	[es es a: moud]	SSR-Modus
SSR response	[es es a: ri'spɔns]	SSR-Antwort
stability	['stə'biliti]	Stabilität
to stabilize	['steibilaiz]	stabilisieren
stabilizer	['steibilaizə]	Flosse
horizontal –	[hɔri'zɔntəl]	Höhenflosse
vertical –	['və:tikl 'steibilaizə]	Seitenflosse, Kielflosse

to stall	[stɔ:l]	überziehen, abreißen (Strömung)
stall warning	[stɔ:l 'wɔ:niŋ]	Überziehwarnung
– – device	[stɔ:l 'wɔ:niŋ di'vais]	Überziehwarngerät
stalling speed, Vs	['stɔ:liŋ spi:d]	Abreiß-, Überziehgeschwindigkeit
to stand, stood, –	[stænd, stud, stud]	stehen, stand, gestanden
standard	['stændəd]	einheitlich, normal; Normalmaß, Richtlinie, Norm
– altimeter setting	[æl'timetə 'setiŋ]	Standardhöhenmessereinstellung
– atmosphere	['stændəd 'ætməsfiə]	Norm(al)atmosphäre
– – ric pressure	['ætməs'fiərik 'preʃə]	Normalluftdruck
– holding pattern	['houldiŋ 'pætən]	Normalwarterunde
– instrument approach (SIA)	['stændəd 'instru-mənt ə'proutʃ]	Standard-Instrumentenanflug
– (instrument) arrival (route)	['stændəd 'instru-mənt ə'raivl ru:t]	Standard-Instrumenten-einflug(strecke) (STAR)
– (instrument) de-parture (route)	['stændəd 'instru-mənt di'pa:tʃə ru:t]	Standard-Instrumentenabflug (Strecke) (SID)
– separation	[sepə'reiʃən]	Standard-, Normalstaffelung
standardized	['stændədaizd]	vereinheitlicht
to stand by, to wait	[stænd 'bai, weit]	warten
stand by	[stænd 'bai]	Verf.sprechgr.: warten
– – for (clearance)	[stænd bai fɔ:]	erwarten Sie... (Freigabe)
– – on (frequency)	[ɔn 'fri:kwənsi]	bleiben Sie auf Empfang auf...
stand-by...	['stændbai]	Reserve, Ersatz, Bereitschafts...
stand-by equipment	['stændbai i'kwipm.]	Ersatzausrüstung
starboard	['sta:bɔ:d]	Steuerbord
to start, to begin	[sta:t, bi'gin]	starten, beginnen, anfangen
to start (up)	[sta:t ʌp]	anlassen, anwerfen
to start engine	[sta:t 'endʒin]	Triebwerk anlassen, anwerfen
start-up	['sta:tʌp]	Anlassen
start-up approval	['sta:tʌp ə'pru:vəl]	Anlaßerlaubnis
starter (unit)	['sta:tə 'ju:nit]	Anlasser
starter button	['sta:tə 'bʌtən]	Anlaßknopf, Anlasserknopf
starting point	['sta:tiŋ pɔint]	Ausgangspunkt
to state	[steit]	angeben, erklären, aussagen
state	[steit]	Staat; Zustand
state of emergency	[steit ɔv i'mə:dʒənsi]	Notlage, Notzustand
statement	['steitmənt]	Angabe, Feststellung, Aussage
station	['steiʃən]	Station
radio station	['reidiou 'steiʃən]	Funkstelle
railroad station	['reilroud 'steiʃən]	Bahnhof
stationary	['steiʃənəri]	gleichbleibend, fest-, stillstehend
stationed	['steiʃənd]	stationiert
status, state	['stætəs, 'steitəs]	Zustand
– of manoeuvring area	['stætəs ɔv mə'nu:v-riŋ 'ɛəriə]	Rollfeldzustand
statute mile	['stætju:t mail]	Landmeile, engl. Meile (1,6 km)
– – s per hour	[st. mailz pə: 'auə]	Meilen je Stunde (MPH)
to stay, to remain	[stei, ri'mein]	bleiben, sich aufhalten; Hw.: stay
to stay away	[stei ə'wei]	wegbleiben
steady	['stedi]	stetig, sicher, gleichmäßig, (be)ständig, dauernd, fest
steady green, red (light) signal	['stedi gri:n, red lait 'signəl]	grünes, rotes Dauer(licht)zeichen
steep	[sti:p]	steil

– climb	[sti:p klaim]	steiler Steigflug
– descent	[sti:p di'sent]	steiler Sinkflug
– glide angle	[sti:p 'glaid æŋgl]	steiler Gleitwinkel
– turn (onto final)	[tə:n 'ɔntu 'fainəl]	Steilkurve (in den Endanflug)
steeple; church –	[sti:pl, 'tʃə:tʃ sti:pl]	Turm; Kirchturm
to steer	[sti:ə]	steuern, lenken, führen
steer	[sti:ə]	Peilung
steerable	['sti:ərəbl]	steuerbar
step		Schritt
stepdown	[step'daun]	Stufensinkflug
to stick, stuck, –	[stik, stʌk, stʌk]	stecken, steckte, gesteckt
to be stuck	[bi: stʌk]	festsitzen, klemmen
to get stuck	[get stʌk]	steckenbleiben, festfahren
stick, control stick	[kən'troul stik]	Steuerknüppel
still		still, ruhig; noch, immer noch
still air	[stil 'ɛə]	ruhige Luft
still in the air	[stil in ði 'ɛə]	noch in der Luft
still on the air	[stil ɔn ði 'ɛə]	noch sende- und empfangsbereit
to stipulate	['stipjuleit]	festlegen, fordern
stone, rock	[stoun, rɔk]	Stein
to stop	[stɔp]	(an)halten; aufhören mit
to bring to a stop		zum Halten, zum Stehen bringen
stopway (SWY)	['stɔpwei]	Stoppfläche, -bahn, Überrollfläche
stored flight plan	[stɔ:d 'flait plæn]	Dauerflugplan (RPL = repetitive fpl.)
storm warning	['stɔ:m 'wɔ:niŋ]	Sturm-, Gewitterwarnung
stormy	['stɔ:mi]	stürmisch
straight	[streit]	gerade, direkt, geradlinig
– ahead	[streit ə'hed]	geradeaus
– and level flight	[streit ænd levl flait]	waagrechter Geradeausflug
straight (in)	[streit 'in]	geradeaus (herein)
– – approach (STA)	[streit 'in ə'proutʃ]	Geradeausanflug
straight flight	[streit flait]	Geradeausflug
straight out	[streit aut]	geradeaus weg, ab
strange	[streindʒ]	merkwürdig, eigentümlich, fremd
stratus (ST)	['strætəs, 'streitəs]	Stratuswolke(n)
streamlined	['stri:mlaind]	stromlinienförmig
street, road	[stri:t, roud]	Straße
strength	[streŋθ]	Stärke, Tragfähigkeit
stretcher	['stretʃə]	Tragbahre
strict(ly)		streng, genau, strikt
to strike, struck, –	[straik, strʌk, strʌk]	(auf)treffen (und Vergangenheit)
bird strike	[bə:d straik]	Vogelschlag
strike; on strike	[straik, ɔn straik]	Streik; im Streik
strip; safety strip	['seifti strip]	Streifen; Sicherheitsstr. (Piste)
landing strip	['lændiŋ strip]	Landestreifen
taxi strip	['tæksi strip]	Rollstreifen
strong	[strɔŋ]	stark, schwer, kräftig, fest
strongly	['strɔŋli]	nachdrücklich, dringend
strut	['strʌt]	Strebe
to subdivide	['sʌbdi'vaid]	unterteilen
student pilot	['stju:dnt 'pailət]	Flugschüler
to be subject to...	[tə bi: 'sʌbdʒekt tu]	unterliegen, abhängig sein von
to submit	[səb'mit]	vorlegen, aufgeben (z. B. Flugplan), einreichen, übermitteln

sub-scale (altimeter)	[sʌb skeil]	Einstellskala (Höhenmesser)
subsequent	['sʌbsikwənt]	folgend, später, nachherig
subsonic (flight)	[sʌb'sɔnik flait]	Unterschall... (flug)
substantial(ly)	[səb'stænʃəl]	beträchtlich, wesentlich
substantial damage	['dæmidʒ]	erheblicher Schaden
to succeed	[sək'si:d]	(nach)folgen, Erfolg haben
succeeding	[sək'si:diŋ]	nachfolgend
succeeding traffic	[sək'si:diŋ 'træfik]	nachfolgender Verkehr
success	[sək'ses]	Erfolg
successful	[sək'sesful]	erfolgreich
succession, sequence	[sək'seʃən, 'si:kwəns]	Reihe, Folge, Aufeinanderfolge
successive	[sək'sesiv]	aufeinanderfolgend, fortlaufend
such	[sʌtʃ]	solcher, -e, -es; solch
such as	[sʌtʃ æz]	wie (z. B.)
sudden(ly)	['sʌdənli]	plötzlich
sufficient	[sə'fiʃənt]	ausreichend, genügend
to suggest	[sə'dʒest]	vorschlagen, empfehlen
suggestion	[sə'dʒestʃən]	Vorschlag
suitable	['sju:təbl]	geeignet, passend
summary	['sʌməri]	Übersicht, Zusammenstellung
sun	[sʌn]	Sonne
into the sun	['intu ðə sʌn]	gegen die Sonne
out of the sun	[aut əv ðə sʌn]	aus der Sonne
sunrise (to) sunset (SR, SS)	['sʌnraiz, 'sʌnset]	Sonnenaufgang (bis) Sonnenuntergang; (auch; sundown)
to supersede	['sju:pə'si:d]	ersetzen, überholen (Vorschrift)
supersonic aircraft	['sju:pə'sɔnik 'ɛəkra:ft]	Überschall-Luftfahrzeug
– bang, – boom	['sju:pə'sɔnik bæŋ]	Überschallknall
supervision	['sju:pə'viʒən]	Überwachung; Zw.: to supervise
to supplement	['sʌpləmənt]	ergänzen; Hw.: supplement
supplementary	[səpli'mentəri]	zusätzlich, ergänzend
to supply, provide	[sə'plai, prə'vaid]	versorgen, geben
supply dropping	[sə'plai 'drɔpiŋ]	Abwerfen v. Versorgungsgütern
to support, assist	[sə'pɔ:t, ə'sist]	helfen, (unter)stützen
support, assistance	[sə'pɔ:t, ə'sistəns]	Hilfe, Unterstützung
to suppose	[sə'pouz]	annehmen, glauben, vermuten
to be – d to	[tə bi: sə'pouzd tu]	sollen
sure(ly), certain	[ʃu:ə, 'sə:tən]	bestimmt, gewiß, sicher
to be sure	[tə bi: ʃu:ə]	sicher sein
for sure	[fɔ: ʃu:ə]	ganz bestimmt, ganz gewiß
to make sure	[meik ʃu:ə]	sich vergewissern, feststellen
surface (SFC)	['sə:fis]	Oberfläche (z. B. einer Startbahn)
– movement radar	['mu:vmənt 'reida:]	Radar f. Bodenbewegungskontr.
– of the earth	['sə:fis ɔv ði ə:θ]	Erdoberfläche
– wind	['sə:fis wind]	Bodenwind
to surprise	[sə'praiz]	überraschen; Hw.: surprise
to surround	[sə'raund]	umgeben, einschließen
surrounding	[sə'raundiŋ]	umgebend, Umgebung
surveillance radar	[sə:'veijəns 'reida:]	Rundsichtradar
– – element	['reida: 'elimənt]	Rundsichtradarteil für PAR
– – equipment	[i'kwipmənt]	Rundsichtradargerät
secondary – –	['sekəndəri]	Rundsicht-Sekundärradar (SSR)
survival equipment	[sə'vaivl i'kwipmənt]	Notausrüstung
to survive	[sə'vaiv]	überleben

survivor	[sə'vaivə]	Überlebender
to suspect	[səs'pekt]	vermuten, argwöhnen
to suspend	[səs'pend]	einstellen, aufheben, aussetzen, unterbrechen, suspendieren
suspension	[səs'penʃən]	Einstellung, Aufhebung
swept-back wing	[swept bæk wiŋ]	Pfeilflügel
to swing		schwingen, locker sein
to switch	[switʃ]	schalten
to switch off	[switʃ ɔf]	abschalten, ausschalten
to switch on	[switʃ ɔn]	einschalten
to switch over	[switʃ 'ouvə]	umschalten, übergehen auf
switch	[switʃ]	Schalter
switchable	['switʃəbl]	schaltbar
symbol	['simbəl]	Kürzel
system; time –	['sistəm, taim 'sistəm]	System; Zeitsystem

T

tab	[tæb]	Hilfsruder, Hilfsklappe
tail	[teil]	Heck
– down landing	[teil daun 'lændiŋ]	Landung mit gr. Anstellwinkel
– fin	[teil fin]	Seitenflosse
– heavy	[teil 'hevi]	schwanzlastig
– light, astern light	[teil lait, ə'stə:n lait]	Hecklicht, Rücklicht
– (para)chute	[teil 'pærəʃu:t]	(Heck-)Bremsschirm
– plane	[teil plein]	Höhenflosse
– rotor	[teil 'routə]	Heckrotor
– skid		Hecksporn
– unit	[teil 'ju:nit]	Heckteil, Heckleitwerk
– wheel	[teil wi:l]	Heckrad, Spornrad
– wind	[teil wind]	Rückenwind
– – component	[kəm'pounənt]	Rückenwindkomponente
– – landing	['teil wind 'lændiŋ]	Rückenwindlandung
to take, took, taken	[teik, tuk, 'teikən]	nehmen, bringen, dauern, brauchen (zeitlich) (und Verg.)
– a look at something	[teik ə luk æt 'sʌmθiŋ]	etwas betrachten, ansehen
– action	[teik 'ækʃən]	Schritte unternehmen
– care of	[teik 'kɛə əv]	sich kümmern um
– caution, use caut.	[teik, ju:s 'kɔ:ʃən]	vorsichtig sein, achten auf
– into account	[teik 'intu ə'kaunt]	berücksichtigen
– into consideration	['intu kənsidə'reiʃən]	in Betracht ziehen, berücksichtig.
it takes (me)...	[it teiks mi:]	es dauert..., (ich brauche...)
to take off	[teik 'ɔf]	starten
take-off (TKOF)	['teikɔf]	Start, Abflug
– clearance	['teikɔf 'kliərəns]	Startfreigabe, Starterlaubnis
– delay	['teikɔf di'lei]	Startverzögerung
– direction	['teikɔf di'rekʃən]	Startrichtung
– distance	['teikɔf 'distəns]	Startstrecke
– – available	[– – ə'veiləbl]	verfügbare Startstrecke (TODA)
– – required	[– – ri'kwaiəd]	erforderliche Startstrecke
– end of runway	[end ɔv 'rʌnwei]	Anfang der Piste
– instructions	['teikɔf 'in'strʌkʃənz]	Abfluganweisungen
– leg	['teikɔf leg]	Geradeausflug nach dem Start

– performance	['teikɔf pə'fɔ:məns]	Startleistung
– position, point	['teikɔf pə'ziʃən]	Startpunkt
– power	['teikɔf 'pauə]	Startleistung
– roll	['teikɔf roul]	Startrollstrecke
– run	['teikɔf rʌn]	Startlauf, Startlaufstrecke
– – available	['teikɔf rʌn ə'vailəbl]	verfügbare Startlaufstrecke
– – required	['teikɔf rʌn ri'kwaiəd]	erforderliche Startlaufstrecke
– speed	['teikɔf spi:d]	Abhebe-, Startgeschwindigkeit
– thrust	['teikɔf θrʌst]	Startschub
– time, airborne t.	['ɛəbɔ:n taim]	Startzeit, Abflugzeit
– weight	['teikɔf weit]	Startgewicht, Abfluggewicht
(I'm) taking off	[aim 'teikiŋ ɔf]	(ich) starte (soeben)
to take over	[teik 'ouvə]	übernehmen
to take place	[teik pleis]	stattfinden, erfolgen
to take steps	[teik steps]	Schritte unternehmen
take your time	[teik juə taim]	lassen (nehmen) Sie sich Zeit
to talk	[tɔ:k]	sprechen; Hauptwort: talk
to talk down	[tɔ:k daun]	heruntersprechen (Radar)
tall	[tɔ:l]	groß, lang, hoch
tank	[tæŋk]	Behälter, Tank
fuel tank	['fju:əl tæŋk]	Kraftstoffbehälter
target	['ta:git]	(Radar-)Ziel
target warning	['ta:git 'wɔ:niŋ]	Zielwarnung (Radar)
tarmac	['ta:mək]	Abstellfläche, Vorfeld
to taxi (TAX)	['tæksi]	rollen
to taxi back	['bæk, bæktræk]	zurückrollen (auch: to backtrack)
taxi frequency	['tæksi 'fri:kwənsi]	Rollfrequenz
taxi guidance line	['tæksi 'gaidəns lain]	Rolleitlinie
taxi holding position	['houldiŋ pə'ziʃən]	Rollhalteort
taxi information	['tæksi infɔ:'meiʃən]	Rollinformation (unkontr. Flugpl.)
taxi (instruction)	['tæksi in'strʌkʃən]	Rollanweisung (kontroll. Flugpl.)
taxi procedure	['tæksi prə'si:dʒə]	Rollverfahren
taxiway, taxistrip, Twy	['tæksiwei]	Rollweg, D.: Rollbahn
– center line	[– 'sentə lain]	Rollbahnmittellinie
– – – marking	['sentəlain 'ma:kiŋ]	Rollbahnmittellinienmarkierung
– intersection	['intəsekʃən]	Rollbahnabzweigung
– lighting	['tæksiwei 'laitiŋ]	Rollbahnbefeuerung
– lights	['tæksiwei laits]	Rollbahnfeuer
– marking	['tæksiwei 'ma:kiŋ]	Rollbahnmarkierung
taxying	['tæksiiŋ]	Rollen
– aids	['tæksiiŋ eidz]	Rollhilfen
– guidance system	['gaidəns 'sistəm]	Rolleitsystem
– guide line	['tæksiiŋ 'gaid lain]	Rolleitlinie
to teach, taught, –	[ti:tʃ, tɔ:t, tɔ:t]	lehren, unterweisen, zeigen (u. V.)
to tear, tore, torn	['tɛə, tɔ:, tɔ:n]	(zer)reißen (u. Vergangenheit)
teardrop approach pattern	['tiədrɔp ə'proutʃ 'pætən]	tropfenförmiges Anflugverfahren
teardrop turn	['tiədrɔp tə:n]	Verfahrenskurve (tropfenförmig)
technical	['teknikəl]	technisch
technician	[tek'niʃən]	Techniker
telecommunication	[telekəmju:ni'keiʃən]	Fernmeldewesen
telephone (TEL)	['telefoun]	Fernsprecher
telephone call	['telefoun kɔ:l]	Telefonanruf, Telefongespräch
teletype message	['teletaip 'mesidʒ]	Fernschreibmeldung
television tower	[tele'viʒən 'tauə]	Fernsehturm
to tell, told, told	[tel, tould, tould]	sagen, berichten, mitteilen (u. V.)

temperature (T)	['tempritʃə]	Temperatur
– inversion	['tempritʃə in'və:ʒən]	Temperaturumkehr, Inversion
temporary, -ly (TEMPO)	['tempərəri]	zeitweilig, zeitweise, vorübergehend, befristet
temporary reserved airspace (TRA)	['tempərəri ri'zə:vd 'ɛəspeis]	zeitweilig reservierter Luftraum
tendency	['tendənsi]	Tendenz, Trend
tension (high, low)	['tenʃən, hai, lou]	Spannung, (Hoch-, Nieder-)
term	[tə:m]	(Fach)Ausdruck, Begriff
terminal area surveillance radar	['tə:minəl 'ɛəriə sə'veijəns 'reida:]	Platzrundsichtradar, Nahverkehrsbereichsradar (TAR)
terminal (building)	['tə:minəl 'bildiŋ]	Abfertigungsgebäude, Flughof
terminal control area (TMA)	['tə:minəl kən'troul 'ɛəriə]	Nahkontrollbezirk; Deutschl.: Nahverkehrsbereich
terminal forecast	['tə:minəl 'fɔ:ka:st]	Platz(wetter)vorhersage
terminal ramp	['tə:minəl ræmp]	Abfertigungsvorfeld, Flugsteig
terminal VOR	['tə:minəl wi: ou a:]	Flugplatz-UKW-Drehfunkfeuer
to terminate	['tə:mineit]	(be)enden, aufhören, abschließen
radar service terminated	['reida: 'sə:vis 'tə:mineitəd]	Radarführung beendet
termination (of...)	['tə:mi'neiʃən ɔv]	Schluß, Beendigung, Ende (des...)
terrain	[tə'rein]	Boden, Gelände
terrain clearance	[tə'rein 'kliərəns]	Bodenfreiheit, Bodenabstand
terrestrial navigation	[tə'restriəl nævi'geiʃən]	terrestrische Navigation, Sichtnavigation, Bodennavigation
territory	['teritəri]	Gebiet, Staatsgebiet
to test, to check	[test, tʃek]	prüfen, überprüfen, erproben
test, testing		Versuch, Prüfung, Erprobung
test area	[test 'ɛəriə]	Erprobungsluftraum
test flight, check fl.	[test flait, tʃek flait]	Prüf-, Probe-, Erprobungsflug
test ground	[test graund]	Versuchsgelände
test point	[test pɔint]	Meßpunkt, Prüfpunkt
test run	[test rʌn]	Prüflauf, Probelauf
on test		auf Probe, im Probebetrieb
tether	['teðə]	Halteseil
than	[ðæn]	als (im Vergleich)
less than	[les ðæn]	weniger als
more than	[mɔ: ðæn]	mehr als
not later than	[nɔt 'leitə ðæn]	nicht später als
thank you	[θæŋk ju:]	danke
that; (Mz.: those)	[ðæt, ðouz]	daß; jener, jene, jenes
that is		das heißt
that one	[ðæt wʌn]	jener
after that	['a:ftə ðæt]	danach; auch: thereafter
to thaw (off)	[θɔ: ɔf]	(ab)tauen
the	[ðə, ði]	der, die ,das
in the		im
into the	['intu ðə]	in... hinein
of the		von dem, vom
then	[ðen]	dann; damals
there	[ðɛə]	da, dort, dahin, dorthin
thereafter	[ðɛə'a:ftə]	danach, nachher, darauf(hin)
thereat	[ðɛə'æt]	dabei
thereby	['ðɛəbai]	damit, dadurch, hierdurch
therefore	['ðɛəfɔ:]	daher, deshalb

therefrom	[ðɛə'frɔm]	davon
thereon	[ðɛə'ɔn]	darauf
thereto	[ðɛə'tu]	dazu
thereupon	[ðɛəʌp'ɔn]	dann, darauf(hin)
thermal power plant	['θə:məl 'pauə pla:nt]	Wärmekraftwerk
thermo de-icing	['θə:mou di'aisiŋ]	Warmluftenteisung
thick	[θik]	dick, stark
thickness	['θiknis]	Dicke, Mächtigkeit, Stärke
thin	[θin]	dünn, schwach, mager
to think, thought, –	[θiŋk, θɔ:t, θɔ:t]	denken, glauben (u. Verg.)
to think of	[θiŋk ɔv]	denken an
to think over	[θiŋk 'ouvə]	überdenken, sich überlegen
third	[θə:d]	dritter, -e, -es; Drittel
this; (Mz.: these)	[ðis, ði:z]	dieser, diese, dieses
this one	[ðis wʌn]	dieser (da)
thorough	['θɔrou, 'θʌrə]	gründlich, vollständig
thoroughness	['θɔrounis, 'θʌrənis]	Gründlichkeit, Sorgfalt
those	[ðouz]	jene (Mehrzahl)
though, although	[ðou, ɔ:l'ðou]	obwohl, (ob)zwar, obgleich
thousand	['θausənd]	tausend
three sixty	[θri: 'siksti]	Vollkreis
threshold (THR]	['θreʃould]	(Landebahn-)Schwelle
– lighting	['θreʃould 'laitiŋ]	Schwellenbefeuerung
– lights	['θreʃould laits]	Schwellenfeuer (Mehrzahl)
– markings	['θreʃould 'ma:kiŋz]	Schwellenmarken, -markierung
throttle (control)	[θrɔtl kən'troul]	Gashebel, Leistungshebel
to throttle back	[θrɔtl bæk]	drosseln (Motor)
through; – flight	[θru: flait]	durch; durchgehender Flug
to be through	[tə bi: θru:]	fertig sein, abgeschlossen haben
throughout	[θru:'aut]	während
thrust	[θrʌst]	Schub, Vortrieb
thrust reversal	[θrʌst ri'və:səl]	Schubumkehr
thunder cloud	['θʌndəklaud]	Gewitterwolke
thunderstorm (TS)	['θʌndəstɔ:m]	Gewitter
– area	['θʌndəstɔ:m 'ɛəriə]	Gewitterzone
isolated –	['aisoleitid]	vereinzelt Gewitter
widespread –s	['waidspred]	verbreitet Gewitter
thus	[ðʌs]	so, somit, damit
to tie down	[tai daun]	verankern, verzurren
tie-down area	[tai daun 'ɛəriə]	Abstellplatz, Abstellfläche
tie-down equipment	[i'kwipmənt]	Verzurrausrüstung
tight; tightness	[tait, 'taitnəss]	dicht, eng, knapp, fest; Enge
to tighten (turn)	['taitn tə:n]	enger machen, verengen (Kurve)
till now, up to now	[til nau, ʌp tu nau]	bisher, seither
time	[taim]	Zeit, Uhrzeit
– check	[taim tʃek]	Uhrenvergleich, Zeitvergleich
– elapsed	[taim i'læpst]	vergangene, abgelaufene Zeit
– limitation	[taim limi'teiʃən]	zeitliche Beschränkung
– of activity	[taim ɔv æk'tiviti]	zeitliche Wirksamkeit, Nutzungsz.
– of arrival, landing	[ə'raivəl, 'lændiŋ]	Ankunftszeit, Landezeit
– of departure	[taim ɔv di'pa:tʃə]	Abflugzeit, Startzeit, Abhebezeit
– of expiry of a clearance	[taim ɔv iks'paiəri ɔv ə 'kliərəns]	Freigabeablauf (auch: clearance void time)
– of incident	[taim ɔv 'insidənt]	Zeitpunkt des Vorfalles

– of operation, working hours	[taim ɔv ɔpə'reiʃən, 'wə:kiŋ 'auəz]	Betriebszeit
– off the ground	[taim ɔf ðə graund]	Abhebezeit
– signal	[taim 'signəl]	Zeitzeichen
– slot (allocation)	[ælo'keiʃən]	Zeitraster, Zeit(zuweisung)
– stamp	[taim stæmp]	Zeitstempel
airborne –	['ɛəbɔ:n taim]	Abhebezeit, Startzeit
all the –	[ɔ:l ðə taim]	dauernd, ständig
at the same –	[æt ðə seim taim]	gleichzeitig, zur selben Zeit
at this –	[æt ðis taim]	zu dieser Zeit
for the – being	[fɔ: ðə taim 'bi:iŋ]	vorläufig, einstweilen
in due–, in (good)–	[in dju:, in gud taim]	rechtzeitig; auch: timely
next –		das nächste Mal
on –		pünktlich
timed approach	[taimd ə'proutʃ]	zeitgesteuerter Anflug
times	[taimz]	... mal; three times = 3mal
at times	[æt taimz]	zeitweise, ab und zu
at all times	[æt ɔ:l taimz]	stets
several times	['sevrəl taimz]	mehrere Male, mehrmals
timing	['taimiŋ]	Zeitbestimmung
tip; wing tip		Spitze; Flügelspitze
tire, tyre	['taiə]	Reifen
tire pressure	['taiə 'preʃə]	Reifendruck
flat tire	[flæt 'taiə]	Reifenpanne
to	[tu, tə]	zu, auf, bis, nach (s. Grammatik)
to/from indicator	[tu/frɔm 'indikeitə]	Richtungs-Anzeiger (VOR)
today, to-day	[tə'dei]	heute
together	[tə'geðə]	zusammen, miteinander
together with	[tə'geðə wið]	zusammen mit, samt
ton (t)	[tɔn]	Tonne
tonight	[tu'nait, tə'nait]	heute abend
too	[tu:]	auch; zu (zu tief = too low)
tool	[tu:l]	Werkzeug
top	[tɔp]	Spitze, Gipfel, Obergrenze
top of cloud, cloud top (TOP)	[tɔp ɔv klaud, klaud tɔp]	Wolkenobergrenze
top speed (max)	[tɔp spi:d]	Höchstgeschwindigkeit
on top (OTP)	[ɔn tɔp]	über, an der Obergrenze
on top of clouds	[ɔn tɔp ɔv klaudz]	an der Wolkenobergrenze, über der Wolkendecke
on top of haze	[ɔn tɔp ɔv heiz]	an der Dunstobergrenze, über der Dunstschicht
torque	[tɔ:k]	Drehmoment (z.B. bei Propellern)
total(ly)	['toutəli]	voll, gesamt; Summe = total
total length	['toutəl leŋθ]	Gesamtlänge, gesamte Länge
total width	['toutəl widθ]	Gesamtbreite
to touch	[tʌtʃ]	berühren, anfassen
touch and go landing (TGL)	[tʌtʃ ænd gou 'lændiŋ]	Aufsetzen und Durchstarten, Durchstartübung
to touch down	[tʌtʃ 'daun]	(bei der Landung) aufsetzen
touchdown	['tʌtʃdaun]	Aufsetzen (bei der Landung)
– point	['tʌtʃdaun pɔint]	Aufsetzpunkt
– speed	['tʌtʃdaun spi:d]	Aufsetzgeschwindigkeit
– zone (TDZ)	['tʌtʃdaun zoun]	Aufsetzzone
– – lighting	[– – 'laitiŋ]	Aufsetzzonenbefeuerung

to tow (objects, glider)	[tou 'ɔbdʒekts, 'glaidə]	(ab-)schleppen (Gegenstände, Segelflugzeug); Hw.: towing
aero-tow flight	['ɛərou tou flait]	Schleppflug
banner towing	['bænə 'touiŋ]	Bannerschlepp
toward(s)	[twɔ:dz, tɔ:dz]	gegen, auf... zu, in Richtung
tower (TWR)	['tauə]	Turm, Kontrollturm
– frequency	['tauə 'fri:kwənsi]	Turmfrequenz
– ing cumulus	['tauəriŋ 'kju:mjuləs]	Quellkumulus (TCU)
towing (aeroplane)	['touiŋ 'ɛərouplein]	Schlepp(flugzeug)
town; city	[taun, 'siti]	Stadt; Stadtkern, Innenstadt
to track, to make good a track of	[træk, meik gud ə træk ɔv]	einen Kurs über Grund von... (Grad) fliegen
to track inbound	[træk 'inbaund]	Anflugkurs über Grund halten
to track outbound	[træk 'autbaund]	Abflugkurs über Grund halten
track (made good)	[træk meid gud]	(geflogener) Kurs über Grund
track guidance	[træk 'gaidəns]	Kursführung
track separation	[træk sepə'reiʃən]	Kursstaffelung über Grund
railway track, rail	['reilwei træk, reil]	Eisenbahngeleis, -schiene
traffic (TFC)	['træfik]	Verkehr
– accident	['træfik 'æksidənt]	Verkehrsunfall
– circuit, pattern	['træfik 'sə:kit, 'pætən]	Platzrunde
– – altitude	['æltitju:d]	Platzrundenhöhe
– – flight	['træfik 'sə:kit flait]	Platzrundenflug
– conditions	['træfik kən'diʃənz]	Verkehrsverhältnisse
– congestion	['træfik kən'dʒestʃən]	Verkehrsanhäufung, -stau
– density	['træfik 'densiti]	Verkehrsdichte, -aufkommen
– flow	['træfik flou]	Verkehrsfluß, Verkehrsstrom
– information	['træfik infɔ:'meiʃən]	Verkehrsinformation, -hinweis
– jam	['træfik dʒæm]	Verkehrsstockung
– pattern	['træfik 'pætən]	Platzrunde (anderer Ausdruck)
– peak	['træfik pi:k]	Verkehrsspitze
– (and weather) permitting	['træfik ænd 'weðə pə'mitiŋ]	falls Verkehrslage (und Wetter) es zulassen, gestatten
– situation	['træfik sitju'eiʃən]	Verkehrslage
heavy, dense –	['hevi, dens 'træfik]	starker Verkehr
to trail smoke	[treil smouk]	Rauch entwickeln, nachziehen
trailing edge	['treiliŋ edʒ]	Austritts-, Flügelhinterkante
trailing vortex	['treiliŋ 'vɔ:teks]	Wirbelschleppe; auch: trail
training	['treiniŋ]	Übung, Schulung, Ausbildung
training approach	['treiniŋ ə'proutʃ]	Übungsanflug; auch: practice a.
training flight	['treiniŋ flait]	Übungsflug, Ausbildungsflug
transceiver	[træn'si:və]	Sende/Empfangsgerät
transfer point	[træns'fə: pɔint]	Übergabepunkt
to transit	['trænsit]	durchfliegen
transit flight	['trænsit flait]	Durchflug
transition	[træn'ziʃən]	Übergang
transition altitude	[træn'ziʃən 'æltitju:d]	Übergangshöhe
transition layer	[træn'ziʃən 'leiə]	Übergangsschicht
transition level	[træn'ziʃən levl]	Übergangsfläche
to translate	['træns'leit, trænz'leit]	übersetzen, übertragen
translation	[træns'leiʃən]	Übersetzung
transmission	[trænz'miʃən]	Übermittlung, Sendung, Abgabe
blind –	[blaind trænz'miʃən]	Blindsendung, Blindübermittlung
transmissometer	[trænzmissə'mi:tə]	Sichtmeßgerät
to transmit	[trænz'mit]	(aus)senden, übermitteln

– blind	[trænz'mit blaind]	blind senden
– for D/F	[trænz'mit fɔ: di: 'ef]	zwecks Peilung senden
– for identification	[– fɔ: aidentifi-'keiʃən]	zwecks (Radar-)Identifizierung senden
transmitter	[trænz'mitə]	Sender (TRANS), Geber
transmitter failure	[trænz'mitə 'feiljə]	Senderausfall
transmitting blind	[trænz'mitiŋ blaind]	Blindsendung
transponder	[trænz'pɔndə]	automatisches Antwortgerät
transport aircraft	['trænspɔ:t 'ɛəkra:ft]	Verkehrsluftfahrzeug
transportation	[trænspɔ:'teiʃən]	Beförderung
to traverse	[trə'və:s, 'trævəs]	durchqueren, durchfliegen
tree	[tri:]	Baum
trench, ditch	[trentʃ, ditʃ]	Graben
trend, tendency	['tendənsi]	voraussichtliche (Wetter-)Entwicklung, Wettertendenz
triangle	['traiæŋgl]	Dreieck
tricycle landing gear	['traisikl 'lændiŋ giə]	Bugradfahrwerk, Dreiradfahrwerk
to trim		trimmen, austrimmen
trimming		Trimmung
trimming tab	['trimiŋ tæb]	Trimmruder, Trimmklappe
trouble	[trʌbl]	Schwierigkeiten, Mühe, Störung
to be in –	[bi: in trʌbl]	in Schwierigkeiten sein
to have – with	[hæv trʌbl wið]	Schwierigkeiten mit... haben
engine –	['endʒin trʌbl]	Triebwerkstörung
gear –	[giə trʌbl]	Fahrwerkschwierigkeiten, -störg.
radio –	['reidiou trʌbl]	Schwierigkeiten mit dem Funkger.
truck	[trʌk]	Last(kraft)wagen
true	[tru:]	rechtweisend (eigentlich: wahr)
true airspeed (TAS)	[tru: 'ɛəspi:d]	wahre Eigengeschwindigkeit
true bearing	[tru: 'bɛəriŋ]	rechtweisende Peilung, Richtung
true heading	[tru: 'hediŋ]	rechtweisender Steuerkurs
true track	[tru: træk]	rechtweisender Kurs über Grund
to try, to attempt	[trai, ə'tempt]	versuchen; Hw.: try, attempt
to tune	[tju:n]	abstimmen (Funkgerät)
tuning	['tju:niŋ]	Abstimmung (Funkgerät)
turbine engine	['tə:bin 'endʒin]	Turbinenmotor, Turbomotor
turbo...	['tə:bou]	Turbinen-..., Turbo-...
turbojet	['tə:bou'dʒet]	Strahlturbinentriebwerk
turbojet aircraft	['tə:bou'dʒet 'ɛəkra:ft]	Luftfahrzeug mit Turbostrahlantr.
turboprop aircraft	['tə:bou'prɔp 'ɛəkra:ft]	Lfz. mit Turbopropellerantrieb
turbulence (TURB)	['tə:bjuləns]	Turbulenz, Böigkeit
wake turbulence	[weik 'tə:bjuləns]	Luftwirbelschleppen
turbulent	['tə:bjulənt]	turbulent, böig
turbulent wake	['tə:bjulənt weik]	Luftwirbelschleppen
to turn (right, left)	[tə:n rait, left]	(links, rechts) (ein)kurven, -drehen
– around	[tə:n ə'round]	wenden, umdrehen
– away	[tə:n ə'wei]	wegdrehen
– down (lights)	[tə:n daun]	(Befeuerung) herunterschalten
– off	[tə:n ɔf]	abbiegen; abstellen, abdrehen
– on	[tə:n ɔn]	anmachen, anstellen, andrehen
– on course	[tə:n ɔn kɔ:s]	auf Kurs drehen
– over, nose over	[tə:n, nouz 'ouvə]	sich überschlagen
turn	[tə:n]	Kurve, Drehung
turn and bank indicator	[tə:n ænd bæŋk 'indikeitə]	Wendezeiger

turn around area	[tə:n ə'raund 'ɛəriə]	Umkehrfläche, Wendefläche
rate I turn	[reit wʌn tə:n]	Instrumentenflugkurve (3°/sec.)
rate of turn	[reit ɔv tə:n]	Kurvendrehgeschwindigkeit
turning point	['tə:niŋ pɔint]	Kursänderungs-, Wendepunkt
turn-off taxiway	['tə:nɔf 'tæksiwei]	Abrollbahn, Abrollweg
turnover (of aircraft)	['tə:n'ouvə]	Umlauf, Rotation (der Lfz.)
twice	[twais]	zweimal
twilight	['twailait]	Dämmerung
twin engine(d) a/c	[twin 'endʒin 'ɛəkra:ft]	zweimotoriges Luftfahrzeug
twin wheel unit	[twin wi:l 'ju:nit]	Zwillingsräder; auch: twin wheels
two-way communication	[tu: wei kəmju:ni'keiʃən]	Zweiwegverkehr, Zweiwegverbindung (Fernmeldewesen)
two-way radio	[tu:wei 'reidiou]	Gegensprech-Funkgerät
type	[taip]	Art, Baumuster
type designator	[taip 'dezigneitə]	Baumuster(kurz)bezeichnung
type of aircraft	[taip ɔv 'ɛəkra:ft]	Luftfahrzeug(bau)muster (TYP)
type of cloud	[taip ɔv klaud]	Wolkenart
type of aircraft	[taip ɔv 'ɛəkra:ft]	Luftfahrzeug(bau)muster (TYP)
type of emission	[taip ɔv i'miʃən]	Sendeart (z. B. A 2)
type of flight	[taip ɔv flait]	Art des Fluges
type of restriction	[taip ɔv ri'strikʃən]	Art der Flugbeschränkung
type rating	[taip 'reitiŋ]	(Bau-)Musterberechtigung

U

ultra high frequency (UHF)	['ʌltrə hai 'fri:kwənsi]	ultrahohe Frequenz, Dezimeter-Wellen (300-3000 MHz)
– – – direction finding station	[ju: eitʃ ef di'rekʃən 'faindiŋ 'steiʃən]	UHF-Peilstelle, Dezimeter(wellen-) Peilstelle (UDF)
unable	['ʌneibl, ʌn'eibl]	nicht imstande, unfähig
to be unable	[tə bi: 'ʌneibl]	außerstande, nicht in d. Lage sein
unacceptable	['ʌnək'septəbl]	unannehmbar
unaffected	['ʌnə'fektid]	unberührt, nicht betroffen
unauthorized	[ʌn'ɔ:θəraizd]	unerlaubt, unbefugt, unberechtigt
unavoidable	['ʌnə'vɔidəbl]	unvermeidbar
uncertain	[ʌn'sə:tən]	ungewiß, unsicher, unbestimmt
–ty phase (INCERFA)	[ʌn'sə:tnti feis]	Ungewißheitsstufe, Alarmstufe 1
unchanged	['ʌntʃeindʒd]	unverändert
uncontrolled airspace	['ʌnkən'trould 'ɛəspeis]	unkontrollierter Luftraum
undercarriage	['ʌndə'kæriidʒ]	Fahrgestell, Fahrwerk
under control	['ʌndə kən'troul]	manövrierfähig, in Ordnung
under(neath), below	['ʌndə'ni:θ, bi'lou]	unter, unten
to undershoot	['ʌndəʃu:t]	zu kurz kommen (bei Landung)
to understand, understood, –	[ʌndə'stænd, ʌndə'stud]	verstehen, begreifen (und Vergangenheit)
to undertake	['ʌndə'teik]	durchführen, unternehmen
undetermined	['ʌndi'tə:mind]	unbestimmt, unentschlossen
undisturbed	['ʌndistə:bd]	ungestört, ruhig
unexpected	['ʌniks'pektəd]	unerwartet
to unfeather (propeller)	[ʌn'feðə prə'pelə]	(Propeller) aus Segelstellung bringen

unforeseen	[ˈʌnfɔːˈsiːn]	unvorhergesehen, unerwartet
unidentified target (traffic)	[ˈʌnaiˈdentifaid ˈtaːgit, ˈtræfik]	nicht identifiziertes (Radar-)Ziel, unbekanntes Ziel, (–er Verkehr)
uniformity	[juːniˈfɔːmiti]	Einheitlichkeit
unimportant	[ʌnimˈpɔːtənt]	unwichtig
unintentional	[ʌninˈtenʃənəl]	unbeabsichtigt
uninterrupted	[ˈʌnintəˈrʌptəd]	ununterbrochen, fortlaufend
unit	[ˈjuːnit]	Stelle, Einheit, (Ballon-)Gespann
– of measurement	[ˈjuːnit ɔv ˈmeʒəmənt]	Maßeinheit
unknown	[ˈʌnnoun, ʌnˈnoun]	unbekannt
unlawful interference	[ʌnˈlɔːful intəˈfiərəns]	widerrechtlicher Eingriff
unless	[ənˈles, ʌnˈles]	wenn nicht, sofern nicht, außer wenn
unless otherwise instructed	[ənˈles ˈʌðəwaiz inˈstrʌktid]	sofern keine andere Anweisung erteilt wird
unlikely	[ʌnˈlaikli]	unwahrscheinlich
unlimited (UNL)	[ʌnˈlimitid]	unbegrenzt, unbeschränkt
to unload	[ʌnˈloud]	entladen; Hw.: unloading
unnecessary	[ʌnˈnesəsəri]	unnötig
unpaved runway	[ˈʌnˈpeivd ˈrʌnwei]	unbefestigte Start- und Landeb.
unprepared	[ˈʌnpripɛəd]	unvorbereitet
unreadable	[ʌnˈriːdəbl]	nicht verständlich, unverständlich
unreliable (UNREL)	[ˈʌnriˈlaiəbl]	unzuverlässig
unreliability	[ʌnrilaiəˈbiliti]	Unzuverlässigkeit
unreplied	[ˈʌnriplaid]	unbeantwortet
unreported	[ˈʌnriˈpɔːtid]	ungemeldet, nicht gemeldet
unrestricted	[ˈʌnriˈstriktid]	unbeschränkt, uneingeschränkt
unsafe	[ˈʌnseif, ʌnˈseif]	unsicher, nicht sicher, gefährlich
unserviceability	[ʌnsəːvisəˈbiliti]	Unbrauchbarkeit, Unbenutzbarkt.
– marking	[ˈmaːkiŋ]	Kennzeichnung der –
unserviceable (U/S)	[ʌnˈsəːvisəbl]	außer Betrieb, unbrauchbar, unbenutzbar, ausgefallen
unsteady	[ˈʌnˈstedi]	schwankend, unruhig
to unstick	[ˈʌnstik]	abheben
unstick speed	[ˈʌnstik spiːd]	Abhebegeschwindigkeit
unsuitable	[ʌnˈsjuːtəbl]	unpassend
until (TIL), **till**	[ənˈtil, ˈʌntil]	bis (zeitlich)
until further advised (UFA)	[ˈʌntil ˈfəːðə ədˈvaizd]	bis auf weiteres, bis weitere Meldung erfolgt,
until further notice	[ˈʌntil ˈfəːðə ˈnoutis]	bis weitere Anweisung erfolgt
until now, up to now	[ˈʌntil nau, ʌp tu nau]	bis jetzt
until past	[ˈʌntil paːst]	bis hinter..., bis nach (Ort)
not until	[nɔt ˈʌntil]	nicht vor, erst
unusable	[ʌnˈjuːzəbl]	unbenutzbar, unbrauchbar
unusual	[ʌnˈjuːʒuəl]	außer-, ungewöhnlich, selten
up	[ʌp]	auf, oben
up and down	[ʌp ænd daun]	auf und ab, auf und nieder
up current, -draught	[ʌp ˈkʌrənt, draːft]	Aufwind
up gust	[ʌp gʌst]	Steigbö
up to	[ʌp tu]	bis zu...
up to now, til now	[ʌp tu nau]	bis jetzt, bisher, seither
upon, on	[əˈpɔn, ɔn]	bei (zeitlich), nach
upon arrival	[əˈpɔn əˈraivl]	bei der Ankunft
upon instruction	[əˈpɔn inˈstrʌkʃən]	nach Anweisung
upon landing	[əˈpɔn ˈlændiŋ]	bei der Landung

upon leaving	[ə'pɔn 'li:viŋ]	beim Verlassen
upper	['ʌpə]	oberer, Ober...
– advisory area, UDA	['ʌpə əd'vaizəri 'ɛəriə]	Oberer Flugverkehrsberatungsbez.
– advisory route	['ʌpə əd'vaizəri ru:t]	Obere Flugberatungsstrecke (UA)
– airspace	['ʌpə 'ɛəspeis]	Oberer Luftraum
– air traffic service route	['ʌpə 'ɛə 'træfik 'sə:vis ru:t]	Obere Luftverkehrsstrecke
– area control center (UAC)	['ʌpə 'ɛəriə kən'troul 'sentə]	Bezirkskontrollstelle für den oberen Luftraum
– control area	['ʌpə kən'troul 'ɛəriə]	oberer Kontrollbezirk (UTA)
– flight information region	['ʌpə flait infɔ:-'meiʃən 'ri:dʒən]	oberes Fluginformationsgebiet (UIR)
– layer	['ʌpə 'leiə]	höhere, obere Schicht
– limit	['ʌpə 'limit]	Obergrenze, obere Begrenzung
– wind, winds	['ʌpə wind]	Höhenwind(e)
upwash	['ʌpwɔʃ]	Aufwind (aerodyn.)
upwind	['ʌpwind]	mit Gegenwind
urgency call	['ə:dʒənsi kɔ:l]	Dringlichkeitsruf
urgency communication, traffic	['ə:dʒənsi kəmju:ni-'keiʃən, 'træfik]	Dringlichkeitsverkehr
urgency message	['ə:dʒənsi 'mesidʒ]	Dringlichkeitsmeldung
urgency signal	['ə:dʒənsi 'signəl]	Dringlichkeitszeichen (PAN)
urgent(ly)	['ə:dʒəntli]	dringend, eindringlich
usability	[ju:zə'biliti]	(Be)Nutzbarkeit, Verwendbarkeit
usable, serviceable	['ju:zəbl, 'sə:visəbl]	(be)nutzbar
usable range	['ju:zəbl reindʒ]	nutzbare Reichweite
to use, to make use of (s. utilize)	[ju:z, 'meik ju:s ɔv]	benutzen, sich bedienen, ver-, anwenden, (ge)brauchen
– caution with...	[ju:z 'kɔ:ʃən wið]	vorsichtig sein, achten auf...
use caution with...	[ju:z 'kɔ:ʃən wið]	Vorsicht! Achten Sie auf...
use (s. utilization)	[ju:s]	Benutzung, Gebrauch, Nutzen
to make – of...	[meik ju:s ɔv]	Gebrauch machen von...
used	[ju:zd]	gebraucht
to be used to	[tə bi: ju:zd tu]	gewohnt sein, pflegen
useful; useful load	['ju:sful, 'ju:sful loud]	nützlich, brauchbar; Zuladung
useless	['ju:slis]	nutzlos, zwecklos, unbrauchbar
user	['ju:zə]	Benutzer
usual(ly), normal(ly)	['ju:ʒuəli, 'nɔ:məli]	gewöhnlich, normalerweise
utilization	[jutilai'zeiʃən]	Be-, Ausnutzung, Verwendung
to utilize	['ju:tilaiz]	aus-, (be)nutzen, verwenden
utmost, extreme	['ʌtmoust, iks'tri:m]	äußerst; höchst-, größt-...

V

vacant	['veikənt]	frei, unbesetzt, verfügbar
to vacate (level, runway)	['veikeit levl, 'rʌnwei]	freimachen, verlassen, (Höhe, Start- und Landebahn)
vacating	['veikeitiŋ]	soeben freimachen, verlassen
valid; to be valid	['vælid]	gültig; gelten
validity	[və'liditi]	Gültigkeit
valley	['væli]	Tal
value; values	['vælju:]	Wert, Angabe; Daten
valve	[vælv]	Ventil
exhaust valve	[ig'zɔ:st vælv]	Auslaßventil

intake valve	['inteik vælv]	Einlaßventil
to vanish (e.g. radar target)	['væniʃ]	ver-, entschwinden, vergehen (z.B. Radarziel)
variable (VRB)	['vɛəriəbl]	wechselhaft, wechselnd, veränderlich, umlaufend (Wind)
– pitch propeller	['vɛəriəbl pitʃ prə'pelə]	Verstellpropeller
variation (magnetic)	['vɛəri'eiʃən]	Ortsmißweisung; Veränderung
various, several	['vɛəriəs, 'sevrəl]	verschiedene
to vary, change	['vɛəri, tʃeindʒ]	wechseln
to vector (radar)	['vektə]	mit Radar führen, leiten
vector	['vektə]	Vektor
vectoring, guidance	['vektəriŋ, 'gaidəns]	Führung
radar vectoring	['reida: 'vektəriŋ]	Radarführung
vehicle	['vi:əkl]	Fahrzeug
velocity, speed	[vi'lɔsiti, spi:d]	Geschwindigkeit
vehicular traffic	[vi:'ikjulə, vi'hikjələ]	Fahrzeugverkehr
verbal, oral	['və:bəl, 'ɔ:rəl]	mündlich
verbatim, literal	[və:'beitim, 'litərəl]	wörtlich; auch: verbal
verification	[vɛrifi'keiʃən]	Überprüfung, Bestätigung
to verify	['vɛrifai]	(Richtigkeit) überprüfen
verify	['vɛrifai]	Verf. sprechgr.: überprüfen Sie
version	['və:ʃn]	Version, Fassung
vertical	['və:tikl]	senkrecht, vertikal
– clearance,	['və:tikl 'kliərəns]	senkrechter Abstand, Höhenabstand, Höhenfreiheit
– distance	['və:tikl 'distəns]	
– fin	['və:tikl fin]	Seitenflosse
– guidance	['və:tikl 'gaidəns]	Höhenführung, Vertikalführung
– limit	['və:tikl 'limit]	Obergrenze
– separation	['və:tikl sepə'reiʃən]	Höhenstaffelung
– speed	['və:tikl spi:d]	Vertikalgeschwindigkeit
– – indicator	[spi:d 'indikeitə]	Variometer
– stabilizer	['və:tikl 'steibilaizə]	Kielflosse, Seitenflosse
– take-off and landing (VTOL)	['və:tikl 'teikɔf ænd 'lændiŋ]	Senkrechtstart und -landung
– visibility	['və:tikl vizi'biliti]	Vertikalsicht, Senkrechtsicht
vertigo	['və:tigou]	Schwindel, Schwindelgefühl
very	['vɛri]	sehr
– high frequ. (VHF)	['vɛri hai 'fri:kwənsi]	Ultrakurzwelle (UKW, 30-300 MHz)
– – – direction finding station	[wi: eitʃ ef di'rekʃən 'faindiŋ 'steiʃən]	UKW-Peilstelle (VDF)
– important person	[im'pɔ:tənt 'pə:sn]	sehr wichtige Persönlichkeit (VIP)
– long range, VLR	['vɛri lɔŋ reindʒ]	sehr große Reichweite
– low frequency	['vɛri lou 'fri:kwənsi]	Längstwelle (unter 30 kHz) (VLF)
vessel, ship, boat	[vesl, ʃip, bout]	Schiff
VFR (visual flight rules)	[wi: ef a:, 'viʒuəl flait ru:lz]	VFR (Sichtflugregeln)
VFR flight	[wi: ef a: flait]	VFR-Flug
VFR minima	[wi: ef a: 'minimə]	VFR-Mindestwerte
VFR restriction area	[ri'strikʃən 'ɛəriə]	VFR-Beschränkungsgebiet
VHF omni directional radio range (VOR)	[wi: eitʃ ef 'ɔmni di'rekʃənəl 'reidiou reindʒ, wi: ou a:]	UKW-Drehfunkfeuer (VOR)
via (by way of)	['via, 'vaiə, bai wei ɔv]	über (Strecke)
to vibrate	['vaibreit]	vibrieren, schwingen
vibration	[vai'breiʃən]	Vibration, Schwingung

vice versa	[vais 'və:sə]	umgekehrt
vicinity	[vi'siniti]	Umgebung, Nähe, Umgegend
– of an aerodrome	[ɔv ən 'ɛəroudroum]	Flugplatznähe
to view	[vju:]	(be)sehen, betrachten
view	[vju:]	Aussicht, Sichtweite
in view of	[in vju: ɔv]	in Anbetracht, im Hinblick auf
village	['vilidʒ]	Dorf
to violate	['vaiəleit]	verstoßen gegen, verletzen, zuwiderhandeln, unterschreiten
– a regulation, rule	[regju'leiʃən, ru:l]	eine Bestimmung übertreten
violation	[vaiə'leiʃən]	Verstoß, Übertretung, Verletzung, Zuwiderhandlung
violation report	[vaiə'leiʃən ri'pɔ:t]	Verstoßmeldung
violent	['vaiələnt]	heftig, stark, schwer
visibility (VIS)	[vizi'biliti]	Sicht
– decreasing	[vizi'biliti di'kri:siŋ]	Sicht nimmt ab
– down to...	[vizi'biliti daun tu]	Sicht abnehmend auf...
– increasing	[vizi'biliti in'kri:siŋ]	Sicht nimmt zu
– up to...	[vizi'biliti ʌp tu]	Sicht ansteigend auf...
bad, poor –	[bæd, 'pu:ə vizi'biliti]	schlechte Sicht
flight –	[flait vizi'biliti]	Flugsicht
forward –	['fɔ:wəd vizi'biliti]	Sicht voraus
ground –	[graund vizi'biliti]	Bodensicht
horizontal –	[hɔri'zɔntəl vizi'biliti]	Horizontalsicht
restricted –	[ri'striktəd vizi'biliti]	beschränkte Sicht
slant visibility	[sla:nt, slæ:nt]	Schrägsicht
vertical visibility	['və:tikl vizi'biliti]	Vertikalsicht
visible	['vizibl]	sichtbar
vision	['viʒən]	das Sehen, Sehvermögen
range of vision	[reindʒ ɔv 'viʒən]	Sichtbereich, Gesichtsfeld
visual(ly)	['viʒuəli]	nach Sicht, optisch
– aids	['viʒuəl eidz]	optische Hilfen, Sichthilfen
– approach	['viʒuəl ə'proutʃ]	Sichtanflug
– – chart	['viʒuəl ə'proutʃ tʃa:t]	Sichtanflugkarte
– – procedure	[ə'proutʃ prə'si:dʒə]	Sichtanflugverfahren
– – slope indicator system	['viʒuəl ə'proutʃ sloup 'indikeitə 'sistəm]	Gleitwinkelbefeuerung (VASIS)
– circling, orbiting	['sə:kliŋ, 'ɔ:bitiŋ]	Sichtplatzrunde, Platzr. m. Sicht
– conditions	['viʒuəl kən'diʃənz]	Sichtbedingungen
– contact,	['viʒuəl 'kɔntækt]	Erdsicht
– reference to the ground (terrain)	['viʒuəl 'refrəns tu ðə graund]	Erdsicht
– flight rules	['viʒuəl flait ru:lz]	Sichtflugregeln (VFR)
– holding fix	['viʒuəl 'houldiŋ fiks]	Sichtwartepunkt
– manoeuvring	['viʒuəl mə'nu:vriŋ]	Platzrundenanflug
– meteorological conditions	['viʒuəl 'mi:tiərə-'lɔdʒikəl kən'diʃənz]	Sichtwetterbedingungen (VMC)
– orbiting	['viʒuəl 'ɔ:bitiŋ]	Sichtplatzrunde, Platzr. mit Sicht
– range	['viʒuəl reindʒ]	Sichtweite, Sichtbereich
– signal	['viʒuəl 'signəl]	optisches Zeichen, Sichtsignal
in visual range of an aerodrome	[in 'viʒuəl reindʒ ɔv ən 'ɛəroudroum]	in Sichtweite eines Flugplatzes
voice	[vɔis]	Stimme
– communication	[kəmju:ni'keiʃən]	Sprechverkehr, -verbindung
– feature (ILS)	[vɔis 'fi:tʃə]	Besprechungsteil des ILS

void, invalid	[vɔid, in'vælid]	ungültig, nicht gültig
clearance – if not airborne at	['kliərəns vɔid if nɔt 'ɛəbɔ:n æt]	Freigabe ungültig, falls um... noch nicht gestartet
voltage	['voultidʒ]	Spannung
volume	['vɔlju:m]	Band (eines Bücherwerks)
volume (control)	['vɔlju:m kən'troul]	Lautstärke(regelung)
VOR radial	[wi: ou a: 'reidiəl]	VOR-Leitstrahl, -Radial
VOR receiver	[wi: ou a: ri'si:və]	VOR-Empfänger
vortex, vortices	['vɔ:teks, 'vɔ:tisiz]	Wirbel
wing tip vortices	[wiŋ tip 'vɔ:tisiz]	Randwirbel; (s. wake turbulence)

W

to wait (for)	[weit fɔ:]	warten (auf), (er)warten
wake turbulence	[weik 'tə:bjuləns]	Wirbelschleppe, Nachlaufturbul.
– – category	['kætigəri]	Wirbelschleppenkategorie
to walk	[wɔ:k]	gehen, laufen
wall	[wɔ:l]	Wand, Mauer
to want; to wish	[wɔnt]	wollen; wünschen
to warm up	[wɔ:m ʌp]	aufwärmen
warm front	['wɔ:m frʌnt]	Warmfront
to warn (of)	[wɔ:n]	warnen (vor), ermahnen
warning	['wɔ:niŋ]	Warnung, Gefahrenmeldung
– device	['wɔ:niŋ di'vais]	Warngerät
– horn	['wɔ:niŋ hɔ:n]	Warnhorn
– lamp, – light	['wɔ:niŋ læmp, lait]	Warnlicht, Warnlampe
fire warning	['faiə 'wɔ:niŋ]	Brandwarnung
storm warning	[stɔ:m 'wɔ:niŋ]	Sturmwarnung, Gewitterwarnung
weather warning	['weðə 'wɔ:niŋ]	Wetterwarnung
to watch out (for), to look out (for)	[wɔtʃ aut fɔ:, luk aut fɔ:]	aufpassen, achtgeben (auf), ausschauen, Ausschau halten (nach)
watch	[wɔtʃ]	Uhr; Wache (Funk)
watch your intercom	[wɔtʃ juə 'intəkɔm]	achten Sie auf Ihre Bordeigenverständigungsanlage
listening watch	['lisniŋ wɔtʃ]	Hörbereitschaft
water	['wɔ:tə]	Wasser
water aeroplane	['wɔ:tə 'ɛərouplein]	Wasserflugzeug
wave	[weiv]	Welle, Woge, Schwingung
wave length	[weiv leŋθ]	Wellenlänge
way	[wei]	Weg, Richtung, Art, Weise
by the way	[bai ðə wei]	übrigens
by way of, via	[bai wei ɔv, 'via, 'vaiə]	über
to give way to...	[giv wei tu]	...ausweichen, Platz machen
to make way	[meik wei]	Fahrt machen
in such a way	[in sʌtʃ ə wei]	so
on the way	[ɔn ðə wei]	unterwegs
right of way	[rait ɔv wei]	hier: Vorflugrecht
under way	['ʌndə wei]	in Fahrt
waypoint	['weipɔint]	Wegpunkt (Flächennavigation)
weak, faint	[wi:k, feint]	schwach, matt
weak signal	[wi:k 'signəl]	geringe Zeichen-, Lautstärke
to weaken	['wi:kən]	nachlassen, schwächer werden
weakness	['wi:knis]	Schwäche

weather (WX)	['weðə]	Wetter (s. auch meteorology)
– advisory	['weðə əd'vaizəri]	Wetteransage
– briefing	['weðə 'bri:fiŋ]	Wetterberatung
– chart	['weðə tʃa:t]	Wetterkarte
– conditions	['weðə kən'diʃənz]	Wetterbedingungen, -verhältnisse
– deterioration	['weðə ditiəriə'reiʃən]	Wetterverschlechterung
– forecast	['weðə 'fɔ:ka:st]	Wettervorhersage, -beratung
– front	['weðə frʌnt]	Wetterfront
– improvement	['weðə im'pru:vmənt]	Wetterbesserung
– minima	['weðə 'minimə]	Wettermindestbedingung., -werte
– observation	['weðə ɔbzə:'veiʃən]	Wetterbeobachtung
– observer	['weðə əb'zə:və]	Wetterbeobachter
– permitting	['weðə pə'mitiŋ]	falls das Wetter es gestattet
– radar	['weðə 'reida:]	Wetterradar
– report, met report	['weðə ri'pɔ:t]	Wettermeldung, Wetterbericht
– situation	['weðə sitju'eiʃən]	Wetterlage
– station	['weðə 'steiʃən]	Wetterwarte
– warning	['weðə 'wɔ:niŋ]	Wetterwarnung
bad, poor weather	[bæd, 'pu:ə 'weðə]	schlechtes Wetter
en route weather	[en ru:t 'weðə]	Streckenwetter
weight	[weit]	Gewicht
well		gut (als Umstandswort); weit
– behind	[wel bi'haind]	weit hinter
– below	[wel bi'lou]	weit unten, unter
– clear	[wel kliə]	weit weg, entfernt
– founded, – motivated	[wel 'faundid, wel 'moutiveitid]	besonders begründet
– to the left (right)		weit links (rechts)
as well as	[æz wel æz]	sowie
very well	['vɛri wel]	sehr gut
west (W)		Westen; westlich (von = of)
westbound; to be –	['westbaund]	westwärts; in Westrichtung fliegend
westerly, western	['westəli, 'westən]	westlich
wet		naß, feucht
wet fog		nässender Nebel
wet snow	[wet snou]	Naßschnee
what (a)	[wɔt ə]	was, was für (ein, -e)
what about	[wɔt ə'baut]	was ist mit, wie steht's mit
what else?	[wɔt els]	was sonst noch?
whatever, whatsoever	[wɔt'evə, wɔtsou'evə]	was auch immer
what... for	[wɔt fɔ:]	warum, wozu
wheel	[wi:l]	Rad
wheel brake	[wi:l breik]	Radbremse
wheel chair	[wi:l tʃɛə]	Rollstuhl
wheel controls	[wi:l kən'troulz]	Handradsteuerung
wheel track	[wi:l træk]	Spurweite
wheel well	[wi:l wel]	Fahrwerkschacht
wheels down and locked	[wi:lz daun ænd lɔkt]	Fahrwerk ausgefahren und verriegelt
wheels-up landing	[wi:lz ʌp 'lændiŋ]	Bauchlandung; auch: belly ldg.
when	[wen]	wenn, als; wann
where	[wɛə]	wo
where from	[wɛə frɔm]	woher, wo... her
whereas	[wɛər'æz]	wohingegen, während
whether, if	['weðə]	ob

which	[witʃ]	welcher, welche, welches
in which case	[in witʃ keis]	wobei
whichever	[witʃ'evə]	was auch (immer)
– is earlier, sooner; later, lower, higher	[witʃ'evə is 'ə:liə, 'su:nə, 'leitə, 'louə, 'haiə]	je nachdem, was früher; später, tiefer, höher ist (bzw. kommt)
while	[wail]	während; Weile
in a little while	[in ə litl wail]	in Kürze, bald
to whistle; whistle	[wisl]	pfeifen; Pfeife, Pfeifen
white (W)	[wait]	weiß
who	[hu:]	wer
whole	[houl]	ganz
whom	[hu:m]	wen, den
to whom	[tu hu:m]	wem, dem
whooping cough	['hu:piŋ kɔf]	Keuchhusten
– – flight, medical flight	['medikəl flait]	Keuchhustenflug
whose	[hu:z]	wessen, dessen
why	[wai]	warum
that's why	[ðæts wai]	darum
wide	[waid]	weit, breit
wide approach	[waid ə'proutʃ]	Weitanflug
widespread	['waidspred]	weitverbreitet, ausgedehnt
– thunderstorms	['θʌndəstɔ:mz]	verbreitet Gewitter
width	[widθ]	Breite, Weite
wilco, willdo	['wilkou, 'wildu:]	Verf. sprechgr.: wird ausgeführt
will		wollen, werden
winch-launching	[wintʃ 'lɔ:nʃiŋ]	Windenstart
winch-towing	[winʃ 'touiŋ]	Windenschlepp
wind		Wind
– calm	[wind ka:m]	windstill
– component	[wind kəm'pounənt]	Windkomponente
– correction angle	[kə'rekʃən æŋgl]	Luvwinkel
– direction	[wind dai'rekʃən]	Windrichtung
– – indicator	['indikeitə]	Windrichtungsanzeiger (WDI)
– force, – intensity, – strength	[wind fɔ:s, in'tensity, streŋθ]	Windstärke
– reading	[wind 'ri:diŋ]	Windangabe
– shear	[wind ʃiə]	Windscherung
– shield, –screen	[wind ʃi:ld, skri:n]	Windschutzscheibe
– shift	[wind ʃift]	Winddrehung, Windumschlag
– sock, – cone	[wind sɔk, koun]	Windsack
– speed, –velocity	[wind spi:d, vi'lɔsiti]	Windgeschwindigkeit
– tee, landing tee	[wind ti:, 'lændiŋ ti:]	Lande-T, Landeweiser, -kreuz
– variation	[wind 'vɛəri'eiʃən]	Windschwankung
– s aloft, upper –	[ə'lɔft, 'ʌpə wind]	Höhenwind(e)
cross wind	[krɔs wind]	Seitenwind, Querwind
gusty winds	['gʌsti windz]	böige Winde
head wind	[hed wind]	Gegenwind
surface wind	['sə:fis wind]	Bodenwind
tail wind	[teil wind]	Rückenwind
to turn into the w.	[tə:n 'intu ðə wind]	in den Wind drehen
to windmill (propeller)		vom Fahrtwind getrieben werden, sich im Fahrtwind drehen
windmilling torque	['windmiliŋ tɔ:k]	(Propeller-)Schleppdrehmoment

window	['windou]	Fenster
wing		Flügel, Tragflügel, -fläche
– chord	[wiŋ kɔ:d]	Flügelsehne, Flügeltiefe
– flaps	[wiŋ flæps]	Flügelklappen
– light	[wiŋ lait]	Flügellicht, Navigationslicht
– loading	[wiŋ 'loudiŋ]	Flächenbelastung (Tragflügel)
– span	[wiŋ spæn]	Flügelspannweite
– tip		Flügelspitze, -randbogen
– – clearance	[wiŋ tip 'kliərəns]	Flügelendenfreiheit
– – tank, wing tank	[wiŋ tip tæŋk]	Flächenendbehälter, Flächentank
– – vortex	[wiŋ tip 'vɔ:teks]	Randwirbel; Mehrzahl: vortices
swept back wing	[swept bæk wiŋ]	Pfeilflügel
wire	['waiə]	Draht, Kabel
to wish, to desire	[wiʃ, di'zaiə]	wünschen
with	[wið, wiθ]	mit, nebst
– effect from, WEF	[wið i'fekt frɔm]	mit Wirkung vom...
– immediate effect	[wið i'mi:diət i'fekt]	mit sofortiger Wirkung (WIE)
together with	[tə'geðə wið]	nebst
to withdraw	[wið'drɔ:]	zurückziehen, rückgängig machen; Hw.: withdrawal
within	[wi'ðin]	innerhalb, darin, binnen
without	[wi'ðaut]	ohne; draußen
without delay	[wi'ðaut di'lei]	ohne Verzug, unverzüglich
to wonder whether	['wɔndə 'weðə]	wissen wollen, ob
wood	[wud]	Holz, Wald
wood construction	[wud kən'strʌkʃən]	Holzbauweise
wooded area	['wudid 'ɛəriə]	bewaldetes Gebiet
word	[wə:d]	Wort, auch: Nachricht
words twice	[wə:dz twais]	Verf. sprechgruppe: alles zwomal
to work	[wə:k]	arbeiten, auch: funktionieren
work	[wə:k]	Arbeit
work in progress (WIP)	[wə:k in 'prougres]	(Bau)-Arbeiten im Gange, Durchführung von Arbeiten
working frequency	['wə:kiŋ 'fri:kwənsi]	Arbeitsfrequenz
working hours	['wə:kiŋ 'auəz]	Betriebszeit; auch: operating hrs.
radio is working again	['reidiou iz 'wə:kiŋ ə'gen]	Funkgerät arbeitet (wieder)
work load	[wə:k loud]	Arbeitslast, -belastung
world; world wide	[wə:ld, 'wə:ldwaid]	Welt; weltweit
worse, worst	[wə:s, wə:st]	schlechter, am schlechtesten
would	[wud]	würde
wreck; wreckage	[rek, 'rekidʒ]	Wrack, Trümmer; Wrackteile
to write, wrote, written	[rait, rout, 'ritən]	schreiben, schrieb, geschrieben
to write down	[rait daun]	aufschreiben
written, in writing	['ritən, in 'raitiŋ]	schriftlich
wrong, false	[rɔŋ, fɔ:ls]	falsch, verkehrt

Y

to yaw	[jɔ:]	gieren, schieben
year	[jiə]	Jahr
yellow (Y)	['jelou]	gelb

yet; not... yet	[jet, nɔt jet]	schon, noch; noch nicht
you; you are	[ju:, ju: a:]	du, ihr, Sie, Ihnen; Sie sind
your (YR)	[juə]	dein, euer, Ihr

Z

zero	['zi:rou]	Null
zone	[zoun]	Zone
zoom (aircraft)	[zu:m]	Hochreißen, kurzes Hochziehen

Deutsch – Englisch

A

ab (Zeitpunkt); wirksam	effective (time)
ab, weg, fort	off
ab sofort, mit sofortiger Wirkung	effective immediately
ab und zu, zeitweise, gelegentlich	now and then, once in a while
abändern, berichtigen, erneuern	to revise, to change, to alter
abbiegen; abdrehen, abstellen	to turn off
abblenden (Lichter)	to dim (lights)
abbrechen (Start)	to abandon, to abort (take-off)
abbrechen, unterbrechen	to interrupt
abbrechen (Anflug), abdrehen	to break off
abbremsen (Motoren); abbremsend	to run up (engines); running up
Abbremsen (der Motoren)	(engine) runup, power check
Abbremsfläche, -platz, -raum	run-up area
Abbremsstelle, -punkt	run-up position, -point
Abbruchhöhe (beim Anflug)	break-off height
Abend; abends	evening; in the evening
Abenddämmerung	evening twilight
aber, sondern	but
abfangen (nach Steig- oder Sinkfl.)	to level off
abfangen, herausnehmen (Trudeln, Sturzflug)	to pull out
abfangen (vor dem Aufsetzen), ausschweben	to flare out
abfertigen, abwickeln, versorgen,	to handle; Hw.: handling, servicing
Abfertigung, Versorgung von Lfz.	servicing of aircraft
Abfertigungsdienst, Vorfelddienst	ramp service
Abfertigungsgebäude, Flughof	terminal building
Abfertigungsvorfeld, Flugsteig	ramp, terminal ramp
abfliegen, starten	to depart, to take off
abfliegender, abgehender Verkehr	departing traffic, outbound traffic
Abflug, Start	departure, take-off
Abfluganweisungen	departure instructions, take-off i.
Abfluggewicht, Startgewicht	take-off weight
Abflugkurs (über Grund)	outbound track
Abflugkurs über Grund halten	to track outbound
Abflugmeldung, Startmeldung	departure message
Abflugort, Ausgangspunkt	point of departure, point of origin
Abflugprobe (Funkgerät)	preflight check
Abflugstrecke	departure route, outbound route
Abflugstreckenführung	departure routing
Abflugteil } eines Anflug- oder Warteverfahrens	outbound leg } of approach or holding procedure
Anflugteil } eines Anflug- oder Warteverfahrens	inbound leg } of approach or holding procedure
Abflugverfahren	departure procedure
Abflugzeit, Startzeit, Abhebezeit	departure time, airborne time
Abfragegerät, -sender (SSR)	interrogator

Abgasanlage, Auspuff	exhaust system
abgeben, ausliefern (Meldung)	to originate (a message)
abgebrochene Landung	balked landing, baulked l.
abgehend, ab-, wegfliegend	outbound
abgehoben (um . . .)	airborne (at . . .)
abgelesene Fahrtmesseranzeige	indicated airspeed
abgeschlossen, beendet	completed
abhängig sein von, unterliegen	to be subject to
Abhebegeschwindigkeit, Startgeschwindigkeit	lift-off speed, take-off speed, unstick speed
abheben (beim Start)	to get airborne, to become airborne, to lift off, to unstick
Abhebezeit, Startzeit	airborne time, time off the ground
abkürzen (Gegenanflug)	to shorten (downwind)
abkürzen (Strecke)	to cut short; Hw.: short cut
abkürzen (Wort); Abkürzung	to abbreviate; abbreviation
Ablageanzeiger (VOR)	(course) deviation indicator (CDI)
Ablaufpunkt (für Instr.-Anflüge)	(approach) gate
ablehnen, abweisen	to reject
ablehnen, nicht billigen	to disapprove
ablehnen, sich weigern	to refuse
ablenken, abweichen, ausschlagen	to deflect; Hauptw.: deflection
abnehmen, sich verringern	to decrease
abnehmen; abnehmend (Luftdruck)	to drop; dropping (air pressure)
abnorm, abnormal, ungewöhnlich	abnormal
abreißen (Strömung)	to stall
Abreißgeschwindigkeit (Strömung), Überziehgeschwindigkeit (Lfz.)	stalling speed
Abrollbahn, Abrollweg	turn-off taxiway, exit taxiway
Absatz, Abschnitt	paragraph
abschalten, stillegen, abstellen	to switch off, shut down, close down
abschießen, aufsteigen lassen	to launch
abschließen, beenden	to finish, to complete, to terminate
abschließend	finally
Abschlußlandung	full stop landing
abschneiden (im S. v. abtrennen)	to cut off
Absender, Aufgeber (einer Meldg.)	originator (of a message)
absetzen, abwerfen	to drop
Absicht, Zweck	intention
absichtlich	intentional(ly), on purpose
absolut	absolute(ly)
Absprache, Einteilung, Vereinbarg.	arrangement
abspringen (mit dem Fallschirm)	to bail out
Absprung-, Abwurfgebiet (Fallsch.)	(parachute) drop zone
Absprungfreigabe	drop clearance
Abstand	distance
Abstand, Annäherung	proximity
Abstand, Zwischenraum	interval
Abstand, Staffelung, Trennung	spacing, separation
Abstand einnehmen, halten von . . .	to keep (od. hold) (well) clear of to remain clear (of), to stay clear (of)
Abstand schaffen, herstellen	to space, to separate
halten Sie genügend Abstand	space yourself properly, remain clear of . . .

abstellen, abdrehen	to turn off
abstellen, parken, parkieren	to park; Hw.: parking
Abstellfäche, Abstellplatz, (Abfertigungs-)Vorfeld	parking area, apron, hardstand; ramp, tarmac
Abstellgebühr(en)	parking fee
Abstellposition, Abstellplatz	parking position, tarmac
abstimmen (Funkgerät)	to tune
Abstimmung	tuning
abstürzen, Bruch machen	to crash
Absturz, Bruch, Aufschlag	crash
absuchen, abtasten	to scan
Abtrift	drift
Abtriftwinkel	drift angle
abwarten, erwarten	to await (erwarten, auch: to expect)
abweichen	to deviate (auch: to deflect)
Abweichung, (Kompaß-)Ablenkung	deviation
Abweichungsanzeiger	(course) deviation indicator (CDI)
abwerfen(d), absetzen(d) (z. B. Luftdruck, Fallschirm, Werbebanner)	drop(ping) (e. g. air pressure, parachute, banner)
Abwerfen von Versorgungsgütern	supply dropping
abwickeln (Verkehr)	to handle (traffic)
Abwind, Hubschrauberfallstrom	downwash, d. current, d. draught
Abzweigung, Zufahrt (Autob.)	(Autobahn) cutoff, junction
Abzweigung, Einmündung (Rollb.)	(taxiway) intersection
Start von einer Einmündung aus	intersection take-off
Achse	axis
Achtel (Wolkenbedeckungsgrad)	okta(s)
achten auf, aufpassen auf, beachten	to look out for, to watch out for
beachten	to use caution, to mind
im Auge behalten, beachten	to keep an eye on . . .
achten Sie auf . . .	use caution with . . .
achtgeben auf . . ., beachten	to pay attention to . . .
sich in acht nehmen vor . . .	to beware of . . .
Achtung! Vorsicht!	attention! caution!
ähnlich	similar
(ab)ändern, verändern; Änderung	to alter, to change; change
ändern, verbessern, berichtigen	to amend; Hw.: amendment
Änderungsmeldung	modification message (CHG)
äquivalent	equivalent
Aerodynamik	aerodynamics
ärztliche Hilfe	medical help, medical assistance
äußerer Motor	outer engine
äußern, ausdrücken	to express; Hw.: expression
äußerst, höchst-, größt- . . .	utmost
äußerste Vorsicht	extreme caution, utmost caution
Aktion, Wirkung, Handlung	action; Zeitw.: to act, to take action
Alarmdienst, Flugalarmdienst	alerting service
alarmieren	to alert
Alarmstart	scramble
Alarmstufe(n)	emergency phase(s)
allein	alone
alles (andere)	everything (else)
alles nach . . .; alles vor . . .	all after . . .; all before . . .
alles zwomal (Verf.sprechgruppe)	words twice
allgemein	general, in general

allgemeiner Anruf (an alle)	general call
allgemeiner Luftverkehr	general air traffic (GAT)
im allgemeinen	in general, generally
allmählich, nach und nach	gradually
allmählich abnehmend	gradually decreasing
als, wenn; wann	when
als (beim Vergleich)	than
alt	old
Altocumulus	altocumulus
Altostratus	altostratus
am, an, bei, in	at
Amphibienluftfahrzeug	amphibian
amtlich, offiziell	official
andauern, anhalten, ausreichen	to last
andauernd, immerzu, die ganze Zeit	all the time
anderer, andere, anderes	other
anderer Ort	different location
andernfalls, sonst	otherwise, or else
anderswo	elsewhere
andrehen, anstellen, anmachen	to turn on
anfänglich, Anfangs-, Erst- . . .	initial
Anfang, Beginn	beginning; Zeitw.: to begin
Anfang der Piste, Start- u. Landeb.	approach-, take-off end of rwy.
Anfangsanflug	initial approach
Anfangsanflugmindesthöhe	minimum initial approach altitude
Anfangssteigflug, erstes Steigen	initial climb
Flughöhe beim Anflugbeginn, Platzanflughöhe	initial approach altitude
anfassen, anrühren	to touch
anfliegen, sich nähern	to approach
anfliegend, ankommend, einwärts	inbound
Anflug (abbrechen)	(to discontinue) approach
Anflug fortsetzen	continue approach
Anflug in geringer Höhe	low approach
Anfluganweisungen	approach instructions
Anflugbahn, Anflugweg	approach path
Anflugbefeuerung(ssystem)	approach lighting (system)
Anflugblitzbefeuerung	electronic flash approach lighting system (EFAS)
Anflugfeuer (Platzanflugfeuer)	locator (beacon), compass locator
Anflugfeuer (Lichter)	approach lights
Anflugfolge (von Luftfahrzeugen)	approach sequence
Anflugfreigabe	approach clearance
Anfluggeschwindigkeit	approach speed
Anfluggrundlinie	approach center line, extended runway centerline
Anflughilfen	approach aids
Anflugkarte	approach chart, approach plate
Anflugkontrolle (-dienst)	approach control (service)
Anflugkurs (über Grund)	inbound track, approach track
Anflugkurs über Grund halten	to track inbound
Anfluglotse	approach controller
Anflugschneise	approach lane
Anflugsektor	approach sector, – area, – lane
Anflugsteuerkurs	inbound heading, approach heading

Anflugteil (Anflug- und Warteverf.)	inbound leg (appr. or holding proc.)
Anflugverfahren	approach procedure
– aus großer Höhe, Höhenanflugv.	high level approach procedure
Anflugwinkel(feuer)	angle of approach (lights)
Anflugzeitpunkt	approach time
voraussichtlicher Anflugzeitpunkt	expected approach time
anfordern, erbitten	to request
Anforderung, Erfordernis	requirement
Anforderung einer Freigabe	clearance request
auf Anforderung	on request
Anfrage, Antrag (genehmigt)	request (approved)
anfragen, sich erkundigen	to inquire; Hw.: inquiry
Angaben, Daten	data
Angabe(n), Einzelheit(en)	detail(s), information
genaue Angabe, Bezeichnung	specification
angeben, anraten, mitteilen	to advise (auch: melden, durchgeben); Hauptw.: advice
angeben, anzeigen	to indicate; Hw.: indication
angemessen, angebracht, passend	appropriate
angenehm, passend, günstig	convenient, agreeable
angenommener, simulierter Instrumentenanflug	simulated instrument approach
angenommener Standort	assumed position
angewiesen; wie angewiesen	instructed; as instructed
angezeigt, markiert durch . . .	marked by . . .
angezeigte Fluggeschwindigkeit	indicated airspeed
angezeigte Flughöhe	indicated altitude
angezeigte Lufttemperatur	indicated air temperature
angrenzend, benachbart, Nachbar-	adjacent
anhäufen, ansammeln, zunehmen	to accumulate
anhalten	to stop, to come to a full stop; to hold position
anheben	to raise
Anheben der Wolken	lifting of clouds, cloud lift
Ankermast	mooring mast
Ankerplatz	mooring place
ankommen; ankommender Verkehr	to arrive; incoming, inbound traffic
ankündigen, anzeigen	to announce
Ankunft	arrival
Ankunftszeit	time of arrival
Anlage, Einrichtung	facilitiy
Anlage, Beilage	attachment
Anlaß, Grund, Ursache (unbekannt)	reason (unknown)
anlassen; das Anlassen (d. Mot.)	to start(up); start up (engines)
(Motor) anlassen, anwerfen	to crank up
Anlasser	starter (unit)
Anlaßerlaubnis	start up permission
Anlaßknopf	starter button
Anmerkung, Notiz	note
annähernd, ungefähr, etwa, ca.	approximate(ly), about, roughly
Annäherungsgeschwindigkeit	rate of closure
Annahme, Vermutung	assumption
annehmbar, durchführbar	acceptable
annehmen, vermuten	to assume, to guess, to suppose, to presume

annehmen, akzeptieren	to accept; Hauptw.: acceptance
anordnen, bestellen	to order
Anordnung, Anweisung, Richtung	direction
anraten, empfehlen	to advise, to recommend
Anrollen beim Start	take-off roll
anrufen; Anruf (Funk)	to call; call
anrufen (Telefon)	to call up
ansammeln, anhäufen	to accumulate
Anschnallgurt	seat belt, safety belt
anschneiden, einfliegen in (Kurs etc.)	to intercept (track, radial, ILS)
(sich etwas) ansehen, anschauen	to (take a) look (at something)
anstatt, anstelle von	instead of, rather than
anstellen, anmachen, andrehen	to turn on
Anstellwinkel	angle of pitch, angle of attack, angle of incidence
ansteuern, anpeilen	to home for
Anstoß nehmen (an), etwas haben gegen, protestieren	to object
Antenne	antenna, aerial
Antennenturm, -mast	radio mast, antenna mast
Antrag, Bitte	request
auf Antrag, auf Anforderung	on request
Antrag genehmigt	request approved, permission granted
antragsgemäß, wunschgemäß	as requested
antreffen, unvermutet begegnen	to encounter
Antrieb	propulsion
Antwort	answer, reply, response
Antwort bleibt aus, ohne Antwort	reply missing
antworten, erwidern	to answer, to reply, to response
Antwortsenderbake	responder beacon (RSP)
anwachsen, zunehmen, verstärken	to increase
anweisen, regeln	to direct
Anweisung, Auftrag, Ordnung	order
Anweisung, auch: Richtung	direction
Anweisungen, Schulung	instructions; Zeitw.: to instruct
anwenden, einführen; anwendbar	to apply; applicable
Anwendung	application
anwerfen (Motor)	to start (engine)
Anzahl, Zahl, Menge, Nummer	number
Anzahl, Reihe, Serie	series
Anzeigelampe	indicator lamp
anzeigen, angeben; Anzeige	to indicate; indication
anzeigen, markieren, bezeichnen	to mark
Anzeigenadel	indicator needle
Anzeigevorrichtung, Anzeiger	indicator
Apparat(e), Gerät(e)	apparatus
arbeiten; Arbeiter; Arbeiten	to work; worker, workman; work
Arbeitsflug	air work
Arbeitsfrequenz	working frequency, utility frequ.
armes, mageres Kraftstoffgemisch	lean mixture
Art	kind, type; character, nature
Artikel, Teil eines Auftrags	item (auch: Feld im Flugplan)
Artillerieschießübung	artillery firing
Arzt	doctor, physician

atmosphärischer Luftdruck	atmospheric pressure
atmosphärische Störungen	atmospherics (XS)
auch	also, too
auf, oben	up
auf (dem Flughafen)	at (the airport)
auf (dem Boden)	on (the ground)
auf . . . hinauf	onto
auf . . . zu, gegen . . .	towards
auf und ab, hin und her	back and forth
auf und ab, auf und nieder	up and down
auf Kurs gehen	to proceed on course
auf Strecke, unterwegs nach . . .	en route to . . .
aufblasbares Floß	inflatable raft
aufeinanderfolgend	successive
aufeinander zu, im Gegenkurs	headon
auferlegen (Funkstille)	to impose (radio silence)
auffällige Landschaftsmerkmale	prominent landmarks
aufgeben (Flugplan), einreichen	to file (flight plan); Hw.: filing
Aufgeber, Auflieferer	originator
aufgebrochene, aufgerissene Bewölkung, stark bewölkt	broken clouds, sky broken; Bedekkungsgrad 5/8–7/8
(stark) aufgelockerte Bewölkung	scattered cloud(s), 1/8–4/8
aufgeweicht, schlammig; weich	muddy; soft
sich aufhalten, bleiben	to stay
aufheben, streichen, annulieren	to cancel; Hauptw.: cancellation
aufheben, suspendieren	to suspend; Hw.: suspension
aufhören, beenden	to discontinue, to terminate
aufklaren (Wetter)	to clear up
aufliegende Hauptwolkenuntergr.	ceiling zero
aufmerksam machen auf . . .	to call attention to . . .
Aufmerksamkeit, Beachtung	attention
Aufnahmefähigkeit (der Piste)	(runway) capacity
aufnehmen (Fracht, Kurs)	to pick up (freight, heading)
aufnehmen (Funkverkehr)	to establish (radio communication)
aufpassen, achten auf, beobachten	to watch (for)
aufschlagen	to crash; Hauptw.: crash
aufschreiben	to write down, to copy
aufsetzen (bei Landung)	to touch down; Hw.: touchdown
Aufsetzpunkt; Aufsetzzone	touch down point; touch down zone
Aufsetz- und Durchstartlandung	touch and go landing
aufsteigen, steigen	to ascend, to climb
(sich) aufstellen (auf der Startbahn)	to line up
Aufstellungsort	site, location
Aufstieg	ascent, climb
auftanken; das Auftanken	to refuel; refuelling
Auftrieb	lift
Aufwind	up-current
Aufzeichnungen, Notizen machen	to take notes
Auge	eye
Augenblick, Moment	moment
aus, hinaus, heraus	out
ausbessern, reparieren	to repair; Hauptw.: repair
Ausbildungsflug, Übungsflug	training flight
ausblockieren, sperren, stören	to block out
Ausbrechen am Boden	ground loop

(sich) ausbreiten, um sich greifen	to spread, spread, spread (u. Verg.)
(sich) ausdehnen, erweitern, verlängern, vergrößern, erstrecken	to extend; Hauptwort: extension
ausdrückliche, besondere Genehmigung	special permission
ausfahren, herablassen (Fahrwerk)	to lower, to extend (landing gear)
Ausfall, Panne, Versagen	failure, outage
Ausfall der Funkverbindung	radio communication failure
ausfallen, versagen	to fail
ausfallsicher	failsafe
ausfindig machen; finden	to locate; to find
Ausflugpunkt; Ausflugfixpunkt	exit point; exit fix
ausführen, durchführen	to carry out, to perform, to execute
ausführen, durchführen, (aus)üben	to practice
Ausführung, Durchführung	execution
Ausgangspunkt (auf dem Flughafen)	starting point (on the airport)
Ausgangspunkt; Abflugort	point of origin; point of departure
Ausgang(ssignal) (Funkwesen)	output
ausgedehnt, umfassend	extensive
ausgedehnt, weitverbreitet (Gewitter)	widespread (thunderstorms)
ausgefahren, eingerastet, verriegelt (Fahrwerk)	down and in place, down and locked (landing gear)
ausgefahrenes Fahrwerk	extended landing gear
ausgefallen, außer Betrieb, unbenutzbar, stillgelegt	inoperative, out of operation, unserviceable, out of service
ausgefallener, abgestellter Motor	dead engine
ausgehen, knapp werden (Treibstoff)	to run short (of fuel)
ausgerichtet sein auf Kurs über Grund, ILS, Leitstrahl . . .	to be established on track, ILS, radial . . .
ausgerüstet, versehen mit . . .	equipped with . . .
ausgezeichnet	excellent
auslassen, weglassen	to omit
Auslaßventil	exhaust valve
ausleeren, entleeren, sich leeren	to empty
Ausmaß, Maß, Grad	extent
Ausmaße (der Start- und Landeb.)	(runway) dimensions
Ausnahme	exception; Zeitw.: to except
Auspuff(rohr)	exhaust (pipe)
ausreichend, genügend	sufficient
ausrichten, einordnen, errichten	to establish
ausrichten (mit Landebahn)	to align (with rwy); Hw.: alignment
Ausrollen bei der Landung	landing roll
Ausrüstung, Gerät	equipment
ausschalten, abschalten	to switch off
ausschauen, Ausschau halten nach	to look for, to watch out for
ausschließlich	exclusive(ly)
ausschweben	to flare out
außen, außerhalb, draußen	outside
Außenlandung, Notlandung außerhalb eines zugel. Fluggeländes	off field landing
Außenlufttemperatur	outside air temperature
Außenmarker (Österr., Schweiz)	outer marker
Außentemperatur	ambient temperature

außer, es sei denn ...	except ...
außer Betrieb, gestört, unbrauchbar, unbenutzbar, ausgefallen	inoperative, out of operation, unserviceable, out of service
außerdem, ferner	furthermore
außergewöhnlich, ungewöhnlich	extraordinary, unusual
außerhalb der Reichweite	out (side) of coverage, out of range
außerhalb der Wolken	clear of cloud
außerordentlich, äußerst, höchst	extreme, extremely
aussetzend, unterbrochen (Regen)	intermittent (rain)
Aussichten (weitere)	(further) outlook (MET)
aussprechen; Aussprache	to pronounce; pronunciation
aussteigen (lassen), von Bord gehen (Fluggäste)	to disembark, to get off, to get out (passengers)
ausstrahlen, senden (Funk)	to radiate, to broadcast
Ausstrahlung, Aussendung (Funk)	emission
aussuchen, auswählen (u. Verg.)	to choose, chose, chosen; to select
austrimmen	to trim
Austrittsdüse	jet nozzle, discharge nozzle
Ausweich ... (in Zusammensetzg.)	alternate ...
Ausweichanweisung	alternate instructions
Ausweichbewegung, -manöver	avoiding action, evasive action
– machen, ausweichen	to take evasive action
ausweichen (zu anderem Flugplatz)	to divert
ausweichen, Platz machen	to give way
Ausweichflugplatz, -flughafen	alternate aerodrome, diversion ad.
Ausweich-, Neben-, Zweitfrequenz	secondary frequency, alternate fr.
Ausweichlandung, Umleitung	diversion (landing)
Ausweichstelle, Überholstelle	by-pass (area)
Autobahn-Abzweigung	Autobahn cutoff, intersection
automatische Abstrahlung von Lande- und Startinformationen	automatic terminal information service (ATIS)
automatisches Peilgerät, Radiokompaß	automatic direction finder (ADF), radio compass
automatische Steuerung, Autopilot	auto(matic) pilot
Autorotationslandung	autorotation landing
Azimuth	azimuth

B

Backbordlampe, -leuchte	port light
Backbordmotor	port engine
Bagger	excavator
Bahnhof	railway station, railroad station
bald, früh; früher	soon, early; sooner, earlier
bald, in Kürze	in a little while, shortly
baldmöglichst, so bald wie möglich	as soon as possible (practicable)
Ballon; durch Ballon gemessen	balloon; measured by balloon
Bannerschlepp(flug)	banner towing (flight)
barometrischer Höhenmesser	pressure altimeter, barometric altim.
Basisteil, Queranflug (d. Platzrunde)	base leg
Bau(ausführung)	construction; Zeitw.: to construct
im Bau	under construction

Bauarbeiten	(construction) work
– im Gang; – beendet	– – in progress; – – completed
Bauchlandung	belly landing, wheels up landing
Baugerät	construction equipment
Baumuster (Luftfahrzeug)	type (of aircraft)
Baumusterberechtigung	type rating
Baustelle	construction site, construction area
beabsichtigen; was – Sie?	to intend; what are your intentions?
beabsichtigter Kurs über Grund	intended (proposed) track
beachten, betrachten	to consider, to regard
beachten, aufpassen (auf)	to pay attention (to)
nicht beachten, streichen	to disregard
zu beachtender (Boden)Verkehr	essential (ground) traffic
beantworten	to answer
bebautes Gebiet	built-up area
Bedarfsflug	non-scheduled flight
im Bedarfsfall	as required
bedeckt (Himmel)	(sky) overcast
bedeckt mit	covered by, covered with
Bedeckungsgrad	(sky) coverage, cloud amount
bedenklich, kritisch	critical
bedeuten, meinen (u. Vergangenh.)	to mean, meant, meant
Bedeutung	meaning
bedeutsame, markante Wolken	significant clouds
bedeutsame Wetteränderung	significant change in weather
keine bedeutsame Wetteränderg.	no significant change (NOSIG)
bedienen, betreiben	to operate
beeinflussen, bewirken, ausführen	to effect
beeinträchtigt	impaired
beenden, aufhören, beendigen	to end, to complete, to terminate, to finish, to discontinue, to cease
Radarführung beendet	radar service terminated
Beendigung, Ende (des . . .)	termination, completion (of . . .)
befestigen, festmachen	to fasten
befestigte Start- und Landebahn	paved runway
befestigter Abstellplatz	hardstand
befeuert, beleuchtet	lighted
Befeuerung	lighting
Befeuerung herunterschalten	to dim, to turn down lights
Befeuerungshilfe	lighting aid
Befeuerungssystem (Boden)	lighting (system)
befördern, behandeln	to handle
befolgen (Anweisung)	to follow (instruction)
befolgen (eine Freigabe, Anweisg.)	to comply with (clearance, instr.)
befolgen, folgen, gehorchen	to obey, to adhere to, to conform to
Befolgung, Einwilligung	compliance, adherence
befragen	to consult
befristet, vorübergehend	temporary
befürchten, fürchten	to be afraid of
beginnen, einleiten (Kurve)	to initiate (turn)
beginnen (Sinkflug)	to begin, to start, to commence (descent); Hw.: commencement
Beginn, Anfang	beginning
begleiten, geleiten	to escort
begreifen, verstehen (u. Verg.)	to understand, understood, –

begreifen, sich bewußt sein	to realize
begrenzt, beschränkt	limited
Begrenzung, Grenze, Rand	limit, boundary
im Begriff sein	to be about to . . .
Behälter, Tank	tank
behalten (u. Verg.)	to keep, kept, kept, to retain
behalten Sie hohe Geschwindigkeit	maintain high cruise
Behörde (zuständig)	(public) authority (competent)
bei (räumlich)	near, at, by (s. Grammatik)
bei (zeitlich)	upon, on
bei Ankunft, bei Verlassen	upon arrival, (up)on leaving
beibehalten, einhalten	to maintain
bei(m Flughafen)	near (the airport)
beide	both
beide Start- und Landebahnen	either runway
beiderseits (der Start- u. Landeb.)	both sides, either side (of rwy.)
beides ist richtig	either (one) is correct
Bein; Teil der Platzrunde, Teil eines Warteverfahrens	leg
beinahe, fast	almost, nearly
Beispiel, Fall	instance, example
zum Beispiel (z. B.)	for instance, for example (e. g.)
beistehen, helfen; Beistand, Hilfe	to assist, to help; assistance, help
bekannter, gemeldeter Verkehr	known traffic, reported traffic
bekommen, erhalten, werden	to get, got, got(ten) (u. Verg.)
beladen; Beladung, Belastung	to load; load
Belieben; nach Ihrem –, Ermessen	convenience, discretion; at your –
bemannter Freiballon	manned free balloon
(be)merken, wahrnehmen	to notice
Bemerkung, Stellungnahme	comment, remark; Zeitw.: to remark
benachrichtigen, unterrichten	to inform, to notify, to advise
Benachrichtigung, Unterrichtung	information, notification; advisory
benötigen, brauchen	to need, to require
benutzbar; verfügbar	usable, serviceable; available
benutzen, anwenden, verwenden	to use, to utilize
zu benutzende Start- u. Landeb.	runway in use
Benutzung, Nutzen, Gebrauch	use
Benzin	gasoline, gas
beobachten, bemerken, beachten	to observe
beobachten, achten (auf)	to watch (out) (for)
Beobachter	observer
Beobachtung	observation
Beratung, Vorunterrichtung	briefing
berechnen	to calculate; Hauptw.: calculation
berechnen, ausrechnen	to figure out
Berechtigung, Erlaubnis (Lizenz)	licence, rating
Bereich, Gebiet, Bezirk, Gegend	region, area
bereit zum Mitschreiben	ready to copy
sich bereitmachen, vorbereiten	to prepare
bereits, schon	already
Bereitschafts-, Ersatz- . . .	back-up . . ., stand-by . . .
Bereitschaftsstufe (2. Alarmstufe)	alert phase
Berg	mountain
bergiges Gelände	mountainous area
Bergrücken	mountain ridge

Bergung(sdienst)	crash rescue (service)
Bergungsfahrzeug, Rettungsfahrz.	crash vehicle
Bergungsgerät, Rettungsgerät	crash equipment
berichten, melden	to report; Hauptw.: report
berichtigen, verbessern	to correct, to revise, to amend
berichtigte Fahrtmesseranzeige, berichtigte Fluggeschwindigkeit	rectified airspeed, calibrated airspeed
Berichtigung (Verf.sprechgruppe)	correction
berücksichtigen (Wetter)	to take into account (weather), to take into consideration
berühren, anfassen	to touch
Besatzung(smitglied)	crew (member)
beschädigen; Beschädigung	to damage; damage
beschädigter, platter Reifen	blown tire, flat tire (od.: tyre)
einen Reifen beschädigen	to blow a tire
beschäftigt, besetzt (Leitung)	busy (line)
beschaffen, besorgen, holen (u. V.)	to get, got, got(ten)
Beschaffenheit, Zustand	condition
Bescheid geben (mir)	to let (me) know
beschleunigen Sie Rollen	expedite taxi
beschleunigen (ein Fahrzeug)	to accelerate; Hw.: acceleration
beschleunigen, sich beeilen	to speed up
beschleunigt	expeditious
beschränken, einschränken	to restrict, to limit
beschränkt, eingeschränkt (Sicht)	restricted (visibility)
Beschränkung, Einschränkung	restriction
Beschränkung, Begrenzung	limitation
beschreiben, schildern	to describe; Hauptw.: description
sich beschweren, (be)klagen	to complain; Hauptw.: complaint
besehen, betrachten	to view
beseitigen; Beseitigung, Räumung	to remove; removal (e. g. snow)
besetzen, belegen; besetzt, belegt	to occupy; occupied (e. g. runway)
besiedeltes Gebiet	populated area
besonders; Sonder . . .	especially; special
besonders, insbesondere	particularly, in particular
besonders genau bezeichnen, angeben, festlegen	to specify; Hw.: specification
besorgen, verschaffen	to provide
besser; am besten	better; best
(sich) bessern, verbessern	to improve
Besserung	improvement
beständig, dauernd, gleichmäßig	steady
bestätigen; Bestätigung	to confirm; confirmation
bestätigen, quittieren	to acknowledge
bestätigen Sie (Verf.sprechgruppe)	acknowledge, confirm
Bestätigung, Quittung	acknowledgement
Bestätigung nach Überprüfung	verification
Bestandteil, Teil	item, part
bestehen (aus)	to consist (of)
bestehen, existieren	to exist
bestehen, beharren (auf)	to insist (on)
bestimmen	to determine
bestimmt, gewiß, sicher	certain(ly), sure(ly)
bestimmt, fest	definite(ly)
bestimmt, ausdrücklich	specific

bestimmte Zeit	given time
ganz bestimmt, ganz gewiß	for sure
Bestimmung, Vorschrift; Regel	regulation; rule
Bestimmungsflugplatz, Zielort	(aerodrome of) destination
beteiligen, einbeziehen	to involve
Betonstart- und Landebahn, -piste	concrete runway
betrachten, erwägen; beachten	to consider; to regard, to observe
etwas betrachten, ansehen	to take a look at something
in Betracht, in Erwägung ziehen, berücksichtigen	to take into consideration
beträchtlich, erheblich	considerable, substantial
betreffen, angehen; betroffen	to concern; concerned
betreffend	concerning, with regard to, regardg.
betreiben, bedienen, in Betr. halten	to operate
betreten (das Flugzeug)	to board (the aeroplane)
Betrieb; in –, in Tätigkeit	operation; in –, operational, active
außer Betrieb, gestört	inoperative, out of operation, unserviceable
in Betrieb nehmen, setzen	to put into operation, to activate
Betriebsart (Sekundärradar)	mode
Betriebsbedingungen	operating conditions
betriebsbereit, fertig	operative, ready
betriebsklar (Funk)	functioning (radio)
Betriebspiste	runway in use
Betriebsstufe II (ILS)	category II
Betriebsstunden, -zeit	operating hours
Betriebswarnanzeige (VOR, ILS)	off-flag
Betriebszeit	working hours
bevor, vor (zeitlich)	before, prior to
bevor Sie auf Kurs gehen	before proceeding on course
bevorzugen, vorziehen	to prefer
bewaldetes Gebiet	wooded area
bewegen; Bewegung; beweglich	to move; motion; mobile
Bewegung; Bewegungsfläche	movement; movement area
bewegungsunfähiges Luftfahrzeug	immobilized, disabled aircraft
beweisen, sich erweisen	to prove
bewilligen, genehmigen, billigen	to approve; Gegenteil: to disapprove
bewilligen, erlauben, gestatten	to permit, to allow
Bewilligung, Genehmigung	permission, approval
bewirken, beeinflussen, ausführen	to effect; Hauptw.: effect
bewölkt, wolkig	cloudy
Bewölkung, Wolken	cloud
tiefe Bewölkung	low cloud
sich bewölken	to become cloudy
Bewölkungsverhältnisse	cloud conditions
bezahlen, bezahlte, bezahlt	to pay, paid, paid
bezeichnen, bes. genau angeben	to specify, to designate
bezeichnen, markieren, kennzeichn.	to mark; Hauptw.: marking
Bezeichnung, genaue Angabe	specification
Bezeichnung	designator, designation
sich beziehen auf, verweisen auf	to refer to
beziehungsweise	respectively
Beziehung, Verhältnis	relation
Bezirk, Gebiet, Bereich	area, region
Bezirkskontrolldienst, -leitdienst	area control service

Bezirkskontrollstelle, -leitstelle	area control center (ACC)
– für den oberen Luftraum	upper area control center (UAC)
bezogen auf, bezüglich	in relation to, related to
Bezugnahme, Bezugs . . .	reference
Bezugs-, Funkseitenpeilung	relative bearing
Bezugspunkt; Flugh.bezugspunkt	reference point; ad. reference pt.
Bezugspunkt, Meldepunkt	reporting point
mit Bezug auf, bezüglich	with regard to, regarding
bis	to
bis, zu, auf	until, till
bis auf weiteres, bis weitere Anweisung (Meldung) erfolgt	until further advised, until further notice (UFA, UFN)
bis hinter, bis nach . . .	until past . . .
bis jetzt, bisher, so weit	so far
bis jetzt, bisher, seither	up to now
bis zu . . .	up to . . .
ein bißchen	a (little) bit
bitte	please
Bitte, Wunsch, Antrag	request
Antrag vorgemerkt	request noted
bitten, erbitten; bitten um . . .	to request; to ask for
blasen, wehen (u. Vergangenh.)	to blow, blew, blown
blau	blue
bleiben	to stay
bleiben, verbleiben, übrigbleiben	to remain
bleiben Sie auf Empfang (auf Frequenz . . .)	stand by (on frequency . . .)
bleiben Sie auf dieser Frequenz	remain on this frequency
bleiben Sie auf gegenw. Kurs	maintain present heading
blenden	to blind
blicken, schauen, sehen (nach)	to look (for)
Blick	look
Blindgeschwindigkeit (Radar)	blind speed
Blindlandehilfe	instrument letdown facility
blind senden	to transmit blind
Blindübermittlung; Blindsendung	blind transmission; transmitting b.
blinken; Blinken	to blink, to flash; blinking
Blinklichtzeichen	flashing light signal
Blitz	lightning
Blitzfeuer, Blinkfeuer	flashing light
Blitzfolgefeuer	sequenced flashing lights
Blitz(licht)feuer	flashing beacon
Blockzeit	block-to-block time
Boden, Grund	ground
Boden, Erde	soil
Boden, Gelände	terrain
Ausbrechen am Boden	ground loop
Überprüfung am Boden	ground check
Bodenabfertigung, Bodenbetrieb	ground handling
Bodenabstand	ground clearance, surface clearance
Bodenausrüstung, -gerät	ground equipment
Boden/Bord	ground to air
Bodenechos (Radar)	ground clutter, ground returns
Bodeneinfluß, Bodeneffekt	ground effect
Bodenfreiheit	terrain clearance

Bodenfunkstelle	ground station
Bodenhilfe	ground aid
Bodenhöhe, Bodenfläche	ground level
Bodenkontrolle, Rollkontrolle	ground control
Bodennebel	ground fog, shallow fog
Bodensicht (am Boden gemessen)	ground visibility
Bodensicht (im Sinne von Erdsicht)	ground contact
Bodensignal	ground signal
Bodenstelle	ground station
Bodenverkehr	ground traffic
Bodenwind	surface wind
Bö; Böenspitzen bis . . .	gust, squall; gusting up to . . .
Böenwalze, Linienbö	line squall
böig, turbulent	gusty, turbulent
böige Luft	gusty air
böige Winde	gusty winds
böiger Flug	bumpy flight
Böigkeit, Turbulenz	gustiness, turbulence, gusty conditions
böigkeitsfreie Luft	smooth air
Bombenabwurf	bombing
Bombendrohung	bomb threat
Bombenwarnung	bomb warning
Boot, Schiff	boat
Bord . . . (ausrüstung)	airborne (equipment)
an Bord	aboard
an Bord gehen, einsteigen	to embark, to board
von Bord gehen, aussteigen	to disembark
Bordbuch	log book
Bord-Eigenverständigung	intercom(munication) system
Bordradar	airborne radar
Brand, Feuer	fire
in Brand geraten (u. Verg.)	to catch fire (caught, caught)
in Brand setzen	to set on fire
in Brand stehen, brennen	to be on fire, to burn
Brandwarnung	fire warning
brauchbar, nützlich	useful
brauchen, benötigen	to need
brauchen (zeitlich) (u. Vergangenh.)	to take, took, taken
ich brauche, es dauert . . .	it takes (me) . . .
braun	brown
brechen; unterbrechen	to break; to interrupt
breit; Breite, Weite	broad, wide; width
Breite (geographische)	latitude
bremsen; Bremse(n)	to brake; brake(s)
Bremsklötze	blocks, chocks
Bremspropeller	reversible pitch propeller
Bremsschirm	braking (para)chute
Bremsschub	reverse thrust
in Bremsstellung bringen (Prop)	pitch reversing
Bremswirkung	braking action
brennen, in Brand stehen	to burn, to be on fire
brennender Motor	engine on fire
Brennkammer	combustion chamber
bringen, brachte, gebracht	to bring, brought, brought

Bruch (Bein)	fracture
Bruch eines Kabels	rupture (of a cable)
Bruch machen, abstürzen, aufschlagen	to crash; Hauptwort: crash
Bruchlandung	crash landing
Brücke	bridge
Buchstabe, Brief	letter
buchstabieren	to spell
Buchstabieralphabet	spelling alphabet
Bugrad	front wheel, nose wheel
Bugradfahrwerk	nose wheel landing gear; tricycle landing gear
Bundesstraße	federal road
Burg, Schloß	castle

C

CAVOK	Hauptwolkenuntergrenze u. Sicht OK
Celsiusgrade	degrees Celsius (Centigrade)
circa, schätzungsweise	about, approximately
Cirrus(wolke)	cirrus
Cumulonimbus(wolke)	cumulonimbus
Cumulus(wolke)	cumulus
CVFR-Freigabe	CVFR clearance
CVFR-Gebiet	CVFR area
CVFR-Kontrolle	CVFR control

D

da, dort	there
da, weil	because, since, as
dabei	thereat
dadurch	thereby
Dämmerung	(morgens:) dawn; (abends:) twilight
daher, darum, deshalb	therefore; auch: that's why
dahintreiben, -schwimmen	to float
damit, dadurch	in order to, so that
danach, darauf(hin)	thereafter, afterwards, after that
danke (sehr)	thank you (very much)
dann, damals	then
dann, daraufhin	thereupon
darauf	thereon
darin, innerhalb	within
darstellen (z. B. auf einer Karte)	to depict
darüber, oben	overhead
darüber, oberhalb	above
daß	that
Datum, Termin	date
Dauer unbekannt, unbekannte D.	duration unknown
dauernd, ständig	all the time
dauernd, gleichmäßig, beständig	steady

dauernde Empfangsbereitschaft	constant listening watch
es dauert, ich brauche	it takes (me)
davon	therefrom, thereof
dazu	thereto
defekt, fehlerhaft	defective
Deltaflügel	delta wing
denken, glauben (u. Verg.)	to think, thought, thought
denken an . . .	to think of . . .
der, die, das	the (Einzahl u. Mehrzahl)
der -, die -, dasselbe	the same
derzeitig, gegenwärtig, jetzig (Pos.)	present (position)
dessen, wessen	whose
deutsch, Deutscher	German
dezentrieren	to offcenter, to decenter
Dezimeterwellen, ultrahohe Frequ.	ultra high frequency (UHF)
diagonal, Diagonale	diagonal
dicht, eng, knapp	tight
zu dicht auf, zu nahe (sein)	(to be) too close
dichtbesiedeltes Gebiet	congested, densely populated area
dichtes Rauheis	compact rime
dick, stark	thick
Dicke, Mächtigkeit	thickness
Dienst, Betrieb	service
Dienststunden, Dienstzeit	hours of service, duty hours, operational hours
Direktanflug	direct approach
direkter Queranflug	direct base
Direktflug	non-stop flight
dieser, diese, dieses	this; Mehrzahl: these
dieser (da)	this one
Distanz, Entfernung	distance
Doppeldecker	biplane
Doppelsteuerung	dual controls
doppelt	double
Dorf	village
dort	there
dort drüben	over there
Drachen	kite
Draht, Kabel	wire
draußen, außerhalb, außen	outside
Dreck, Schlamm, Schmutz	mud; Eigensch.wort: muddy
drehen(d), wechseln(d), umlaufen(d), umspringen(d), (Wind)	to shift (shifting) (wind)
sich im Kreise drehen, rotieren	to rotate
drehen, (ein)kurven	to turn
Drehflügel, Rotor(blatt)	rotor (blade)
Drehflügler	rotary wing aircraft
Drehmoment	torque, torsional moment
Drehscheinwerfer, Drehfeuer	rotating beacon
Drehung, Kurve	turn
Drehzahlabfall, Zündstörung	mag drop
Drehzahlmesser	rpm indicator
Dreieck	triangle
dringend	urgent
Dringlichkeitsmeldung	urgency message

Dringlichkeitszeichen (PAN)	urgency signal
dritter, dritte, drittes; Drittel	third
drosseln (Motor)	to throttle back
Druck, Luftdruck	pressure, air pressure
Druck sinkt, fällt; Druck steigt	pressure dropping; pressure rising
Druckausgleich	pressurization
Druckhöhe	pressure altitude
Druckhöhenmesser	pressure altimeter
Druckkabine	pressurized cabin
Schwierigkeiten mit der –	pressurization troubles
Druckverlust	decompression
drücken (Mikrophonknopf)	to press (microphone button)
dünn, schwach, mager	thin
dünn, seicht, flach	shallow
dürfen, können, mögen	may
dürfen, Erlaubnis besitzen	to be permitted, to be allowed to . . .
dürfte, könnte, würde	might
Düse	nozzle, jet
Düsenflugzeug, Strahl(flugzeug)	jet (aeroplane)
Düsenjägerflugbetrieb	jet activity
Düsenstrahl, Rückstoßbö	jet blast
Düsentriebwerk, Strahlmotor	jet engine
Düsenwirbel, -böen, Strahlwirbel	jet wash, jet wake, jet turbulence
dunkel; Dunkelheit	dark; darkness
Dunst	haze (trocken), mist (feucht)
dunstig	hazy
Dunstobergrenze	tops of haze
an der –, über der –	on top of haze
Dunstschicht	haze layer
durch	through; by (s. Grammatik)
durchdringen, -fliegen, -stoßen	to penetrate, to pass through
durchfliegen; melden Sie –	to cross, to pass; report passing
nach Durchfliegen von (Höhe)	after passing (altitude)
nach Vorbeifliegen an (Ort)	after passing (place)
durchfliegen	to transit
Durchflug, Durchstoß(verfahren)	penetration (procedure)
Durchflug	transit flight
durchführbar, möglich	practicable, possible
durchführen, ausführen	to conduct, to execute, to carry out
durchführen, (aus)üben	to practice, to perform
Durchführung	execution
durchgehend, fortlaufend, (fort-)dauernd, ständig, fortgesetzt, ununterbrochen	continuous(ly); auch: continually, steady
durchgehender Flug	through flight
durchgezogene Linie	continuous line
durchkommen	to get through
Durchmesser	diameter
durchqueren	to cross, to traverse
durchsacken	to pancake
durchschneiden	to cut through
Durchschnitt, durchschnittlich	average, medium
durchstarten (Platzrunde fliegen)	to go around
beim Durchstarten	on the go
mit Durchstarten rechnen	to plan on go-around

durchstoßen (z. B. Wolken)	to break out (through), to break contact, to penetrate
durchstoßen, Erdsicht erlangen	to break ground contact
soeben die Obergr. durchstoßen	breaking tops (of clouds)
Durchstoßen	break-out, b.-through, penetration
Durchstoßverfahren	penetration procedure, cloud breaking procedure
Dutzend	dozen

E

eben, platt, flach	flat
eben, flach	level
eben, soeben, gerade	just (now)
Ebene, Fläche	plane
Echoanzeige (Radar)	blip, radar return
eher, früher	sooner
eigen	own
eigenartig, seltsam, sonderbar	odd, strange
(wahre) Eigengeschwindigkeit	(true) airspeed
Eigennavigation	own navigation
eilen, sich beeilen	to hurry
ein, eine, ein (als Artikel)	a, an
ein(s) (als Zahl)	one
einer (von beiden, mehreren)	either
Eindecker	monoplane
eindrehen (auf Sollstandlinie)	to intercept
Eindruck	impression
einfach	simple
einfliegen, einrollen in, eintreten	to enter; Hauptw.: entry
einfliegen in, anschneiden (Leitstr.)	to intercept (ILS, VOR-radial etc.)
Einflug, Anschneiden, Eindrehen	interception (auch: Ansteuerung)
Einflug (in Kontrollzone)	entry (of control zone)
Einflugerlaubnis	entry permission
Einflugfixpunkt	entry fix
Einflugpunkt, -ort	entry point
Einflugstrecke	inbound route
Einfluß, Ergebnis, Wirkung, Folge	effect
(sich) einfügen, richten nach, (be)folgen	to conform to
einfügen	to insert
einführen	to implement, to introduce
Einführung	implementation, introduction
Eingang(ssignal)	input
eingefahrenes Fahrwerk	retracted landing gear
eingerichtet (auf)	established (on)
einhalten, beibehalten (Flughöhe)	to maintain (altitude)
einhalten (Freigabe, Anweisung)	to comply with (a clearance, instruction)
einhalten (Kurs über Grund)	to make good (a track)
Einhaltung	compliance, adherence
Einheit	unit
einholen (Freigabe)	to obtain (clearance)

einhundertachtzig-Grad-Kurve	one-eighty (degree turn)
einige; wenige	some, a few; few
vor einigen Minuten	a few minutes ago
(ein)knicken (Fahrwerk)	to collapse (gear)
einkurven, eindrehen (links, rechts)	to turn (left, right)
Einlaß; Lufteinlaß	inlet; air-inlet, air-intake
Einlaßventil	intake valve
einleiten, beginnen (Kurve)	to initiate (a turn)
einmal; noch einmal, nochmals	once; once more
einmotoriges Luftfahrzeug	single engine aircraft
Einmündung (Rollbahn)	junction (taxiway), intersection
einreichen (Flugplan)	to file (flight plan)
(sich) einrichten, vorbereiten (auf)	to prepare (for)
einrichten, errichten, ausrichten	to establish
einrichten, genau einstellen	to focus
einrichten, planen, ordnen	to arrange
Einrichtung, Anlage	installation, facility
einschalten	to switch on
einschließen, enthalten	to include
einschließen, umgeben	to surround
einschließlich	including, inclusive(ly)
Einschränkung	restriction
Einspritzpumpe	injection pump
einsprühen; eingesprüht	to spray; sprayed
einsteigen	to get on
einsteigen (lassen) (Passagiere)	to embark (passengers)
einstellbar, verstellbar(e) (Steigung)	adjustable (pitch)
einstellen, anpassen, abstimmen	to set, set, set (u. Verg.); to adjust
Einstellpropeller, Verstelluftschraube	adjustable pitch propeller
Einstellung, Abstimmung	adjustment, setting
Einstellwinkel, Anstellwinkel	angle of incidence
einstweilen	for the time being
Eintragung(szeichen)	registration (mark)
eintreten, sich ereignen, vorkommen	to occur; Hauptw.: occurrence
sind Sie einverstanden?	do you agree?
einwärts, ankommend, anfliegend	inbound
Einwand	objection
einweisen, vertraut machen	to familiarize
Einweisungsflug	familiarization flight
einwilligen	to agree, to consent; Hw.: consent
Einwilligung, Befolgung	compliance, adherance
Einwinker	marshaller
Einzelheit(en)	detail(s)
einzeln, einzig	single
einzeln, der Einzelne; isoliert	individual; isolated
im einzelnen	in particular
einzelnes Gewitter	isolated thunderstorm
Einzelradlast (vergleichbare)	single isolated wheel load
einziehbares Fahrwerk	retractable landing gear
einziehen, einfahren	to retract
Eis	ice
Eis auf der Start- und Landebahn	ice on runway
Eisbildung	ice formation
Eisenbahn(strecke)	railway, railroad
Eisenbahnschienen, -geleise	railway tracks

eisfrei	clear of ice
Eiskörner	ice pellets
Eismantel, Eisüberzug	ice coating
Eisregen	freezing rain, frozen rain
Eisreste, Eisflecken	patches of ice
elektrische Anlage	electric system
elektrische Sicherung	fuse
Elektrizität	electricity
Empfänger (Funk)	receiver
Empfängerausfall	receiver failure
empfangen; Empfang	to receive; reception
Empfang gestört	reception disturbed, interfered
auf Empfang bleiben (auf . . .)	to stand by (on . . .)
Empfangs-, Hörbereitschaft	listening watch
bleiben Sie empfangsbereit	maintain listening watch
Empfangsbestätigung, Quittung	acknowledgement of receipt
Empfangsschwierigkeiten, -störung	receiver difficulties
nur auf Empfang	receiving only (RONLY)
empfehlen, anraten; vorschlagen	to recommend; to suggest
empfehlenswert, ratsam	advisable
Empfehlung	recommendation
Endanflug, Endteil (d. Platzrunde)	final (approach) leg
Endanfluggeschwindigkeit	final approach speed
Endanflugkontrolle	final check
Endanflug(kurs über Grund)	final approach (track)
Ende (Verfahrenssprechgruppe)	out
Ende, Beendigung	termination
Ende der Start- und Landebahn	end of runway
endlich, schließlich	finally
Endsinkflug	final descent
eng, dicht, knapp, fest	tight
eng, schmal, knapp	narrow
enger machen, verengen (Kurve)	to tighten (turn)
enger Vollkreis	short circle
engl. Meile, Landmeile	statute mile
engl. Meilen pro Stunde	miles per hour
enorm, mächtig, ungeheuer	enormous
entdecken, herausfinden	to spot, to discover; Hw.: discovery
enteisen; Enteisung	to de-ice; de-icing
Enteisungsanlage, -vorrichtung (ausgefallen)	de-icer, de-icing equipment, de-icing system (inoperative)
Enteisungsflüssigkeit	de-icing fluid
entfernen, beseitigen, räumen	to remove; Hauptwort: removal
entfernt, weit weg	distant
sich (weit) entfernt von . . . halten	to keep (well) clear of . . .
Entfernung, Reichweite, Abstand	range, distance
Entfernung und Richtung (RADAR)	range and azimuth
Entfernungsmeßgerät (DME)	distance measuring equipment
entgegengesetzt, Gegen . . .	opposite
entgegenkommen, (sich) treffen	to meet, met, met (u. Verg.)
entgegenkommen(d)	approach(ing) headon
enthalten, beinhalten	to contain
enthalten, einschließen	to include
entladen; Entladung	to unload; unloading
entlang	along

entlassen, loslassen, übergeben	to release; Hw.: release
entscheiden	to decide; Hauptwort: decision
Entscheidungsgeschwindigkeit	decision speed
Entscheidungshöhe	decision height
entschlüsseln	to decode
(sich) entschuldigen, um Entschuldigung bitten	to apologize
sich entsinnen, erinnern	to recall, to remember
entsprechend, gemäß, laut, nach	according to, in accordance with
entstellt, verzerrt (Funkempfang)	distorted; Hauptwort: distortion
Entwässerung(sanlagen)	drainage
entweder . . . oder . . .	either . . . or . . .
entwickeln, hervorbringen	to develop; Hw.: development
erbitten, ersuchen, verlangen	to request
Erdarbeiten	excavation
Erde, Boden	soil
Erdoberfläche	surface of the earth
Erdsicht	visual reference (contact) to the gnd.
Erdsicht erlangen, durchstoßen	to break (ground) contact
sich ereignen, vorkommen, eintreten	to occur
Ereignis, Vorfall, Fall	incident, occurrence, event
Erfassungsbereich (Radar)	(radar) coverage
Erfliegen eines Leitstrahles	bracketing
Erfolg haben, folgen	to succeed; Erfolg: success
erforderlich	required, necessary
erforderliche Startstrecke	required take-off distance
falls erforderlich, auf Wunsch	if required
erfordern, verlangen; Erfordernis	to require; requirement
ergänzend, zusätzlich	supplementary
Ergebnis	result
erhalten, einholen (Freigabe)	to obtain (clearance)
erhalten, bekommen	to get, to obtain
erheblich, beträchtlich	considerable
erheblicher Schaden	considerable, substantial damage
erhöhen (Geschwindigkeit)	to increase (speed)
(sich) erinnern; jemanden erinnern	to remember; to remind somebody
erkennen, sich bewußt sein	to realize
erkennen, anerkennen, wahrnehmen	to recognize
erkennen, identifizieren	to identify; Hauptw.: identification
erklären (Notfall), verzollen	to declare (emergency)
erklären, erläutern	to explain; Hauptw.: explanation
erklären, aussagen, darlegen	to state; Hw.: statement
sich erkundigen, anfragen	to inquire; Hw.: inquiry
erlauben, gestatten	to allow, to permit, to approve
Erlaubnis, Genehmigung, Bewilligg.	permission, approval
Erlaubnis wird erteilt	permission (is) granted, request approved
Erlaubnis, Schein, Lizenz, Ausweis	licence, certificate
erleichtern	to facilitate
erleiden, erfahren	to experience
Ermessen, Belieben	discretion, convenience
nach Ihrem (eigenen) Ermessen	at (or on) your (own) discretion
nach Ermessen des Lfz.-Führers	at pilot's discretion
ermitteln, bestimmen	to determine
ermöglichen, instand setzen	to enable

erneut, nochmals schätzen	to reestimate
erneut ausrichten, einfliegen in . . .	to reintercept . . . (radio beam)
ernst; ernstlich; schwer	serious(ly); critical(ly); severe(ly)
erproben, untersuchen	to test, to check; Hw.: test, check
Erprobungsflug, Probeflug	test flight, check flight
erreichen	to reach
errichten	to erect; Hw.: erection
Ersatz; Ersatz . . ., Bereitschafts . . .	spare; stand-by, back-up . . .
Ersatzausrüstung	stand-by equipment
Ersatzteile	spare parts
erscheinen, scheinen	to appear, to seem
erschöpft (Treibstoffvorrat)	(fuel) exhausted
ersetzen; Ersatz	to replace; replacement
erst, nicht vor . . .	not until . . .
erster, erste, erstes	first
Erste Hilfe(ausrüstung)	first aid (kit)
erster Landeort	point of first intended landing
Erstanruf, erster Anruf	initial call (up)
Erstverbindung, Erstkontakt	initial contact
erteilen (Freigabe), herausgeben	to issue (clearance); Hw.: issuance
erwägen, in Erwägung ziehen	to consider, take into consideration
erwähnen	to mention
erwarten, abwarten	to await, to expect; Hw.: expectation
erwarten, vorhersehen	to anticipate
erwarten Sie Freigabe	stand by for clearance, expect cl.
sich erweisen, herausstellen als	to prove to be
erweitern; Erweiterung	to extend; extension
erwidern, antworten	to respond, to answer, to reply
erwünscht, gewünscht	desired
etwa, ungefähr	about, approximately
etwa 5 Flugzeuge	about 5 airplanes
(irgend) etwas, einige, ein paar	some
etwas	something
eventuell, möglicherweise	possibly
explodieren; Explosion	to explode; explosion, blast

F

Fabrik, Werk	factory, plant
Fächerfunkfeuer	fan marker (beacon)
fähig, tüchtig; Fähigkeit	capable, able; capability, ability
fähig sein, in der Lage sein	to be able, to be in a position
fahren, fuhr, gefahren	to drive, drove, driven
fahren Sie fort	continue
Fahrer	driver
fahrlässiges Fliegen	negligent, reckless flying
Fahrt machen; in Fahrt	to make way; under way
Fahrtmesser	airspeed indicator
sich im Fahrtwind drehen	to windmill (propeller)
Fahrwerk	landing gear, undercarriage
Fahrwerksanzeige	landing gear indication
Fahrwerk ausfahren, herablassen	to extend (lower) landing gear

Fahrwerk ausgefahren	wheels (or) gear down and locked
Fahrwerk eingefahren	wheels (or) gear up
Fahrwerkklappe, Fahrwerktor	landing gear door
Fahrwerkkontrollampe	landing gear warning light
Fahrwerkschacht	landing gear well
Fahrwerkschwierigkeiten, -störung	landing gear trouble
Fahrwerkstrebe	landing gear strut
Fahrwerküberprüfung, -kontrolle	gear check
Fahrwerkverriegelung	landing gear lock
Fahrzeug	vehicle
Fall; im Falle von . . .	case; in case of, in the event of . . .
Fall, Ereignis, Vorfall	event
Fallbö	down gust
fallen, fiel, gefallen	to fall, fell, fallen
fallen(d) (z. B. Luftdruck)	drop(ping) (e. g. air pressure)
falls	if, in case
falls gewünscht, falls erwünscht	if desired
falls nicht möglich	if not possible
Fallschirm	parachute
Fallschirmabsprung	parachute jump, -descent, -drop
Fallschirmabsprunggebiet	drop zone
Fallschirmabsprungübung	parachute jump exercise (PJE)
Fallschirmbetrieb, -tätigkeit	parachute activity
Fallschirmspringer	parachutist
falsch, verkehrt	wrong, false
Farbe	color
fassen, erfassen, fangen (u. Verg.)	to catch, caught, caught
Fassungsvermögen, Tragfähigkeit	capacity
fast, beinahe	nearly, almost
Fastzusammenstoß, gefährliche Begegnung; Meldung über –	near miss, air miss, near collision; air miss report
Fehlanflug; – durchführen	missed approach; to execute – –
Fehlanflugverfahren	missed approach procedure
Fehler; Irrtum, Versehen	mistake; error
fehlerhaft, defekt	defective
fehlzünden; Fehlzündung	to backfire; backfiring
Feld, Flugfeld, (Flug-)Platz	field, airfield
Feldstärke	field intensity
Fels, Stein	rock
fern, weit (u. Steigerung)	far, (farther, farthest)
Fernglas	binoculars
sich fernhalten von	to keep away from
Fernmeldewesen, -verkehr	(tele)communications
Fernschreibmeldung	teletype message
Fernsehturm	television tower, TV tower
Fernsprecher	telephone
Fernstraße, Hauptstraße	highway
fertig, betriebsklar, -bereit	ready
fertig machen, vollenden	to finish, to complete
sich fertigmachen	to get ready
fertig sein, bereit sein	to be ready
fertig sein, abgeschlossen haben	to be through
Fertigstellung, Vollendung	completion
Fesselballon	captive balloon, fixed balloon
fest, hart; Firma	firm

festfahren, steckenbleiben	to get stuck
Festfahrwerk, nicht einziehbar	fixed landing gear
festgelegter Kurs über Grund	predetermined track
festgelegtes Verfahren	established procedure
Festlegung	establishment
fest-, stillstehend, gleichbleibend	stationary
Feststellvorrichtung (Kreisel)	caging device
fettes, reiches Kraftstoffgemisch	rich fuel mixture
Fetzen, Flecken, einzelne Stellen	patches
feucht	moist, damp
feuchter Dunst	mist
Feuchtigkeit	humidity, moisture
Feuer (Luft- und Seefahrt)	light(s)
Feuer; Feuer fangen	fire; to catch fire
Feuerbekämpfung(sausrüstung)	fire fighting (equipment)
feuerfest, feuerbeständig	fire-proof
Feuerlöscher	fire extinguisher
Feuerwache	fire station
Feuerwehr	fire brigade, fire department
Feuerwehrfahrzeug	fire truck
Feuerwehrmann	fire man
Feuerwerkskörper	pyrotechnics
Fieber	fever
finden, fand, gefunden	to find, found, found
finden, ausfindig machen	to locate
Finger	finger
finster, dunkel, das Dunkel	dark; Hw.: darkness
flach, platt, eben	flat
flach, dünn, seicht	shallow
flache Kurve	flat turn
flacher (Boden-)nebel, Wiesennebel	shallow fog
flaches Gelände	flat terrain
Flachtrudeln	flat spin
Fläche, Ebene, Flugzeug (Kurzf.)	plane
Fläche, Höhe; eben, flach	level
Flächenendbehälter	wing tip tank
(Flächen-)Randwirbel	turbulent wake
Flammabriß; Flamme	flame out; flame
fliegen, flog, geflogen	to fly, flew, flown
fliegen, weiterfliegen	to cruise, to proceed
fliegen Sie auf Kurs weiter	proceed on course
Flieger	flyer
Flosse	fin
Flügel, Tragfläche	wing
Flügelendfreiheit	wing tip clearance
Flügelhinterkante	trailing edge (of wing)
Flügelklappen	wing flaps
Flügellicht	wing light
Flügelsehne, Flügeltiefe	wing chord
Flügelspannweite	wing span
Flügelspitze	wing tip
Flügelvorderkante	leading edge of wing
flüssig, Flüssigkeit	fluid, liquid
Flüssigkeitsdruckanlage	hydraulic system

Flug	flight
im Fluge, während des Fluges	in-flight (in Zusammensetzungen)
nach dem Fluge	post-flight (in Zusammensetzungen)
vor dem Fluge	pre-flight (in Zusammensetzungen)
(Flug-)Alarmdienst	alerting service
Flugbedingungen	flight conditions, flying conditions
(Flug-)Beratung, Vorunterrichtung	briefing
Flugberatungsdienst (AIS)	aeronautical information service
Flugbeschränkungsgebiet	restricted area
Flugbetrieb	air activity, flight operations
Flug(betrieb) in großer Höhe	high level flight (operation)
Flugbetriebsmeldung	flight regularity message
Flugdarbietung, Flugvorführung	aerial demonstration, flight demonstration
Flugdauer	elapsed time of flight
Flugerprobung	flight test
Flugfernmeldedienst	aeronautical telecommunication service
Flugfläche	flight level
Flug fortsetzen, weiterfliegen	to continue (flight), to proceed
Flugfunkdienst	aeronautical radio service
Flugfunkverkehr	air-ground communication
Fluggast, Passagier	passenger
Fluggast aufnehmen	to pick up passenger
Fluggast aussteigen lassen	to disembark passenger
Fluggastraum, -kabine	passenger cabin, – compartment
Fluggasttreppe	passenger loading ramp, – – steps
Fluggeschwindigkeit	airspeed
angezeigte Fluggeschwindigkeit	indicated airspeed
(Flug-)Gesellschaft	(airline) company
Fluggewicht (Gesamtfluggewicht)	gross weight, all-up weight
Flughafen (gesperrt)	airport (closed)
Flughafenbezugspunkt	aerodrome reference point
Flughafenüberquerung i. Platzmitte	midfield crossing (of airport)
Flughafenwettervorhersage	aerodrome forecast (TAF)
Flughandbuch	flight manual
Flughöhe, Höhe über Meer	altitude
Flughöhe bei Anflugbeginn	initial approach altitude
Flughöhe kann nicht gehalten werden	unable to maintain altitude
Flughöhenänderung	altitude change
Flughöhenbeschränkung	altitude restriction
Flughöhenwechsel	altitude change, level change
Flughöhenzuweisung	altitude assignment
Fluginformationsdienst	flight information service (FIS)
Fluginformationsgebiet	flight information region (FIR)
Fluginformationszentrale	flight information center (FIC)
Fluglärm	aircraft noise
Fluglage, Lage des Luftfahrzeuges	flight attitude, attitude of a/c
Fluglehrer	flight instructor, instructor pilot
Flugnavigationseinrichtung, -hilfe	air nav. facility, air navigation aid
Flugnot, Luftnot	distress
Flugplan; – der Fluggesellschaften	flight plan; schedule
Flugplanabgabe	filing of a flight plan
Flugplanabgabe in der Luft	flight plan filed in the air (AFIL)

Flugplan abgeben, aufgeben	to file a flight plan
Flugplanmeldung	flight plan message
Flugplatz; Platz, Flugfeld	aerodrome; airfield
Flugplatzbefeuerungsanlage	aerodrome lighting facilities
Flugplatzbefeuerungssystem	aerodrome lighting system
Flugplatzbezugspunkt	aerodrome reference point
Flugplatzhalter, -unternehmer	aerodrome operator
Flugplatzhöhe (über NN)	aerodrome elevation
(Flug-)Platzkontrolldienst	aerodrome control service
(Flug-)Platzkontrollstelle	aerodrome control tower
Flugplatzleuchtfeuer	aerodrome beacon
Flugpl. mit Flugverkehrskontrolld.	controlled aerodrome
Flugplatzrundsichtradar	aerodrome surveillance radar
Flugplatzverkehr(szone)	aerodrome traffic (zone) (ATZ)
Flugplatzwettervorhersage	aerodrome forecast
Flugplatzzustand	aerodrome conditions
Flugregelmäßigk.-, Flugbetr.meldg.	flight regularity message
Flugregeln	flight rules
Flugregler	auto(matic)pilot
Flugschreiber	flight recorder
Flugschüler	student pilot
Flugsicherheit(smeldung)	flight safety (message)
Flugsicht	flight visibility
Flugsteig, Abfertigungsvorfeld	(passenger loading) ramp, apron
Flugstrecke, Flugroute	route of flight, air route
Flugtätigkeit	flight activity
Flugtag, -darbietung, -veranstaltg.	air show, air display
Flugüberwachungsinstrumente	flight instruments
Flugüberwachungszone (FlugÜz)	air defence identification zone
Flugunfall, Luftfahrzeugunfall	aircraft accident
Flugverkehr	air traffic
Flugverkehrsberatungsbezirk	advisory area
Flugverkehrsberatungsstrecke	advisory route
Flugverkehrsdienste	air traffic services
Flugverkehrskontrolldienst	air traffic control service
Flugverkehrskontrolle	air traffic control
Flugverkehrs(kontroll)freigabe	air traffic (control) clearance
Flugverkehrslotse	air traffic controller
Flugverkehrsstrecke	ATS-route
Flugvermessung (v. Bodenanlagen)	flight test, flight inspection
Flugvorbereitung	pre-flight action, flight preparation
Flugwarnung	navigation(al) warning
Flugweg, Flugbahn	flight path
Flugwesen, Luftfahrt, Fliegerei	aviation
Flugwettbewerb	flight competition
Flug(wetter)bedingungen, -verhältn.	flight conditions, flying conditions
Flugzeit	flying time, flight time
Flugzeug	aeroplane, airplane; kurz: plane
Flugzeug mit Strahlantrieb	jet aeroplane
Flugzeug entführen	to hijack; Hauptw.: hijacking
Flugzeugführer; 2. Flugzeugführer	pilot; co-pilot
Flugzeughalle, Hangar	hangar
Flugzeugrumpf	fuselage
Flugzeugschleppstart (Segelflug)	aero-tow start
Fluß; Flußtal	river; river valley

Flutlicht(scheinwerfer)	floodlight
Folge, Reihenfolge	sequence
Folge, Ergebnis, Einfluß, Wirkung	effect
Folge, Konsequenz	consequence
folgen, Erfolg haben	to succeed
folgen, befolgen, einhalten	to follow
folgend; aufeinanderfolgend	following; succeeding
folglich, infolgedessen	consequently
Form	shape
Formation von ...	formation of ..., flight of ...
Formationsflug	formation flight
Formblatt	form
fort, ab, weg	off
fortfahren	to continue, to carry on
fortlaufend, fortgesetzt, ständig	continuous(ly), continual(ly)
Fortschritt, Gang; in Gang	progress; in progress
fortsetzen (Flug, Anflug)	to continue (flight, approach)
Fotoflug	photo flight
Fracht	freight, cargo
Frachtflugzeug	cargo plane, freight aeroplane
Frage	question
fragen; eine Frage stellen	to ask; to ask (a question)
frei, leer	vacant
frei von, weg (vom übrigen Verk.)	clear of (traffic)
frei	cleared
frei zum Verlassen der Turmfrequ.	cleared to leave tower frequency
Start frei	cleared for take-off
Landung frei	cleared to land
freies, unbebautes Gelände	open area
Freiballon (bemannt)	free balloon (manned)
Freifläche	clearway
Freigabe, Erlaubnis; – erteilen	clearance; to issue clearance
Freigabeablauf, -ungültigkeitszeitpunkt	clearance void time, clearance expiry time, time of expiry
Freigabeänderung	recleared
Freigabeerteilung	issuance of a clearance
Freigabegrenze	clearance limit
Freigabe übermitteln	to deliver clearance
Freigabeübermittlung	clearance delivery
Freigabe ungültig, falls um ... nicht gestartet	clearance void if not airborne at ...
Freigabe verfällt um ...	clearance expires at ...
freigeben	to clear
neu, erneut freigeben	to reclear
freigegeben (Navigationsanlage)	commissioned
frei(gegeben) nach ..., zu ...	cleared to ...
freimachen, verlassen (Höhe)	to vacate, to leave (altitude)
machen Sie die Landebahn frei	vacate runway (sofort: immediately)
Frequenz	frequency
Frequenz überwachen	to monitor, to guard frequency
Frequenzabstand	frequency separation, interval
Frequenzband, Frequenzbereich	frequency band
Frequenzkanal	frequency channel
Frequenzüberlastung	frequency congestion
Frequenzwähler (VOR)	frequency selector

Frequenzwechsel, -änderung	frequency change
Frequenzzuweisung, -zuteilung	frequency assignment
frieren, gefrieren (u. Verg.)	to freeze, froze, frozen
Front (Wetter)	front
Frost, Reif	frost
Frostgraupel	soft hail
früh, bald; früher, eher	early, soon; earlier, sooner
je nachdem, was früher kommt	whichever is sooner
früher	formerly
früher(e) Anweisungen	previous instructions
fühlen, fühlte, gefühlt	to feel, felt, felt
führen, führte, geführt	to lead, led, led
führen (mit Radar); Führung	to vector; vector, positioning
führen, den Weg weisen	to guide; Hauptw.: guidance
führen, lenken, steuern	to pilot
Führerraum, Pilotenraum	cockpit
Sicht vom Führerraum	cockpit visibility
Führerraumüberprüfung, -kontrolle	cockpit check
– durchführen	to perform cockpit check
füllen; wieder auffüllen	to fill; to refill
für, als, nach, zu	for (siehe Grammatik)
fürchten, befürchten	to be afraid of
Funk; Funkgerät	radio
Funkanlage, -einrichtung	radio facility
Funkausfall haben	to experience radio communication failure
Funkbezugspunkt	(radio) fix
Funkdisziplin	radio discipline
Funker	radio operator
Funkfeuer(kennung)	(radio) beacon (identification)
Funkfrequenz	radio frequency
Funkgerät; Schwierigkeiten m. d. –	radio; radio difficulties, -trouble
Funkgerät arbeitet wieder	radio is working again
Funkhilfe, -anlage, -einrichtung	radio aid, radio facility
Funkhöhenmesser	radio altimeter
Funkkompaß, Radiokompaß	radio compass
Funkleitstrahl	radio beam
Funkmeßflug	calibration flight
Funk(ver)messung, -eichung	calibration; Zeitw.: to calibrate
Funknavigation, Funkortung	radio navigation
Funknavigationsanlage	radio navigation facility
Funknavigationsgerät	radio navigation equipment
Funknavigationshilfe	radio navigation aid
Funkpeilgerät	radio direction finder
Funkpeilung	radio bearing
Funkprobe	radio check
Funkreichweite	radio coverage
Funkrufzeichen	radio call sign
Funkschwierigkeiten	radio trouble, radio difficulties
Funkseitenpeilung, -bezugspeilung	relative bearing
Funkstandort	radio fix
Funkstelle	radio station
Funkstille	radio silence
Funkstörung, Funküberlagerung	radio interference
funktechnischer Wartungsdienst	radio maintenance

funktionieren, arbeiten	to function, to work
Funkturm	radio tower
Funkverbindung, Funkverkehr	radio communication, r. contact
Funkverbindung herstellen	to establish radio contact
Ausfall der Funkverbindung	radio communication failure
funkvermessen	to calibrate
Fuß (Ein- und Mehrzahl)	foot, feet
Fuß pro (je) Minute	feet per minute
Fußgänger	pedestrian

G

Gabelstapler	fork lift
Gallone	gallon
Gang, Getriebe	gear
Gang, Lauf; in Gang	progress; in progress
ganz, völlig, vollkommen	entire(ly), whole, quite
Gashebel, Leistungshebel	throttle (control)
GCA-Anflug(system)	GCA-approach (system)
geändert	revised
geänderte Freigabe	revised clearance, amended cl.
Gebäude	building
geben, gab, gegeben	to give, gave, given
Gebiet, Bezirk, Bereich, Gegend	area, region
in Gebrauch, in Betrieb befindlich	active
Gebrauch machen von . . .	to make use of . . .
Gebrauchspiste	runway in use, active runway
gebraucht	used
gebrochen, brüchig	ruptured
Gebühr	fee, charge, cost
gedrückte Fluglage	nose down attitude
geeignet, richtig, passend	suitable, proper
gefährden	to endanger
gefährlich	dangerous, hazardous
gefährlich nahe	dangerously close
gefährliche Begegnung, Fastzusammenstoß	air miss, near miss (USA), near collission (UK)
gefährliche Flugbedingungen	dangerous flight conditions
gefährliche Wetterbedingungen	hazardous weather conditions
Gefälle, Neigung (der Startbahn)	slope (of runway)
Gefahr	danger, hazard, risk
Gefahrenfeuer	hazard beacon
Gefahrengebiet	danger area
gefaßt sein (auf)	to be prepared (for)
geflogener Kurs über Grund	track made good
gefrieren, gefror, gefroren	to freeze, froze, frozen
gefrierender Nebel	freezing fog
gefrierender Sprühregen	freezing drizzle
gefrierender, vereisender Regen	freezing rain
gefrorener Schnee, Matsch	frozen snow, slush
gegen	against; anti
gegen die Sonne; gegen den Wind	into the sun; into the wind
gegen . . , auf . . . zu	toward(s)

Gegenanflugteil	downwind leg
im Gegenflug, aufeinander zu	headon
sich im Gegenflug nähern	to approach headon
Gegenkurs	reciprocal course, opposite heading
Gegenkurs über Grund	reciprocal track
auf Gegenkurs gehen, umkehren	to reverse course
Gegen- oder Wechselsprechfunkger.	two-way radio (equipment)
Gegen- oder Wechselsprechverkehr	two-way communication
Gegenpeilung, -standlinie	reciprocal bearing
Gegenrichtung	opposite direction
Gegenstand	object
gegenüber	opposite, across
etwas gegenüberstehen	to face
Gegenverkehr	opposite (direction) traffic
gegenwärtig, derzeitig, jetzig, z. Z.	present(ly), at present
Gegenwind	head wind
mit Gegenwind	upwind
gehen, sich fortbewegen (u. Verg.)	to go, went, gone
gehören	to belong
gehorchen, befolgen, Folge leisten	to obey
Gelände, Boden	terrain
gelangen, geraten, kommen (u. Verg.)	to get, got, got(ten)
gelb, bernsteinfarben	amber
gelb	yellow
gelegen	located, situated
Gelegenheit (günstige), Chance	opportunity, chance
gelegentlich	occasional, intermittent
Geleis; Eisenbahngeleis	track; railroad track
geleiten, begleiten	to escort
gelten, gültig sein	to be valid
geltender Flugplan	current flight plan
gemäß . . ., laut . . ., nach . . .	according to, in accordance with
gemäß, zufolge	pursuant to
gemeldeter, bekannter Verkehr	reported traffic, known traffic
gemessen durch Luftfahrzeug, Ballon, Wolkenscheinwerfer	measured by aircraft, balloon, searchlight
Gemisch; Gemischregler	mixture; mixture controls
genau, exakt	exact(ly), precise(ly), accurate(ly)
genau, bestimmt, fest	definite(ly)
genau, streng	strict(ly)
genau angeben	to specify
(besonders) genaue Angabe	specification
genau einstellen, richten auf	to focus
genau voraus	dead ahead
Genauigkeit, Sorgfalt	accuracy
genehmigen, erlauben, bewilligen	to approve, to authorize, to permit
genehmigt, anerkannt, zugelassen, bewilligt; Rechtskurve genehmigt	approved, authorized; right turn approved
Anfrage genehmigt	request approved
kann nicht genehmigt werden	unable to approve
nicht genehmigt, unerlaubt	unauthorized
Genehmigung, Bewilligung	approval, authorization, permission
Genehmigung erteilt	request approved, permission granted

ausdrückliche Genehmigung, Sondergenehmigung	special permission
Generator	generator
genügend, ausreichend	sufficient
genügend Abstand halten	to space oneself properly
genug, genügend	enough
geographisch	geographical
geographische Breite	latitude
geographische Länge	longitude
Gepäck	baggage
geplatzter, beschädigter Reifen	blown tire, burst tire
gerade, direkt	straight
gerade (noch), nur, bloß	just
gerade eben, soeben	just now
gerade (Zahlen)	even (numbers)
ungerade (Zahlen)	odd (numbers)
geradeaus	straight ahead
geradeaus ab, weg	straight-out
geradeaus herein	straight-in
Geradeausanflug	straight-in approach
Geradeausflug	straight flight
waagerechter Geradeausflug	straight and level flight
Geradeausflug nach dem Start	take-off leg
Gerät, Ausrüstung	equipment
Gerät in Erprobung	equipment on test
geräumt (von Schnee)	clear (of snow)
Geräusch, Lärm, Krach	noise
Geräuschpegel, Rauschpegel	noise level
gerichtet	directional
gering, leicht, schwach, klein	slight
gering, schlecht, arm	poor
gering, wenig	little
gering(fügig), leicht	minor
geringe Bremswirkung	braking action poor
geringe Entfernung (Abstand), große Nähe	close proximity
geringst; mindestens	least; at least
Geruch, Gestank	smell; Zeitwort: to smell
gesamt, ganz	entire
gesamt, Summe	total
Gesamt(flug)gewicht	all-up weight, gross weight
Geschäftsflugzeug	executive (business) aeroplane
geschätzt, voraussichtlich	estimated
geschehen, passieren	to happen
geschwind, rasch, schnell	rapid(ly)
Geschwindigkeit	speed, velocity
Geschwindigkeit aufnehmen	to gain speed, pick up speed
Geschwindigkeit erhöhen, vergröß.	to increase speed
Geschwindigkeit herabsetzen	to reduce speed
Geschwindigkeit im Steigflug	climbing speed
Geschwindigkeitskontrolle, -regelg.	speed control
(Flug-)Gesellschaft	(airline) company
gesichert; verriegelt (Fahrwerk)	locked (landing gear)
gesondert	separate

gesperrt, geschlossen	closed
gesperrt, verboten	prohibited
(ein)gesprüht	sprayed
gestartet	airborne
gestatten, erlauben	to permit; Hauptw.: permission
gestört	disturbed
gestört, außer Betrieb	inoperative
gestreut	sanded
gewähren, gestatten, erteilen	to grant
gewährleisten, (ver)sichern	to ensure
gewahr; gewahr sein, bewußt sein	aware; to be aware of . . .
gewerblicher Flug	commercial flight
Gewicht	weight
gewiß, bestimmt, sicher	certain(ly), of course, sure(ly)
Gewitter	thunderstorm
Gewitterherd	thunderstorm area
Gewitterwarnung, Sturmwarnung	storm warning
Gewitterwolken	thunderclouds
gewöhnlich, im allgemeinen	general(ly)
gewöhnlich; normalerweise	usual(ly); normal(ly); as a rule
gewünscht, erwünscht	desired
gezielte Flugberatung	preflight information
gezogene Fluglage	nose up attitude
gezwungen sein	to be forced, to be compelled
gieren, schieben	to yaw
Gipfelhöhe (auch: Hauptwolkenuntergrenze)	ceiling
Glas	glass
glatt, rutschig	slippery
Glatteis	glazed frost
glauben, vermuten	to believe, auch: to guess, to suppose, to figure
gleich, ähnlich	alike
gleich, gleichmäßig	equal
gleich, sofort	right away
gleichbleibend, konstant, stetig	constant
gleichen	to equal
gleichmäßig, stetig, beständig, fest, dauernd	steady
gleichzeitig	simultaneous(ly)
gleichzeitig, zur selben Zeit	at the same time
Gleitweg (ILS)	ILS glide path
Gleitwegeinflughöhe	glide path intercept altitude
Gleitwinkel	glide angle
Gleitwinkelbefeuerung (VASIS)	visual approach slope indicator system (VASIS)
graben, grub, gegraben	to dig, dug, dug
Graben; Entwässerungsgraben	ditch, trench; drainage ditch
Grad, Ausmaß, Maß	extent
Grasmähen	mowing, grass cutting
Grasmähen, Mäharbeiten im Gang	mowing, grass cutting in progress
Grasstart- und Landebahn	grass runway, sod runway
Grenze, Landesgrenze	border, frontier
Grenze, Begrenzung, Rand	boundary, limit
Grenzschicht (beeinflussung)	boundary layer (control)

Grenzwetterbedingungen	marginal weather conditions
Griesel (-Schnee)	granular snow
Griff	handle
Größe	size
größt-, höchst-, äußerst	utmost
groß, bedeutend	great
groß, lang, hoch	tall
groß, mächtig, stark	big
groß, ausgedehnt	large
große Nähe, geringe Entfernung	close proximity
große Reichweite	long range
grün	green
gründlich, vollständig	thorough
Grund, Boden	ground
über Grund	above ground
Grund, Ursache, Anlaß	reason
Grundgeschwindigkeit	ground speed
grundlos	without any reason
grundverschieden	entirely different
Gruppe	group
gültig; Gültigkeit	valid, current; validity
Gültigkeitsablauf (Freigabe)	(clearance) expiry
günstig	favorable, fair; good
Gummi	rubber
gut	Eigenschaftsw.: good Umstandswort: well; Steigerung: better, best

H

haben, hatte, gehabt	to have, had, had
hängen, hing, gehangen	to hang, hung, hung
häufig, oft	frequent(ly), often
Hafen	port, harbour
Hagel	hail; Zeitwort: to hail
Hagelabwehrraketen	anti-hail rockets
halb; Hälfte	half
halbe Stunde	half an hour
Halbkreisflughöhen	semi circular (cruising) levels
Halbmesser, Radius	radius
halbstündlich, jede halbe Stunde	half-hourly
halbwegs (ausgefahren) (Fahrwerk)	half-way (down) (landing gear)
Halle, Flugzeughalle	hangar
Hallengebühr	hangar fee
halten; das Halten, Warten	to hold; holding
(an)halten	to stop, to hold position
(be)halten (u. Verg.)	to keep, kept, kept
auf dem Laufenden halten	to keep advised
halten Sie, bleiben Sie stehen	hold position
halten Sie genügend Abstand	space yourself properly
halten Sie in großem Abstand von	keep well clear of . . .
halten Sie Ihre eigene Staffelung	maintain your own separation
halten Sie wie veröffentlicht	hold as published

sich rechts halten	to keep to the right
zum Halten bringen	to bring to a stop
Halter (eines Luftfahrzeuges)	(aircraft) operator
Hand; von Hand	hand; manual(ly)
Handbuch	manual
handeln	to act, to take action
handhaben, lenken, bedienen	to manoeuvre
Handradsteuerung	wheel controls
Handschaltung	manual switching
Hantelsignal	dumb-bell (signal)
hart, fest; schwer	hard
harte Landung	rough landing, heavy landing
Hartbelagstart- und Landebahn	paved runway, hard surface rwy.
Hase; Kaninchen	hare; rabbit
Haufen; Kieshaufen	pile; pile of gravel
Haupt . . .	major . . ., main . . .
Hauptanflugkurs, -leitstrahl	front course, front beam (ILS loc.)
Haupteinflugzeichen (ILS)	middle marker
Hauptfahrwerk	main (landing) gear
Hauptfrequenz	primary frequency
Hauptnavigationsfunkeinrichtung	main radio navigation aid
Hauptnavigationsfunkfeuer	main radio aid to navigation
Hauptrad	main wheel
hauptsächlich, meistens	mainly
Hauptschalter	main switch
Hauptstart- und Landebahn, -piste	main runway
Hauptstraße, Fernstraße, Autobahn	highway
Hauptverkehrs-, betriebszeit	peak period, rush hour
Hauptwolkenuntergrenze	ceiling
– absinkend auf . . .	ceiling down to . . .
– anhebend auf . . .	ceiling up to . . .
aufliegende –	ceiling zero
keine – vorhanden	ceiling unlimited
Heck	tail
Hecklicht, -leuchte	astern light, rear light, tail light
Heckrad	tail wheel
Heckrotor	tail rotor, anti torque propeller
Hecksporn	tail skid
Heckteil, Heckleitwerk	tail unit
heftig	violent
heftig, hart, schwer, stark	heavy, strong, severe
Heilflug	medical flight
Heimatflugplatz	home airfield
heiß	hot
Heißluftenteisung	hot air de-icing
das heißt	that is (i. e.)
helfen, beistehen	to assist, to render assist., to help
hell; Helligkeit	bright; brightness, brillancy
herabsetzen, verringern	to reduce; Hauptwort: reduction
heraus, hinaus	out (als Sprechgruppe: Ende)
herausfinden	to find out
herausgeben, erteilen (Freigabe)	to issue (clearance)
Herde, Schwarm; Schafherde	flock; flock of sheep
hereinkommen	to come in
herstellen (Funkverbindung)	to establish (radio contact)

Hertz	cycles per scond
herunterschalten (Befeuerung)	to turn down, to dim (lights)
heruntersprechen	to talk down
Herzanfall	heart attack
Heuen	hay making
heute	today
heute abend	this evening, to-night
hier(her), da	here
hiermit	herewith
Hilfe	help, assistance
Hilfe, Hilfsmittel, Einrichtung	aid
Hilfe leisten, helfen	to render assistance, to help, to assist
Hilfsruder, Hilfsklappe	tab
Himmel	sky
Himmel aufgelockert	scattered
Himmel verschleiert, verhangen	sky obscured
Himmel wolkenlos	sky clear
aufgebrochene Bewölkung	sky broken
bedeckter Himmel	sky overcast
hin und her, auf und ab	back and forth
hin und wieder	once in a while, now and then
hindern, versperren	to obstruct
Hindernis	obstacle, obstruction
Hindernisabstand, -freiheit	obstacle clearance, obstruction cl.
Hindernisbefeuerung	obstruction lighting
Hindernisfeuer	obstruction light
Hindernisfreifläche	obstacle clearance surface (OCS)
Hindernisfreihöhe (OCA, OCH)	obstacle clearance altitude/height
Hindernismarkierung	obstruction marking
hinhören, horchen	to listen
hinkommen	to get there
hinter, hinten	behind
nach hinten	backward(s)
von hinten	from behind, from the rear
Hintergrund, rückwärtiger Teil	rear
im Hintergrund, hinten	in the rear
Hintergrund-, Nebengeräusch	background noise
hinweisen (auf)	to point out (to, toward)
Hinweis	advisory
Verkehrshinweis	traffic advisory, t. information
hinzufügen	to add
Hitze	heat
hoch, groß, lang	tall
hoch, Hoch(druckgebiet)	high (pressure area)
Hochdecker	high wing airplane
Hochleistung, hohe Intensität	high intensity
Hochleistungsanflugbefeuerung	high intensity approach lights
Hochleistungsbefeuerung(ssystem)	high intensity lighting (system)
Hochleistungsfeuer	high intensity lights
Hochleistungsluftfahrzeug	high performance aircraft
Hochleistungspistenbefeuerung	high intensity runway lights
Hochspannung(sleitung)	high tension, high voltage (supply line)
hochziehen, durchstarten, abfangen	to pull up

höchst-, größt-, äußerst	utmost
Höchst . . .	maximum
höchste Flugfläche	maximum flight level
höchste Startleistung	maximum take-off power
höchste Steig- (Sink)geschwindigk.	maximum rate of climb (descent)
Höchstflugdauer (hinsichtlich Kraftstoffvorrat)	endurance
Höchstgeschwindigkeit	maximum speed, top speed
zulässiges Höchstgewicht	maximum permissible weight (MPW)
Höhe	height, level
große Höhe(n)	high level
niedrige, geringe Höhe(n)	low level
Höhe über Grund	height
Höhe über Meer; Flughöhe	elevation; altitude
Höhe gewinnen	to gain altitude
Höhe verlieren	to lose altitude
Höhenabstand, -freiheit	vertical clearance
Höhenänderung	altitude change, level change
Höhenanflugverfahren	high level approach procedure
Höhenbeschränkung	altitude restriction
Höhenflosse	horizontal tailplane, elevator fin, horizontal stabilizer, tail plane
Höhenflug	high altitude flight
Höhenführung	vertical guidance
Höhenleitwerk	horizontal tail surface
Höhenmesser	altimeter
Höhenmessereinstellung	altimeter setting
Höhenquerruder	elevon
Höhenruder; Höhensteuerung	elevator; elevator controls
Höhenseitenruder	elever
Höhenstaffelung	vertical separation, altitude sep.
Höhenwind	upper wind, winds aloft
Höhenzuweisung	altitude assignment
höhere, obere Schicht	upper layer
hörbar	audible
Hör-, Empfangsbereitschaft	listening watch
bleiben Sie auf –, hörbereit	maintain listening watch
hören, hörte, gehört	to hear, heard, heard
hören, horchen	to listen
hören, verstehen	to read (eigentl.: lesen)
hören auf . . .	to listen to . . .
hoffen	to hope; Hauptwort: hope
hohe Geschwindigkeit	full speed, high cruise
behalten Sie – – bei	maintain high cruise
hohe Verkehrsdichte	traffic congestion
holprig, uneben	bumpy, rough
Holz (bauweise); Wald	wood (construction); wood, forest
Horizont	horizon
horizontal, waagerecht	horizontal
Horizontalflug, Waagrechtflug	level flight
Hubschrauber	helicopter
Hubschrauberfallstrom, Abwind	downwash
Hubschrauberlandefläche	helicopter landing area
Hubschrauberlandeplatz	heliport, helicopter landing pad
Hubschrauberplattform	helipad, pad, heliport deck

Hubschrauberplatzrunde	helicopter traffic circuit
hübsch, nett	pretty, nice
Hügel	hill
Hund	dog
hundert	hundred
Hydrauliksystem	hydraulic system

I

ich wiederhole (Verf.sprechgr.)	I say again
identifizieren, erkennen	to identify (Radar)
identifiziert, erkannt	identified
beim Start identifiziert	identified on take-off
nicht identifiziertes Radarziel	unidentified target
Identifizierungskurve	identification turn
IFR = Instrumentenflugregeln	IFR = instrument flight rules
IFR-Anflug	IFR-approach
IFR-Flug	IFR-flight
IFR-Freigabe	IFR-clearance
IFR-Mindestreisehöhe über Meer	minimum IFR en-route altitude
IFR-Staffelung	IFR-separation
IFR-Verkehr	IFR-traffic
ILS = Instrumentenlandesystem	ILS = instrument landing system
ILS-Anflug (radarüberwacht)	ILS (monitored) approach
ILS-Empfänger	ILS receiver
ILS-Gleitweg(winkel)	ILS glide path (angle)
ILS-Haupteinflugzeichen	(ILS) middle marker
ILS-Kreuzzeigerinstrument	ILS cross pointer
ILS-Landekurs(sender)	ILS localizer
ILS-Rückkurs	ILS back course, back beam
ILS-Rückkursanflug	ILS back beam approach
ILS-Voreinflugzeichen	(ILS) outer marker
im Fluge, während des Fluges	in-flight (in Zusammensetzungen)
immer, stets; immerzu, dauernd	always; all the time
immer noch	still
imstande, in der Lage sein	to be able
nicht imstande, unfähig sein, nicht in der Lage sein	to be unable
in (Sicht)	in (sight)
in (Ortsname)	in, at . . . (place name)
in die Platzrunde einfliegen	to enter traffic circuit, to join tr. c.
in- und außerhalb (von Wolken)	in and out (of cloud)
in, hinein	into
infolge, wegen	due to, because of
Information, Unterrichtung	information; Zeitw.: to inform
zu Ihrer Information, Orientierung	for your information
Inhalt	contents
innen, innerhalb	inside
inner, -er, -e, -es	inner
innerhalb (der Reichweite)	within (coverage)
ins, im, in das; in . . . hinein	in the, into the
Insassen	occupants
insbesondere, besonders	especially

Insel	island
Instandsetzung, Ausbesserung	repair; Zeitwort: to repair
Instrumentenablesung	instrument reading
Instrumentenanflug	instrument approach
Instrumentenanflughilfe, -einrichtg.	instrument approach aid
Instrumentenanflugkarte	instrument approach chart
Instrumentenanflugverfahren	instrument approach procedure, instrument letdown procedure
Instrumentenanzeige	instrument indication
Instrumentenbrett	instrument panel
Instrumentenfehler	instrument error
Instrumentenflug	instrument flight
Instrumentenflugberechtigung	instrument rating
Instrumentenflugkurve	rate I turn (3 degr./sec.)
Instrumentenflugregeln (IFR)	instrument flight rules (IFR)
Instrumenten(flug)verfahren	instrument procedure
Instrumentenflugverkehr	instrument traffic
Instrumentenlandebahn, -piste	instrument runway
Instrumentenlandesystem (ILS)	instrument landing system (ILS)
Instrumentensinkflug, -anflug	instrument letdown
Instrumentenwetterbedingungen (IMC)	instrument meteorological conditions (IMC)
in – einfliegen	to become IMC, to enter IMC
– antreffen	to encounter IMC
international	international
Inversion, Temperaturumkehr	(temperature) inversion
inzwischen, unterdessen	meanwhile, in the meantime
irgend etwas, alles	anything
irgend jemand, irgend einer	anybody, anyone
irgendwann	sometime
irgendwie	somehow, anyhow
irgendwo	somewhere, anywhere
irgendwohin	anywhere
irritieren, verwirren	to irritate
Irrtum, Fehler, Versehen	error

J

ja (als Verfahrenssprechgruppe:)	affirm; sonst: yes
je nachdem was früher, später, tiefer, höher ist	whichever is sooner, earlier, later, lower, higher
jeden Augenblick	any moment, any second
jeder, jede, jedes	each; every
jeder, jedermann	everybody, everyone
jederzeit	(at) any time
jedesmal	each time, every time
jedoch	however
jemand	somebody, someone
irgend jemand, jeder Beliebige	anybody, anyone
jener, -e, -es	that (one); Mehrzahl: those
jenseits, darüber hinaus	beyond
jetzt, gegenwärtig, derzeitig	present
jetziger (gegenwärtiger) Standort	present position

jetzt; nun, jetzt gerade	now; right now
bis jetzt	up to now, until now
von jetzt an	from now on

K

Kabel	cable
Kabine	cabin
Kabinenbeleuchtung	cabin lighting
Kabinendruck	cabin pressure
Kabinenheizung	cabin heating
Kabinentüre	cabin door
Kaltfront	cold front
Kamin, Schornstein	chimney, smoke stack
Kanal(wahlschalter, -wähler)	channel (selector)
Kanalabstand (bei Frequenzen)	channel spacing
kann nicht	cannot
Kapitän, Flugkapitän	captain, flight captain
kaputt sein, nicht in Ordnung sein	to be out of order
Karte (Landkarte)	map
Karte, Plan, Navigationskarte	chart
(Karten-)Maßstab	scale
kaum	hardly, barely
kein, keiner, keine, keines	no; (alleinstehend:) none
keiner, -e, -es, niemand	nobody
keiner (von beiden, mehreren)	neither, neither one
keine (wesentliche) Änderung	no (significant) change (NOSIG)
kein . . . mehr	no more . . .
gar kein . . .	no . . . whatsoever
kennen, wissen; Kenntnis	to know; knowledge
Kennung, Kennzeichen	identification (auch: Radar-)
Kennfeuer	identification beacon
kennzeichnen, markieren	to mark; Hauptw.: marking
Kennzeichnung (d. Unbenutzbark.)	(unserviceability) marking
Keuchhustenflug	whooping cough flight
Kielflosse, Seitenflosse	vertical stabilizer
Kieshaufen	pile of gravel
Kilohertz	kilocycles per second
Kind	child; Mehrzahl: children
Kirchturm	church steeple
Klappen, Landeklappen (ausgef.)	flaps (down)
Klappenstellung	flap setting
klar, deutlich, hell, sauber	clear
geräumt, freigegeben	cleared
Klareis, klares Eis	clear ice, glazed ice
Klarliste, Kontrolliste, Prüfliste	check list
Klartext	plain language
klein, schmal	small
klein, gering, leicht, schwach	slight
kleine Reichweite	short range (SRG)
klopfen, schlagen, stoßen	to knock
knapp, dicht, eng	tight
knapp an Treibstoff	short of fuel, low on fuel

knapp werden, ausgehen	to run short
Knappheit	shortage
Treibstoffknappheit	fuel shortage
Knoten	knot
Kode	code
können, konnte, gekonnt	can, could, could
können, dürfen, mögen	may
können, in der Lage, imstande sein	to be able to . . .
körniger Eisregen, Schneeregen	sleet
Kolbenmotor	piston engine
Komma (in Zahlen)	decimal
kommen, kam, gekommen	to come, came, come
kommen (Verfahrenssprechgr.)	over, go ahead
Kompaß	compass
Kompaßablenkung (horizontale)	deviation
Kompaßfehler	compass error
Kompaßkurs	compass course
Kompaßrose	compass rose
kompliziert; schwierig	complicated; difficult
konnte, könnte	could
Kontrollbezirk	control area
Kontrolle, Überprüfung im Flug	flight check
kontrollieren, überwachen	to control, to check
kontrollierter Flugplatz	controlled aerodrome
kontrollierter Luftraum	controlled airspace
kontrollierter Sichtflugbetrieb	controlled VFR flights (CVFR)
Kontrolliste, Prüfliste, Klarliste	check list
Kontrollturm	control tower
Kontrollzone(ngrenze)	control zone (boundary)
Koordinaten	coordinates
koordinieren; Koordination	to coordinate; coordination
koordinierte Weltzeit	universal time coordinated (UTC)
Kopf	head
Kopfgarnitur (Kopfhörer u. Mikrof.)	head set
Kopfhörer	earphones, headphones
Kopfweh	headache
kopieren, mitschreiben	to copy
Koppeln, Koppelnavigation	dead-reckoning (navigation)
Koppelort	dead-reckoning position
korrekt	correct; Hauptw.: correctness
Korridor; Luftkorridor	corridor; air corridor
Kraft, Leistung, Stärke, Macht	power
kraftgetrieben, mit eigenem Kraftantrieb	power driven
Kraftstoff, Treibstoff	fuel (auch: gasoline; gas)
Kraftstoff ablassen	to dump fuel
Kraftstoffanlage	fuel system
Kraftstoffbehälter	fuel tank
Kraftstoffdruckmesser	fuel pressure gauge
Kraftstoffassungsvermögen	fuel capacity
Kraftstoffgemisch	fuel mixture
armes, mageres –	lean (fuel) mixture
fettes, reiches –	rich (fuel) mixture
Spargemisch	weak (fuel) mixture

Kraftstoffknappheit, -mangel	fuel shortage, lack of fuel
Kraftstoffleck	fuel leak
Kraftstoffleitung	fuel pipe
Kraftstoffmangel haben	to be short of fuel, low on fuel
Kraftstoffmenge	fuel quantity
Kraftstoffpumpe	fuel pump
Kraftstoffschnellablaß	jettisoning of fuel, fuel dumping
Kraftstoffverbrauch	fuel consumption
Kraftstoffversorgung, -vorrat	fuel supply
Kraftstoffvorrat	endurance, fuel on board, aboard
Kraftstoffvorrat erschöpft	fuel exhausted
Kraftstoffvorratsanzeigegerät	fuel quantity indicator
in Kraft treten	to become effective, to go into effect
Kran	crane
krank; Krankheit	sick, ill; illness, sickness, disease
Krankenhaus	hospital
Krankenwagen	ambulance (car, vehicle)
Kreis, Vollkreis	circle, orbit
Kreisbogen	arc of a circle
Kreiselhorizont, künstl. Horizont	gyro horizon, artificial horizon
Kreiselinstrument	gyroscopic instrument
Kreiselkompaß, Kurskreisel	gyro(scopic) compass, directional gyro
kreisen; kreisen Sie weiter	to circle, to orbit; continue circling
kreuzen, durchfliegen, überqueren, durchqueren	to cross, to traverse
(sich) kreuzende Flugwege, Kurse	crossing courses
Kreuzung von Start- und Landeb.	intersection, junction, cutoff
Kreuzzeigerinstrument	cross pointer instrument
kritisch, bedenklich, gefährlich (Geschwindigkeit)	critical (speed)
sich kümmern um	to look after, to take care of
künftig, zukünftig	in future
künstlicher Horizont, Kreiselhoriz.	artificial horizon, gyro horizon
kürzen, abkürzen (Anflug)	to shorten (approach), to cut short
in Kürze, bald	in a little while, soon
kürzlich, vor kurzem, unlängst	recently
Küste; Küstenlinie	coast, shore; shoreline
Kunstflug	acrobatic flight, acrobatics
Kurbelwelle	crankshaft
Kurs; auf Kurs	course; on course
Kurs ändern	to alter heading
Kurs über Grund; . . . fliegen	track; to track
geflogener Kurs über Grund	track made good
Kurs über Grund einhalten	to make good a track
Kurs und Höhe halten	to maintain straight and level flight
auf Kurs gehen	to proceed on course, to set course
bevor Sie auf Kurs gehen	before proceeding on course
Steuerkurs	heading
Kursabweichung(sanzeiger) (VOR, ILS)	course deviation (indicator) (CDI)
Kursführung	track guidance
Kurskreisel	gyro, directional gyroscope
Kurskreuzung (von 2 VOR-Leitstrahlen)	intersection

Kurskrümmung, -biegung (ILS)	course bend
Kursschwingungen (ILS, VOR)	course scalloping
Kursverbesserung	course correction
Kurswahl (VOR), Kurswähler	course selector, omni bearing selector (OBS)
Kurve, Drehung	turn
Kurvendrehgeschwindigkeit	rate of turn
kurz, knapp	short
kurze Landung, Kurzlandung	short landing
zu kurz kommen (bei Landung)	to undershoot
kurz (gefaßt)	brief
kurzer Anflug, Kurzanflug	short approach
kurzer Endteil, Endanflug	short final
kurzer Start, Kurzstart	short (field) take-off
kurzer Start und kurze Landung	short take-off and landing (STOL)
Kurzwelle	high frequency

L

Ladedruck	(engine) manifold pressure, boost (pressure)
Ladedruckmesser	manifold pressure gauge
Ladedruckregler	manifold pressure control
laden; Ladung	to load; load
Ladeplan	load sheet
Länge; geographische Länge	length; longitude
längenmäßig, Längs . . .	longitudinal
Längsachse	longitudinal axis
Längsneigung (Luftfahrzeug)	pitch
Längsstaffelung	longitudinal separation
Längstwelle (unter 30 kHz)	very low frequency (VLF)
Lärm, Krach, Geräusch	noise
Lärmbeschwerde	noise complaint
Lärmmeßstelle	(noise) monitoring point
Lärmminderung	noise abatement
Lärmminderungsverfahren	noise abatement procedure
Lärmschutzbeauftragter	noise abatement commissioner
Lärmüberwachungsanlage	noise control system
Lage, Aufstellungsort, Standort	location
Lage, Haltung; Fluglage	attitude; flight attitude
Lage, Situation	situation
in der Lage sein	to be in a position, to be able
nicht in der Lage sein	to be unable
Lampe, Licht	lamp, light
Land; (Land-)Karte	country; map
Landeabstand, Abstand zwischen 2 Landungen	landing interval
Landeanflug	approach to land, approach for (a) landing
– ohne Bodenberührung, Durchstarten	go-around
Landeanweisungen	landing instructions

Landebahn, Start- und Landebahn (Österr., Schweiz: Piste)	runway (s. auch unter Start- u. Landebahn)
vor der Landebahn aufsetzen	to touch down short of runway
vor der Landebahn halten	to hold short of runway
Landebahnbefeuerung	runway lighting
Landebahnbeginn, Anfang der Landebahn	approach end of runway
Landebahnerweiterung, -ausbau	runway extension
Landebahnmittellinie	runway center line
Landebahn noch belegt	runway still occupied
Lande(bahn)schwelle	runway threshold
Landebahnsicht, Pistensichtweite	runway visual range
Landebahnzustand	runway condition
Landebahnzuweisung, -angabe	runway assignment
Landebereich	landing area, alighting area
Landefolge	landing rate, landing sequence
Landefreigabe, -erlaubnis	landing clearance
Landegebühr	landing fee, landing charge
Landegeschwindigkeit	landing speed
Landegewicht	landing weight
Landehilfe	landing aid
Landekarte	landing chart
Landeklappen	flaps
Landeklappenanzeige	flap indication
Landeklappen ausgefahren	flaps down
Landekreuz, Landeweiser	landing tee, wind tee
Landekurs; in den – einfliegen	localizer; closing with localizer
Landelauf(strecke)	landing run
Landemeldung	arrival message, arrival report
landen; Land, Festland	to land, to alight; land
Landenummer 2	number two to land
Landeplatz, Flugplatz	airfield
Landerichtung	landing direction
Landerichtungsanzeiger	landing direction indicator
Landescheinwerfer	landing light
Landesgrenze	border, frontier
Landestrecke; verfügbare –	landing distance; available ––
Landestreifen	air strip, landing strip
Landevorrecht, Landevorrang	landing priority
Landeweiser, -kreuz, -T	landing tee, wind tee
Landewettervorhersage	landing forecast
Landezeit	landing time, on the ground at ...
Landflugplatz	land aerodrome
Landkarte	map, chart
Landmeile, engl. Meile	statute mile
Landschaft	landscape
Landschaftsmerkmale (auffällige)	(prominent) landmarks
Landung, auch: landend	landing, alighting
– mit Aufsetzen und Durchstarten	touch and go landing
Landung mit dem Wind	downwind landing
Landung mit Seitenwind	cross wind landing
Landung sichergestellt	landing assured
Landung zum Auftanken	refuelling stop
zur Landung anfliegen	to approach to land
landwirtschaftliche Geräte	farming equipment

lang, hoch, groß (Gebäude)	tall (building)
lang; langer Anflug, Langanflug	long; long approach
lange Landung	long landing
langsam; – werden, verlangsamen	slow(ly); to slow down
Langstrecke(nflug)	long distance (flight), long range (flight)
Langwelle	low frequency
lassen, ließ, gelassen	to let, let, let
lassen Sie mich wissen	let me know
lassen (nehmen) Sie sich Zeit	take your time
Last(kraft)wagen	truck
laufen, in Betrieb sein (u. Verg.)	to run, ran, run
laufend, planmäßig	normal, routine
auf dem laufenden halten	to keep advised, to keep up to date
Motor läuft wieder	engine running again
laut	loud
laut . . ., gemäß . . . (z. B. Wetterbericht)	according to . . . (e. g. weather report), in accordance with . . .
lauter sprechen	to speak up, to speak louder
Lautsprecher	loudspeaker
Lautstärke, Zeichenstärke	signal strength
Lautstärke(regelung)	volume (control)
leben, wohnen	to live
leck, undicht sein, rinnen	to leak
Leck, undichte Stelle	leak
leer	empty
leeren, entleeren, ausleeren	to empty
leerlaufen; Leerlauf (Motor)	to idle; idling
legen, legte, gelegt	to lay, laid, laid; to put, put, put
lehren, unterrichten; Lehrer	to teach, to instruct; instructor
leicht, Licht; Luft- und Seefahrt: Feuer	light
leicht, nicht schwierig	easy
leicht, schwach, unbedeutend	slight
leichter Unfall, Leichtunfall	minor accident
Leichtigkeit	ease
Leichtluftfahrzeug	light (type) aircraft
leider; Verzeihung	sorry; I'm sorry
Leistung, Kraft, Stärke	power
Leistung (Luftfahrzeug)	(a/c) performance; Zeitw.: to perform
Leistungsabfall	loss of power
Leistungsdaten	performance criteria
Leistungseinstellung	power setting
Leistungshebel, Gashebel	throttle (control)
Leitstrahl, Richtstrahl	beam; VOR: radial
Leitstrahlkrümmungen	bends, course bends
Leitwerk	empennage
lenken, steuern, bedienen	to manoeuvre, auch: to steer
letzter, letzte, letztes	last
letzte (neueste) Wettermeldung	latest weather report
Leuchtfeuer, Funkfeuer	beacon
Leuchtkugel	flare
Leuchtpistole, Signalpistole	flare pistol
Leute	people

Lichtsignal	light signal
Lichtstärke, Helligkeit	light intensity
Lichtstrahl	light beam
liegen	to lie
Linie, Strich; Leitung	line
Linienbö, Böenwalze	line squall
Linienflugzeug, Verkehrsflugzeug	airliner
links	left
links, zur Linken	on the left
links von . . .	at (oder to) the left of . . .
links voraus	left ahead
nach links	to the left
Linkskurve	left (hand) turn
Liste	list
locker; locker sein	loose; to be loose
loswerden	to get rid of
was ist (denn) los?	what's the matter?
Luft	air
in der Luft befindlich, gestartet	airborne
Luftbremse	air brake
Luftdruck (steigt, sinkt)	air pressure (rising, dropping)
Lufteinlaß	air inlet, air intake
Luftfahrt	aviation
Luftfahrtbodenfeuer	aeronautical ground light
Luftfahrthandbuch (AIP)	aeronautical information publication
Luftfahrtinformationsdienst (Österreich, Schweiz)	aeronautical information service (AIS)
Luftfahrtleuchtfeuer	aeronautical beacon
Luftfahrzeug; durch – gemessen	aircraft; measured by aircraft
Luftfahrtveranstaltung, Flugtag	air display, air show
Luftfahrzeug mit Turbopropellerantrieb	turboprop aircraft
Luftfahrzeug mit Turbostrahlantrieb	turbojet aircraft
Luftfahrzeugausrüstung	aircraft equipment
Luftfahrzeug(bau)muster	type of aircraft
Luftfahrzeug(er)kennung	aircraft identification
Luftfahrzeugführer (verantwortl.)	pilot (in command)
Luftfahrzeughalter	aircraft operator, aircraft owner
Luftfahrzeuge im Verbandsflug	aircraft in formation
Luftfahrzeugleistung	aircraft performance
Luftfahrzeugmechaniker	aircraft mechanic
Luftfahrzeugrufzeichen	aircraft call sign
Luftfahrzeugtreppe	aircraft step, passenger loading ramp, step, ladder (= Leiter)
Luftfahrzeugunfall	aircraft accident
(Luft-)Feuchtigkeit	humidity
Luftkorridor	air corridor
Luftmasse	air mass
Luftnot	distress
Luftpost	air mail
Luftraum	airspace
– mit Verkehrszusammenballung	congested airspace
Luftschiff	airship
Luftschraube (s. auch Propeller)	propeller
Verstellung der Luftschraube	propeller pitch

Verstellung der Luftschraube auf Bremsstellung	propeller pitch reversing
Luftschraubenblatt	propeller blade
Luftschraubenenteisung	propeller de-icing
Luftstraße	airway
Lufttemperatur	air temperature
Lufttüchtigkeit	airworthiness
Luftübung	air exercise
Luftwaffe	air force
Luftweg	advisory route
Luftwiderstand	drag
Luke	hatch
Luvwinkel	wind correction angle

M

machen, schaffen (u. Verg.)	to make, made, made
machen, tun (u. Verg.)	to do, did, done
macht nichts (aus)	(that) does not matter
Machzahl	mach number
Mädchen	girl
Mäharbeiten (im Gang)	mowing, grass cutting (in progress)
mähen	to mow
Mähgeräte, Mähmaschinen	mowing equipment
Mähmaschine	mower
mäßig, mittler	moderate
mäßige Turbulenz	moderate turbulence
Magnet (Zündmagnet)	magneto
magnetisch	magnetic
Magnetkompaß	magnetic compass
Mal; jedes Mal	time; every time, each time
man	one
manche, ein paar, einige	some
manchmal; zeitweise	sometimes; at times
Mangel; Kraftstoffmangel	lack; – of fuel, – of gas(oline)
Mangel an . . . haben	to lack . . .
Mann; Männer	man; men
manövrierfähig, in Ordnung	manoeuvrable
manövrierunfähiges Luftfahrzeug	immobilized, disabled aircraft
markanter Punkt im Gelände	prominent landmark
markieren, anzeigen (durch)	to mark (by)
Markierung	marking
Markierungsfunkfeuer(-anzeiger)	marker radio beacon (indicator)
Maßnahme	measure
Maßstab, Skala	scale
Mast	mast
matt, schwach (Radarziel)	faint (radar target)
Mechaniker	mechanic
medizinisch, ärztlich	medical
Meer, (die) See	sea
Meeresspiegel	sea level
Megahertz	megacycle(s) (MHz)

mehr (als)	more (than)
mehr oder weniger	more or less
mehrere, verschiedene	several, various
Mehrfachanruf	multiple call
mehrmals, mehrere Male	several times
mehrmotorig	multi engine
Mehrradfahrwerk	multiple wheel landing gear
meiden	to avoid
Meile; englische Meile, Landmeile	mile; statute mile
Meilen pro Stunde	miles per hour
Entfernung in Meilen, zurückgelegte Meilenzahl	mileage
mein, meine, meines	my
meinen, meinte, gemeint	to mean, meant, meant
meist; am meisten	most(ly)
melden, mitteilen	to report, to advise;
melden Sie . . .	report . . .
– Verlassen; Passieren; Erreichen	report leaving; passing; reaching
melden Sie startbereit	report when ready for departure
Meldepunkt, Bezugspunkt	reporting point
Meldepunkt auf Anforderung	on request reporting point
Pflichtmeldepunkt	compulsory reporting point
Meldung	report, message
eine Meldung veranlassen	to initiate a message
Meldung, Notiz	notice
bis weitere Meldung erfolgt	until further notice, u. f. advised
vorherige Meldung erforderlich	prior notice required (PN)
Menge, Betrag, Grad	amount
Menge, Masse	quantity
eine Menge, viel	plenty of, a lot of, lots of
Menschenmenge	crowd
merken, wahrnehmen, bemerken	to notice
sich etwas merken	to keep something in mind
Merkmale, Eigenschaften	characteristics
merkwürdig, eigentüml., sonderbar	strange
messen, ermitteln; gemessen	to measure; measured
Meßflug	calibration flight
Meßgerät, . . . -messer	gauge
Messung	measurement
Metall(stück)	metal (piece)
Meteorologe	meteorologist
Meteorologie; meteorologisch	meteorology; meteorological
Meter je Sekunde	meters per second
mich; mir	me; to me
Mikrophon	microphone
Mikrophonknopf	microphone button, mike button
Mikrophonknopf drücken	to key, to press mike button
militärisch, Militär	military
Militärluftfahrzeug	military aircraft
Millibar	millibar
Mindest . . ., Mindestwert	minimum (Mehrzahl: minima)
Mindestabstand	minimum clearance, min. distance
mindestens, wenigstens, zumindest	at least
Mindestentfernung	minimum distance
Mindest(flug)höhe	minimum altitude

Mindesthindernisabstand Mindesthindernisfreiheit	minimum obstacle clearance
Mindestreiseflughöhe	minimum cruising level
Mindestreiseflughöhe über Meer	minimum en-route altitude (MEA)
Mindestsicherheitshöhe	minimum safe height
Mindestsinkflughöhe	minimum descent altitude (MDA)
Mindestwartehöhe über NN	minimum holding altitude
unter dem Mindestwert	below minimum; (Mehrzahl: minima)
minus; plus	minus; plus
Minute (Zeit- und Bogenminute)	minute
mißachten, streichen, vernachlässigen, nicht beachten	to disregard
Mißbrauch	misuse
Mißverständnis	misunderstanding
mißverstehen (u. Verg.)	to misunderstand, misunderstood, –
mißweisend, magnetisch	magnetic
mißweisender Kurs	magnetic course
mißweisender Kurs über Grund	magnetic track
mißweisende Peilung, Richtung	magnetic bearing
mißweisende Richtung der Piste	magnetic orientation of runway
mißweisender Steuerkurs	magnetic heading
mit, nebst	with
mit, mittels	by
mithören (u. Verg.)	to overhear, overheard, overheard
mithören, überwachen	to monitor
haben Sie mitgehört?	did you monitor?
mitnehmen	to take along
mitschreiben, abschreiben	to copy
bereit zum Mitschreiben	ready to copy
Mittag; mittags	noon; at noon
Mitte; in der Mitte	center, middle; in the middle, centered
mitteilen, benachrichtigen	to inform, to advise
mitteilen, sagen, berichten (u. V.)	to tell, told, told
Mittellinie(nfeuer)	centerline (lights)
mittelmäßig, durchschnittlich	medium, average
Mittelwelle	medium frequency
Mitternacht	midnight
mittler, mäßig	moderate
mittlerer, -e, -es	mean; medium; average
mittlere Greenwichzeit	Greenwich Mean Time (GMT)
mittlere Ortszeit	local mean time (LMT)
mittlerer Meeresspiegel, NN	mean sea level, MSL
über mittlerem Meeresspiegel	above mean sea level (AMSL)
mittlere Reichweite	medium range
mittlerer Teil	central portion
mittlere, durchschnittliche Sicht	mean visibility
mittlerer Wind	mean wind
mittlerweile, unterdessen, inzwischen, in der Zwischenzeit	meanwhile
mit (Rücken)wind	down wind
Modulation	modulation
Modus (Sekundärradar)	mode
ich möchte, ich würde gerne	I would like to . . .
mögen, gern haben	to like
mögen, können, dürfen	may

möglich; falls –, durchführbar	possible, practicable; if –
so bald wie mögl., baldmöglichst	as soon as possible (practicable)
möglich, wahrscheinlich	probable; Hauptwort: probability
möglicherweise; eventuell	possibly
Möglichkeit	possibility, chance
Moment, Augenblick	moment
momentan, jetzt gerade	right now
Morgen; heute morgen	morning; this morning
morgens	in the morning
Morsealphabet	morse code
Motor	engine
brennender –; rauchender –	engine on fire; eng. trailing smoke
Motor abbremsen	to run up engine; Hw.: engine run up
Motor abstellen	to cut the engine
Motor anlassen	to crank up, to start up (engine)
Motor ausgefallen, außer Betrieb	engine inoperative
Motorausfall	engine failure, power failure
Motorausgangsleistung	engine power
Motorbedienungseinrichtung	engine controls
Motordrehmoment	engine torque
Motordrehzahl	engine speed
Motorenkontrolle, Abbremsen	power check
motorgetriebene Luftfahrzeuge	powered aircraft, power driven a/c.
Motorgondel	engine nacelle, engine pod
Motor läuft wieder	engine is running again
Motorleistung; – verringern	engine power; to reduce power
Motorsegler	powered glider
Motorstörung	engine trouble
Motorüberprüfung	engine check
Motorverkleidung	engine cowling
müssen	must, to have to
Muster; Platzrunde	pattern; traffic pattern, traff. circuit

N

nach (zeitlich); nach dem Start	after; after take-off
nach (räumlich, zeitlich)	past
nach, auf . . . zu	to
nach dem Fluge (in Zus.setzungen)	post-flight
Nachbrenner	afterburner
nachfolgender Verkehr	succeeding traffic
nachfragen, -forschen, erkundigen	to inquire; Hauptw.: inquiry
nachher	thereafter, afterwards
nachlässig	negligent, careless
Nachmittag; heute nachmittag	afternoon; this afternoon
Nachricht; Nachricht übermitteln	message, news; to deliver a m.
Nachricht für Luftfahrer (NfL)	notice to airmen (NOTAM)
nachstellen (Kurskreisel)	to reset (gyro)
Nacht; nachts	night; at night
Nachtflug; Nachtflugbetrieb	night flight; night operations
Nadel, Anzeigenadel	needle

nächster, nächste, nächstes	next (räumlich: nearest)
das nächste Mal	next time
Nähe; Umgebung, Nachbarschaft	proximity; vicinity
in der Nähe	nearby, closeby
sich nähern	to come up, to approach
nämlich	namely
nässender Nebel	wet fog
nahe bei, in der Nähe von ...	near, close to ...
zu nahe, zu dicht auf (sein)	(to be) too close
zu nahe kommen	to get too close
Nahverkehrsbereich	terminal control area (TMA)
Name	name
Namenskurzzeichen, Anfangsbuchst.	initials
Nase, Rumpfnase	nose
naß	wet
nationale Wachfrequenz	national guard frequency
Nationalität, Staatszugehörigkeit	nationality
natürlich, gewiß, selbstverständlich	of course, certainly, naturally
Navigation, Ortung	navigation
Navigationsausrüstung	navigational equipment
Navigationshilfe	navigation aid
Navigationsinstrument, -gerät	navigation instrument
Navigations-, Positionslichter	navigation lights
Navigator, Navigationsoffizier	navigator
Nebel	fog
Nebelbank	fog bank
Nebelbildung	fog development
Nebelfetzen, Nebelschwaden	patches of fog, fog patches
Nebelschicht	fog layer
neben	beside, next to
Nebenfrequenz, Zweitfrequenz	secondary frequency
neblig	foggy
nebst	together with
negativ (Sprechgruppe), nein	negative
nehmen, bringen, dauern (u. Verg.)	to take, took, taken
nehmen (lassen) Sie sich Zeit	take your time
neigen zu, unterworfen sein	to be subject to
neigen um die Querachse, nicken	to pitch
Neigung, Abfall, Gefälle (Startbahn)	slope
nein; negativ, Erlaubnis wird nicht erteilt, das ist nicht richtig	no; als Verfahrenssprechgruppe: negative
nett, hübsch, ziemlich	pretty
neu; neue, geänderte voraussichtliche Ankunftszeit (Abflugzeit)	new, revised; revised estimated time of arrival (of departure)
Neufreigabe, Freigabeänderung	reclearance, revised clearance
Neuigkeiten, Nachrichten	news
Neuschnee	fresh snow
nicht; nicht, un ... (z. B. ungerichtetes Funkfeuer)	not; non ... (e. g. non directional beacon)
nicht genehmigt, unerlaubt	unauthorized
nicht identifizierte Radarziele	unidentified targets
nicht imstande, unfähig sein	to be unable (to)
nicht mehr (zeitlich)	not ... any longer, not ... anymore
nicht mehr als, höchstens	not more than
nicht sicher, unsicher	unsafe

nicht später als, spätestens	not later than; auch: nicht nach . . .
nicht übereinstimmen	to disagree
nicht verständlich, unverständlich	unreadable
nicht vor	not until
nicht weniger als, mindestens	not less than
gar nicht, überhaupt nicht	not at all
noch nicht	not yet
nichts	nothing, NIL
nichts als	nothing but
nichtsdestoweniger, dennoch	nevertheless
nie, niemals	never
Niederleistungsanflugbefeuerung	low intensity approach lights
Niederleistungsbefeuerungssystem	low intensity lighting system
Niederleistungsstartbahnbefeuerg.	low intensity runway lights
Niederschlag(gebiet)	precipitation (area)
niedrig, tief, Tief(druckgebiet)	low
niedrige Hauptwolkenuntergrenze	low ceiling
in niedriger Höhe	(at) low level(s)
Niedriganflug durchführen	to practice low approach
niedrigste Empfangshöhe	minimum reception altitude
niedrigste Flugfläche	lowest flight level, minimum FL
niemand, keiner	nobody, no one
Nieseln, Sprühregen	drizzle
nirgends	not anywhere, nowhere
noch (in der Luft)	still (in the air)
noch, schon	yet
noch ein	another
noch einmal, nochmals	once more
noch etwas, sonst noch etwas	anything else
nochmals, wieder	again
nochmals, erneut schätzen	to reestimate
Nockenwelle	crankshaft
nördlich	northern
nördlich von	north of
nördliche Breite	northern latitude
Nord	north
nordwärts (fliegen)	(to be) northbound
Norm	standard
normal; Standard; Routine	normal; standard; routine
normaler Anflug, Normalanflug	normal approach
normale Geschw. wieder aufnehmen	to resume normal speed
normale Navigation wieder aufn.	to resume normal navigation
Norm(al)atmosphäre	standard atmosphere
Normalbetrieb	normal operation
normalerweise	normal(ly)
Normalluftdruck	standard atmospheric pressure
Normalnull; über Normalnull (NN)	mean sea level (MSL); above mean sea level (AMSL)
Normalwarterunde	standard holding pattern
Notausgang, Notausstieg	emergency exit
Notausrüstung	emergency equipment
Notaußenlandung	off field landing
Notbefeuerung	emergency lighting
Not . . ., Notfall	emergency, distress
im Notfall	in case of emergency

Notfrequenz	emergency frequency, distress fr.
Notiz, Anmerkung	note
Notizen, Aufzeichnungen machen	to take notes
Notlage	emergency situation, state of em.
in Not(lage) geraten	to encounter emergency
Notlage erklären	to declare emergency
Notlandeplatz	emergency landing site
Notlandung	emergency landing, forced landing
Notmeldung	distress message
Notruf	distress call, emergency call
Notsignal (Mayday)	distress signal (mayday)
Notsinkflug	emergency descent
Not(sprech)funkverkehr	emergency communication
Notstrom(versorgung)	emergency power (supply), secondary power (supply)
Notstufe (3. Alarmstufe)	distress phase
Notverfahren	emergency procedure
Notverkehr (Sprechfunk)	distress traffic, em. communication
notwassern; Notwasserung	to ditch; ditching
notwendig, erforderlich	necessary; Hauptwort: necessity
notwendig, wichtig, wesentlich	essential
Notzeichen	emergency signal (mayday)
Notzustand, Notlage	state of emergency
nützlich, brauchbar	useful
null	zero
Nullgradgrenze	freezing level
Nummer, Zahl, Anzahl, Menge	number
nun(mehr), jetzt	now
nur, bloß	only, just
Nutzlast	payload
nutzlos, zwecklos, unbrauchbar	useless

O

ob, falls; ob	if; whether
oben, darüber	overhead
oberer, Ober . . .	upper
oberer Luftraum	upper airspace
obere Schicht, höhere Schicht	upper layer
Oberfläche (z. B. einer Landebahn)	surface (z. B. runway surface)
Obergrenze (Luftraum)	upper limit (airspace)
Obergrenze (Wolken, Dunst)	top (of cloud, haze)
an der Obergrenze	on top (auch: obenauf)
die Obergrenze durchstoßen	to break tops, to penetrate tops
oberhalb, (dar)über	above
obwohl, zwar, obgleich	although
oder	or
öffnen, aufmachen	to open (up)
Öl, Schmierstoff	oil
Ölbehälter, Öltank	oil tank
Öldruck(anzeigegerät)	oil pressure (gauge)
Ölleck	oil leak
Ölleitung	oil pipe

Öltemperaturanzeigegerät	oil temperature indicator
örtlicher Flug	local flight
örtliches QNH	local QNH
offen, geöffnet	open
offene Sprache, Klartext	plain language
offensichtlich	apparent, obvious(ly)
oft; häufig	often; frequently
ohne	without
ohnmächtig werden	to faint; Hw.: fainting
Ohr	ear
Omnibus, Bus	bus
operationeller Luftverkehr	operational air traffic (OAT)
optische Hilfen	visual aids
Ordnung, Auftrag	order
in Ordnung	all right, okay
nicht in Ordnung, kaputt sein	to be out of order
Orientierung verlieren, sich verirren	to lose orientation, to get lost
Orientierungsverlust	loss of orientation
Ort(schaft), Platz, Stelle	place, location
Ortshöhe über Meer	elevation
Ortskennung	location indicator
Ortsmißweisung	(magnetic) variation
Ortsnamenabkürzung	place name abbreviation
Ortszeit	local time
Ost; östlich; ostwärts (fliegend)	east; eastern, easterly; eastbound

P

Paar; paar	zwei: pair; sonst couple
ein paar, einige, manche	some
Panne, Ausfall, Versagen	breakdown, failure
PAR-Anflug, Präzisionsanflug	PAR-approach
parallel, Parallele	parallel
parken, abstellen, parkieren	to park
Passagierflugzeug	passenger aeroplane
passend, geeignet	suitable, appropriate, convenient, proper
passieren, durchfliegen, vorbeifl.	to pass
passieren, geschehen	to happen
Pedal	pedal
Peilanlage	direction finding facility
Peilen, Peilwesen	direction finding
Peiler	direction finder
Peilgenauigkeit	bearing accuracy
Peilung, Richtung	bearing, steer
zwecks Peilung senden	to transmit for D/F
Person; Personal	person; personnel
Personen an Bord	persons on board, souls aboard
pfeifen	to whistle; Hauptw.: whistle
Pfeil	arrow
Pfeilflügel	swept back wing
Pferdestärke, Leistung	horse power
Pflicht . . .	mandatory, compulsory

Pflichtmeldepunkt	compulsory reporting point
Pflichtmeldungen	mandatory, compulsory reports
Pilot, Luftfahrzeugführer	pilot
Pilotenraum, Führerraum(kontrolle)	cockpit (check)
Piste, Start- und Landebahn	runway
Plan	plan; Zeitwort: to plan
Plan, Fahrplan, Flugplan	schedule
Plan, Navigationskarte	chart
Plan ändern	to change one's mind
Planierraupe, Ladegerät	caterpillar
planmäßig, laufend, normal	routine
planmäßig, nach Plan	scheduled (SKED)
planmäßiger Flug, Verkehr	scheduled flight, traffic
platt, flach; platter Reifen	flat; flat tire
Platz, Ortschaft, Stelle	place
Platz; (Flug-)Platz in Sicht	field; field in sight
Platz machen, ausweichen	to give way
den Platz in Sicht bekommen	to get the field in sight
den Platz in Sicht haben	to have the field in sight
Platzanflugfeuer, Platzfunkfeuer	locator (beacon), compass locator
platzen	to blow, to burst
geplatzter Reifen	burst tyre, blown tire
Platzkontrolle	aerodrome control (TWR)
Platzmitte; Überquerung in–	midfield; midfield crossing
Platzpeiler	homer
Platzrunde	(aerodr.) traffic circuit, tr. pattern
in die Platzrunde einfliegen	to enter traffic circuit, to join tc.
Platzrundenanflug	circling approach
Platzrundenflug	traffic circuit flight
Platzrundenhöhe	traffic circuit altitude
Platzzustand	aerodrome conditions
plötzlich	sudden(ly)
plus; minus	plus; minus
Polizei(wache)	police (station)
Positionslicht, -leuchte, -lampe	position light
positiv (Verf.sprechgruppe), ja	affirm
positiv	positive; sure
Post	mail
Präzisionsanflugradar(gerät)	precision approach radar (PAR)
Präzisionsanflug, PAR-Anflug	precision approach, PAR approach
praktisch	practical(ly)
Primärradar	primary radar
privat, Privat . . .	private
pro, je; 1000 Fuß pro Minute	per; 1000 feet per minute
Probeflug, Prüfflug, Erprobungsflug	test flight, check flight, fl. test
Probelauf	test run
Problem, Aufgabe	problem
Propeller (s. auch Luftschraube)	propeller
Propeller in Segelstellung	feathered propeller
Propeller in Segelstellung bringen	to feather propeller; Gegenteil: to unfeather propeller
Propeller mit einstellbarer Bremsstellung	reversible pitch propeller
Propellerblatt	propeller blade
Propellerböen	prop wash

Propellerdrehmoment	propeller torque
propellergetrieben	propeller driven
Propellerhaube	spinner
(Propeller-)Schleppdrehmoment	wind milling torque
Propellersteigung	propeller pitch
prüfen, überprüfen, untersuchen	to check, to verify
Prüfflug, Probeflug, Erprobungsflug	test flight, flight test
Prüfliste, Klarliste, Kontrolliste	check list
Prüfpilot	check pilot
pünktlich	on time
pumpen; Pumpe	to pump; pump
Punkt; Stelle	point; spot

Q

Quadrant, Viertelkreis	quadrant
Quadrat, quadratisch	square
Quellcumulus	towering cumulus (TCU)
quer durchfliegen (Kontrollzone)	to cut across (control zone)
quer über	across
Quer- und Längsneigungsmesser, -anzeiger	bank and pitch indicator
querab	abeam (ABM)
Queranflug, Basisteil; direkter –	base leg; direct base
Querbalken (bei Anfl.befeuerung)	cross bar
Querlage, Querneigung; – swinkel	bank; angle of bank
Querruder (bewegen)	(to move) aileron
Querwind, Seitenwind	cross wind
Querwindkomponente, Seitenwindkomponente	cross wind component

R

Rad; Radbremse	wheel; wheel brake
Radaranflug	radar approach
Radarbildschirm	radar scope, radar screen
Radarecho	radar echo, radar return
Radarechoanzeige	radar blip
radarerfaßt	radar identified
Radarerfassung (verlieren)	(to lose) radar contact
Radarerfassung wiedergewinnen	to regain radar contact
Radarerfassungsbereich, -überdekkung	radar coverage
Radarführung	radar guidance, radar vector(ing)
Radarführung beendet	radar service terminated
Radarführung zum Anflug	(radar) positioning for approach
Radar für Bodenbewegungskontr.	ground movement radar (GMR)
Radargerät mit großer Reichweite	long range radar
Radarhilfe, -unterstützung	radar assistance
Radaridentifizierung	(radar) identification
senden Sie zwecks –	transmit for identification; squawk

Radarstaffelung	radar separation
Radarstandort	radar fix
Radarstörflecke	(radar) clutter
Radarüberwachung	radar monitoring
(Radar-)überwachter ILS-Anflug	ILS monitored approach
Radarverbindung (verlieren, wiedergewinnen)	(to lose, to regain) radar contact
Radarziel	radar target
Radiokompaß, Funkkompaß	radio compass, automatic direction finder (ADF)
Radius, Halbmesser	radius
(gefrorene) Radspur	(frozen) rut
räumen, freimachen (Landebahn)	to clear, to vacate (runway)
Räumung, Beseitigung	removal; Zeitwort: to remove
Rakete	rocket
Rand, Spielraum, Reserve	margin
Rand . . .; Grenzwetterbedingungen	marginal . . .; – weather conditions
Rand (der Start- und Landebahn)	(runway) edge
Randwirbel	marginal vortex (Mehrz.: vortices) wing tip vortex (Mehrz.: vortices) turbulent wake, wake turbulence
Rangfolge	order of priority
rasch, schnell, flott	fast, quick(ly), rapid(ly)
raten; Rat, Meldung	to advise; advice
ratsam, empfehlenswert	advisable
Rauch	smoke
Rauch entwickeln, rauchen	to trail smoke
rauchender Motor	engine trailing smoke
rauh; rauher Motor	rough; rough engine
Rauheis	rime ice
Rauhfrost	hard rime
Rauhreif	rime, soft rime
Reaktion	reaction
rechnen (mit), planen	to expect, to prepare, to plan (on)
mit Durchstarten rechnen	to plan on go-around, to expectg.-a.
rechteckig; rechtwinklig	rectangular; at right angles
rechter, -e, -es; rechts; richtig	right
rechts	to one's right
rechts; zur Rechten, nach rechts	on the right; to the right
sich rechts halten	to keep to the right
Rechtskurve	right (hand) turn
Rechtskurve genehmigt	right turn approved
Rechtsplatzrunde	right hand traffic circuit
rechtweisend; –er Kurs über Grund	true; true track
rechtweisende Peilung, Richtung	true bearing
rechtzeitig	in time, on time, in due time
Redewendungen, Sprechgruppen	phraseology
reduzieren, herabsetzen	to reduce
Regel, Vorschrift, Bestimmung	rule, regulation
in der Regel, gewöhnlich	as a rule
regelmäßig, regulär, normal	regular(ly)
Regelung einhalten	to observe regulation
Regen; regnen	rain; to rain
Regenschauer	rain shower
gefrierender, vereisender Regen	freezing rain

gefrorener Regen, Eiskörner, Graupel	ice pellets
regionale Wachfrequenz	regional guard frequency
Reibung	friction
reiches, fettes Gemisch	rich mixture
Reichweite (eines Funkfeuers)	range, coverage (designated)
Erfassungsbereich (Radar)	operational range
außerhalb der Reichweite	out(side) of coverage
innerhalb der Reichweite	within coverage
kleine Reichweite	short range (SRG)
sehr große Reichweite	very long range (VLR)
Reif, Frost	frost
Reifen; Reifendruck	tyre; tyre pressure
platter Reifen	flat tire
Reifgraupel	small hail, snow pellet
Reihe, Anzahl, Serie (Aufsetz- und Durchstartlandungen)	series (of touch and go landings)
Reihenfolge, Folge	sequence
Reiseflug	cruise, cruising; itinerant flight
Reiseflughöhe über Meer	cruising altitude
Reiseflughöhe bzw. -fläche	cruising level
Reisegeschwindigkeit	cruising speed
Reiseleistung	cruising power
reparieren, wiederherstellen	to repair; Hauptw.: repair
Reserve . . . (in Zus.setzungen)	stand-by . . ., back-up . . .
Rest	rest
retten	to rescue
Rettung	rescue
Rettungsboot	life boat
Rettungsdienst, Bergungsdienst	(crash) rescue service
Rettungseinheit	rescue unit
Rettungseinrichtungen	rescue facilities
Rettungsfahrzeug, Bergungsfahrz.	crash vehicle, rescue vehicle
Rettungsgerät, Bergungsgerät	crash equipment, rescue equipmt.
Rettungsgürtel, -ring	life belt
Rettungsluftfahrzeug	rescue aircraft
Rettungsmannschaft	rescue crew
reziprok, reziproker Wert	reciprocal
richtig	correct
richtig, passend, geeignet(er Weg)	proper (way), suitable
Richtigkeit	correctness
Richtung, Peilung	bearing
Richtung, Anordnung, Anweisung	direction
in Richtung auf . . .	toward(s) . . .
in Richtung . . . steuern	to head for . . .
Richtungsanzeiger (VOR)	TO/FROM-indicator, ambiguity met.
riechen, stinken, duften	to smell; Hauptw.: smell
Rohr(leitung)	pipe(line)
Rollanweisung(en)	taxi instruction(s)
Rollbahn, Rollweg	taxiway
Rollbahnabzweigung	taxiway intersection
Rollbahnbefeuerung	taxiway lighting
Rollbahnfeuer	taxiway light(s)
Rollbahnmitte	center of taxiway
Rollbewegung (um die Längsachse)	rolling motion

rollen	to taxi, to roll; Hauptw.: taxying
rollen Sie langsamer	taxi slower
Start aus dem Rollen	rolling take-off
Rollfeld	manoeuvring area
Rollfeldzustand	status of manoeuvring area
Rollfrequenz	taxi frequency
Rollhalteort	taxi holding position
Rollinformation (unkontr. Flugplatz)	taxi information
Rollkontrolle, Bodenkontrolle	ground (movement) control
Rollstuhl	wheel chair
Rollweg (Österr., Schweiz)	taxiway
rosa	pink
rot	red
Rotor, Drehflügel	rotor
Rotorschaufel, Rotorblatt	rotor blade
Ruder	control surface
Ruderfeststellvorrichtung	gust lock
Rücken	back
Rückenflug	inverted flight
Rückenwind	tail wind
Rückenwindkomponente	tail wind component
Rückenwindlandung	downwind landing
Rückkehr	return; Zeitwort: to return
Rückkurs einer ILS-Anlage	ILS back beam, back course
Rückstoßbö, Düsenstrahl	jet turbulence, jet blast
rückwärtiger Teil, Hintergrund	rear
rufen	to call, to contact
rufen Sie mich	call me, give me a call
rufen Sie . . . auf . . . (Frequenz)	contact . . . on . . . (frequency)
Ruf	call
Rufzeichen	call sign, identification
ruhig; (Wind) still	calm; (wind) calm
ruhig, still; Ruhe	quiet
ruhige Luft	still air
Rumpf	fuselage
Rumpfnase	nose
rund; Runde	round
Rundflug	sightseeing flight
Rundfunksender	(commercial) broadcasting station
Rundfunksendung	broadcast
Rundsichtanzeigegerät (Radar)	plan position indicator
Rundsichtradar	surveillance radar
Rundsichtradargerät	surveillance radar equipment
Rundsichtsekundärradar	secondary surveillance radar (SSR)
rutschen, schleifen, schieben	to skid
rutschig, glatt	slippery

S

Sache, Angelegenheit	matter
sagen, sagte, gesagt	to say, said, said
sagen, berichten, mitteilen (u. V.)	to tell, told, told
Sandstreuer	sand spreader

Sandstreuen, Sanden	sand spreading
Sanitätsluftfahrzeug	hospital aircraft
Satz	sentence
Sauerstoff; Sauerstoffvorrat	oxygen; oxygen supply
Schaden, Beschädigung	damage
Schäfer	shephard
schätzen, begrüßen, würdigen	to appreciate
schätzen, glauben, vermuten	to figure
schätzen (z. B. Zeitpunkt)	to estimate
Schätzung	estimate
schätzungsweise, ungefähr, etwa	approximately, about
Schaf, Schafe	sheep, sheep
Schafherde	flock of sheep
Schallmauer	sound barrier, sonic barrier
schaltbar	switchable
schalten; Schalter	to switch; switch
schalten (Transponder), transpond	to squawk
schauen, blicken, sehen (nach)	to look (for)
Schauer	shower
Schaum; Schaumdecke, -teppich	foam; – blanket, – carpet, – layer
Schein, Erlaubnis, Ausweis	certificate, licence
scheinbar	apparently
(er)scheinen	to appear, to seem
Scheinwerfer	spot light, searchlight
Schicht	layer
Schicht, Film	film
schieben, gieren	to yaw
schieben, (zurück-)stoßen	to push (back); Hw.: push
Schiene	rail
Schießen; Schießgebiet	firing; firing area
Schiff	ship; boat
Schlamm, Dreck, Schmutz	mud
schlammig, aufgeweicht	muddy
Schlauchboot	(rubber) dinghy, rubber boat
schlecht, schlimm	bad, poor; Steigerung: worse, worst
schlecht, übel, krank (sein)	(to be) sick; Hw.: sickness
schlecht, nicht funktionieren	to malfunction
schlechte, geringe Bremswirkung	poor braking action
schlechtes Funkgerät	poor, bad radio
schlechte Sicht (Wetter)	bad, poor visibility (weather)
Schlechtwetteranflug, (-landung)	low visibility approach, (landing)
schleifen, rutschen, schieben	to skid
Schleppen (von Gegenständen)	towing (of objects)
schleppen (Segelflugzeug)	to tow (glider)
Schleppgasanflug; -landung	power approach; power landing
schließen, schloß, geschlossen	to shut, shut, shut
schließen, sperren, abschalten	to close, to close down
schließen, zuschließen, absperren	to lock
schließlich, endlich	finally
Schloß, Burg	castle
Schlußlicht, Hecklicht	tail light
schmal, eng, knapp	narrow
schmal, klein	small
schmerzen, verletzen (u. Verg.)	to hurt, hurt, hurt
Schmierstoff, Öl	oil

Schmiersystem	oil system
schmutzig, aufgeweicht, schlammig	muddy, soft
Schnee	snow
wehender Schnee	blowing snow
Schneekehr- und blasgerät	snow sweeper
Schneematsch	slush
Schnee-NOTAM	SNOWTAM
Schneepflug	snow plough
Schneeräumgeräte	snow removal equipment
Schneeräumung, -beseitigung	snow removal, snow clearing
Schneeregen, körniger Eisregen	sleet
Schneeschauer	snow shower
Schneesturm	blizzard
Schneetreiben	drifting snow, blowing snow
Schneewall, Schneemauer	snow bank, snow wall
Schneewehe; Schneeverwehungen	drifted snow; snow drifts
schneien	to snow
(sich) schneiden; kürzen (u. Verg.)	to cut, cut, cut
schnell; flott, rasch	fast, quick(ly)
schnell, schleunig, beschleunigt, flüssig	expeditious(ly); Steigerung: more expeditious, most expeditious
schnell, geschwind, rasch	rapid(ly), quick(ly)
Schnellabrollbahn, -weg	high speed taxiway, h. sp. turnoff
Schnellstraße, Autobahn	highway
schon, bereits	already, yet
schon einmal	once before
schon gut (bei Entschuldigung)	never mind
Schornstein, Kamin	chimney, smoke stack
Schrägsicht	slant visibility
schreibbereit	ready to copy
schreiben, schrieb, geschrieben	to write, wrote, written
schriftlich	in writing
Schub; Schubumkehr	thrust; thrust reversal
Schubdüse	jet nozzle
Schütteln (vor dem Abreißen der Strömung)	(pre-stall) buffeting
Schulflug, Übungsflug	training flight, instruction flight
Schulterdecker	shoulder wing aeroplane
Schulung, Übung, Ausbildung	training, instruction
Schutz	protection; schützen: to protect
schwach, leicht, unbedeutend	slight
schwach, matt	weak, faint (dünn = thin)
schwaches Radarziel	faint (radar) target
schwächer, leiser werden, schwinden	to fade (out)
schwanken	to fluctuate
Schwankung (Leitstrahl)	fluctuation
Schwarm, Herde; Vogelschwarm	flock; flock of birds
schwarz	black
schweben (Hubschrauber)	to hover; Hauptw.: hover(ing)
Schwelle; Landebahnschwelle	threshold; runway threshold
Schwellenfeuer	threshold lights
Schwellenmarkierung, -marken	threshold markings
schwer, stark; heftig, schlimm	heavy, strong; severe
schwierig	difficult

Schwierigkeit, Störung	difficulty, trouble
Schwierigkeiten haben (mit)	to experience difficulties, to have trouble (with)
– mit dem Druckausgleichssystem	pressurization trouble
– im Fernmeldeverkehr	communication difficulties, radio d.
– mit dem Funkgerät	radio trouble
in Schwierigkeiten sein	to be in trouble
schwimmen, dahintreiben	to float
Schwimmweste	life jacket, life vest
Schwindel, Schwindelgefühl	vertigo
schwinden; Schwund	to fade out; fading
schwindlig	dizzy
schwingen (Funkwesen)	to oscillate
schwingen; locker sein	to swing; to be loose
schwingen, vibrieren	to vibrate; Hauptwort: vibration
See, Teich	lake
Seemeile	nautical mile
segelfliegen; Segelflug	to glide; gliding
Segelflugbetrieb	glider flying, glider activity
Segelfluggelände	gliding site
Segelflugzeug	glider, sailplane
(Prop.) in Segelstellung bringen	to feather (propeller, engine)
in Segelstellung	feathered, feathered pitch
sehen, sah, gesehen	to see, saw, seen
blicken, schauen	to look
sehr	very
sehr große Reichweite	very long range (VLR)
sehr gut	very good, very well
sehr gut verständlich (5)	perfectly readable (5)
sehr viel, eine Menge	plenty (of), a lot (of)
sehr wichtige Persönlichkeit	very important person (VIP)
Sehvermögen, das Sehen	vision
seit, da, weil	since
seitdem, seither	ever since
Seite; Buchseite	side; page
Seitenflosse	rudder fin, vertical stabilizer, v. fin
Seitengleitflug	slip, side slip
Seitenruder, Seitensteuer	rudder
Seitenstaffelung	lateral separation
Seitenwind, Querwind	cross wind
Seitenwindkomponente	cross wind component
Seitenwindteil der Platzrunde	cross wind leg
seitlich, Seiten . . .	lateral
seitliche Begrenzung	lateral limits
Sektor	sector
Sektorenmindesthöhe	minimum sector altitude
Sekundärradar	secondary radar
Sekundärradarkode	secondary radar code
Sekundärradarmodus	secondary radar mode
Sekunde; zweiter, -e, -es	second
selb-; der-, die-, dasselbe	self, same; the same
selbständig	on one's own
Sendeart	type of emission
sende- und empfangsbereit	on the air
senden, übermitteln; Sendung	to transmit; transmission

senden, ausstrahlen	to broadcast
Sender; Senderausfall	transmitter; transmitter failure
Sendung, Ausstrahlung	transmission, broadcast
senkrecht	vertical
senkrecht, rechtwinkelig	perpendicular
senkrechter Abstand	vertical distance
Senkrechtstart und -landung	vertical take-off and landing (VTOL)
setzen, stellen, legen (u. Verg.)	to put, put, put; to set, set set
sicher	safe
sicher, gewiß; sicher sein	sure, certain(ly); to be sure
sichere Landung	safe landing
Landung sichergestellt	landing assured
Sicherheit	safety, security
Sicherheitsgründe	safety reasons
Sicherheitsmindestflugfläche	minimum safe level
Sicherheitsmindestflughöhe ü. Meer	minimum safe (flight) altitude
Sicherheitsmindesthöhe üb. GND	minimum safe height
Sicherheitsstreifen der Startbahn	(safety) strip
Sicht	visibility
Sicht abnehmend	visibility decreasing
Sicht abnehmend auf . . .	visibility down to . . .
Sicht ansteigend auf . . .	visibility up to . . .
Sicht zunehmend	visibility increasing
Bodensicht	ground visibility
Flugsicht	flight visibility
aus der Sicht verlieren	to lose out of sight
in Sicht	in sight
nach Sicht	visual(ly)
Sichtanflug(karte)	visual approach (chart)
sichtbar; sichtbar sein	visible; to be –, to be showing
Sichtbedingungen	visual conditions
Sichtbereich, Gesichtsfeld	range of vision, visual range
sichten	to sight
Sichtflug	visual flight
Sichtflugregeln (VFR)	visual flight rules (VFR)
Sichtmeldepunkt	visual reporting point
Sichtplatzrunde, Platzr. mit Sicht	visual circling, visual orbiting
Sichtung	sighting
Sichtverbindung	visual contact
Sicht voraus	forward visibility
Sichtwartepunkt	visual holding fix
Sichtweite	visual range
Sichtweite, Aussicht	view
Sichtwetterbedingungen (VMC)	visual meteorological conditions
Signalfläche, Signalfeld	signal area
Signalpistole, Leuchtpistole	flare pistol
Signalscheinwerfer	light gun
simulierter Instrumentenanflug	simulated instrument approach
sinken, abnehmen	to drop, auch: to decrease
sinken, absteigen	to descend
Sinkflug, Abstieg	descent
Sinkflug zur Landung	letdown; Zeitwort: to let down
Sinkfreigabe	descent clearance
Sinkgeschwindigkeit	rate of descent
im Sinn haben	to have in mind

Situation, Lage	situation
sitzen, saß, gesessen	to sit, sat, sat
Sitzplatz	seat
Skala; Maßstab	scale
Skizze, Diagramm	diagram
so	so
so, als, wie, da (weil)	as
so bald wie möglich, baldmöglichst	as soon as possible, practicable
so weit, bis jetzt, bisher	so far
soeben, eben, gerade	just now, at this time
sofern nicht, außer wenn . . .	unless
sofort, unmittelbar, unverzüglich	immediately, at once
sofort, gleich	right away
ab sofort, mit sofortiger Wirkung	effective immediately, with immediate effect
Sofortstart	immediate take-off
frei zum Sofortstart	cleared for immediate take-off
sogar	even
solcher, -e, -es	such
sollen, müssen	shall
sollen (im Sinne von müssen)	to be supposed to
sollte, müßte	should, ought to
Sonder . . .	special . . .
sonderbar, merkwürdig, eigentüml.	strange
Sondererlaubnis, -genehmigung, -bewilligung	special permission
Sonderlandeplatz	special airfield
Sonder-VFR-Flug	special VFR flight
Sonder(wetter)beobachtung	special (weather) observation
sondern	but
Sonne	sun
aus der Sonne	out of the sun
gegen die Sonne	into the sun
Sonnenaufgang, -untergang	sunrise, sunset
sonst, andernfalls	otherwise, or else
sonst noch; was sonst noch?	else; what else?
sowie	as well as
sowohl . . . als auch . . .	both . . . and . . .; . . . as well as . . .
spät, später, am spätesten	late, later, latest
späterhin	lateron
spätestens; nicht später als . . .	at the latest; not later than . . .
Spanne; Flügelspannweite	span; wing span
Spargemisch (Kraftstoff)	weak fuel mixture
(Luft-)Sperrgebiet	prohibited area
Sperrung, Schließung	closure, closing
Spirale	spiral
Spitze; Flügelspitze	tip; wing tip
Spitze; Spitzenverkehr(sstunde)	top, peak; peak traffic (rush hour)
Splitt streuen	to grit
Spornrad	tail wheel
Sprache	language
sprechen, sprach, gesprochen (mit)	to speak, spoke, spoken (to)
sprechen	to talk
sprechen Sie langsamer (Sprechgr.)	speak slower
Sprechfunk(wesen)	radio telephony

Sprechfunkausrüstung	R/T equipment, radio communication equipment, radio equipment, radio telephony set
Sprechfunkgerät	radio telephone (RTF), transceiver
Sprechfunkverfahren	radio telephony procedures
Sprechgarnitur, Kopfgarnitur	headset
Sprechgruppe	phrase
Sprechgruppen, Redewendungen	phraseology
Sprechprobe (im Fluge)	signal check
springen; Sprung	to jump; jump
sprühen; eingesprüht	to spray; sprayed
Sprühflug	(plant, aerial, crop and insect) spraying flight
Sprühregen, Nieseln	drizzle
Spurweite	wheel track
SRE- (Radar-) Anflug	SRE-approach
Staat (auch: Zustand)	state
Staatszugehörigkeit(szeichen)	nationality (marks)
Stabilität	stability
Stadt; Stadtkern, Innenstadt	town; city
ständig, immer	all the time
ständig, fest, dauernd	permanent(ly)
ständig, ununterbrochen	continuous(ly), constant(ly), steady(ly)
ständige Hörbereitschaft	continuous listening watch
Stärke, Tragfähigkeit	strength, capacity
Stärke, Intensität	intensity
Stärke, Gewalt, Macht	force
Stärke, Kraft	power
staffeln, trennen	to separate, to space
Staffelung, Trennung, Abstand	separation, spacing
halten Sie Ihre eigene Staffelung	maintain your own separation
Staffelung schaffen, staffeln	to provide separation
Staffelungsunterschreitung	confliction
Stahlrostplatten (PSP)	pierced steel planks (PSP)
Stahlstartbahn	PSP runway
Standard-Instrumentenabflug (strecke)	standard (instrument) departure (route)
Standard-Instrumentenanflug	standard instrument approach
Standard-Instrumenteneinflug-(strecke) (STAR)	standard (instrument) arrival (route)
Standardstaffelung	standard separation
Standlinie	line of position
VOR-Standlinie, VOR-Leitstrahl	VOR-radial
Standort; Stelle	position; location
Standort bestimmen (mittels Radar)	to fix a position (by radar)
Standortbestimmung (Radar)	positioning
Standortmeldung	position report
Standortpeilung, Funkbezugspunkt	fix
Standort ungefähr ...	approximate position ...
stark	strong, heavy
stark, schwer, heftig	severe
stark, übermäßig	excessive
stark aufgelockerte Bewölkung (1/8–4/8)	scattered clouds

starker Verkehr	heavy traffic, dense traffic
Starrflügler	fixed wing aircraft
starten, beginnen	to start
starten, abfliegen	to take off, to depart
zum Start bereitstellen	to line up (for take-off)
starten Sie durch	go around
Start, Abflug	take-off, departure
Start mit Seitenwind	cross wind take-off
Start von einer Rollb. einmünd. aus	intersection take-off
den Start abbrechen	to abandon, to abort take-off
Startabbruchstrecke	accelerate stop distance
startbereit	ready (for departure)
Startflugplatz	aerodrome of departure
Startfreigabe, Starterlaubnis	take-off clearance
Start-, Abhebegeschwindigkeit	take-off speed
Start(höchst)gewicht, Abfluggew.	(maximum) take-off weight
Startlauf (strecke)	take-off run
Startlaufabbruchstrecke	accelerate/stop distance
Startleistung	take-off performance
Startmeldung	departure message
Startpunkt; rollen Sie zum –	take-off position; line up
Startrichtung	take-off direction
Startschub	take-off thrust
Startstrecke (erforderlich) (verfügbar)	take-off distance (required) (available)
Start- und Landebahn (Österreich, Schweiz: Piste)	runway
Start- und Landebahn (gesperrt)	runway (closed)
Start- und Landebahnausgang	turn-off point
Start- und Landebahnausmaße	runway dimensions
Start- und Landebahnbefeuerung	runway lighting
Start- und Landebahnbezeichnung	runway designation
Start- und Landebahnbreite	runway width
Start- und Landebahnerweiterung	runway extension
Start- und Landebahnfeuer	runway lights
Start- und Landebahnlänge	runway length
Start- und Landebahnmarkierung	runway marking
Start- und Landebahnmittellinie	runway center line
Start- und Landebahnneigung	runway slope
Start- und Landebahnoberfläche	runway surface
Start- und Landebahnrand, -kante	runway edge
Start- und Landebahnrichtung	runway heading
Start- und Landebahnschwelle	runway threshold
Start- und Landebahnzustand	runway condition
Start- und Landebahnzuweisung	runway assignment
befestigte Start- und Landebahn	paved runway
in Betrieb befindliche, zu benützende Start- und Landebahn, Betriebspiste, Gebrauchspiste	runway in use, life runway, active runway
einem Lfz. Startverbot erteilen	to ground an aircraft
Startzeit, Abflugzeit	take-off t., airborne t., departure time
Station	station
stattfinden	to take place
Staubdunst	dust haze
Staubsturm	dust storm

Staubwirbel	dust devil
Staurohr, Staudüse	pitot tube, pitot head
Stauung	congestion
stecken (u. Verg.)	to stick, stuck, stuck
steckenbleiben, festfahren	to get stuck
stehen, stand, gestanden	to stand, stood, stood
zum Stehen oder Halten bringen	to bring to a stop
Steiganweisung	climbing instruction
steigen, klettern, aufsteigen	to climb; Hauptwort: climb
(an)steigen, in die Höhe gehen (u. V.)	to rise, rose, risen (e. g. pressure)
steigen Sie auf (gewünschtem) Kurs	climb on course
steigen Sie nicht höher als . . .	do not exceed, do not climb above
steigend (Luftdruck)	rising (air pressure)
Steigflug, Aufstieg	climb, ascent, climb-out
Steiggeschwindigkeit, Geschwindigkeit im Steigflug	climbing speed, rate of climb, climb(ing) speed
Steigleistung	climb performance
Steigungseinstellung (Prop., Rotor)	pitch setting
steiler Gleitwinkel; steiler Sinkflug	steep glide angle; steep descent
Steilkurve (in den Endanflug)	sharp turn, steep turn (onto final)
Stein; Fels	stone; rock
Stelle, Ortschaft, Platz	place
Stelle, Punkt	spot
stellenweise	partly
stellenweise Eis, Eisreste	patches of ice
Sternmotor	radial engine
stetig, gleichmäßig, beständig	steady, constant
steuerbar	controllable
Steuerbarkeit, Wendigkeit	controllability; manoeuvrability
Steuerbarkeit verlieren	to lose control
Steuerbord	starboard
Steuerknüppel; Steuersäule	control stick; control column
Steuerkurs; rechtsweisend – mißw.	heading; true – magnetic
Steuerkurs aufnehmen	to pick up heading
Steuerkurs einhalten	to maintain heading
steuern, lenken, führen	to steer, to manoeuvre, to pilot
steuern, regeln, überwachen	to control
Steuerorgane	flight controls
Steuersystem, Steuerung	controls, control system
still, ruhig	calm, still
stillegen, abschalten	to shut down
still-, feststehend, gleichbleibend	stationary
Stimme	voice
stören (Funkwesen)	to block out, to interfere
störender (Flug-)Verkehr	conflicting traffic
stören(d einwirken)	to interfere, to disturb
Störflecke durch Bodenechos	ground clutter (radar)
Gebiet mit (Radar-)Störflecken	(radar) clutter area
Störklappe	spoiler
Störung (Funk)	disturbance, interference, distortion
Störung, Schwierigkeit, Mühe (mit)	trouble (with) (e. g. landing gear)
Stoff, Gewebe	fabric
Stoppfläche, Stoppbahn	stopway
Strahl, Leitstrahl, Richtstrahl	beam

Strahlantrieb	jet propulsion
Strahlböen, Düsenböen	jet-wash
Strahlbreite	beam width, beam angle
Strahlluftfahrzeug	jet (propelled) aircraft
Strahlschutzwand	blast fence
Strahlstrom, Strahlströmung	jet stream
Strahltriebwerk	jet engine
Strahlturbine(ntriebwerk)	turbo jet (engine)
Strahlwirbel	jet wake
Strand	beach
Straße, Hauptstraße	road
Stratocumulus	stratocumulus
Stratus(wolken)	stratus
Strebe	strut
Strecke, Route	route
auf Strecke, unterwegs (nach)	en route (to)
Strecken . . . (in Zus.setzungen)	en-route . . .
Streckenabschnitt	route segment
Streckenanweisung	route instruction
Streckenflug	en-route flight
Streckenfreigabe	en-route clearance
Streckenführung	routing
Streckenhandbuch	route manual
Streckennavigation	en-route navigation
Streckenrundsichtradar	air route surveillance radar (ARSR)
Streckenwetter(vorhersage)	en-route weather (forecast)
streichen, aufheben, widerrufen	to cancel; Hauptw.: cancellation
streichen, nicht beachten	to disregard
Streifen, Sicherheitsstreifen d. Piste	strip, safety strip
streng; genau	strict(ly)
streuen; (Piste) gestreut	to sand; (runway) sanded
Stromausfall	power failure
Stromversorgung	power supply
Stück (Gummi)	piece (of rubber)
Stunde; stündlich	hour; hourly
zur vollen Stunde	on the hour
Sturm; stürmisch	gale, storm; stormy
Sturmwarnung, Gewitterwarnung	storm warning, gale warning
Sturzflug; stürzen	dive; to dive
Such- und Rettungsdienst	search and rescue (SAR)
Such- und Rettungsdienstleitstelle	rescue coordination center
Suchaktion	search mission, search action
Suchbereich, Suchgebiet	search area
suchen	to search, to try to locate, to look for
Suchluftfahrzeug	search aircraft
Suchscheinwerfer	searchlight
Süden; südlich	south; southern, southerly
südwärts, in Südrichtung (fliegen)	(to be) southbound
Summer	buzzer
System	system

T

täglich	daily
tätig	active; Hauptwort: activity
in Tätigkeit, in Betrieb	active, operational
Tag; heute	day; today
Tagesmarkierung (Hindernisse)	day marking
Tagesstunden	daylight hours
Tal; in Tälern	valley; in valleys
Tank, Behälter	tank
Tankanlage	refuelling facility
tanken; Tanken	to (re)fuel; (re)fuelling
Tankfahrzeug	fuel truck
Tankstelle	filling station
Tarnanstrich	camouflage
tasten, morsen; Morsetaste	to key; key
Tastverkehr, (Morse-)Tastung	keying
tatsächlich, wirklich	real(ly)
tatsächliche Abflugzeit, Startzeit	actual time of departure (ATD)
Tauchstampfen, Pumpen	porpoising
tauen, schmelzen	to thaw, to melt
tauender Schnee	melting snow
Taupunkt	dew point
tausend	thousand
technisch	technical
Teil, Anteil, Teilstück	part, portion
Teil einer Platzrunde, Warterunde	leg
teilen Sie mir mit	let me know
teilnehmen	to participate
Teilnehmer	participant
teilweise	partly, partially
Telefon(anruf, -gespräch)	telephone (call)
Temperatur	temperature
Temperaturumkehr, Inversion	temperature inversion
terrestrische Navigation	terrestrial navigation
Testflug, Probefl.; Überprüfungsflug	test flight; check flight
tief, niedrig; Tief (Met.)	low
tief (z. B. Wasser)	deep
tiefe Wolken	low cloud
Tiefanflug, Niedriganflug	low approach, low pass
einen – durchführen	to practice low approach
Tiefdecker	low wing airplane
Tiefdruckgebiet	low (pressure area), cyclone, depression
Tiefe, Raumtiefe	depth
tiefes Überfliegen	low crossing, low pass
tieffliegend	flying low, low flying
tieffliegender Düsenjäger	low flying jet
Tiefflug	low level flight
Tieffluggebiet	low flying area
Tiefflugstrecke	low flying route
Tiefflugsystem	low level system
tiefste, niedrigste Wolkenschicht	lowest cloud layer
Tier	animal

Tonne	ton
Trägerwelle	carrier wave
Trägheitsnavigationssystem	inertial navigation system
Tragbahre	stretcher
tragbar (Radio)	portable (radio)
tragen	to carry
Tragfähigkeit (der Start- und Landebahn)	(runway) capacity, (runway) bearing strength
Tragfläche, Tragflügel	wing
Transponder schalten auf; transpond	to squawk . . .; squawk
Transportflugzeug	transport aeroplane
treffen, schlagen, stoßen (u. Verg.)	to hit, hit, hit
(sich) treffen, entgegenkommen (u. Verg.)	to meet, met, met
treiben, treibend	to drift, drifting
Treibstoff, siehe auch Kraftstoff	fuel
Treibstoff wird knapp, geht aus	running out of gasoline, fuel
Treibstoffmangel, -knappheit	fuel shortage
Treibstoffmangel haben	to be low on fuel, short of fuel
trennen, ausschalten	to disconnect
trennen, staffeln	to separate, to space
Trennung (Verfahrenssprechgruppe)	break
Triebwerk (s. auch unter Motor)	engine, power unit. p. plant
Triebwerk abstellen	to cut the engine
Triebwerk anlassen	to start the engine, to crank up
trimmen; Trimmung	to trim; trimming
Trimmruder, Trimmklappe	trimming tab
trocken; trockener Dunst	dry; haze
trocknen	to dry
Trombe	funnel cloud
tropfenförmiges Anflugverfahren	teardrop approach pattern
trotz	in spite of
trudeln; Trudeln	to spin; spin
Tür	door
tun, machen (u. Verg.)	to do, did, done
tunlich	feasible
Turbinen, Turbo . . . (in Zus.setzg.)	turbo . . .
Turbinenmotor, Turbomotor	turbine engine
turbulent, böig	turbulent
Turbulenz, Böigkeit	turbulence
Turbulenz in wolkenfreier Luftschicht	clear air turbulence
Turm	tower
Kirchturm	church steeple, church tower
Kontrollturm	control tower
Turmfrequenz	tower frequency

U

üben, ausüben	to practice, to exercise
über, kommen (Sprechgruppe)	over
über (Strecke)	via (by way of)

über, oberhalb	over, overhead, above
über, oberhalb der Wolkendecke	on top of clouds
überall	everywhere, all over
überdecken, bedecken	to cover
Überdeckung, Reichweite	coverage
übereinkommen, übereinstimmen	to agree (on, with)
übereinstimmen, zusammentreffen	to coincide
überfällig	overdue
überfliegen	to pass, to overfly
nach Überfliegen von . . .	after passing . . .
Überflug	overflight, passing
Überführungsflug	ferry flight, air ferry
überfüllt; Überfüllung	crowded, saturated; saturation
Übergang	transition
Übergangsfläche	transition level
Übergangshöhe	transition altitude
Übergangsschicht	transition layer
übergeben, entlassen, loslassen	to release; Hauptwort: release
über Grund, Wolken usw.	above ground, cloud etc.
überhaupt kein . . .	no . . . whatsoever
überhaupt nicht	not at all
überholen (im Verkehr)	to overtake
Überholstelle, Ausweichstelle	bypass (area)
überlagern	to block out, to interfere
Überlagerung, Störung	interference, distortion
Überlandflug	cross country flight, itinerant fl.
überlappen; Überlappung	to overlap; overlap
überlasteter, stark beflogener Luftraum	congested airspace
Überlastung, Überfüllung, Anhäufung, Stauung	congestion
überlegen, sich überlegen	to think over
übermäßig stark	excessive
übermitteln	to forward
übermitteln, (funk-) senden	to transmit; Hw.: transmission
übermitteln, zustellen (Freigabe, Nachricht), liefern	to deliver (clearance, message) Hauptwort: delivery
übermitteln, weitergeben	to relay; Hauptwort: relay
über mittl. Meeresspiegel, NN	above mean sea level (AMSL)
Übermittlung, Sendung	transmission
Übermittlung von Notverkehr	mayday relay
übernehmen (nach Sicht)	to take over (visually)
überprüfen, erproben	to test, to check; Hauptwort: check
überprüfen Sie (Sprechgruppe)	verify; Hauptwort: verification
Überprüfung, Kontrolle	check
Überprüfung (der Funkanlage) am Boden	(radio) ground check, ground test
Überprüfung des Motors	engine check
Überprüfung im Fluge	flight check
Überprüfung vor d. Fluge, Abflugprobe	pre-flight check
überqueren	to cross
überraschen	to surprise; Hauptw.: surprise
überrollen (und Vergangenheit)	to overrun, overran, overrun
Überschall	supersonic

(sich) überschlagen (am Boden)	to nose over
überschüssig	excess
Überschwemmung	flood
übersehen	to overlook
Übersprechen	cross talk
übersteigen, -schreiten, -treffen	to exceed
überwachen (Frequenz)	to maintain listening watch
überwachen (Gerät)	to monitor, to control
überwachen (Funktion)	to supervise
überwachter Anflug	monitored approach
Überwachung, Kontrolle	control, supervision
Überwachungsgerät	monitor
überwechseln auf (Frequenz)	to change to (frequency)
überziehen (Flugzeug), abreißen (Strömung)	to stall
Überziehgeschwindigkeit, Abreißgeschwindigkeit	stalling speed
übrigbleiben, (ver)bleiben	to remain
übrigens	by the way
Übung	exercise, training
Übung, Praxis	practice
Übung, Schulung, Ausbildung	training
Übungsanflug	practice approach, training appr.
Übungsanflug im Tiefflug	practice low approach
Übungseinmotorenlandung	simulated one engine landing
Übungsflug, Schulungsflug	training flight, instruction flight
Übungsgebiet	exercise area
Übungsluftraum	exercise airspace
Uhr; Uhrzeit	clock, watch; time
(um) 6 Uhr	(at) 6 o'clock
Uhrenvergleich	time check
im Uhrzeigersinn,	clockwise
dem Uhrzeigersinn entgegen	anti-clockwise, counter-clockwise
UKW = Ultrakurzwelle	very high frequency (VHF)
UKW-Drehfunkfeuer (VOR)	VHF omnidirectional radio range
UKW-Peilstelle	very high frequency direction finding station (VDF)
ultrahohe Frequenz, dm-Wellen	ultra high frequency (UHF)
um ... (herum), etwa, ungefähr	around
umdrehen, wenden	to turn around
umdrehen, rotieren	to rotate
Umdrehung (pro Minute)	rotation, revolution (per min., rpm)
umfassen, sich erstrecken	to comprise
umfliegen	to circumfly, to circumnavigate
umgeben; umgebend	to surround; surrounding
Umgebung, Umgegend, Nachbarschaft	vicinity, surrounding
umgehend, prompt, pünktlich	prompt(ly)
umgehend, sofort	immediately
umgekehrt, reziprok	reciprocal
Umgrenzung, Rand, Grenze	boundary
umkehren; Umkehr, Rückkehr	to return; return
umkehren, auf Gegenkurs gehen	to reverse course
Umkehrfläche	turn-around area
Umkehrgrenzpunkt	point of no return

umkreisen	to circle, to orbit
umlaufen(d), umspringen(d) (Wind)	shift(ing) (wind); auch: variable
Umleitung, Ausweichlandung	diversion; Zeitw.: to divert
Umleitung	re-routing
Umriß(linie)	contour (line)
umsehen, sich umsehen	to look around
Umstände, Verhältnisse	circumstances
umwandeln	to convert
Umwandlungstabelle	conversion table
Umweg	detour
um zu . . .	in order to . . ., auch: so as to . . .
unbedeutend, leicht, schwach	slight(ly)
unbefestigte Start- und Landebahn	unpaved runway
unbefugt, unberechtigt	unauthorized
unbegrenzt, unbeschränkt	unlimited, unrestricted
unbekannt	unknown
unbenutzbar, unbrauchbar	unusable, unserviceable
unbenutzbar, stillgelegt	inoperative, unserviceable
außer Betrieb	out of operation, out of service
unbeschränkt, uneingeschränkt	unlimited, unrestricted
unbesiedeltes, offenes Gebiet	open area
unbestimmt	undetermined, indefinite
unbestimmte Verspätung	indefinite del., delay not determined
und	and
und so weiter	and so on, and so forth, etc.
undicht, leck sein	to leak; Hauptwort: leak
uneben, holprig	bumpy
unerlaubt, nicht genehmigt	unauthorized
unerwartet	unexpected
unfähig, nicht imstande sein	to be unable (to)
Unfall	accident
Unfallort	scene of accident, scene of crash
Unfalluntersuchung	accident investigation
Unfallursache	cause of accident
ungeachtet	regardless
ungefähr, etwa, annähernd	about, approximate(ly), roughly
ungemeldet, nicht gemeldet	unreported
ungenügend, unzureichend	insufficient
ungerade Zahlen; sonderbar	odd numbers; odd
ungerichtetes Funkfeuer (NDB)	non directional radio beacon
ungewiß, unsicher, unbestimmt	uncertain
Ungewißheitsstufe, 1. Alarmstufe	uncertainty phase
ungewöhnlich, abnorm, außergew.	abnormal, unusual
ungültig	invalid, void
ungültig werden, verfallen	to become void, to expire
Ungültigkeitszeitp. einer Freigabe	clearance void time (expiry time)
ungünstiges, widriges Wetter	adverse weather (conditions)
unklar, undeutlich, verdeckt	obscure
unkontrollierter Luftraum	uncontrolled airspace
unmittelbar, unverzüglich, sofort	immediately
unmittelbare Nähe	close proximity
unmöglich	impossible
unregelmäßig; Unregelmäßigkeit	irregular; irregularity
unser, unsere	our
unsicher, nicht sicher, gefährlich	unsafe

unten, unterhalb, unter	below, beneath, under(neath)
unten, ausgefahren (Fahrwerk)	down, extended (landing gear)
unter	below
unter dem Mindestwert	below minimum
unter den Wolken, unterhalb der W.	below clouds
unterbrechen, abbrechen	to interrupt; Hauptw.: interruption
unterbrochen, gebrochen, brüchig	ruptured
Untergrenze (Luftraum); (Wolken) –	lower limit; (cloud) base
(sich) unterhalten; Unterhaltung	to converse; conversation
unterkühlter Regen, Nieselregen	freezing rain, freezing drizzle
unterliegen, abhängig sein von ...	to be subject to ...
etwas unternehmen, handeln	to take action
unterrichten, benachrichtigen	to inform, to notify
Unterrichtung; zu Ihrer –	information; for your information
Unterschall	subsonic
Unterschied; unterschiedlich	difference; variable
unterstützen	to support; Hauptw.: support
unterstützen, helfen	to assist; Hauptw.: assistance
untersuchen, erproben, (über-)prüfen, melden über ...	to check; Hauptw.: check
unterwegs	on the way
unterwegs nach ...	bound for ..., en route to ...
unterworfen sein, neigen zu	to be subject to
ununterbrochen	continuous(ly), uninterrupted
unverändert	unchanged
unvermeidbar	unavoidable
unvermittelt antreffen, begegnen	to encounter
unverständlich	unreadable
unwahrscheinlich	unlikely
unwohl; krank, schlecht, übel	sick; ill; Hw.: sickness, illness
unzuverlässig; Unzuverlässigkeit	unreliable; unreliability
unzuverlässig scheinen	to appear unreliable
Ursache, Grund	reason, cause
ursprünglich, anfänglich	original(ly)
Ursprung	origin

V

Variometer	(rate of) climb and descent indicator, vertical speed indicator
Ventil	valve
verändern, sich verändern	to change; Hauptwort: change
keine bedeutsame Veränderung	no significant change (NOSIG)
verankern, verzurren (Luftfahrz.)	to tie down
verantwortlich; Verantwortung	responsible; responsibility
verantwortlicher Luftfahrzeugführer	pilot in command
Verbandsflug	formation flight
verbessern, abändern, erneuern	to revise; Hauptw.: revision
verbessern, (sich) bessern	to improve; Hauptw.: improvement
verbessern, berichtigen	to correct, to amend
verbinden	to connect
Verbindung	connection
Verbindung, auch: Sichtverbindung	contact (visual contact)

Verbindung aufnehmen mit, rufen	to contact, establish contact with
Verbindung verlieren	to lose contact
in Verbindung stehen mit . . .	to be in contact with . . .
verbleiben, übrigbleiben	to remain
verboten, gesperrt; Sperrgebiet	prohibited; prohibited area
verbreiten	to disseminate; Hw.: dissemination
verbreitet Regenschauer	frequent, widespread rain showers
verbrennen, brennen (u. Verg.)	to burn, burnt, burnt
verdoppeln	to double
Vereinbarung, Absprache	arrangement
vereinheitlicht	standardized
vereinzelt Gewitter	isolated thunderstorms
vereisender Nebel; v. Sprühregen	freezing fog; freezing drizzle
Vereisung; in – geraten	icing; to encounter icing
Vereisungsbedingungen	icing conditions
Vereisungsgefahr	danger of icing
Vereisungshöhe	icing level
Vereisungsschutzanlage	anti-icer, de-icing equipment
verengen (Kurve), enger machen	to tighten (turn)
Verfahren; Verfahrenskurve	procedure; procedure turn
Verfahrensbereich	procedural area
verfallen, ungültig werden, erlöschen (z. B. Freigabe)	to expire (e. g. a clearance)
sich verfliegen, Orientierung verlieren	to lose orientation
verfügbar, vorhanden, erhältlich	available
verfügbare Startstrecke (Landestrecke)	available take-off distance (landing distance)
Vergaser; Vergaservereisung	carburettor; carburettor icing
Vergaservorwärmung	carburettor heat
vergessen, vergaß, vergessen	to forget, forgot, forgotten
sich vergewissern	to make sure, to ascertain
vergleichbare Einzelradlast	single isolated wheel load (SIWL)
vergrößern, verstärken, zunehmen, steigen, anwachsen, erhöhen	to increase; Hauptw.: increase
vergrößern, verlängern	to extend
verhältnismäßig, relativ	relative(ly)
Verhältnisse, Umstände	circumstances
verhindern, vorbeugen, verhüten	to prevent; Hauptw.: prevention
sich verirren	to get lost, to lose orientation
Verkehr; zu beachtender Verkehr	traffic; essential traffic
Verkehrsanhäufung, -stauung	traffic congestion, traffic jam
Verkehrsaufkommen	amount of traffic
Verkehrs-, Linienflugzeug	airliner
Verkehrsfluß	traffic flow
Verkehrsflußsteuerung	flow control
Verkehrsinformation	traffic information, -advisory
Verkehrslage	traffic situation
falls die Verkehrslage es erlaubt	traffic permitting
Verkehrsleiter (Schweiz)	(air traffic) controller
Verkehrsspitze	traffic peak
verkehrt, falsch	wrong, false
Verkleidung	fairing
verkleinern, verringern, herabsetzen, vermindern, reduzieren	to reduce; Hauptw.: reduction

die Motorleistung verringern	to reduce power
verlängern, vergrößern, erweitern	to extend
Verlängerung (der Landebahn)	(runway) extension
in Verlängerung der Landebahn	in line with the runway
verlangen, erbitten, ersuchen	to request
verlangen, (er)fordern, benötigen	to require
verlangen, fordern	to demand
verlangsamen; verlangsamend	to slow down; slowing down
verlassen, verließ, verlassen	to leave, left, left
verlassen, räumen, freimachen	to vacate
(sich) verlassen (auf)	to depend (on), to rely (on)
verlegen	to relocate, to displace
verlegte, versetzte (Landebahn-) Schwelle	displaced (runway) threshold; auch: relocated (runway) threshold
verletzen; verletzt	to injure; injured
verletzen, schmerzen (u. Verg.)	to hurt, hurt, hurt
verlieren, verlor, verloren	to lose, lost, lost; Hw.: loss
verliere rasch Höhe	I am losing altitude rapidly
aus den Augen verlieren	to lose sight of
aus der Sicht verlieren	to lose out of sight
Funkverbindung verlieren	to lose radio contact
Radarkontakt verlieren	to lose radar contact
verlorengehen, Orientierung verl.	to get lost
Verlust der Steuerbarkeit	loss of control
vermehren, erhöhen, vergrößern	to increase; Hauptw.: increase
(ver)meiden (Überflug), umgehen	to avoid (overflying)
vermessen (mittels Funk)	to calibrate; Hw.: calibration
vermindern, verringern	to cut down, to reduce
sich vermindern, abnehmen, sich verringern	to decrease; Hauptwort: decrease
vermissen, verfehlen; vermißt	to miss; missing
vermißt werden	to be missing
vermuten, argwöhnen	to suspect
vermuten, glauben	to assume, to believe, to guess
vermutlich, mutmaßlich	presumable, presumably
vermutlich verunglückt, abgestürzt	believed to have crashed
Vermutung, Annahme	assumption
veröffentlichen	to publish; Hw.: publication
verriegelt (Fahrwerk)	locked (landing gear)
verringern (Triebwerksleistung)	to reduce (power); Hw.: reduction
versagen, ausfallen	to fail; Hauptwort: failure
versagen, schlecht funktionieren	to malfunction
Versagen	failure, malfunctioning
verschaffen, ver-, besorgen	to provide
verschieben, verlegen, aufschieben	to postpone
verschieden, anders	different
verschieden sein	to differ
verschiedene; mehrere	various; several
(sich) verschlechtern	to deteriorate
Verschlechterung (des Wetters)	deterioration
verschleiert, unklar, undeutlich	obscured
verschließen	to lock
verschlossen, verriegelt (Fahrwerk)	locked (landing gear)
verschmelzen	to merge

verschwinden	to disappear
Versehen, Irrtum, Fehler	error; mistake
versehentlich, aus Versehen	by mistake
versichern, zusichern	to assure
zugesichert, (Landg.) sichergest.	(landing) assured
versorgen (mit), versehen (mit)	to provide (with)
Versorgung, Abfertigung von Lfz.	servicing of aircraft
sich verspäten	to be late
Verspätung; – verursachen	delay; to cause delay
Verspätung unbestimmt	delay not determined; indefinite d.
keine Verspätung erwartet	no delay expected
Verspätungsmeldung	delay message
versperren, blockieren (Startb.)	to block (runway)
verständigen, benachrichtigen	to notify
verständlich; Verständlichkeit	readable; readability
Verständlichkeitsstufen	readability scale
verstanden (Sprechgruppe)	roger
verstehen, hören; hörend	to read; reading (im Funkwesen)
verstehen, begreifen (u. Verg.)	to understand, understood, –
wie verstehen Sie mich?	how do you read?
verstellbar	adjustable
verstellen	to adjust
Verstellen der Luftschraube auf Bremsstellung	propeller pitch reversing
Verstelluftschraube, Einstellpropeller	adjustable pitch propeller, variable pitch propeller, controllable p. p.
Verstellpropeller mit konstanter Drehzahl	constant speed propeller
verstoßen gegen, verletzen	to violate; Hauptw.: violation
verstümmelte Meldung	garbled message
Versuch, Prüfung	test; Zeitwort: to test
versuchen; Versuch	to attempt, to try; attempt, try
Versuchsflug	experimental flight
vertäuen	to moore; Hw.: mooring
vertikaler Mindestabstand	minimum vertical clearance
Vertikalführung	vertical guidance
Vertikalgeschwindigkeit	vertical speed
Vertikalsicht	vertical visibility
vertraut machen, einweisen	to familiarize; Hw.: familiarization
vertraut, bekannt sein mit . . .	to be familiar with . . .
verursachen; Ursache, Grund	to cause; cause
vervollständigen, beenden	to complete
verwechseln (u. Verg.)	to mistake, mistook, mistaken
verwehter Schnee, Schneewehe	drifted snow
verweisen, sich beziehen auf . . .	to refer to (REF)
verwenden, benutzen, ausnutzen	to utilize
Verwirbelungen, Wirbel	vortex; Mehrz.: vortices
verwirren, irritieren	to irritate
verzerrt (Funkempfang)	garbled, distorted; Hauptw.: distortion
verzögern, verspäten	to delay; Hauptwort: delay
keine Verzögerung erwartet	no delay expected
Verzurrausrüstung	tie-down equipment
VFR-Beschränkungsgebiet	VFR restriction area
VFR-Flug	VFR-flight

vibrieren, schwingen	to vibrate; Hauptw.: vibration
viel; viele	much; many
(sehr) viel, reichlich, eine Menge	plenty, a lot of, lots of
vielleicht	perhaps, maybe
Viertel	quarter
Viertelstunde	quarter of an hour
violett, purpurn	purple
völlig, vollkommen, ganz	entirely
Vogel; Vogelschlag; Vogelschwarm	bird; bird strike; flock of birds
Vollendung, Fertigstellung	completion
Vollgas, Volleistung	full power, full throttle
vollkommen, vollendet	perfect(ly)
Vollkreis	circle, three-sixty (degree turn)
vollständig, ganz (und gar)	completely
vollständiges Rufzeichen	full call sign, complete call sign
vollständiges Verfahren	full procedure, complete procedure
von, aus	of
von (zeitlich, räumlich)	from
von ... bis ... (räumlich u. zeitlich)	from ... to ...
von ... bis ... (zeitlich)	from ... until ...
von jetzt an	from now on
von mir	of me
VOR-Empfänger	VOR-receiver
VOR-Leitstrahl	VOR-radial
vor, vorher (zeitlich), ehe	before, prior to
vor allem, in erster Linie	primarily
vor dem Fluge (in Zusammensetzungen)	pre-flight ...
vor (räumlich)	in front of
vor der Landebahn aufsetzen	to touch down short of runway
vor der Landebahn halten	to hold short of runway
vor einigen Minuten	a few minutes ago
Voranmeldung	prior notice
nur nach Voranmeldung	prior notice required
voraus, voran, vorn; vor mir	ahead; ahead of me
im voraus	in advance
Sicht voraus	forward visibility
vorausfliegender Verkehr	preceding traffic
vorausfliegendes Luftfahrzeug	preceding aircraft; Zw.: to precede
voraus-, vorhergehend, seitherig	previous(ly)
vorausgesetzt, daß ...	provided that ...
voraussichtlich, geschätzt	estimated
voraussichtliche Abblockzeit	estimated off block time (EOBT)
voraussichtliche Abflugzeit	estimated time of departure (ETD)
voraussichtliche Ankunftszeit	estimated time of arrival (ETA)
voraussichtlicher Anflugbeginn	expected approach time (EAT)
voraussichtliche Flugdauer	estimated elapsed time (EET)
voraussichtliche Flughöhe	proposed altitude
voraussichtliche Startzeit	estimated time of departure, proposed time of departure
voraussichtliche Überflugzeit	estimated time over ... (ETO)
voraussichtliche (Wetter-)Entwickl.	trend, tendency
voraussichtlich über ...	estimated over ..., estimating ...
vorbeifliegen; Vorbeiflug	to pass; fly-by, pass
nach Vorbeifliegen, Passieren	after passing

vorbereiten, herrichten, bereitmachen, einrichten	to prepare; Hauptw.: preparation
vorbereitet, gefaßt sein (auf . . .)	to be prepared (for . . .)
vorbestimmte Strecke	predetermined route
vorbeugen, verhindern, verhüten	to prevent; Hw.: prevention
vorbeugende Maßnahme	preventive action
Vorderkante	leading edge
Vorderseite	front
Voreinflugzeichen, Außenmarker	outer marker
vorerst, einstweilen, vorläufig	initially
Vorfall, Vorkommnis, Ereignis	incident, event
Vorfeld, Abstellplatz	apron, ramp, tarmac
Vorfelddienst, Abfertigungsdienst	ramp service
Vorfeldkontrolle, -überwachung	ramp control
Vorfeldleitfahrzeug	follow-me car
Vorflugrecht, Vortrittsrecht	right of way
Vorführung, Darbietung	demonstration
Vorführungsflug	demonstration flight
vorgemerkt	noted
Bitte, Wunsch vorgemerkt	request noted
vorgeschrieben	prescribed, mandatory, obligatory
vorgesehener Kurs über Grund	intended track
vorhaben, beabsichtigen	to intend; Hw.: intention
vorhanden, verfügbar	available; Hw.: availability
vorhanden sein, bestehen	to exist; Hw.: existence
vorher	before
vorher-, vorausfliegen, -gehen	to precede
vorherige Genehmigung erforderl.	prior permission required (PPR)
vorherige Meldung erforderlich	prior notice required (PN)
vorherrschen; –de Winde	to prevail; prevailing winds
Vorhersage; Wettervorhersage	forecast; weather forecast
vorkommen, sich ereignen	to occur; Hauptw.: occurrence
vorläufig	provisional (PROV)
vorläufig, einstweilen	for the time being, initially
vorlegen, aufgeben	to submit
vorn, voraus, voran	ahead, forward
Vorrecht, Vorrang	priority
Vorrichtung	device
Vorschlag; Empfehlung	suggestion; recommendation
vorschlagen, empfehlen	to suggest, to recommend
vorschlagen, sich vornehmen	to propose
vorschreiben	to prescribe, to make mandatory
Vorschrift, Bestimmung, Regelung	regulation
vorsichtig; Vorsicht, Sorge	careful; care
vorsichtig; Vorsicht	with caution, cautious; caution
vorsichtig sein	to be careful, to use caution
seien Sie vorsichtig, achten Sie auf, sehen Sie sich vor	use caution, be cautious, be careful, beware of . . .
Vorsichtslandung, vorbeugende L.	precautionary landing
vorüber, vorbei	past
vorübergehend, zeitweise	temporary, temporarily
Vorunterrichtung, (Flug-)beratung	briefing
vorwärts, vorn	forward
Vorwärtsgeschwindigkeit	forward speed

vorziehen, bevorzugen	to prefer
vorzuziehen, vorzugsweise	preferable, preferably

W

waagerecht; Horizontalflug	horizontal; level flight
waagerechter Geradeausflug	straight and level flight
wachen, überwachen	to guard, to watch, to monitor
Wache	watch, guard
Wachfrequenz	guard frequency
wackeln Sie mit den Tragflächen	rock your wings; Hw.: rocking
wählen, aussuchen (u. Verg.)	to choose, chose, chosen
während	during, while
wagen, riskieren	to risk; Hauptw.: risk
Wagen, Auto	car
Wahl, Auswahl	choice
nach Ihrer Wahl, Ihrem Ermessen	at your –, discretion, convenience
wahre Eigengeschwindigkeit	true airspeed
wahrnehmbar	perceptible
wahrnehmen	to recognize, to perceive
wahrnehmen, (be)merken	to notice
wahrnehmen, beobachten	to observe
Wahrnehmung, Beobachtung	perception, observation
wahrscheinlich	probable, probably, likely
Wahrscheinlichkeit	probability
Wald	wood, forest
Waldbrand	forest fire
Wand, Mauer	wall
wann; wenn, als	when
war	was
Warmfront	warm front
Warnblinker, Warnlichter	anti collision lights
warnen (vor)	to warn (of)
Warnlampe, Warnlicht	warning light
Warnschauzeichen (ILS)	flag alarm (signal)
Warnung; Sturm –, Gewitter –	warning; storm warning
warten (Sprechgruppe)	stand by
warten (auf), (er)warten	to wait (for), to stand by (for)
warten, halten	to hold; Hauptwort: holding
Warteanweisungen	holding instructions
Wartefreigabe	holding clearance
Wartepunkt (in der Luft)	holding point, holding fix
Warteraum	holding area
Warterunde (normal), Warteschleife, Wartevolte	(standard) holding pattern
Warterunde (rennbahnförmig)	(race track) holding pattern
in die – einfliegen	to join holding pattern, to enter hp.
Wartestapel	holding stack
Warteverfahren	holding procedure
Wartung, Instandhaltung, -setzung	maintenance, servicing
Wartungs-, Instandsetzungsarbeit	maintenance work
Wartungspersonal	maintenance personnel

Wartungsprobe (d. Funkanlage)	maintenance check
warum	why
warum, wozu	what for
was, was für ein, -e	what
was auch (immer)	whatever
was beabsichtigen Sie?	what are your intentions?
was ist mit, wie steht's mit . . .	what about . . .
was sonst noch?	what else?
was werden Sie jetzt tun?	what are you going to do now?
je nachdem, was . . .	wichever is . . ., whatever is . . .
Wasser	water
Wasserflugzeug	seaplane
Wassergleiten (eines Rades)	aquaplaning, hydroplaning
wechselhaft, veränderlich (Wind)	variable (wind)
wechseln, ändern, sich ändern	to change; Hauptwort: change
wechselnd, umlaufend (Wind)	shifting (wind)
Wechselsprechfunkgerät	two-way radio equipment, transceiver
weder . . . noch . . .	neither . . . nor . . .
Weg; Möglichkeit, Richtung	way
weg (von), entfernt	away (from)
weg, ab, fort	off
wegbleiben	to stay away
wegen, aufgrund von	due to, because of, on account of
wegen Verkehrs	reason traffic
wegen Wetters	due to weather, on account of weather
wegfliegend, abgehend (Verkehr)	outbound (traffic)
von der Landebahn bzw. Funkhilfe wegführender Teil des Anflugs	outbound portion of approach
weglassen, auslassen	to omit
wegräumen, -schaffen, entfernen	to remove
wehender Schnee	blowing snow
weich, aufgeweicht	soft
(sich) weigern, ablehnen	to refuse
weil, da	because, since
weit, fern; wie weit	far; how far
weit entfernt, weit weg	far away
weit hinter	well behind, far behind
weit links, (rechts)	well to the left, (right)
weit unten, unter	well below
weit voraus	well ahead, way ahead
weit weg, entfernt	well clear (noch weiter: far away)
Weitanflug	wide approach
Weite, Breite	width
weiter, zusätzlich, ferner	further
weitere Anweisung	further instruction
weitere Freigabe	further clearance
bis weitere Meldung erfolgt,	until further advised (UFA)
bis auf weiteres	until further notice (UFN)
weiterfliegen, Flug fortsetzen	to proceed, to continue (flight)
weitergeben, übermitteln	to relay; Hauptwort: relay
weitermachen, vorangehen	to go ahead
weitverbreitet	widespread
welcher, welche, welches	which

Wellenlänge	wave length
welliger Boden	rough surface
wem, dem	to whom
wen, den	whom
Wendefläche	turn-around area
Wendekurve	base turn
wenden, eindrehen, drehen	to turn
Wendepunkt	turning point
Wendezeiger	bank-and-turn indicator, rate-of-turn indicator, turn-and-bank indicator
wenig, gering; wenige	little; few
ein wenig, ein bißchen	a bit, a little, a little bit
weniger; weniger als	less; less than
wenigstens, mindestens	at least
wenn, als, wann	when
wenn, falls, ob	if
wer, der (welcher)	who
Werbebanner; Bandschlepp	banner; banner towing
Werbebanner aufnehmen	to pick up banner
werden, bekommen, erhalten (u. V.)	to get, got, got
werden, wurde, geworden	to become, became, become
werden (Zukunft)	will, shall, to be going to
ich werde landen	I'm going to land
Werk, Fabrik(anlage)	plant
Werkzeug	tool
Wert	value
wesentlich(e Änderung)	significant (change)
wesentlich, wichtig, notwendig	essential
wesentlicher, beträchtl. Schaden	substantial damage
wessen, dessen	whose
Westen; westlich	west; westerly, western
in Westrichtung fliegen	to be westbound
Wettbewerb	competition, contest, rally
Wetter	weather
falls das Wetter es erlaubt	weather permitting
gegenwärtiges Wetter	present weather
schlechtes Wetter	bad weather, poor weather
Wetter (in Zus.setzungen)	meteorological, weather . . .
Wetterausstrahlung, -sendung	met. broadcast, transmission
Wetterbedingungen, -verhältnisse	weather conditions, m. conditions
Wetterbeobachtung; Beobachter	weather observation; observer
Wetterberater; Wetterberatung	forecaster; weather briefing
Wetterbericht, Wettermeldung	weather report, meteorological rep.
Wetterbesserung	weather improvement
Wetterfront	(weather) front
Wetterinformation(en)	weather information
Wetterkarte	weather chart, met. chart
Wetterkunde	meteorology
Wetterlage, Wetterzustand	meteorological situation
Wettermeldung	meteorological message, w. report
Wettermeldung eines Luftfahrzeugf.	pilot weather report, ac met. report
Wettermindestbedingungen	weather minima, meteorological m.
Wettertendenz	trend, tendency
Wetterverschlechterung	weather deterioration
Wettervorhersage, -beratung	weather forecast, met. forecast

Wetterwarnung	weather warning, met. warning
Wetterwarte, -station, -dienststelle	weather station, met. office
wichtig; wesentlich	important; essential, significant
wichtiger Verkehrshinweis	essential traffic information
Wichtigkeit	importance
widriges, ungünstiges Wetter	adverse weather (conditions)
wie; wie weit	how; how far
wie	as
wie, zum Beispiel	such as
wie (ich)	like (me)
wie verstehen Sie mich?	how do you read?
wie zuvor	as before
so bald wie möglich	as soon as possible
wieder	again
wieder anlassen (Triebwerk)	to restart (engine)
wieder auffüllen	to refill
wieder aufnehmen	to resume
normalen Betrieb – –	to resume normal operation
normale Geschwindigkeit – –	to resume normal speed
normale Navigation – –	to resume normal navigation
wieder benutzbar	reusable
wieder betriebsklar, in Betrieb	reoperative
wieder eintreten, einfliegen	to reenter
wieder einfliegen, anschneiden	to reintercept (ILS, VOR radial)
wieder(er)öffnen	to reopen
wieder, erneut ausrichten, einfliegen	to reestablish oneself
wieder in Betrieb bringen	to render reoperative
(vor) Wiedereinflug in die Kontrollzone	(prior to) reentering control zone
wiederholen; Wiederholung	to repeat; repetition, readback
wiederholen Sie (Sprechgruppe)	say again
wiederholen Sie nach . . .	say again after . . .
wiederholen Sie vor . . .	say again before . . .
wiederholen Sie zwischen . . .	say again between
wiederholen Sie wörtlich (Sprechgr.)	read back . . .
ich wiederhole (Sprechgruppe)	I say again
wieviel; wie viele	how much; how many
Wind	wind
in den Wind drehen	to turn into the wind
Windangabe	wind reading
Winddrehung, Windumschlag	wind shift
Windenstart	winch launching
Windgeschwindigkeit	wind speed, wind velocity
Windkomponente	wind component
Windrichtung(sanzeiger)	wind direction (indicator)
Windsack	wind sock
Windscherung	wind shear
Windschutzscheibe	windshield
Wind still, Windstille, windstill	wind calm
Winkel; im rechten Winkel	angle; at right angles
Wirbel, Verwirbelungen	vortex; Mehrzahl: vortices
Wirbelschleppe, Randwirbel	wing tip vortices, turbulent wake, wake turbulence
wird ausgeführt (Sprechgruppe)	wilco
wirklich, tatsächlich	actual(ly); real(ly)

wirksam	effective
Wirkung, Folge, Ergebnis, Einfluß	effect
mit Wirkung vom . . ., ab . . .	with effect from . . .
mit sofortiger Wirkung	effective immediately, with immediate effect
Wirkung, wirkende Kraft, Handlung	action
wissen, kennen	to know; Hauptwort: knowledge
wissen von (oder über)	to know about
lassen Sie mich wissen	let me know
soviel, soweit ich weiß	to my knowledge
wo	where
woanders, anderswo	elsewhere
Wohngebiet, Ortschaft	built up area
Wolke	cloud
aus den Wolken herauskommen	to break cloud, breaking cloud
in Wolken	in cloud
tiefe Wolken	low clouds
Wolkenabstand	distance from clouds
Wolkenart	type of cloud
Wolkenbank	cloud bank
Wolkenbedeckungsgrad	cloud coverage, cloud amount
Wolkendecke	cloud cover
Wolkendurchstoßverfahren	cloud breaking procedure
Wolkenfetzen	patches of cloud, ragged cloud
Wolkenloch	cloud hole
wolkenloser Himmel	clear sky, sky clear
Wolkenlücken	breaks in overcast
Wolkenobergrenze; an der –	cloud top, top of cloud; on top
Wolkenscheinwerfer	cloud searchlight
durch – gemessen	measured by searchlight
Wolkenschicht	cloud layer
Wolkenuntergrenze	cloud base
wolkig, bewölkt	cloudy
wollen, werden	will
wollen; wünschen	to want; to wish, to desire
Wort (auch: Nachricht)	word
wozu	what for
Wrack, Wrackteile	wreckage
würde, dürfte, könnte	might
ich würde gerne, ich möchte	I would like to
Wüste	desert
Wunsch	wish, desire
auf Wunsch, auf Anforderung	on request, O/R
auf Wunsch, falls erforderlich	if required
wunschgemäß, antragsgemäß	as desired, as requested

Z

zählen	to count; Hauptwort: count
Zahl, Anzahl, Nummer, Menge	number
Zahl, Ziffer	figure
zahlreiche Radarziele	numerous (radar) targets
Zaun; Strahlschutzwand	fence; blast fence

Zeichen, Markierung, Bezeichnung	mark, marking
Zeichen, Signal	signal
Zeichen-, Lautstärke	signal strength
zeigen, hinweisen auf	to point to
zeigen, vorweisen	to show, to display
Zeiger, Anzeigevorrichtung	indicator
Zeit, Uhrzeit	time
Zeitabschnitt, Zeitraum, Zeitdauer	period
zeitgesteuerter Anflug	timed approach
zeitliche Wirksamkeit	time of activity
Zeitsystem	time system
Zeitvergleich	time check
Zeit verlieren	to lose time
zeitweilig reservierter Luftraum	temporary reserved airspace (TRA)
zeitweise, gelegentlich; manchmal, ab und zu	intermittent, temporari(ly); occasionally, at times, now and then
zeitweise in Wolken	in and out of cloud
Zeitzeichen	time signal
Zentimeter	centimetre (cm)
zentriert, in der Mitte	centered
(zer)reißen (u. Verg.)	to tear, tore, torn
zerrissene Wolken, Wolkenfetzen	ragged cloud
Ziel (Radar)	(radar) target
Zielflug	homing
(erster) Zielflugplatz	aerodrome of (first)intended landing
Ziellandung	precision point landing, spot landg.
Zielort, Bestimmungsort bzw. -flugh.	destination
Zielwarnung (Radar)	target warning
ziemlich, beträchtlich	pretty, rather
ziemlich hoch, niedrig, schlecht, gut	pretty high, low, poor (bad), good
Ziffer, Stelle	digit
zivil; Zivilluftfahrzeug	civil; civil aircraft
Zoll	customs
Zoll (Maßeinheit)	inch(es)
Zündkerze	spark plug
Zündmagnet	magneto
Zündstörung, Drehzahlabfall	mag drop
Zündung; Zündanlage	ignition; ignition system
zu, auf, bis, nach (s. Gramm.)	to
zu (hoch, tief, schnell); auch	too
zu (mir)	to (me)
zu/von-Anzeiger (VOR)	TO/FROM indicator
zuerst	at first
zufällig, aus Zufall	by accident
zufolge, gemäß	pursuant to
zufriedenstellend	satisfactory
zugeben, zulassen	to admit
zugelassen, genehmigt	approved
zugewiesen (Flugfläche)	assigned (flight level)
zugunsten von . . ., wegen . . .	for the benefit of . . .
zuhören, horchen (auf)	to listen (to)
zukünftig, künftig	in future
zulässig	permissible, allowable
zulässiges Höchstgewicht	maximum permissible weight
zuletzt; letzt, -er, -e, -es	at last; last

zumachen, abschalten, abstellen	to close down
zunehmen, vergrößern, erhöhen	to increase; Hauptwort: increase
zur selben Zeit, gleichzeitig	at the same time
zur Zeit, gegenwärtig, im Moment	at present (time)
zurück, hinten, rückwärts	back
zurückbleiben	to stay behind
zurückfliegen, -gehen	to fly back, to return
zurückgehen	to go back
zurückkehren; Rückkehr	to return; return
zurückkommen	to come back, to return
zurückkommen (zur Mittellinie)	to come back (to centerline)
zurücklesen, wiederholen	to read back; Hauptwort: readback
zurückrollen	to backtrack, to taxi back
zurückschieben, zurückstoßen	to push back
Freigabe zum Zurückstoßen	push back clearance
zurückziehen	to withdraw; Hw.: withdrawal
zusätzlich	additional, in addition
zusätzlich, ergänzend	supplementary
zusätzlicher Verkehr	additional traffic
zusammen; zusammen mit, samt	together; together with
Zusammenarbeit, Zusammenwirken	cooperation
zusammenlaufende Kurse; kreuzende Flugwege	converging courses (tracks, headings); crossing courses
Zusammenstoß (in der Luft)	(midair) collision
Zusammenstoßgefahr	collision hazard
Zusammenstoßwarnlichter	anti collision lights
zuständig, sachverständig, tüchtig	competent
zuständige Behörde, (FVK-Stelle)	competent authority, (ATC unit)
Zustand	condition; status, state
zustimmen	to consent; Hw.: consent
Zustimmungsantrag	approval request
zuverlässig, verläßlich	reliable; Hauptw.: reliability
unzuverlässig	unreliable
zuweisen, zuteilen	to assign
Zuweisung	assignment
Höhenzuweisung	altitude assignment
Start- und Landebahnzuweisung	runway assignment
zu kurz kommen	to undershoot; Hw.: undershooting
zu weit kommen	to overshoot; Hw.: overshooting
Zweck, Absicht	purpose
zwecklos, unbrauchbar, nutzlos	useless
zwecks . . .	for the purpose of . . .
zwecks Peilung senden	to transmit for D/F
zwecks Radaridentifizierung senden	to transmit for identification
zwei	two
zwei, einige, ein paar	a couple
zweifeln	to doubt; Hauptwort: doubt
zweimal; alles zwomal (Sprechgr.)	twice; words twice
zweimotoriges Luftfahrzeug	twin engine aircraft
zweiter, zweite, zweites; Sekunde	second
zweiter Luftfahrzeugführer	co-pilot, second pilot
Zweitfrequenz, Nebenfrequenz	secondary frequency
zwingen	to force, to compel
zwischen; – Wolkenschichten	between; between layers
Zwischenanflug	intermediate approach

Zwischenfall, Vorfall	incident, occurrence
Zwischenhalt, -landung	intermediate stop
Zwischenlandung	intermediate landing
Zwischenraum, Abstand	interval
Zylinder	cylinder
Zylinderblock	cylinder block
Zylinderkopf	cylinder head

Grammatik I

GESCHLECHTSWÖRTER (Artikel)

Das bestimmte Geschlechtswort

ist in jedem Fall (ob männlich, weiblich oder sächlich)

the [ðə]	= der, die, das
the pilot [ðə 'pailət]	der Luftfahrzeugführer
the stewardess [ðə 'stju:ədes]	die Stewardess
the radio [ðə 'reidiou]	das Funkgerät

Vor allen Wörtern, die mit einem *Mitlaut* (Konsonant) beginnen, wird *the* = ðə ausgesprochen, vor Wörtern, die *ausssprachemäßig* mit einem Selbstlaut (Vokal = a, e, i, o, u) beginnen, lautet die Aussprache ði. Beispiele: the altitude, the airplane [ði 'æltitju:d, ði 'ɛəplein].

Weitere Beispiele für die Aussprache des bestimmten Artikels:

the = [ðə]	the clearance	the = [ði]	the aerodrome
	die Freigabe		der Flugplatz
	the control zone		the airport
	die Kontrollzone		der Flughafen
	the controller		the approach
	der Fluglotse		der Anflug
	the runway		the outer marker
	die Start- u. Landebahn		das Voreinflugzeichen
	the taxiway		the information
	die Rollbahn		die Unterrichtung

Auch in der Mehrzahl lautet der bestimmte Artikel „the".

Das unbestimmte Geschlechtswort

vor Wörtern, die mit einem Mitlaut (Konsonant) beginnen (wo also the = ðə ausgesprochen wird), heißt a [ə],

a pilot, a stewardess, a radio, a clearance, a control zone, a controller, a runway, a taxiway, a passenger

vor Wörtern, die *aussprachemäßig* mit einem Selbstlaut oder nicht ausgesprochenen *h* beginnen, heißt es an [ən]:

an altitude, an airplane, an aerodrome, an airport, an approach, an outer marker, an information, an hour

DAS HAUPTWORT (Substantiv)

wird im Englischen mit wenigen Ausnahmen (Eigennamen usw.) klein geschrieben. Anders als bei uns verändert es sich nie – außer in der Mehrzahlbildung. Diese erfolgt in der Regel durch Anhängen eines *s* an die Einzahl. Dieses *s* wird meist stimmhaft (summend) [= z] ausgesprochen nach Selbstlauten und nach b, d, g, l, n, ng, v:

airfield, airfields	[-dz] Flugplatz, Flugplätze
flight level, flight levels	[-lz] Flugfläche, Flugflächen
airplane, airplanes	[-nz] Flugzeug, Flugzeuge

Stimmlos (zischend) [= s] wird das Mehrzahl-s nach den sehr harten stimmlosen Mitlauten k, p, t ausgesprochen:

accident, accidents	[-ts] Unfall, Unfälle
brake, brakes [breiks]	[-ks] Bremse, Bremsen
safety strip, safety strips	[-ps] Sicherheitsstreifen

Stummes *e* am Ende eines Hauptwortes bleibt im allgemeinen auch in der Mehrzahl stumm:

route [ru:t], routes [ru:ts]	Strecke, Strecken

Steht jedoch vor dem in der Einzahl stummen *e* ein Zischlaut (*s, sh, ch, x, z*), so wird das *e* in der Mehrzahl hörbar, das Schluß-s wird stimmhaft ausgesprochen

house [haus]	Haus	houses ['hausiz]	Häuser
base [beis]	Untergrenze	bases ['beisiz]	Untergrenzen

Fehlt in der Einzahl ein e, wird nach Zischlauten in der Mehrzahl „es" angehängt:

crash [kræʃ]	Unfall	crashes ['kræʃiz]	Unfälle

Unregelmäßige Mehrzahlbildung haben:

man	Mann, Mensch	men	Männer
woman ['wumən]	Frau	women ['wimin]	Frauen
foot [fut]	Fuß	feet [fi:t]	Füße
sheep [ʃi:p]	Schaf	sheep	Schafe
aircraft	Luftfahrzeug	aircraft	Luftfahrzeuge

Zusammengesetzte Hauptwörter:

grass runway	Grasbahn
runway assignment	Landebahnzuweisung
touchdown point	Aufsetzpunkt
danger area	Gefahrengebiet
minimum sector altitude	Mindestsektorflughöhe
fuel shortage	Treibstoffknappheit
runway centerline	Start- und Landebahnmittellinie
signal area	Signalfläche
cloud layer	Wolkenschicht
head wind	Gegenwind
air traffic control clearance	Flugverkehrskontrollfreigabe

Bilden Sie von diesen Hauptwörtern die Mehrzahl. Jeweils das letzte Wort enthält das „s".

Bildung mit „of" (von) in der Mitte

point of departure	Abflugort
rate of descent	Sinkgeschwindigkeit
rate of climb	Steiggeschwindigkeit

end of runway	Landebahnende; eigentlich: Ende (von) der Landebahn
beginning of runway	Landebahnbeginn; eigentlich?...
flock of birds	Vogelschwarm
flock of sheep	Schafherde
scene of crash (accident)	Unfallort

Bildung des ersten oder zweiten Wortes aus einem Zeitwort und der Nachsilbe „ing“ (entspricht etwa unserem „ung“):

listening watch	Hörbereitschaft
landing strip	Landestreifen
landing clearance	Landefreigabe
landing gear	Fahrwerk
landing light	Landescheinwerfer
landing priority	Landevorrang
taxi holding position	Rollhalteort
braking action	Bremswirkung
crash landing	Bruchlandung
emergency landing	Notlandung
banner towing	Bannerschlepp
glider flying	Segelflug
parachute jump	Fallschirmabsprung
holding point	Haltepunkt

Manche Zeitwörter werden kaum verändert oder unverändert zu Hauptwörtern:

to climb	steigen	the climb	der Steigflug
to descend	sinken	the descent	der Sinkflug
to whistle	pfeifen	the whistle	das Pfeifen
to advise	raten, melden	the advice	der Rat, die Meldung

Suchen Sie weitere wichtige Hauptwort-Beispiele aus dem alphabetischen Wörterverzeichnis, versehen Sie dieselben mit dem bestimmten und unbestimmten Geschlechtswort und bilden Sie die Mehrzahl! Lernen Sie gleich die Bedeutung der Wörter.

DAS PERSÖNLICHE FÜRWORT (Personalpronomen)

I. Fall (Werfall)

	Einzahl			Mehrzahl		
1. Person	*I*	[ai]	ich	*we*	[wi:]	wir
2. Person	*you*	[ju:]	du	*you*	[ju:]	ihr, Sie
3. Person	*he* *she* *it*	[hi:] [ʃi:] [it]	er sie es	*they*	[ðei]	sie

Das grammatikalische Geschlecht

Männliche Personen belegt man wie bei uns mit dem männlichen Geschlecht:

the pilot files a flight plan	der Flugzeugführer gibt einen Flugplan auf
he files a flight plan	er gibt einen Flugplan auf

Weibliche Personen belegt man mit dem weiblichen Geschlecht:

the stewardess serves coffee	die Stewardess reicht Kaffee
she serves coffee	sie reicht Kaffee

Alle Sachen belegt man im Gegensatz zum Deutschen, wo sie männliches, weibliches oder sächliches Geschlecht haben können... ... im Englischen mit dem sächlichen Geschlecht:

der Kontrollturm (er)	the control tower (it)
der Hubschrauber (er)	the helicopter (it)
der Flughafen (er)	the airport (it)
die Flughöhe (sie)	the altitude (it)
die Startbahn (sie)	the runway (it)
die Kontrollzone (sie)	the control zone (it)
das Funkgerät (es)	the radio (natürlich auch: it)
der Hubschrauber startet	the helicopter takes off
er startet	*it* takes off

Bei Personen gibt es zur Bezeichnung beider Geschlechter meist dasselbe Wort:

pilot heißt sowohl Flugzeugführer als auch Flugzeugführerin
friend heißt Freund und Freundin, teacher Lehrer und Lehrerin

Wenn die genaue Bestimmung notwendig ist, hilft man sich z.B. wie folgt:

a female pilot	eine Flugzeugführerin
my girl friend	meine Freundin
the male teacher	der Lehrer

DAS ZEITWORT (Verb)

Um einen Satz bilden zu können, müssen wir uns jetzt mit den Zeitwörtern befassen. Vor die Grundform (Infinitiv) setzt man im Englischen das Wörtchen „to“ [tu].

Hier eine Liste der wichtigsten im Sprechfunk gebrauchten Zeitwörter:

to advise	anraten, anweisen
to approach	sich nähern, anfliegen
to backtrack	zurückrollen
to call, to contact	rufen, Verbindung aufnehmen mit
to cancel	streichen, aufheben
to line up	sich z. Start aufstellen
to maintain	einhalten, beibehalten
to make, made, made	machen u. Verg.

to change	wechseln, sich ändern	to pass	durch-, überfliegen
to check	prüfen	to proceed	(weiter)fliegen, fortfahren
to circle, orbit	kreisen	to reach	erreichen
to clear	freigeben, freimachen	to report	(sich) melden, berichten
to climb	steigen	to request	(er)bitten, anfordern
to continue	fortsetzen, -fahren	to return	zurückkehren, -fliegen
to cross	durch-, überqueren	to start	beginnen, anlassen (Mot.)
to descend	sinken	to take off	starten
to enter	einfliegen, -rollen in	to taxi	rollen
to expect	erwarten	to turn	(ein)kurven, drehen
to fly, flew, flown	fliegen, flog, geflogen	to use	benutzen, ver-, anwenden
to intend	beabsichtigen, vorhaben	to vacate	freimachen, verlassen
to join	einfliegen	to wait (for)	warten (auf)
to land	landen		
to leave, left, left	verlassen u. Verg.		

Das Zeitwort ist im Englischen glücklicherweise nicht so zahlreichen Veränderungen unterworfen wie im Deutschen: nur die 3. Person Einzahl (he, she, it) erhält in der Gegenwartsform am Wortende ein „s".

Hier ein Beispiel für die Abwandlung eines Zeitwortes in der Gegenwart:

Grundform: to descend (sinken)

Einzahl			Mehrzahl		
I	[ai]	descend	we	[wi:]	descend
you	[ju:]	descend	you		descend
he	[hi:]	descends	they	[ðei]	descend
she	[ʃi:]	descends			
it		descends			

Dies ist, wie Sie sicher bemerkt haben, ziemlich einfach, viel einfacher als bei uns. Fast alle Formen enden gleich. Lediglich die 3. Person Einzahl (er, sie, es = *he, she, it*) erhält ein *s* angehängt, und das auch nur in der Gegenwart. Bitte merken Sie sich das, denn wer in der dritten Person Einzahl (Gegenwart) das *s* vergißt, gerät in den Verdacht, daß es mit seinem Englisch nicht weit her ist.
Dieses „s" entspricht übrigens unserem „t" in der 3. Person Einzahl: er sitzt = *he sits,* und hat vermutlich folgenden Ursprung:

he sitteth — er sitzet.

Aus dem klanglich ähnlichen *eth* wurde später im Englischen ein *s* (he sits), aus dem *et* bei uns ein *t*. Das *e* fiel jeweils der Sprechkürze zum Opfer. Das *s* wird auch hier nach stimmhaften Mitlauten stimmhaft, nach stimmlosen stimmlos gesprochen. Endet die Grundform des Zeitwortes auf einen Zischlaut (*s* usw.), muß in der dritten Person Einzahl *„es“* angehängt werden:

I reach	– he reaches	['ri:tʃiz]
I wish	– he wishes	['wiʃiz]

bei Zischlaut plus stummem *e* wird das *e* in der 3. Person hörbar:

I advise	– he advises	[əd'vaiziz]

Jetzt können wir eigentlich schon einige einfache Sätze bilden

I taxi	ich rolle	we descend	wir sinken
you take off	du startest	you maintain	ihr haltet ein
he climbs	er steigt	they hold	sie halten
she lands	sie landet		
it flies	es fliegt		

(aus y nach Mitlaut wird in der 3. Person Einzahl *ie*: to fly – it flies)

Versuchen Sie jetzt, mit Hilfe der nachfolgenden Hauptwörter und der auf Seiten 243/244 genannten Zeitwörter weitere Sätze zu bilden:

the airport	der Flughafen	the aerodrome	der Flugplatz
the aeroplane	das Flugzeug	the altitude	die Flughöhe
the clearance	die Freigabe	the controller	der Fluglotse
the pilot	der Flugzeugführer	the traffic circuit	die Platzrunde
the tower	der Turm	the approach	der Anflug
the runway	die Start- u. Landebahn	the taxiway	die Rollbahn
the control zone	die Kontrollzone		

Hier ein paar Beispiele:

the controller advises the pilot
the aeroplane approaches the airport
the airplane backtracks on (auf) the runway
the pilot calls the tower

Vergessen Sie nie, das „s“ an das Zeitwort zu hängen, da alle Sätze in der 3. Person Einzahl stehen.
Sie können die Sätze auch mit den persönlichen Fürwörtern (I, you, he, she, it, we, you, they), also in sämtlichen Personen bilden:

I advise the pilot, you advise ..., he advises ...
I approach the airport, you approach ...
I backtrack on the runway, you backtrack ...
I call the tower, you call ..., he calls ...

Bei der Anrede verwendet man immer „you“, sowohl für „du“ und „ihr“ (2. Person Mehrzahl) als auch für „Sie“.

you fly heißt demnach du fliegst, ihr fliegt, Sie fliegen.

Die erste Vergangenheit (Imperfekt)

der *regelmäßigen* Zeitwörter wird durch Anhängen der Endung „ed“ an die Grundform gebildet (1. Beispiel). Wo schon ein *e* am Schluß der

Grundform steht, genügt es, wenn man ein *d* anhängt (2. Beispiel). Das *e* in der Endung „ed" wird hörbar, wenn vor ihm ein *t* oder *d* steht (3. Beispiel). Andernfalls wird das *e* nicht ausgesprochen.

	1. Beispiel	2. Beispiel	3. Beispiel
Gegenwart: to	maintain	advise	descend
1. Vergangenheit:	maintained [mein'teind]	advised [əd'vaizd]	descended [di'sendid]

In der Vergangenheit bleibt das Zeitwort in allen Personen unverändert, das heißt, daß in der dritten Person Einzahl auch das *„s"* entfällt.

Die 1. Vergangenheit benutzt der Engländer, wenn eine Tätigkeit in der Vergangenheit abgeschlossen ist. Bei uns steht in solchen Fällen gern die 2. Vergangenheit.

I *departed* Frankfurt	ich startete in Frankfurt (deutsch: bin in Frankfurt gestartet)
I *descended* to 4000 feet	ich sank auf 4000 Fuß (bin auf 4000 Fuß gesunken)
I *diverted* to Düsseldorf	ich wich nach Düsseldorf aus (bin nach Düsseldorf ausgewichen)
clearance *expired* at 30	die Freigabe wurde um 30 ungültig (ist um 30 ungültig geworden)
I *passed* flight level 50 (Tango)	ich durchflog FL 50 (habe FL 50 durchflogen) (Tango überflogen)

Bilden Sie von den bereits bekannten Zeitwörtern die 1. Vergangenheit. Allerdings: to fly, to leave, to make und to take off sind unregelmäßige Zeitwörter – was die Vergangenheitsformen betrifft. Weitere für uns wichtige finden Sie ab Seite 52.

Die Hilfszeitwörter (Hilfsverben)

sein, tun und haben

werden wie folgt abgewandelt:

Gegenwart (Präsens)

to be [bi:]	(sein)	to have	(haben)	to do [du:]	(tun)
I am [æm]	ich bin	I have [hæv]	ich habe	I do [du:]	ich tue
you are [a:]	du bist	you have	du hast	you do [du:]	du tust
he / she / it is	er / sie / es ist	he / she / it has [hæz]	er / sie / es hat	he / she / it does [dʌz]	er / sie / es tut
we are [a:]	wir sind	we have	wir haben	we do	wir tun
you are	ihr seid	you have	ihr habt	you do	ihr tut
they are	sie sind	they have	sie haben	they do	sie tun

Bei genauer Betrachtung sehen wir, daß sich in der Gegenwart eigentlich nur das Hilfszeitwort *to be* in den einzelnen Personen etwas stärker ändert, während sich *to do* (tun) und *to have* (haben) nur in der 3. Person Einzahl ändern: sie erhalten das übliche *s.*

Noch einfacher ist es bei den Hilfszeitwörtern

can (können)	
must (müssen)	will (wollen)
may (dürfen, mögen)	und shall (sollen)

Diese bekommen nicht einmal mehr in der 3. Person Einzahl ein *s.* Sie haben auch keine Grundform und können daher nicht in Mittelwörter (s. Seite 263) verwandelt werden.

I am, you are etc. können wie folgt zusammengezogen werden, was auch der Sprechkürze zugute kommt:

I'm	we're	ferner	I've	(I have)
you're	you're		you've	usw.
he's			he's	
she's	they're		she's	
it's			it's	
			we've	
			you've	
			they've	

Beispiele: Bitte in alle Personen setzen!

I am ready to copy (you are, etc.)	ich bin schreibbereit (du bist etc.)
I am ready for departure	ich bin startbereit
I am number two to land	ich bin Landenummer zwo
I am VMC at 4000 ft.	ich bin in 4000 ft. VMC
I am short of fuel	ich bin knapp an Treibstoff
I am clear of traffic	ich bin frei von Verkehr (wörtlich)
I am cleared to land	ich bin zur Landung freigegeben
I am over Elbe	ich bin über Elbe (VOR)
I am 5 miles out	ich bin 5 Meilen entfernt
I am on downwind	ich bin im Gegenanflug
I am on (3 miles) final runway 08	ich bin im (3 Meilen) Endteil, Landebahn 08
I am sorry	es tut mir leid
I have ILS aboard (you have etc.)	ich habe ILS an Bord (du hast usw.)
I have the field in sight	ich habe den Platz in Sicht
I have radio trouble	ich habe Schwierigkeiten mit dem Funkgerät
I have 3 passengers aboard	ich habe drei Fluggäste an Bord
I have fuel for one hour	ich habe Treibstoff für eine Stunde
I have both aircraft in sight	ich habe beide Luftfahrzeuge in Sicht
I have trouble with the landing gear	ich habe Fahrwerkstörung

Das Hilfszeitwort müssen (must) wird meist mit dem Hilfszeitwort *to have to* = „haben zu“ umschrieben.

you *have to* use the concrete runway	Sie müssen die Betonbahn benutzen

you *have to* expect 3 minutes delay	Sie müssen 3 Min. Verzögerung erwarten
you *have to* turn right after departure	Sie müssen nach dem Start nach rechts drehen
you *have to* hold over Lauffen	Sie müssen über Lauffen halten
you *have to* maintain 4000 ft.	Sie müssen 4000 ft. einhalten
you *have to* climb VMC	Sie müssen in VMC steigen
you *have to* expedite climb	Sie müssen den Steigflug beschleunigen
you *have to* fly a traffic pattern	Sie müssen eine Platzrunde fliegen

Achten Sie bereits hier auf die Wortstellung! Zeitwort folgt unmittelbar auf Hilfszeitwort. Näheres hierüber s. Seite 250.

Die erste Vergangenheit der Hilfszeitwörter sein, tun und haben bereitet ebenfalls kaum Schwierigkeiten:

I was	ich war	I did	ich tat	I had	ich hatte
you were	du warst				
he / she / it } was	er / sie / es } war	„did" und „had" bleiben in den übrigen Personen unverändert			
we were	wir waren				
you were	ihr waret				
they were	sie waren				

Wir sehen, daß sich in der ersten Vergangenheit auch nur *to be* stärker ändert: *I was, he, she, it was,* sonst überall *were. to do* (= *did*) und *to have* (= *had*) ändern sich in der 1. Vergangenheit in den einzelnen Personen überhaupt nicht.

Setzen Sie die Beispiele von den Seiten 247 und 248 in sämtliche Personen, auch in die Vergangenheit:

I was ready to copy	ich war schreibbereit
you were ... etc.	du warst ... usw.
I had ILS aboard	ich hatte ILS an Bord
you had ... etc.	du hattest ...
I had to use the concrete runway	ich mußte die Betonbahn benutzen
you had ... etc.	
ferner: (Radardienst)	
I am identified	ich bin identifiziert, erkannt
you are identified etc.	
I was identified	ich war identifiziert, erkannt
you were identified etc.	

Der Vollständigkeit halber sei hier auch noch die 2. und 3. Vergangenheit der genannten Hilfszeitwörter aufgeführt. Wir brauchen sie im Sprechfunkverkehr kaum, jedoch bei den Prüfungstexten (s. Teil II des Buches).

2. Vergangenheit (Perfekt)

I	have been	have done	have had
	bin gewesen	habe getan	habe gehabt
you	have been	have done	have had
he, she, it	has been	has done	has had
we	have been	have done	have had
you	have been	have done	have had
they	have been	have done	have had

Auch hier nur Veränderungen in der dritten Person Einzahl ...

3. Vergangenheit (Plusquamperfekt)

I	had been	had done	had had
	war gewesen	hatte getan	hatte gehabt
you	had been	had done	had had
he, she, it	had been	had done	had had
we	had been	had done	had had
you	had been	had done	had had
they	had been	had done	had had

... und hier überhaupt keine Veränderungen mehr!

Die Wortstellung

ist im Englischen in vielen Fällen anders als in der deutschen Sprache.

Im Normalsatz kommt wie bei uns zuerst Satzgegenstand (Subjekt), dann Satzaussage (Prädikat)

I go	ich gehe
the man says	der Mann sagt
the airplane flies	das Flugzeug fliegt

Auch wenn eine Ergänzung (Objekt) dazu kommt, ändert sich noch nichts.

I request taxi	ich erbitte Rollanweisung
I circle the aerodrome	ich umkreise den Flugplatz
I start descent	ich beginne (den) Sinkflug
I cancel IFR flight plan	ich hebe (den) IFR-Flugplan auf
I abandon take-off	ich breche (den) Start ab
I shorten approach	ich kürze (den) Anflug ab
I call Stuttgart Radar	ich rufe Stuttgart Radar

Unterschiede treten erst bei zusammengesetzten Zeiten auf, wenn also vor das Zeitwort noch ein Hilfszeitwort tritt ...

zunächst die einfache Zeit:

the aeroplane taxies to the runway	das Flugzeug rollt zur Startbahn

die Wortstellung ist in beiden Sprachen gleich;

jetzt die zusammengesetzte Zeit:

the aeroplane *has taxied* too fast	das Flugzeug *ist* zu schnell *gerollt*

In der englischen Sprache müssen Hilfszeitwort und Zeitwort (= has taxied) beisammen bleiben	in der deutschen Sprache wird zwar das Hilfszeitwort (ist) auch hinter den Satzgegenstand gestellt, das Zeitwort (gerollt) kommt an das Satzende *hinter* das Umstandswort

... oder wenn eine Zeitangabe erfolgt.

Zunächst der Satz ohne Zeitangabe:

I flew to Rome	ich flog nach Rom

jetzt mit Zeitangabe:

yesterday *I flew* to Rome	gestern *flog ich* nach Rom
der Engländer hält an der Reihenfolge Satzgegenstand – Satzaussage fest	wir ändern die Reihenfolge in: Satzaussage – Satzgegenstand

Überhaupt: Orts- und Zeitangaben ...

I start descent *now* (Zeit am Schluß)	ich beginne *jetzt* mit dem Sinkflug
the airplane stays on the ground for 30 minutes	das Flugzeug bleibt 30 Minuten lang auf dem Boden

im Englischen kommt Ort vor Zeit ... bei uns ist es umgekehrt

Besonders stark fällt die unterschiedliche Wortstellung auf, wenn in einer Satzfolge (Nebensatz/Hauptsatz) ganz am Satzanfang ein Bindewort (z. B. „if“) steht

if the pilot intends to deviate, *he shall coordinate* a new EOBT	falls der Pilot beabsichtigt abzuweichen, *muß er* eine neue EOBT *absprechen*
„he shall coordinate“ (zusammen)	„muß er ... absprechen“ (getrennt)
Satzgegenstand – Satzaussage	Satzaussage – Satzgegenstand ... Satzaussage (Rest)

Zusammenfassend kann man folgendes sagen: der Engländer hält konsequenter als wir die Reihenfolge „Satzgegenstand – Satzaussage“ ein und hält – ganz im Gegensatz zu uns – Hilfszeitwörter und Zeitwörter zusammen, soweit keine Fragesätze betroffen sind (siehe ab Seite 289).

Im Interesse der Sprechkürze läßt man in zahlreichen Fällen Satzgegenstand, Satzaussage oder Verhältniswörter einfach wegfallen:

(I am) 5 miles northeast	(ich bin) 5 Meilen nordöstlich
(position is over) Tübingen	(Standort über) Tübingen
(you are) cleared for take-off	(Sie sind) frei zum Start (wörtlich)
(I have the) field in sight	(ich habe den) Platz in Sicht
(I am on) local training flight	(ich bin auf) örtlichem Übungsflug

Die zweite Vergangenheit (Perfekt)

gebraucht man im Englischen bei einer Tätigkeit, die – obgleich abgeschlossen – noch in irgendeiner Beziehung zur Gegenwart steht oder bei einem Vorgang, der von der Vergangenheit bis zur Gegenwart reicht. Zur Bildung der 2. Vergangenheit verwendet man *im Deutschen* die Hilfszeitwörter *sein* und *haben* und das Mittelwort der Vergangenheit (ich bin gegangen, ich habe gefunden). Im Englischen verwendet man *nur das Hilfszeitwort haben (to have)* und wie bei uns das Mittelwort der Vergangenheit.

I have descended	ich bin gesunken
you have descended	du bist gesunken
he / she / it } has descended	er / sie / es } ist gesunken
we have descended	wir sind gesunken
you have descended	ihr seid gesunken
they have descended	sie sind gesunken

Man sagt also „*I have descended*" (= ich *habe* gesunken).

Hier einige weitere Beispiele:

the airliner has arrived	Das Linienflugzeug ist angekommen
has departed	ist abgeflogen
has diverted to the alternate aerodrome	ist zum Ausweichflughafen weitergeflogen
has reached cruising level	hat die Reiseflughöhe erreicht
the Airbus has backtracked	der Airbus ist zurückgerollt
the QNH has changed	das QNH hat sich geändert
the helicopter has climbed	der Hubschrauber ist gestiegen
the airplane has crashed	das Flugzeug ist abgestürzt
the visibility has decreased	die Sicht ist zurückgegangen
the airplane has entered clouds	das Flugzeug ist in (die) Wolken eingeflogen (und ist noch dort)

Bei den jetzt folgenden Beispielen tritt ein Objekt oder eine Orts- oder Zeitbestimmung auf. Während hier im Deutschen Hilfszeitwort und Zeitwort voneinander getrennt werden, muß im Englischen das Zeitwort unmittelbar auf das Hilfszeitwort folgen.

the pilot *has deviated* from his track	der Flugzeugführer *ist* von seinem Kurs über Grund *abgewichen*
the balloon *has drifted* to the east	der Ballon *ist* nach Osten *getrieben*
I *have encountered* instrument meteorological conditions and heavy icing	Ich *bin* in Instrumentenwetterbedingungen und schwere Vereisung *geraten*
the clearance *has expired 10* minutes ago	die Freigabe *ist* vor 10 Minuten *ungültig geworden* (und ist es noch)

the plane *has intercepted* the ILS	das Flugzeug *ist* ins ILS *eingeflogen*
the aircraft *has joined* the traffic circuit	das Luftfahrzeug *ist* in die Platzrunde *eingeflogen* (und ist noch dort)

Setzen Sie die obigen Beispiele in Gegenwart und 1. Vergangenheit, z. B.: *the airliner has arrived (2. Vergangenheit), Gegenwart: the airliner arrives;* 1. Vergangenheit: *the airliner arrived usw.*

Die 3. Vergangenheit (Plusquamperfekt) brauchen wir im Sprechfunkverkehr recht selten. Wir erwähnen sie nur der Vollständigkeit halber.

Sie wird gebildet durch die Vergangenheit des Hilfszeitwortes *have* = *had* und das Mittelwort der Vergangenheit:

I had descended	ich war gesunken
you had descended	du warst gesunken
he / she / it } had descended	er / sie / es } war gesunken
we had descended	wir waren gesunken
you had descended	ihr waret gesunken
they had descended	sie waren gesunken
	eigentlich: sie hatten gesunken.

Leider gibt es im Englischen wie bei uns *unregelmäßige Zeitwörter.* Hier einige, die wir in Gegenwart und Vergangenheit kennen sollten:

Gegenwart (Infinitiv)	1. Vergangenheit (Präteritum)	2. Vergangenheit = Mittelw. d. Vergangenheit (Partizip)	
a) alle drei Formen bleiben gleich			
to put [put]	put	put	setzen, stellen, legen
to let	let	let	lassen
to set	set	set	setzen, stellen, legen
to shut [ʃʌt]	shut	shut shut down	schließen abschalten
to hurt [hə:t]	hurt	hurt	verletzen, schmerzen
b) Verkürzung des Selbstlautes aus der Grundform in den übrigen beiden Formen			
to lead [li:d]	led	led	führen
to read [ri:d]	read [red]	read [red]	lesen, verstehen
to meet [mi:t]	met	met	treffen
c) Anhängung von t an die Grundform			
to learn [lə:n]	learnt oder learned [lə:nt]	learnt	lernen
to spell	spelt oder spelled	spelt	buchstabieren
d) dasselbe, jedoch mit verändertem Selbstlaut in der Vergangenheit			
to leave [li:v]	left	left	verlassen, lassen

to keep [ki:p]	kept	kept	halten, behalten
to lose [lu:z]	lost	lost	verlieren

e) mit d in der Vergangenheit

to have [hæv]	had [hæd]	had	haben
to hear [hiə]	heard [hə:d]	heard	hören
to make [meik]	made [meid]	made	machen
to say [sei]	said [sed]	said	sagen

f) ɔ:t in den Formen der Vergangenheit

to catch [kætʃ]	caught [kɔ:t]	caught	fangen
to bring	brought [brɔ:t]	brought	bringen
to teach [ti:tʃ]	tought [tɔ:t]	tought	lehren
to think	thought [θɔ:t]	thought	denken, glauben

g) alle drei Formen sind verschieden

to begin [bi'gin]	began [bi'gæn]	begun [bi'gʌn]	beginnen
to draw [drɔ:]	drew [dru:]	drawn [drɔ:n]	ziehen, zeichnen
to fly [flai]	flew [flu:]	flown [floun]	fliegen
to go [gou]	went	gone [gʌn]	gehen
to freeze [fri:z]	froze [frouz]	frozen ['frouzn]	frieren, gefrieren

h) erste und dritte Form sind einander ähnlich

to give [giv]	gave [geiv]	given ['givən]	geben
to run [rʌn]	ran [ræn]	run [rʌn]	laufen, rennen
to lie [lai]	lay [lei]	lain [lein]	liegen
to see [si:]	saw [sɔ:]	seen [si:n]	sehen
to know [nou]	knew [nju:]	known [noun]	wissen
to blow [blou]	blew [blu:]	blown [bloun]	blasen, sprengen, platzen
to take (off)	took (off) [tuk]	taken (off)	nehmen (starten)
to write [rait]	wrote [rout]	written ['ritən]	schreiben
to come [kʌm]	came [keim]	come [kʌm]	kommen
to become	became [bi'keim]	become [bi'kʌm]	werden
to be [bi:]	was [wɔz]	been [bi:n]	sein

i) die beiden Formen der Vergangenheit gleichen sich

to find [faind]	found [faund]	found	finden
to break [breik]	broke [brouk]	broken ['broukən]	brechen
to get	got	gotten	werden, bekommen
to tell	told [tould]	told	sagen, erzählen
to mean [mi:n]	meant [ment]	meant	bedeuten, meinen
to forget	forgot	forgotten	vergessen
to sit	sat [sæt]	sat	sitzen
to hold [hould]	held	held	halten
to speak [spi:k]	spoke [spouk]	spoken ['spoukən]	sprechen

to stand [stænd]	stood [stud]	stood	stehen
to understand	understood	understood	verstehen

Veränderungen ergeben sich auch bei verschiedenen regelmäßigen Zeitwörtern, wenn man sie in die Vergangenheit setzt.

So wird aus einem *y* in der Vergangenheit ein *ie,* falls vor dem *y* ein Mitlaut steht:

to copy	copied	aber: copying	I copy the clearance

Aus einem *p, m, t* usw. werden in der Vergangenheit zwei:

to drop	dropped	dropping	he drops the banner over the grass area

In der 3. Person Einzahl wird ebenfalls *y* nach Mitlaut *ie:*

I copy, he copies.

o wird zu *oe:*

I go, he goes, I do, he does [dʌz].

Hier von jedem der genannten unregelmäßigen Zeitwörter ein Satzbeispiel. Setzen Sie es auch in sämtliche Formen der Vergangenheit:

we put the map on to the table	wir legen die Landkarte auf den Tisch
we let the other aircraft pass	wir lassen das andere Luftfahrzeug vorbei
I set course to my destination	ich setze Kurs auf meinen Zielort (wörtl.)
I set the altimeter to QNH	ich stelle auf dem Höhenmesser das QNH ein (stelle den Höhenmesser auf QNH)
the pilot shuts down his radio	der Flugzeugführer stellt sein Funkgerät ab
my ears hurt during descent	meine Ohren schmerzen beim Sinken
he leads a flight of 3 helicopters	er führt eine Formation von 3 Hubschraubern an
we hear the tower loud and clear	wir hören den Turm laut und deutlich
I meet the airship over Leonberg	ich treffe das Luftschiff über Leonberg
we learn how to stall the plane	wir lernen das Überziehen des Flugzeugs
I spell the word Popocatepetl	ich buchstabiere das Wort Popocatepetl
he leaves flight level 60	er verläßt Flugfläche 60
The Piper leaves the runway (ramp)	die Piper verläßt die Landebahn (das Vorfeld)
I keep you informed on my position	ich halte Sie über meinen Standort auf dem laufenden
the tower keeps the aircraft on the ground	der Kontrollturm hält das Luftfahrzeug auf dem Boden

the plane keeps off the runway	das Flugzeug hält (sich) außerhalb der Landebahn (auf)
I lose the airplane (you) out of sight	ich verliere das Flugzeug (Sie) aus den Augen (aus der Sicht)
I lose radar contact with the aircraft	ich verliere Radarverbindung mit dem Luftfahrzeug
steady green light means: cleared to land	grünes Dauersignal bedeutet: Landung frei
I have the field in sight	ich habe den Platz in Sicht
I have engine trouble	ich habe Motorstörung
I have three passengers aboard	ich habe 3 Fluggäste an Bord
we hear a whistle in the background	wir hören im Hintergrund ein Pfeifen
I make a left turn when 2 miles out	ich mache in 2 Meilen Entfernung eine Linkskurve
he makes a touch and go landing	er macht eine Aufsetz- und Durchstartlandung
we make a straight-in approach	wir machen einen Geradeausanflug
the controller says "roger"	der FS-Lotse sagt „verstanden"
he tells the pilot how to taxi	er sagt dem Flugzeugführer, wie er rollen soll
the airplane catches the banner	das Flugzeug fängt das Banner
I bring the aircraft to a stop	ich bringe das Luftfahrzeug zum Halten
the instructor teaches how to slip	der Fluglehrer lehrt Seitengleitflug
the controller should never say: "I think ..."	der Fluglotse sollte nie sagen: „ich glaube ..."
the aircraft begins to turn	das Luftfahrzeug fängt zu kurven an
I draw an airport chart	ich zeichne eine Flughafenkarte
I fly a circle to the right	ich fliege einen Rechtskreis
we go into clouds	wir fliegen in Wolken ein (wir gehen ...)
the controls freeze up	die Steuerungsorgane gefrieren
the pilot gives a weather report	der Flugzeugführer gibt eine Wettermeldung ab
we run into difficulties	wir geraten (laufen) in Schwierigkeiten
the maps lie on the table	die Karten liegen auf dem Tisch
I see the other aircraft	ich sehe das andere Luftfahrzeug
I know the missed approach procedure	ich kenne das Fehlanflugverfahren
I blow a tire	mir platzt ein Reifen
the captain writes a report	der Flugkapitän schreibt eine Meldung
the glider becomes airborne	das Segelflugzeug hebt ab
the weather becomes worse	das Wetter wird schlechter
the airliner comes from Rome	das Linienflugzeug kommt aus Rom
I am on right base leg	ich bin im rechten Queranflug
I find a cloud hole for descent	ich finde ein Wolkenloch zum Sinken

we break clouds at 3000 feet	in 3000 Fuß stoßen (brechen) wir durch (die Wolken)
we get bad weather	wir bekommen schlechtes Wetter
I forget to file a flight plan	ich vergesse, einen Flugplan abzugeben
I sit in the jump seat	ich sitze im Rücksitz
I hold in the holding pattern	ich halte in der Warteschleife
I speak to the ground station	ich spreche mit der Bodenstation
the plane stands in take-off position	das Flugzeug steht am Startpunkt
I understand "cleared for take-off"	ich verstehe „Start frei"

Und hier ein Beispiel zur Kontrolle, ob Sie die obigen Beispiele in sämtliche Vergangenheiten gesetzt haben:

I fly from Stuttgart to Frankfurt	ich fliege von Stuttgart nach Frankfurt
I flew from Stuttgart to Frankfurt	ich flog von Stuttgart nach Frankfurt
I have flown from Stuttgart to Frankfurt	ich bin von Stuttgart nach Frankfurt geflogen
I had flown from Stuttgart to Frankfurt	ich war von Stuttgart nach Frankfurt geflogen

ferner: you ..., he, she, it ..., we ..., you ..., they ...
übrigens: he *flies,* he flew, he *has* flown, he had flown.

Die 1. Zukunft (Futur),

die wir im Sprechfunkwesen ebenfalls brauchen, wird wie im Deutschen mit dem Hilfszeitwort „werden" *(shall, will)* und der Grundform des Zeitwortes gebildet:

I shall (will) fly	ich werde fliegen	we shall (will) fly	wir werden fliegen
you will fly	du wirst fliegen	you will fly	ihr werdet fliegen
he / she / it } will fly	er / sie / es } wird fliegen	they will fly	sie werden fliegen

Während der Deutsche mit der Zukunft recht großzügig verfährt (morgen fliege ich nach Frankfurt), ist man im Englischen viel genauer: *I shall* (oder *I will*) fly to Frankfurt tomorrow (Zeitbestimmung am Schluß): ich werde morgen nach Frankfurt fliegen.

Auch hier muß wieder besonders auf die Satzstellung geachtet werden: wie bei allen zusammengesetzten Zeiten folgt auf das Hilfszeitwort „will" unmittelbar das Zeitwort (hier: fly). Erst dann folgen – soweit vorhanden – die Umstandsbestimmungen des Ortes und der Zeit.

I will use the concrete runway	ich werde benutzen die Betonlandebahn

Sehr häufig zieht man das persönliche Fürwort und das Hilfszeitwort aus Gründen der Sprechkürze zusammen, und das sieht dann so aus:

I'll try to stay VMC	ich werde versuchen, VMC zu bleiben
you'll arrive in the afternoon	du wirst nachmittags ankommen
he'll become IMC in a few minutes (Zeitbestimmung am Ende)	er wird in wenigen Minuten IMC sein
she'll report the cloud base	sie wird die Wolkenuntergrenze melden
we'll proceed as cleared	wir werden gemäß Freigabe weiterfliegen
you'll have to expedite taxying after landing	ihr werdet, Sie werden nach der Landung das Rollen beschleunigen müssen
they'll arrive late	sie werden verspätet ankommen

In der ersten Person Einzahl und Mehrzahl verwendet der Engländer *shall* (siehe oben), der Amerikaner – außer wenn er etwas Zukünftiges besonders betonen möchte – wie in den übrigen Personen *will*! *Will* bürgert sich in der Umgangssprache immer mehr ein.

Eine weitere gefällige Möglichkeit, die nähere Zukunft auszudrücken, bietet sich in der Phrase *„I am going to"* (siehe Mittelwort der Gegenwart).

Hier einige weitere Beispiele für die 1. Zukunft:

(I) will shorten approach	(ich) werde den Anflug abkürzen
the jet will give way to you	der Düsenjäger wird Ihnen ausweichen
will leave runway at next intersection	werde die Landebahn bei der nächsten Rollbahneinmündung verlassen
you will have to backtrack after landing (to have to = müssen)	Sie werden nach der Landung zurückrollen müssen
will report reaching 4000 feet	werde Erreichen von 4000 Fuß melden
will use concrete runway	werde die Betonbahn benutzen
will remain in the holding pattern for light aircraft	werde in der Warteschleife für Leichtflugzeuge bleiben
what will be your rate of climb?	wir groß wird Ihre Steiggeschwindigkeit sein?
landing will be at your own risk	(die) Landung (wird) auf eigene Gefahr sein (wörtl.)
will continue visually below clouds	werde nach Sicht unterhalb der Wolken weiterfliegen
will advise later for right turn	(werde) Anweisung zur Rechtskurve später (geben)
will expedite taxying after landing	werde Rollen nach der Landung beschleunigen
DC 9 will depart on runway 26	die DC 9 wird auf Startbahn 26 starten
will keep you advised	werde Sie auf dem laufenden halten

will cross runway 07 L	werde die Startbahn 07 L überqueren

Weitere Beispiele und zwar aus der Radarkontrolle:

this will be a radar vector	dies wird eine Radarführung sein
this will be a surveillance radar approach runway 25	dies wird ein SRE-Anflug zur Landebahn 25 sein
recommended altitudes will be furnished each mile on final	empfohlene Flughöhen werden bei jeder Meile im Endanflug durchgegeben
what will be your airspeed on final?	wie groß wird Ihre Geschwindigkeit im Endanflug sein?
you will intercept ILS localizer 8 miles from touchdown	Sie werden 8 Meilen vom Aufsetzpunkt entfernt den ILS-Landekurs anschneiden
approach will be monitored by precision	der Anflug wird auf dem Präzisions-Radargerät überwacht werden
approach instructions will be terminated 2 miles from touchdown	Anweisungen für den Anflug werden 2 Meilen vor dem Aufsetzpunkt beendet
will continue to pass instructions	werde fortfahren, Anweisungen zu geben
I will shortly lose identification	werde in Kürze Radarerkennung verlieren
you will be vectored through final approach track for spacing	Sie werden aus Staffelungsgründen durch den Endanflugkurs geführt
this turn will take you through the localizer for separation	diese Kurve wird Sie aus Staffelungsgründen durch den Landekurs führen

Setzen Sie übungshalber sämtliche Beispiele aus der Gegenwart, 1. und 2. Vergangenheit (auch unregelmäßige Zeitwörter) in die 1. Zukunft (Seiten 245, 247/248, 251, 254/256.

Die vier Fälle: wer, wessen, wem, wen?

müssen wir um der Beweglichkeit der Sprache willen auch in unserem Sprechfunkenglisch beherrschen. Auch sie dürften uns keine großen Schwierigkeiten bereiten, denn im Gegensatz zum Deutschen bleibt das *Hauptwort* bei der Bildung des Falles (Deklination) im Englischen so gut wie unverändert.

Der erste Fall (Werfall, Nominativ) und
der *vierte Fall* (Wenfall, Akkusativ) sind gleich.

1. Fall:	Frage: wer?	der Flugzeugführer = the pilot
4. Fall:	Frage: wen?	den Flugzeugführer = the pilot

Der dritte Fall (Wemfall, Dativ) benötigt meist das Wörtchen „to“,

3. Fall:	Frage: wem?	dem Flugzeugführer = to the pilot

während der zweite Fall (Wesfall, Genitiv) das Wörtchen „of" verlangt,

2. Fall:	Frage: wessen?	des Flugzeugführers = of the pilot (wörtl.: von dem Flugzeugführer)

falls nicht der sogenannte Sächsische Genitiv angewendet wird:

the pilot's	des Flugzeugführers

Gehen wir die vier Fälle nochmals der Reihe nach durch:

1. Fall (Nominativ). Frage: wer (who) [hu:] (bei Sachen: what)

who flies? the pilot flies	wer fliegt? der Flugzeugführer fliegt

2. Fall (Genitiv). Frage: wessen (of whom oder whose) [hu:m, hu:z] (bei Sachen: of what)

the flight log *of whom* oder besser: *whose* flight log is in the handbag?	wessen Bordbuch ist in der Tasche?
the flight log *of the pilot* oder besser: *the pilot's* flight log is in the handbag	das Bordbuch des Flugzeugführers ist in der Tasche

Die zuletzt stehende Form wird „Sächsischer Genitiv" genannt und in der Regel nur bei lebenden Wesen gebraucht. Sie ähnelt sehr unserer Form des Wesfalles „des Flugzeugführers".

Der Sächsische Genitiv wird einfach durch Anhängen von Apostroph und „s" = 's an die Grundform des Hauptworts gebildet: pilot – pilot's.

descent at *pilot's discretion*	Sinkflug nach Ermessen des Piloten
it is the *pilot's responsibility*	es liegt in der Verantwortung des Piloten

In der Mehrzahl rutscht der Apostroph einfach hinter das Mehrzahl-s, also so: s'.

the pilots' flight logs	die Bordbücher der Piloten

Der sogenannte quantitative Genitiv verlangt das Wörtchen „of".

two gallons *of* gasoline	zwei Gallonen Benzin
a piece *of* metal	ein Stück Metall
a sheet *of* paper	ein Blatt Papier
a flock *of* sheep	eine Schafherde

3. Fall (Dativ). Frage: wem (to whom) (Sachen: to what)

to whom hands the pilot the flight log?	wem händigt der Flugzeugführer das Bordbuch aus?
the pilot hands the flight log *to the airport official*	(dem Flughafenbediensteten)
give way *to succeeding aircraft*	weichen Sie dem nachfolgenden Luftfahrzeug aus

Der Wemfall (3. Fall) wird im allgemeinen mit dem Wörtchen „to“ gebildet. Verschiedene Zeitwörter gestatten es jedoch, „to“ wegfallen zu lassen, falls der dritte Fall unmittelbar hinter dem Zeitwort und vor dem vierten Fall steht (unbezeichneter Dativ), also zum Beispiel:

(3. Fall)	(4. Fall)	
he hands (Zeitwort) *the official*	the flight log	er händigt dem Bediensteten das Bordbuch aus
the follow-me car shows *the pilot*	the right way	das Vorfeldleitfahrzeug zeigt dem Piloten den richtigen Weg
the tower gives *the pilot*	a QDM	der Kontrolltum gibt dem Flugzeugführer ein QDM
ground control offers *the aircraft*	a different runway	die Bodenkontrolle bietet dem Luftfahrzeug eine andere Startbahn an
the pilot pays *the official*	the landing fee	der Flugzeugführer zahlt dem Bediensteten die Landegebühr
jedoch:		
(4. Fall)	(3. Fall)	
the pilot pays the landing fee	*to the official:*	hier braucht man „to“

Die Stellung des dritten Falles hinter den vierten Fall (wo also „to“ verlangt wird) wendet man häufig dann an, wenn man den dritten Fall besonders betonen will.

Im Sprechfunkwesen verwendet man gerne die Reihenfolge a) 3. Fall b) 4. Fall – schon um der Sprechkürze willen; Sie wissen ja: dann entfällt „to“.

Der 4. Fall (Akkusativ). Frage: wen (whom)? (Sachen: what)

wird genau wie der 1. Fall ohne Wortzusatz gebildet:

the controller calls (whom?) *the pilot*	der Fluglotse ruft (wen?) den Piloten
I have (what?) *gear trouble*	ich habe (was?) Fahrwerkschwierigkeiten
I pass *flight level 80*	ich durchfliege Flugfläche 80
the aeroplane rocks *the wings*	das Flugzeug wackelt mit den Tragflächen
I cross *Alfa intersection* at FL 90	ich überfliege den Schnittpunkt A in FL 90
the tower issues *a clearance*	der Kontrollturm erteilt eine Freigabe
(I have the) *field* in sight	(habe) Platz in Sicht
I circle *the aerodrome*	ich umkreise den Flughafen
I lost *radio contact*	ich habe die Funkverbindung verloren

the pilot puts *the flight log* into his pocket	der Flugzeugführer steckt das Bordbuch in seine Tasche

Sie sehen, der im Sprechfunk sehr häufig benutzte 4. Fall (siehe auch die nachfolgenden Beispiele) birgt für uns keine Besonderheiten in sich.

Das Wort „request" = bitten um, erbitten
beherrscht im Englischen wie bei uns den 4. Fall (Wenfall, Akkusativ). Viele Schüler setzen jedoch in der Meinung, request heiße nur bitten, noch ein „for" dazu und sagen:
„request for time check". Das ist falsch. Es genügt „request time check" = erbitte genaue Uhrzeit, erbitte Zeitvergleich.

(I) request ...	(ich) erbitte ...
start up	Erlaubnis zum Anlassen der Triebwerke
departure information	Abfluginformation
taxi information	Rollinformation (unkontr. Flugplatz)
taxi	Rollanweisung (kontroll. Flugplatz)
permission to use grass runway	Erlaubnis zur Benutzung der Grasbahn
time check	Uhrzeit
QNH, altimeter setting	QNH, Höhenmessereinstellung
right turn when (oder after) airborne	Rechtskurve nach dem Start
take-off time	Startzeit
to leave tower frequency	Verlassen der Turmfrequenz
clearance to leave your frequency for 3 minutes	Freigabe zum Verlassen Ihrer Frequenz für 3 Minuten
altitude 4000 ft./FL 60	Flughöhe 4000 ft./Flugfläche 60
climb/descent at Walda (or at 50)	Steigflug/Sinkflug über Walda (oder um 50)
route via Luburg due to weather	Strecke über Luburg wegen Wetters
your present position	Ihren gegenwärtigen Standort
present level	gegenwärtige Höhe
present altitude	gegenwärtige Flughöhe
present flight level	gegenwärtige Flugfläche
level change	Höhenänderung
flight conditions	Flug(wetter)bedingungen
holding instructions	Warteanweisungen
change to frequency 119.35	Wechsel zur Frequenz 119.35
ILS approach	ILS-Anflug
vectors	(Radar)führung
visual approach	Sichtanflug
VMC descent	VMC-Sinkflug
to cancel IFR	Aufhebung von IFR
clearance to cross CVFR area Hamburg	Freigabe zum Durchflug durch das CVFR-Gebiet Hamburg
QDM/QDR/QTE	QDM/QDR/QTE
landing information	Landeinformation
right traffic circuit	rechte Platzrunde
right downwind/right base	rechten Gegenanflug/rechten Queranflug

direct right base	direkten Einflug in den rechten Queranflug
straight-in approach	Geradeausanflug
touch and go	Aufsetzen und Durchstarten
low approach	Freigabe zum Tiefanflug
low pass for gear check	tiefen Vorbeiflug zwecks Fahrwerküberprüfung
full stop landing	Abschlußlandung
landing clearance	Landefreigabe
landing time	Landezeit
backtrack	Zurückrollen auf der Landebahn
to close my flight plan	Aufhebung meines Flugplans
to cross runway 25 L	Erlaubnis zum Überqueren der Startbahn 25 L

Selbstverständlich kann man auch die persönlichen Fürwörter (ich, du, er usw.) in alle 4 Fälle setzen. Während jedoch bei den Hauptwörtern der 1. und der 4. Fall gleich behandelt werden, ergibt sich bei den persönlichen Fürwörtern im 4. Fall gegenüber dem 1. Fall in den meisten Personen eine Änderung:

1. Fall	4. Fall	
Frage: wer steigt?	Frage: wen mußt du rufen?	
I climb	call *me*	rufe mich
you climb	call you	rufe dich
he climbs	call *him*	rufe ihn
she climbs	call *her*	rufe sie
it climbs	call it	rufe es
we climb	call *us*	rufe uns
you climb	call you	rufe euch
they climb	call *them*	rufe sie (Mehrzahl)

Der 3. Fall (Frage: wem?) ist mit dem 4. Fall identisch und erhält, wenn er auf den 4. Fall folgt, das bereits bekannte „to“:

the pilot pays the landing fee *to me*	der Pilot zahlt mir die Landegebühr

wenn betont werden soll, daß er die Landegebühr mir und keinem anderen zahlt. Andernfalls verwendet man die Reihenfolge 3. Fall – 4. Fall:

the pilot pays *me* the landing fee	der Pilot zahlt mir die Landegebühr

und dann entfällt, wie bereits gehört, das „to“. Diese Reihenfolge ist im Sprechfunk gebräuchlicher, weil kürzer, z. B.: give *me a call* = rufen Sie mich. Reihenfolge: 3. Fall – 4. Fall.

Der 2. Fall (Wessenfall) bei den persönlichen Fürwörtern entspricht gleichzeitig den besitzanzeigenden Fürwörtern (mein, dein, sein usw.).

FÜRWÖRTER (Pronomen)

Zunächst nochmals **das persönliche Fürwort** (Personalpronomen)
I. Fall (Werfall)

Einzahl				Mehrzahl		
1. Person	*I* ich	[ai]	(stets groß- geschrieben)	*we*	[wi:]	wir
2. Person	*you*	[ju:]	du	*you*	[ju:]	ihr, Sie
3. Person	*he* *she* *it*	[hi:] [ʃi:] [it]	er sie es	*they*	[ðei]	sie

Das besitzanzeigende Fürwort (Possesivpronomen)

my aeroplane	mein Flugzeug	*our* aeroplane	unser Flugzeug
your aeroplane	dein Flugzeug	*your* aeroplane	euer Flugzeug
his aeroplane	sein Flugzeug	*their* aeroplane	ihr Flugzeug
her aeroplane	ihr Flugzeug		
its aeroplane	sein Flugzeug		

Die besitzanzeigenden Fürwörter (my, your, his etc.) ändern sich in der Mehrzahl nicht, nur das Hauptwort erhält sein „s" (my aeroplane*s*, your aeroplane*s*, his aeroplane*s* etc.)

Jetzt noch einige für den Sprechfunkverkehr wichtige Beispiele für das besitzanzeigende Fürwort.

my destination is Frankfurt	mein Bestimmungsort ist Frankfurt
request to close *my* flight plan	erbitte Aufhebung meines Flugplans
my present position is Heilbronn	mein gegenwärtiger Standort ist Heilbronn
my left prop is feathered	mein linker Propeller ist in Segelstellung
my rate of climb is 1000 feet pm	meine Steiggeschwindigkeit ist 1000 Fuß pm
your departure instructions are as follows:	Ihre Abfluganweisungen lauten wie folgt:
make a circle to *your* right	machen Sie einen Kreis zu Ihrer Rechten (wörtl.)
maintain *your* present heading	bleiben Sie auf Ihrem (gegenwärtigen) Kurs
what is *your* rate of climb?	was ist Ihre Steiggeschwindigkeit?

what is *your* rate of descent?	was ist Ihre Sinkgeschwindigkeit?
roger on *your* position report	Ihre Standortmeldung (wurde) verstanden
what's *your* airspeed?	was ist Ihre Geschwindigkeit?
shorten *(your)* approach	verkürzen Sie Ihren Anflug
advise *(your)* intentions	teilen Sie Ihre Absichten mit
tighten *your* turn	verengen Sie Ihre Kurve
the airport is to *your* right	der Flughafen ist zu Ihrer Rechten
maintain *your* own separation	halten Sie Ihre eigene Staffelung ein
make a circle to *your* right	machen Sie einen Kreis zu Ihrer Rechten (wörtl.)
for *your* information:	zu Ihrer Unterrichtung:
your traffic is on final now	Ihr Verkehr ist jetzt im Endanflug
your position 10 NM south of Bonn	Ihr Standort 10 Seemeilen südlich Bonn
traffic 2 miles at *your* 11 o'clock position; oder: 11 o'clock *your* position	Verkehr 2 Meilen von Ihnen aus gesehen 11 Uhr
your landing gear is still down	Ihr Fahrwerk ist noch ausgefahren
your aircraft is trailing smoke	Ihr Luftfahrzeug hat eine Rauchfahne
your rope/banner did not detach	Ihr Schleppseil/Banner hat sich nicht gelöst
request clearance to leave *your* frequency	erbitte Freigabe zum Verlassen Ihrer Frequenz
leaving *your* frequency	verlasse Ihre Frequenz
check *your* minima	überprüfen Sie Ihre Minima
estimating *your* beacon at 10	bin voraussichtlich um 10 über Ihrem NDB
your clearance is void	Ihre Freigabe ist ungültig
we have trouble with *our* gear	wir haben Schwierigkeiten mit unserem Fahrwerk
what's *your* Warburg estimate?	was ist Ihre voraussichtliche Zeit über Warburg?
our Warburg estimate is 20	unsere voraussichtliche Zeit über Warburg ist 20
what are *your* intentions?	was sind Ihre Absichten?
our intentions?	unsere Absichten?
we intend to land	wir beabsichtigen zu landen
expedite *your* descent	beschleunigen Sie Ihren Sinkflug
I expedite *(my)* descent	(ich) beschleunige (mein) Sinken
for *my* information	zu meiner Information
for *your* ... etc.	zu deiner ... usw.
my ETA is 40	meine ETA ist 40
your ETA ... etc.	deine ETA ... usw.

Bitte versuchen Sie, die obigen Beispiele auch in die übrigen Personen zu setzen.

Das rückbezügliche Fürwort (Reflexivpronomen)

setzt sich zusammen aus
dem besitzanzeigenden Fürwort
und dem Wort „self" (Mehrzahl selves)

1. Person Einzahl (I) ... myself	= (ich)	... mich
2. Person Einzahl (you) ... yourself	= (du)	... dich
	(Sie)	... sich
3. Person Einzahl weiblich (she) ... herself	= (sie)	... sich
1. Person Mehrzahl (we) ... ourselves	= (wir)	... uns
2. Person Mehrzahl (you) ... yourselves	= (ihr)	... euch

Ausnahmen:

3. Person Einzahl (männlich) (he) ... himself	= (er)	... sich
(sächlich) (it) ... itself	= (es)	... sich
3. Person Mehrzahl (they) ... themselves	= (sie)	... sich

also hier *kein* besitzanzeigendes, sondern das normale persönliche Fürwort, Werfall.

Wir benötigen hauptsächlich die Formen der 2. Person Einzahl = yourself (in der Befehlsform), gelegentlich die erste Person Einzahl (myself).

space *yourself* properly	halten Sie genügend Abstand, ordnen *Sie sich* entsprechend ein
position *yourself* as number two	reihen *Sie sich* als Nummer zwo ein
establish *yourself* as number two	folgen Sie als Nummer zwo
I am spacing *myself* properly	ich halte genügend Abstand, ordne *mich* gebührend ein

Ohne das rückbezügliche Fürwort können folgende Zeitwörter (die im Deutschen ein rückbezügliches Fürwort benötigen) im Englischen gebraucht werden:

wind changes from southeast to southwest	der Wind *ändert sich* (wechselt) von Südost auf Südwest
the aircraft moves	das Luftfahrzeug *bewegt sich*
the pilot prepares for straight-in approach	der Flugzeugführer *bereitet sich* auf einen Geradeausanflug vor
the new QNH differs from last QNH	das neue QNH *unterscheidet sich* vom alten QNH
the aircraft joins (rejoins) the traffic circuit	das Luftfahrzeug *reiht sich* (wieder) in die Platzrunde *ein*
the helicopters meet over Leonberg Autobahn cutoff	die Hubschrauber *treffen sich* über dem Autobahndreieck Leonberg
the weather deteriorates rapidly	das Wetter *verschlechtert sich* schnell
the accident happened near X	der Unfall *ereignete sich* bei X

Das hinweisende Fürwort (Demonstrativpronomen)

Einzahl	Mehrzahl
this = dieser, diese, dieses	these = diese
that = jener, jene, jenes	those = jene

stand by on this frequency	bleiben Sie auf dieser Frequenz hörbereit
these frequencies are inoperative	diese Frequenzen sind außer Betrieb
hold position on this taxiway	halten Sie auf dieser Rollbahn
cleared to leave this frequency	frei zum Verlassen dieser Frequenz
this aeroplane lands on the concrete runway, that plane lands on the grass runway	dieses Flugzeug landet auf der Betonlandebahn, jenes Flugzeug landet auf der Graslandebahn
taxi right this intersection (and not at that intersection)	rollen Sie an dieser Einmündung nach rechts (und nicht an jener Einmündung)

Das Bezugsfürwort (Relativpronomen)

bezieht sich auf einen vorhergehenden Satzteil (Satzgegenstand) und erläutert oder ergänzt:

Personen			Sachen	
1. Fall	who	der	which, that	welcher
2. Fall	whose, of whom	dessen	of which (whose)	dessen
3. Fall	to whom	dem	to which	dem
4. Fall	whom	den	which, that	den

continue heading 240 *which* is a good heading to the airfield	fliegen Sie auf Steuerkurs 240 weiter, der ein guter Steuerkurs zum Platz ist (wörtl.)
the Piper *which* (or *that*) just landed had no landing clearance	die Piper, die soeben gelandet ist, hatte keine Landefreigabe (wörtl.)
the plane *whose* landing gear (the landing gear *of which*) collapsed is damaged	das Flugzeug, dessen Fahrwerk einknickte, ist beschädigt

verallgemeinert durch Anhängen von „ever":

maintain VMC on top of haze or 4000 feet *whichever* is lower (higher)	fliegen Sie VMC über Dunstobergrenze oder in 4000 Fuß, was immer niedriger (höher) ist
climb on heading 240 to 4000 feet or until leaving control zone, *whichever* is earlier (sooner, later)	steigen Sie auf Steuerkurs 240 auf 4000 Fuß oder bis zum Verlassen der Kontrollzone, je nachdem, was früher (später) der Fall ist

Das unbestimmte Fürwort (unbestimmtes Pronomen)

much	viel	there is too much background noise in your transmission	zu viel Hintergrundgeräusch in Ihrer Ausstrahlung, Aussendung
many	viele	there are many gliders 10 NM southeast of the airport	viele Segelflugzeuge sind (befinden sich) 10 sm südöstlich des Flughafens

a little	ein wenig	it's a little gusty	es ist ein wenig böig
a few	ein paar, einige	a few cumuli are over the hills	über den Hügeln stehen einige Kumuluswolken
little	wenig (nur Einzahl)	there is little (or less) background noise since you use a different microphone	seit Sie ein anderes Mikrophon benutzen, haben Sie wenig (oder weniger) Hintergrundgeräusch(e)
few	wenige (nur Mehrz.)	there are few pilots without R/T licence	es gibt wenige Flugzeugführer ohne Sprechfunkzeugnis

there is (there are) wird im Englischen häufig verwendet, um einen Satz einzuleiten, in dem das Vorhandensein von etwas Bestimmtem ausgedrückt werden soll (es gibt, es sind [vorhanden], befinden sich – oder ähnlich). Eine gute Übersetzung gibt es im Deutschen nicht. Häufig bleibt „there is, there are" unübersetzt.

each	jeder, jede, jedes (aus einer gewissen Anzahl)	each pilot must have an R/T licence	jeder Flugzeugführer muß eine Sprechfunkerlaubnis haben (wörtl.)
every	jeder, jede, jedes (allgemein)	every morning the runway is closed due to snow	jeden Morgen ist die Landebahn wegen Schnee gesperrt (wörtl.)
nobody	niemand	nobody was hurt	niemand wurde verletzt
everybody	jeder	everybody is well	alles (jeder) ist wohlauf
everything	alles	everything is OK	alles ist in Ordnung
nothing	nichts	nothing is damaged	nichts ist beschädigt
something	etwas	there was something on the runway	es war (lag) etwas auf der Landebahn
anything	irgendetwas	do you know anything about the overdue plane?	wissen Sie (irgend) etwas über das überfällige Flugzeug?
other	andere	I'll use the other runway	werde die andere Landebahn benutzen
all	alle, alles	all flight levels are occupied	alle Flugflächen sind belegt (wörtl.)
some	einige, etwas	some gliders are in the vicinity of Kirchberg	einige Segelflugzeuge sind in der Umgebung von Kirchberg
any	einige, irgendwelche	have you any gliders in sight?	haben Sie (irgendwelche, einige) Segelflugzeuge in Sicht? (wörtl.)

„some" finden wir in bejahenden Sätzen,

I give you some QDMs	ich gebe Ihnen einige QDMs

in fragenden Sätzen vor allem, wenn eine bejahende Antwort erwartet wird

can you give me some QDMs? – Affirm	können Sie mir einige QDMs geben? Positiv

„any" steht in fragenden und verneinenden Sätzen:
Der Pilot weiß, daß der Peiler in letzter Zeit außer Betrieb war:

A: can you give me any QDMs?	können Sie mir QDMs geben?
G: negative, I can't give you any QDMs, DF is still inoperative	negativ, ich kann Ihnen keine QDMs geben, der Peiler ist immer noch außer Betrieb
any news on the missing plane?	irgendwelche Nachrichten über das vermißte Flugzeug?
no news on the missing plane	keine Nachricht über ...
any radio contact with the crashed plane?	irgendeine Funkverbindung mit dem verunglückten Flugzeug?
no radio contact oder negative radio contact ...	keine Funkverbindung oder negativ Funkverbindung mit ...

Ebenso unterscheiden sich die Zusammensetzungen someone und anyone, somebody und anybody, something und anything

is anybody injured?	ist jemand verletzt?
nobody is injured	niemand ist verletzt
is somebody aboard?	ist jemand an Bord (bejahende Antwort wird erwartet)
yes, there is somebody aboard	ja, es ist jemand an Bord

In bejahenden Sätzen heißt „any" = jeder Beliebige:

I can fly any aeroplane	ich kann jedes beliebige Flugzeug fliegen

enough	genug	I have enough fuel left to proceed to Stuttgart	ich habe (noch) genug Kraftstoff, um nach Stuttgart zu fliegen
several	mehrere	several helicopters (are) in the traffic pattern	mehrere Hubschrauber sind in der Platzrunde
both	beide	both runways were closed	beide Landebahnen waren gesperrt
both ... and ...	sowohl ... als auch ...	both my receiver and transmitter were out	sowohl mein Empfänger als auch mein Sender waren gestört
either	jeder (von beiden)	you may use either runway	Sie können jede der beiden Landebahnen benutzen
neither	keiner (von beiden)	you may use neither runway	Sie dürfen keine der beiden Landebahnen benutzen

Das Mittelwort der Gegenwart (Präsenspartizip)
(z. B. fliegend, steigend)

endet im Englischen auf -ing (flying, climbing) und nimmt insbesondere im Sprechfunkverkehr eine sehr wichtige Stellung ein. Mit seiner Hilfe kann man vieles vereinfachen und verkürzen.

Wenn er ausdrücken möchte, daß er etwas jetzt gerade, soeben tut und daß dieser Zustand oder diese Tätigkeit noch andauert, verwendet der Englischsprechende das Mittelwort der Gegenwart zusammen mit der entsprechenden Form des Hilfszeitwortes to be (sein). Man nennt dies *Dauerform* (progressive Form).

I am climbing	ich steige soeben, wörtlich: ich bin steigend

Wie wir gehört haben, ist der Engländer mit der Bildung der Zeiten recht genau.

Die Bildung des Mittelwortes der Gegenwart ist recht einfach: man hängt an die Grundform des Zeitwortes die Silbe *ing* an. Endet die Grundform auf e, fällt dies in der ing-Form weg:

to leave; leaving – to vacate; vacating = verlassen(d), freimachen(d)

Wenn dem Endmitlaut der Grundform ein einfacher, kurzer, betonter Selbstlaut vorangeht, wird er in der ing-Form verdoppelt:
to cut, cutting, to shut, shutting, to dig, digging, to run, running, to drop, dropping.

Das Mittelwort der Gegenwart (auch das der Vergangenheit) wird vor allem
entweder wie ein Eigenschaftswort: the flying aircraft,
oder wie Teil einer Satzaussage: the aircraft is flying, verwendet.

Sehr viele Sprechfunkschüler machen bei der ing-Form recht primitive Fehler, die sich bei einiger Übung vermeiden lassen:
I climbing (ich steigend), oder I am climb, statt I *am climbing (ich bin* steigend, steige soeben), oder I will reporting (ich werde meldend), statt I will *be* reporting oder besser und einfacher: (I) will report.

Bitte üben Sie dies alles gründlich, denn solche Fehler „tun weh" und lassen vermuten, daß es mit der Sprache noch etwas hapert.

Hier die Beispiele:

departing traffic		**abfliegender Verkehr**	
(I'm)	taxying to runway 26	(ich)	rolle zur Startbahn 26
	departing		fliege ab
	lining up behind landing DC 9		rolle zum Startpunkt hinter landender DC 9
	taking off (Grundf. take)		starte (soeben)
	initiating (Grundf. initiate) right turn		beginne (soeben) Rechtskurve
	climbing on heading 240		steige auf Steuerkurs 240
	turning right to heading 340		drehe rechts auf Steuerkurs 340
	leaving (Grundf. leave) control zone and your frequency		verlasse (soeben) die Kontrollzone und Ihre Frequenz

en route		**unterwegs**	
(I'm)	proceeding to Tango	(ich)	fliege nach Tango
	coming up over Tango		nähere mich Tango
	descending with 1000 fpm		sinke mit 1000 fpm
	penetrating tops of cloud		durchsteige die Wolkenobergrenze
	climbing with maximum rate		steige mit höchster Steiggeschwindigkeit
	leveling off at FL 60		fange in FL 60 ab

(I'm) crossing ATS route Blue 6	(ich) überquere ATS-Strecke Blau 6
joining ATS route Green 31	fliege in ATS-Strecke Grün 31 ein
leaving ATS route Amber 9	verlasse ATS-Strecke Gelb 9
intercepting radial 160	schneide Leitstrahl 160 an
utilizing radial 160	benutze Leitstrahl 160
leaving (vacating) FL 80	verlasse Flugfläche 80
passing flight level 70	durchfliege Flugfläche 70
reaching flight level 60	erreiche Flugfläche 60
maintaining flight level 60	behalte Flugfläche 60 bei, bleibe in FL 60
estimating Walda at 55	schätze Walda um 55 (wörtl.)

traffic information	**Verkehrshinweise**
Boeing (is) taking off (departing) on runway 27 L	Boeing startet auf der Startbahn 27 L
Piper (is) landing on grass runway 09	Piper landet auf der Grasbahn 09
helicopter (is) crossing from right to left	Hubschrauber kreuzt von rechts nach links
Cessna (is) making touch and go landings	Cessna macht Aufsetz- und Durchstartlandungen
trucks are crossing runway	Lastwagen überqueren (kreuzen) die Landebahn
succeeding traffic is overtaking you	nachfolgender Verkehr überholt Sie
DC 9 departing on parallel runway	DC 9 startet auf Parallelbahn
helicopter (is) crossing approach center line from north to south	Hubschrauber kreuzt die Anfluggrundlinie von Norden nach Süden
Bonanza (is) climbing opposite direction	Bonanza steigt in Gegenrichtung
snow removal (is) taking place	es findet Schneeräumung statt
one approaching B 737 is presently 15 miles northwest, descending from FL 70 to 5000 feet	eine anfliegende B 737 ist gegenwärtig 15 Meilen nordwestlich, sinkt von Flugfläche 70 auf 5000 Fuß
Iljuschin (is) departing on runway 26, climbing to FL 120 northbound	eine Iljuschin startet auf Startbahn 26, steigt in Nordrichtung auf Flugfläche 120
10 gliders (are) flying in the Kirchheim area up to FL 80	10 Segelflugzeuge fliegen im Gebiet Kirchheim bis in Flugfläche 80
3 aircraft (are) landing ahead of you	3 Luftfahrzeuge landen vor Ihnen
Convair (is) running up engines on northeast apron	Convair bremst auf dem nordöstlichen Startpilz ihre Triebwerke ab
additional traffic: two light aircraft holding (or: circling, or: orbiting) over W 1, expecting entry at 49	zusätzlicher Verkehr: 2 leichte Luftfahrzeuge halten (oder: kreisen) über W 1, erwarten Einflug um 49

parachute activities (are) taking place 12 miles southeast of the aerodrome	Fallschirmbetrieb findet 12 Meilen südöstlich des Flugplatzes statt
one Boeing 757 (is) descending in the Cola holding pattern	eine Boeing 757 sinkt in der Warteschleife von Cola
fire brigade (is) approaching you from the rear, overtaking on the left	Feuerwehr nähert sich Ihnen von hinten, überholt links
flight (or: formation) of 3 helicopters (is) proceeding from S 1 to the airport	eine Formation von 3 Hubschraubern fliegt von S 1 zum Flughafen
follow Boeing taxying east, just leaving the ramp	folgen Sie der nach Osten rollenden Boeing, welche soeben das Vorfeld verläßt
landing traffic (is) on short final	landender Verkehr befindet sich im kurzen Endanflug
jet airplanes (are) passing extended runway center line 3 miles east, low level	Düsenflugzeuge durchfliegen die Anfluggrundlinie 3 Meilen östlich in geringer Höhe
reported traffic is entering control zone near Hochberg	der gemeldete Verkehr fliegt bei Hochberg in die Kontrollzone ein
DO 27 (is) approaching headon	DO 27 kommt entgegen
Morane departing to north	Morane im Abflug nach Norden
slow moving/fast moving target closing – overtaking – climbing – descending	schnelles/langsames Luftfahrzeug (Ziel) sich nähernd – überholend – steigend – sinkend
preceding traffic in the same level	vorausfliegender Verkehr in gleicher Höhe
Bölkow approaching from west	Bölkow im Anflug aus West
balloon is drifting east	der Ballon treibt nach Osten
Caravelle is heading southwest	Caravelle steuert nach Südwesten
Convair is descending from FL 90 to FL 60 maintaining visual met conditions	Convair sinkt von FL 90 auf FL 60 unter Beibehaltung von Sichtwetterbedingungen
low flying jets reported in the Karlsberg area	tieffliegende Düsenjäger im Raum Karlsberg gemeldet
traffic is getting too close	Verkehr kommt (Ihnen) zu nahe
(I am) giving way to the south	(ich) weiche nach Süden aus
two Pipers (are) operating north of the field	zwei Piper fliegen (operieren) nördlich des Platzes

Üben Sie mit Hilfe der folgenden Beispiele alle übrigen Personen.

arriving traffic	**ankommender, anfliegender Verkehr**
(I'm) holding over Tango	(ich) halte über Tango
starting procedure turn	beginne Verfahrenskurve
crossing (passing) outer marker	überfliege das Voreinflugzeichen
coming up over the approach lights	nähere mich der Anflugbefeuerung

(I'm)	making (a 360) left/right	(ich)	mache einen Vollkreis links/ rechts
	transmitting for DF		sende für Peilung
	entering control zone from northwest		fliege von Nordwesten in die Kontrollzone ein
	returning to the field		kehre zum Platz zurück
	running out of gasoline		habe Treibstoffmangel
	towing a banner		schleppe ein Werbeband
	approaching from (the) north		nähere mich von Norden, bin im Anflug von Norden
	looking for the scene of crash (accident)		suche den Unfallort, die Unfallstelle
	circling north of the field		kreise nördlich des Platzes
	orbiting over the valley		kreise über dem Tal
	waiting for (or expecting) weather improvement		erwarte Wetterbesserung
(I'm)	closing localizer from the left	(ich)	nähere mich dem Landekurs von links
	cancelling IFR		hebe IFR auf
	flying traffic circuit(s)		fliege Platzrunde(n)
	approaching for banner pickup/to drop banner, rope		fliege an zur Banneraufnahme/ zum Banner-, Seilabwurf
	entering (or: joining) downwind (base)		fliege in Gegenanflug (Queranflug) ein
	extending downwind		verlängere den Gegenanflug
	making long approach		mache langen Anflug
	making a circle on downwind		mache einen Kreis im Gegenanflug
	observing a fire 3 miles east		beobachte 3 Meilen östlich einen Brand (Ortsbestimmung am Schluß)
	following preceding DC 9		folge der vorausfliegenden DC 9
	spacing myself properly		stelle gebührenden Abstand her, folge in ...
	looking out		halte Ausschau
	giving way to the Piper		weiche der Piper aus
(I'm)	making touch and go landing(s)	(ich)	mache Aufsetz- und Durchstartübung(en)
	making low approach		mache Tiefanflug
	making short/long landing		mache kurze/lange Landung
	making spot landing		mache Ziellandung
	passing missed approach point		überfliege den Fehlanflugpunkt
	going around (kontr. Flugplatz)		starte durch
	pulling up (unkontr. Flugplatz)		starte durch
	landing on grass runway		lande auf der Grasbahn
	vacating runway immediately		verlasse sofort die Landebahn
	backtracking on the runway		rolle auf der Landebahn zurück
	crossing taxiway Delta		kreuze (überquere) Rollbahn D
	following Boeing to the ramp		folge der Boeing zum Vorfeld
	holding position		halte

holding north of runway	halte nördlich der Startbahn
stopping	halte an
taxying from ramp to refuelling station	rolle vom Vorfeld zur Tankstelle
slowing down	rolle langsamer

Weather	**Wetter**
a cold front is moving (Grundf.: to move) through	eine Kaltfront zieht durch
the weather is deteriorating (Grundf.: to deteriorate)	das Wetter wird schlechter
the weather is improving (Grundf.: to improve)	das Wetter bessert sich
the pressure is dropping (Grundf.: to drop)	der Luftdruck sinkt
the pressure is rising (Grundf.: to rise)	der Luftdruck steigt
visibility is increasing (Grundf.: to increase), Gegenteil: decreasing	die Sicht bessert sich, steigt

Auch in diesen Beispielen soll immer wieder zum Ausdruck kommen, daß sich ein Vorfall oder Vorgang jetzt soeben ereignet und andauert.

radio telefony	**Sprechfunkverkehr**
transmitting (Grundf.: to transmit) blind due to receiver failure	sende blind wegen Empfängerausfall
operating (Grundf.: to operate) on 133,1	arbeite auf Frequenz 133,1
you are fading out	Ihre Ausstrahlung wird schwach
reading you 2	höre Sie 2
reply missing	keine Antwort; Antwort fehlt
I'm leaving your frequency	ich verlasse Ihre Frequenz
I'm standing by	ich warte
I'm switching off	ich schalte ab

Other information	**Weitere Hinweise**
it seems you are losing fuel/oil	Sie scheinen Treibstoff/Öl zu verlieren
your aircraft is trailing smoke	Ihr Luftfahrzeug hat eine Rauchfahne
you are going out of radar coverage	(wörtlich:) Sie gehen aus der Radarerfassung
you are closing to (approaching, coming to) localizer from right to left	Sie nähern sich dem (kommen zum) Landekurs von rechts nach links

Eine häufig gebrauchte Möglichkeit, die nähere Zukunft auszudrücken, bietet sich in der Phrase „I am going to, your are going to, he is going to" etc.), also „ich bin gehend zu" = ich werde usw. Auch hier wird persönliches Fürwort (z. B.: I) und Hilfszeitwort (z. B.: am) zusammengezogen (I'm), wie folgende Beispiele zeigen:

I am (I'm) going to descend in a minute	ich werde in einer Minute sinken

you are (you're) going to encounter icing	du wirst (Sie werden) Vereisung antreffen
he is (he's) going to turn on downwind	er wird in den Gegenanflug drehen
she is (she's) going to land on the grass runway	sie wird auf der Grasbahn landen
it is (it's) going to snow this morning	heute früh wird es schneien
we are (we're) going to return pretty soon	wir werden ziemlich bald zurückkehren
you are (you're) going to drop a banner	Sie werden, ihr werdet ein Werbebanner abwerfen
they are (they're) going to stay in the traffic circuit	sie werden in der Platzrunde bleiben

Bilden Sie aus sämtlichen Beispielen über das Mittelwort der Gegenwart die Gegenwartsform, ferner die 1. und 2. Vergangenheit und die 1. Zukunft; wo es sinnvoll erscheint, in sämtlichen Personen der Einzahl und Mehrzahl.

Beispiel:

Mittelwort der Gegenwart:
I am taxying to runway 26
you ... etc.

Gegenwart:
I taxi to runway 26
you ... etc.

1. Vergangenheit:
I taxied to runway 26
you ... etc.

2. Vergangenheit:
I have taxied to runway 26
you ... etc.

1. Zukunft:
I will taxi to runway 26
you ... etc.

Sehr umständlich müssen wir folgende, unter Benutzung des Mittelwortes der Gegenwart recht gewandte Redewendungen des Engländers übersetzen.

follow Cessna turning base leg	folgen Sie der Cessna, die in den Queranflug eindreht folgen Sie der in Queranflug eindrehenden Cessna
ceiling and visibility permitting I request special VFR clearance	falls Hauptwolkenuntergrenze und Sicht es erlauben, erbitte ich Sonder-VFR-Freigabe
traffic and wind permitting I request east departure	falls Wind und Verkehrslage es erlauben, erbitte ich Start nach Osten

Aus dem Mittelwort der Gegenwart werden zahlreiche Hauptwörter gebildet (Verbalsubstantiv). Die Nachsilbe „ing" entspricht dabei u. a. dem deutschen „ung", aber auch der Endung „en".

Hier ein Beispiel:

I land short	ich lande kurz
I make a short landing	ich mache eine kurze Landung

Das Gerundium

wird ebenfalls mit dem Mittelwort der Gegenwart gebildet; es steht u. a. nach den Ausdrücken

avoid	*entering* the control zone	vermeiden Sie den *Einflug* in die Kontrollzone
report	*reaching* – *leaving* – *passing* flight level 70 –	melden Sie das *Erreichen* – *Verlassen* – *Durchfliegen* von FL 70
after	*passing* outer marker west turn right heading 360	drehen Sie nach dem *Überfliegen* des VEZ West rechts auf Steuerkurs 360
before	*proceeding* on course	bevor Sie auf Kurs gehen
without	*using* brakes	ohne die Bremsen zu benutzen (ohne die *Benutzung* der Bremsen)

das Geschlechtswort fällt hierbei im Englischen weg, im Deutschen steht häufig die Grundform des Zeitworts mit Geschlechtswort:

Weitere Beispiele:

climb on runway heading until *reaching* FL 50	steigen Sie auf Startbahnkurs bis zum *Erreichen* der Flugfläche 50
expedite *clearing* runway	beschleunigen Sie das *Freimachen* der Landebahn
expedite *taxying*	beschleunigen Sie das *Rollen*
contact Hannover Control upon (when oder after) *passing* (oder *crossing*) FIR boundary	rufen Sie Hannover Control beim (oder nach) *Überfliegen* (oder *Überqueren, Kreuzen*) der FIR-Grenze
hold and advise before *crossing* runway	halten und melden Sie vor *Kreuzen* der Landebahn
report *starting* procedure turn	melden Sie *Beginnen* der Verfahrenskurve (wörtl.)
proceed along the Autobahn until	fliegen Sie entlang der Autobahn bis
having field in sight	Sie den Platz in Sicht haben
leaving control zone	zum *Verlassen* der Kontrollzone
report before (prior to) *crossing* runway	melden Sie vor *Kreuzen* der Startbahn
acknowledge by *moving* ailerons	bestätigen Sie durch *Bewegen* der Querruder
acknowledge by *moving* rudder	bestätigen Sie durch *Bewegen* des Seitenruders
acknowledge by *rocking* wings	bestätigen Sie durch *Wackeln*
acknowledge by *flashing* landing lights	bestätigen Sie durch *Blinken* mit Landescheinwerfern
continue *taxying*	rollen Sie weiter, setzen Sie *Rollen* fort
report (before) *turning* downwind/base/final	melden Sie (vor) *Eindrehen* in Gegenanflug/Queranflug/Endanflug

report *initiating* left turn	melden Sie *Einleiten* der Linkskurve

Das Mittelwort der Vergangenheit (Perfektpartizip)

wird bei den regelmäßigen Zeitwörtern durch Anhängen von „ed" gebildet,

to report	melden (Gegenwart)
reported	gemeldet (Mittelwort d. Verg.)

bei unregelmäßigen Zeitwörtern durch die entsprechende abgeleitete Form

to know	kennen, wissen (Gegenwart)
known	bekannt (Mittelwort d. Verg.)

Das Mittelwort der Vergangenheit spielt im Sprechfunk auch eine Rolle, und zwar hauptsächlich bei Freigaben:

(you are) cleared to land	(Sie sind) zur Landung freigegeben

Jede Freigabe beginnt im Englischen mit dem Mittelwort der Vergangenheit „cleared" und dem Wörtchen „to", wenn ein Zeitwort und „for" (das häufig der Sprechkürze zum Opfer fällt), wenn ein Hauptwort folgt. Im Deutschen setzt man dafür das Eigenschaftswort „frei".

Seit einiger Zeit wird das Wort „frei" (cleared) grundsätzlich nur noch im Zusammenhang mit Start- und Landefreigabe sowie für Streckenfreigaben bei IFR-Flügen verwendet. Seitherige Freigaben wurden durch Anweisungen ersetzt und erscheinen hier im Buch beim Imperativ (Befehlsform).

Hier jetzt noch, was an Freigaben im früheren Sinne übriggeblieben ist:

(you are)	cleared for take-off	Start frei
	cleared for immediate take-off	frei zum Sofortstart
	cleared to Zürich via DR 8	frei bis Zürich über Abflugstrecke 8
	cleared ILS approach runway 26	frei zum ILS-Anflug Landebahn 26
	cleared visual approach	frei zum Sichtanflug
	cleared touch and go	frei zum Aufsetzen und Durchstarten
	cleared low approach runway 07	frei zum Tiefanflug Landebahn 07
	cleared low pass runway 27	frei zum tiefen Vorbeiflug Landebahn 27
	cleared to land runway 25 left	Landung frei Landebahn 25 links

Manche Beispiele lassen sich auch mit dem Wort „recleared" = wieder frei(gegeben), erneut frei(gegeben), = kurz und amtlich „Freigabeänderung" bilden.

Die Leideform (Passiv)

wird mit dem Hilfszeitwort „to be" (hier: werden) und dem Mittelwort der Vergangenheit gebildet:

to be called	gerufen werden
I am called	ich werde gerufen
you are called	du wirst gerufen
he is called	er wird gerufen
she is called	sie wird gerufen
it is called	es wird gerufen
we are called	wir werden gerufen
your are called	ihr werdet gerufen
they are called	sie werden gerufen

Jetzt ein Beispiel aus der 1. Vergangenheit:

I was cleared to land	ich war zur Landung freigegeben
you were cleared to land	du warst zur Landung freigegeben
he was cleared to land	er war zur Landung freigegeben
she was cleared to land	sie war zur Landung freigegeben
it was cleared to land	es war zur Landung freigegeben
we were cleared to land	wir waren zur Landung freigegeben
you were cleared to land	ihr waret zur Landung freigegeben
they were cleared to land	sie waren zur Landung freigegeben

Mehr Beispiele zur Leideform siehe ab Seite 351

Hier nun einige weitere Beispiele für das Mittelwort der Vergangenheit. Bei genauer Betrachtung werden Sie feststellen, daß es sich auf Grund seiner Verwendungsart oft kaum von einem Eigenschaftswort – zu dem wir jetzt bald kommen – unterscheidet – wie übrigens auch das Mittelwort der Gegenwart.

the *overtaken* aircraft is one mile behind	das überholte Luftfahrzeug ist eine Meile zurück
revised flight level	geänderte Flugfläche
altitude	Flughöhe
clearance	Freigabe
estimated time of arrival (ETA)	voraussichtliche (geschätzte) Ankunftszeit
expected approach time	voraussichtliche (erwartete) Anflugzeit
hold as *published*	halten Sie wie veröffentlicht
remain in *controlled* airspace	bleiben Sie im kontroll. Luftraum
I am *established* on radial 160	folge dem Leitstrahl 160
radar service (is) *terminated*	Radarführung beendet
unidentified target 1 o'clock, range 3 miles	nicht identifiziertes Radarziel 1 Uhr, Entfernung 3 Meilen
runway 25 right (is) *closed* due to snow	Landebahn 25 rechts ist wegen Schnee gesperrt

right turn *approved*	Rechtskurve genehmigt
left wheel appears *retracted* (is *retracted*)	das linke Rad scheint eingefahren zu sein (ist eingefahren)
runway (is) *covered* with ice and snow, braking action *reported* (to be) poor	Landebahn (ist) mit Eis und Schnee bedeckt, Bremswirkung als schlecht gemeldet
(you are/were) *identified* on take-off	beim Start identifiziert (Radar)
tops are *reported* at 4000 feet	Obergrenze(n) in 4000 Fuß gemeldet
taxiways are *sanded* and *sprayed*	die Rollbahnen sind gestreut und eingesprüht
your transmission is *distorted (garbled)*	Ihre Ausstrahlung ist gestört, überlagert
established on centerline (ILS)	folge der Anfluggrundlinie (dem ILS)
maintain VMC until further *advised*	bleiben Sie VMC, bis weiter angewiesen (wörtlich)
request *noted*	(Ihre) Bitte (wurde) vorgemerkt
your flight is *approved* since the weather has *improved*	Ihr Flug ist genehmigt, da sich das Wetter gebessert hat
isolated thunderstorm north of airport	einzelnes (isoliertes) Gewitter nördlich des Flughafens
all flight levels are *occupied*	alle Flugflächen sind besetzt
permission (is) *granted* / request (is) *approved* } *provided* that …	Erlaubnis wird erteilt, vorausgesetzt, daß … (Leideform)
cleared to cross *extended* runway centerline	frei zum Überqueren (Kreuzen) der verlängerten Startbahnmittellinie
(I'm) on *extended* right downwind	(ich bin) im erweiterten rechten Gegenanflug
ceiling and visibility *unlimited*	Wolken und Sicht unbeschränkt
2 persons are *injured*	zwei Personen sind verletzt
position report (is) not *required*	Standortmeldung (ist) nicht erforderlich
proceed as *specified* in your clearance	fliegen Sie weiter wie in Ihrer Freigabe angegeben (ausgeführt)
visibility is *expected to* increase	es wird Sichtbesserung *erwartet*
the prop is *feathered*	der Propeller steht in Segelstellung
the aircraft is *parked* on the apron	das Luftfahrzeug ist auf dem Vorfeld abgestellt
this procedure is not *authorized (unauthorized)*	dieses Verfahren ist nicht genehmigt (ungenehmigt)
the runway is still *occupied* by a *disabled* aircraft	die Landebahn ist noch durch ein bewegungsunfähiges Luftfahrzeug belegt
crane *erected* 3 miles northwest of the airport	Kran 3 Meilen nordwestlich des Flughafens errichtet
my *indicated* altitude is 4000 feet	meine angezeigte Flughöhe ist 4000 Fuß
no delay *expected*	keine Verzögerung erwartet

Die Befehlsform (Imperativ)

gebraucht man recht häufig im Sprechfunk; es geht eben nicht nur mit Freigaben, die ihrer ganzen Natur nach Genehmigungen darstellen.

Im übrigen sind anläßlich einer Überarbeitung der Sprechgruppen durch die ICAO viele Freigaben entfallen und zu Anweisungen geworden, die in den nachfolgenden Beispielen enthalten sind. Das Wort „cleared" wird in der Hauptsache nur noch im Zusammenhang mit Start- und Landefreigabe sowie IFR-Streckenfreigabe benutzt. Folglich werden im Flugfunksprechverkehr hauptsächlich Anweisungen erteilt.

Und hier verwendet man eben die Befehlsform. Die Befehlsform wird (ohne to) ganz einfach durch die Grundform (Infinitiv) des Zeitwortes gebildet, und da im Englischen zwischen du, ihr und Sie kein Unterschied gemacht wird, kann sogar die Anrede „you" entfallen. Auch zwischen Einzahl und Mehrzahl gibt es keine Veränderung.

hold! heißt daher	halte! haltet! halten Sie

VFR and special VFR-departure	**VFR- und Sonder-VFR-Abflug**
remain on the ground, hold on the ground, control zone IMC	bleiben Sie auf dem Boden, halten Sie auf dem Boden, Kontrollzone IMC
expect start up at 52	erwarten Sie Erlaubnis zum Anlassen um 52
start up at own discretion	lassen Sie an nach eigenem Ermessen
start up at 52 (or: in 3 minutes)	lassen Sie an um 52 (oder: in 3 Minuten)
taxi to holding point/taxi holding position B runway 26 via taxiway A+B	rollen Sie zum Haltepunkt/Rollhalteort B Startbahn 26 über Rollbahnen Alfa und Bravo
take first/second turn left/right	rollen Sie in die erste/zweite Einmündung links/rechts
taxi with caution	rollen Sie vorsichtig
taxi via runway 32 right	rollen Sie über Startbahn 32 rechts
hold at Cat Two (Three) holding position	halten Sie am Cat zwo (drei) Rollhalteort
taxi left now (Zeit am Schluß)	rollen Sie jetzt nach links
say again time (QNH, callsign)	wiederholen Sie Zeit (QNH, Rufzeichen)
taxi slowly behind Cessna	rollen Sie langsam hinter der Cessna
taxi via taxiway D	rollen Sie über Rollbahn D
use left side of taxiway	benutzen Sie die linke Rollbahnseite
give way to other aircraft	weichen Sie dem anderen Luftfahrzeug aus
advise your intentions	melden Sie Ihre Absichten
report when ready for departure	melden Sie startbereit

give way to the right	weichen Sie nach rechts aus
hold position	halten Sie Position
continue taxying	setzen Sie Rollen fort (wörtl.), rollen Sie weiter
use caution with construction work	achten Sie auf (die) Bauarbeiten
follow (taxiway) centerline	folgen Sie der Rollbahnmittellinie
follow DC 9 ahead	folgen Sie der DC 9 voraus
make engine runup on the hardstand (apron)	bremsen Sie auf der Abstellfläche ab
hold short of runway	halten Sie außerhalb der Startbahn
hold well clear of runway	halten Sie weit außerhalb der Startbahn
hold north of runway 27	halten Sie nördlich von Startbahn 27
report before crossing runway	melden Sie vor Kreuzen der Startbahn
hold 100 m from runway 26	halten Sie 100 m von Startbahn 26 (entfernt)
expect 5 minutes delay on departure	erwarten Sie 5 Minuten Abflugverzögerung
taxi into holding bay	rollen Sie in die Haltebucht
expedite crossing runway 07 left	beschleunigen Sie Überqueren der Bahn 07 L
line up (runway 24), backtrack approved	rollen Sie zum Startpunkt (Startbahn 24), Zurückrollen erlaubt
leave control zone via Echo	verlassen Sie die Kontrollzone über Echo
be ready for immediate departure	erwarten Sie Sofortstart, wörtl.: seien Sie bereit zum sofortigen Start
stop immediately, stop immediately	sofort anhalten, sofort anhalten
take off immediately or vacate the runway	starten Sie sofort oder verlassen Sie die Startbahn
expedite take-off	beschleunigen Sie Start
hold position, cancel take-off	halten Sie Position, Startfreigabe aufgehoben
extend take-off leg	verlängern Sie Geradeausflug
follow extended runway center line	folgen Sie der verlängerten Startbahnmittellinie
climb on runway heading to 3000 ft.	steigen Sie auf Startbahnkurs auf 3000 ft.
after departure turn right/left heading 180	drehen Sie nach dem Start rechts/links auf Steuerkurs 180
acknowledge traffic information	bestätigen Sie den Verkehrshinweis
report leaving control zone	melden Sie Verlassen der Kontrollzone

IFR Departure / IFR-Abflug

check information Bravo (ATIS)	hören Sie Information Bravo ab (ATIS)

expect clearance in 3 min./at 52	erwarten Sie Freigabe in 3 Min./um 52
maintain runway heading to 4000 ft.	fliegen Sie auf Startbahnkurs bis 4000 ft.
continue on heading 180 to 4000 ft.	fliegen Sie Steuerkurs 180 bis 4000 ft.
track 160 from Tango until 55	fliegen Sie Kurs über Grund 160 von Tango bis 55
climb inbound to Sulz VOR	steigen Sie in Richtung Sulz VOR
climb straight ahead	steigen Sie geradeaus
climb on course	steigen Sie auf Kurs
expect level change by radar	erwarten Sie Höhenänderung durch Radar
expect climb at 25 (or at Luburg)	erwarten Sie Steigflug um 25 (oder über Luburg)
climb to FL 110	steigen Sie auf Flugfläche 110
report passing odd/even levels	melden Sie Durchsteigen der ungeraden/geraden FL
stop climb at FL 90	beenden Sie Steigflug in Flugfläche 90
continue climb to FL 110	setzen Sie Steigflug zur FL 110 fort
expedite climb until passing FL 100	beschleunigen Sie Steigflug bis FL 100
request level change from Düsseldorf Radar at 59/at Düsseldorf VOR	erbitten Sie Höhenänderung von Düsseldorf Radar um 59/über VOR Düsseldorf
proceed on course	fliegen Sie auf Kurs weiter
set heading to Zürich East at 15	gehen Sie um 15 auf Kurs nach Zürich East
climb to reach FL 60 at Nienburg	steigen Sie so, daß Sie FL 60 über Nienburg erreichen
climb at 1000 fpm maximum	steigen Sie (mit) höchstens 1000 fpm
climb at 1000 fpm minimum	steigen Sie (mit) mindestens 1000 fpm
climb with maximum rate	steigen Sie mit höchster Steiggeschwindigkeit
report turning on course	melden Sie, wenn Sie auf Kurs drehen
maintain own separation and VMC until flight level 90	halten Sie Eigenstaffelung und VMC ein bis Flugfläche 90
report before entering IMC	melden Sie, bevor Sie in IMC einfliegen
report flight conditions	melden Sie Flug(wetter)bedingungen
turn left as soon as practicable	drehen Sie baldmöglichst (nach) links
remain south (left) of departure sector	bleiben Sie südlich (links) des Abflugsektors
set course at flight level 60	gehen Sie in Flugfläche 60 auf Kurs (wörtl.)
maintain present level	halten Sie gegenwärtige Höhe (ein)

remain on this frequency until Barmen	bleiben Sie auf dieser Frequenz bis Barmen
remain on this frequency for 5 minutes	bleiben Sie 5 Minuten auf dieser Frequenz
contact departure on 119,9 when airborne	rufen Sie Abflug auf 119,9 nach dem Start
monitor departure on 119,9 immediately when airborne	monitor Abflug auf 119,9 sofort nach dem Start
continue with Bremen control	rufen Sie jetzt Bremen Control
contact Frankfurt Radar on 131.3	rufen Sie Frankfurt Radar auf 131.3
change to Stuttgart Approach	wechseln Sie auf Anflugkontrolle Stuttgart
standby on this frequency	warten Sie auf dieser Frequenz
maintain listening watch on this frequency	bleiben Sie auf dieser Frequenz hörbereit

IFR en-route flight / IFR-Streckenflug

stand by for further clearance	warten Sie auf weitere Freigabe
cross Würzburg at FL 60 or below (or above) (not above FL 60)	überqueren Sie Würzburg in FL 60 oder niedriger (oder höher) (nicht über FL 60)
hold over Charlie VOR	halten Sie über Charlie VOR
hold as published	halten Sie wie veröffentlicht
arrange flight so as to cross Neckar at 52 or later	richten Sie Ihren Flug so ein, daß Sie Neckar um 52 oder später überfliegen
cross Leine at 26	überfliegen Sie Leine um 26
omit position reports until Elbe	machen sie keine Standortmeldungen bis Elbe
resume position reporting	machen Sie wieder Standortmeldungen
lose time to arrive over Eelde at 49	verlieren Sie Zeit, um über Eelde um 49 anzukommen
expect climb at 23 (or at Eelde)	erwarten Sie Steigen um 23 (oder Eelde)
descend to/climb to FL 90 after passing Eelde	sinken Sie/steigen Sie auf Flugfläche 90 nach Überfliegen von Eelde
report over Warburg	melden Sie (sich) über Warburg
reverse course	gehen Sie auf Gegenkurs
maintain 1000 ft on top until further advised	fliegen Sie bis auf weiteres in 1000 Fuß über (Wolken-, Dunst-, Nebel-)Obergrenze
climb (so as) to reach FL 60 at 48	steigen Sie so, daß Sie FL 60 um 48 erreichen (wörtl.)
descend (so as) to pass FL 60 over Luburg	sinken Sie so, daß Sie FL 60 über Luburg durchfliegen
hold visual over Luburg	halten Sie mit Sicht über Luburg
expect further clearance at 05	erwarten Sie weitere Freigabe um 05
join ATS route B 6 at FL 80	fliegen Sie in FL 80 in die Flugverkehrsstrecke B 6 ein
advise if able to cross Würzburg at 54	melden Sie, ob Sie Würzburg um 54 überfliegen können

cross Charlie at FL 80	überfliegen Sie Charlie in FL 80
cross Segma above FL 110	überfliegen Sie Segma über FL 110
cross Erding below FL 90	überfliegen Sie Erding unterhalb FL 90
cross Eurach at FL 80 or below	überfliegen Sie Eurach in Flugfläche 80 oder niedriger
cross Allersberg at FL 150 or above	überfliegen Sie Allersberg in Flugfläche 150 oder darüber
cross Karlsruhe VOR at 50 or later at FL 190	überfliegen Sie Karlsruhe VOR um 50 oder später in Flugfläche 190
cross Nattenheim VORTAC at 39 or before at FL 190	überfliegen Sie Nattenheim VORTAC um 39 oder früher (eher) in FL 190
cross 10 miles Tango DME at/above/below FL 90	überfliegen Sie 10 Meilen Tango DME in/über/unterhalb Flugfläche 90
maintain indicated/true airspeed 150 knots	halten Sie angezeigte/wahre Eigengeschwindigkeit 150 Knoten
set heading direct to Tango	nehmen Sie Kurs direkt nach Tango auf
intercept radial 175 at FL 60	schneiden Sie Radiale 175 in FL 60 an
report established on radial 175	melden Sie, wenn Leitstrahl 175 anliegt
maintain flight level 80	halten Sie Flugfläche 80 ein (wörtl.)

IFR arrival	**IFR-Ankunft**
descend to FL 70	sinken Sie auf Flugfläche 70
descend in the Osnabrück holding pattern	sinken Sie in der Warterunde von Osnabrück
descend with maximum rate	sinken Sie mit größtmöglicher Geschwindigkeit
report leaving FL 90	melden Sie Verlassen von FL 90
report passing FL 80	melden Sie Durchfliegen von Flugfläche 80
report reaching FL 70	melden sie Erreichen von FL 70
report indicated airspeed	melden Sie die angezeigte Fluggeschwindigkeit
increase speed to 200 knots	vergrößern Sie die Geschwindigkeit auf 200 kt
hold at Luburg, expect approach/further clearance at 18	halten Sie Luburg, erwarten Sie Anflug-/weitere Freigabe um 18
expect descent at 52 (Tango)	erwarten Sie Sinkflug um 52 (über Tango)
descend to (and maintain) 5000 ft	sinken Sie auf 5000 ft (und halten Sie ein)
expedite descent until passing FL 100	beschleunigen Sie Sinkflug bis zum Passieren von FL 100
stop descent at FL 80 (level off at FL 80)	beenden Sie Sinkflug in FL 80 (fangen Sie ab in FL 80)

continue descent to FL 60	setzen Sie Sinkflug bis FL 60 fort
report beacon outbound (inbound)	melden Sie über NDB im Abflug (Anflug)
report starting procedure turn	melden Sie Beginn der Verfahrenskurve
report established on ILS localizer/glide path	melden Sie auf ILS-Landekurs/ Gleitweg
report runway in sight	melden Sie Landebahn in Sicht
(make) next report outer marker inbound	(machen Sie) nächste Meldung über dem Voreinflugzeichen platzwärts (wörtl.)
report approach lights in sight	melden Sie Anflugbefeuerung in Sicht
space yourself properly	halten Sie genügend Abstand, stellen Sie ... her
reduce speed to 150 knots	setzen Sie Ihre Geschwindigkeit auf 150 Knoten herab
dim the (approach) lights	schalten Sie die (Anflug-)Befeuerung herunter
abandon approach (selten gebr.)	brechen Sie den Anflug ab
follow missed approach procedure	folgen Sie dem Fehlanflugverfahren (wörtl.)

Radar vector, r. positioning	**Radarführung**
advise type of transponder	melden Sie Art des Transponders
squawk A 6501	transpond (schalten Sie) A 6501
recycle A 6501	wählen (schalten) Sie nochmals A 6501
confirm squawk	bestätigen Sie Transponderschaltung
squawk ident	transpond (schalten Sie) ident
squawk standby	transpond (schalten Sie) standby
squawk Charlie	transpond (schalten Sie) Charlie
check altimeter setting and confirm level	überprüfen Sie Höhenmessereinstellung und bestätigen Sie Höhe
stop squawk Charlie wrong indication	stop transpond Charlie, fehlerhafte (falsche) Anzeige
verify FL 80	überprüfen und bestätigen Sie FL 80
report heading/FL/altitude	melden Sie Steuerkurs/FL/Flughöhe
transmit for identification and report heading	senden Sie zur Identifizierung und melden Sie Steuerkurs
not identified, continue own navigation	nicht identifiziert, setzen Sie Flug mit Eigennavigation fort
for identification turn left/right heading 250	zur Identifizierung drehen Sie links/rechts Steuerkurs 250
stop turn heading 230	beenden Sie Kurve bei Steuerkurs 230
maintain heading and altitude	behalten Sie Steuerkurs und Flughöhe bei

turn right/left to intercept ILS localizer	drehen Sie rechts/links zum Anschneiden des ILS-Landekurses
expect vectors across the localizer for spacing	erwarten Sie Führung durch den Landekurs zwecks Staffelung
continue (on) present heading	fliegen Sie auf gegenwärtigem Steuerkurs weiter
turn left/right immediately 5°	drehen Sie sofort links/rechts 5 Grad
turn left heading 250 to avoid unidentified traffic 11 o'clock	drehen Sie links auf Steuerkurs 250 zur Vermeidung von unidentifiziertem Verkehr 11 Uhr
tighten your turn	fliegen Sie Ihre Kurve eng(er)
continue heading 250	bleiben Sie auf Steuerkurs 250
fly heading 240	fliegen Sie Steuerkurs 240
continue straight in on the ILS	fliegen Sie geradeaus auf dem ILS weiter an
perform cockpit check for landing	führen Sie die Führerraumkontrolle zur Landung durch (wörtl.)
continue full power full speed high cruise	fliegen Sie mit Vollgas weiter hoher Geschwindigkeit, hoher Reisegeschwindigkeit weiter
for the benefit of succeeding a/c.	zugunsten von nachfolgenden Lfz.

SRE approach, precision approach — SRE Anflug, Präzisionsanflug

turn left/right heading 260 to intercept final	drehen Sie links/rechts auf Steuerkurs 260 zum Anschneiden des Endanfluges
turn right 5 degrees heading 265	drehen sie 5° nach rechts auf Steuerkurs 265
make a 360 left/right due to preceding traffic	machen Sie Vollkreis nach links/rechts wegen vorausfliegendem Verkehr
expect descent in two miles	erwarten Sie Sinkflug in 2 Meilen
do not reply to further instructions	beantworten Sie die weiteren Anweisungen nicht
8 miles from touchdown, commence descent now (to maintain a 3 degree glide path)	8 Meilen vom Aufsetzpunkt (entfernt), beginnen Sie jetzt mit dem Sinkflug (unter Einhaltung eines 3° Gleitwegs)
reduce/increase rate of descent	verringern/vergrößern Sie die Sinkgeschwindigkeit
resume normal rate of descent	nehmen Sie normale Sinkgeschwindigkeit auf
check OCA/OCH	überprüfen Sie OCA/OCH
report visual	melden Sie Erdsicht
adjust rate of descent	passen Sie Ihre Sinkgeschwindigkeit dem Gleitweg an
report runway lights in sight	melden Sie Landebahnfeuer in Sicht

reduce to minimum approach speed	verringern Sie auf Mindest-Anfluggeschwindigkeit
report field in sight	melden Sie Platz in Sicht
check gear (or: wheels and flaps)	überprüfen Sie Fahrwerk (Fahrwerk und Klappen)
approach completed, contact tower on 118,8	Anflug beendet, rufen Sie Turm auf 118,8

CVFR (soweit nicht bei IFR/VFR vorkommend)

proceed on radial 355 of Tango VORTAC to Luburg	fliegen Sie auf Radial 355 der Tango VORTAC bis Luburg
hold over Luburg, expect clearance at 25 (in 5 minutes)	halten Sie über Luburg, erwarten Sie Freigabe um 25 (in 5 Minuten)
turn left/right to heading 280 for radar vector to Bravo 4	drehen Sie links/rechts auf Steuerkurs 280 zur Radarführung nach Bravo 4
radar control terminated, resume own navigation	Radarführung beendet, nehmen Sie Eigennavigation auf
leave the CVFR area	verlassen Sie das CVFR-Gebiet

VFR arrival	**VFR-Anflug**
transmit for DF	senden Sie für Peilung
proceed via Pforzheim	fliegen Sie über Pforzheim
continue along the Autobahn	fliegen Sie entlang der Autobahn weiter
report Autobahn cutoff Pforzheim	Melden Sie Autobahnabfahrt Pforzheim
avoid Erding control zone	meiden Sie die Kontrollzone Erding
hold over W 1 until 25	halten Sie W 1 bis 25
expect entry not later than 50	erwarten Sie Einflug nicht später als 50
expect 15 minutes delay	erwarten Sie 15 Minuten Verzögerung
expect 2 more minutes delay	erwarten Sie noch 2 Minuten Verzögerung
continue approach	Anflug fortsetzen
enter control zone via W 1, not above 2700 ft.	fliegen Sie in die Kontrollzone über W 1, nicht über 2700 ft
report entering control zone	melden Sie Einflug in die Kontrollzone
report abeam television tower	melden Sie querab Fernsehturm
follow previous instructions	befolgen Sie die früheren Anweisungen
prepare for straight-in-approach	bereiten Sie sich auf Geradeausanflug vor
make straight-in-approach runway 07	machen Sie Geradeausanflug Landebahn 07
disregard, join right downwind (or: right traffic circuit) runway 07	letzte Anweisung nichtig, fliegen Sie in den rechten Gegenanflug (oder: in die Platzrunde rechts) Landebahn 07
join direct right base	fliegen Sie direkt in den rechten Queranflug

make short (long) approach	machen Sie kurzen (langen) Anflug
make short approach and plan on long landing	machen Sie kurzen Anflug und planen Sie lange Landung
extend/shorten downwind	verlängern/verkürzen Sie den Gegenanflug
make normal approach	machen Sie normalen Anflug
avoid the approach sector of runway 32 L	meiden Sie den Anflugsektor von Landebahn 32 L
cross the approach sector well east	überqueren Sie den Anflugsektor weit östlich
advise field in sight	melden Sie Platz in Sicht
report 3 miles out	melden Sie 3 Meilen entfernt
report 2 miles north of tower	melden Sie 2 Meilen nördlich des Turmes
join (enter) holding pattern for light aircraft	fliegen Sie in die Warterunde für Leicht-Luftfahrzeuge ein
hold north of tower	halten Sie nördlich des Kontroll-turmes
descend to traffic circuit altitude	sinken Sie auf Platzrundenhöhe
report (entering) downwind	melden Sie (Einflug in) Gegen-anflug
move your ailerons	bewegen Sie Ihre Querruder
acknowledge by rocking wings	bestätigen Sie durch Wackeln
acknowledge by flashing landing lights	bestätigen Sie durch Blinken mit Landescheinwerfer
show landing light	schalten Sie Landescheinwerfer ein
do not use the first 500 m for touchdown	benutzen Sie die ersten 500 m nicht zum Aufsetzen
report turning base	melden Sie Eindrehen in Quer-anflug
report on long final	melden Sie im langen Endanflug
report 2 miles final	melden Sie im 2-Meilen-Endan-flug
orbit left/right from present position due to snow removal on the runway	kreisen Sie links/rechts am gegenwärtigen Standort wegen Schneeräumung auf der Lande-bahn
make a three sixty left/right from present position due to preceding traffic	machen Sie Vollkreis links/rechts am gegenwärtigen Standort wegen vorausfliegendem Ver-kehr
pull up go round again	starten Sie durch, fliegen Sie noch eine Platzrunde
make another traffic circuit	fliegen Sie noch eine Platzrunde
rejoin base for runway 26	fliegen Sie nochmals in Queran-flug 26
establish yourself as number two (to land) behind Piper 28	ordnen Sie sich als Landenum-mer zwo hinter der Piper 28 ein
number two to land, follow Cessna 172 on short final (or: 1 mile ahead, or: turning base)	Landenummer zwo, folgen Sie Cessna 172 im kurzen Endanflug (oder: eine Meile voraus, oder: die in Queranflug dreht)

position yourself behind landing aircraft	setzen Sie sich hinter das landende Luftfahrzeug
prepare for short landing	richten Sie sich auf kurze Landung ein
make short (long) landing	machen Sie kurze (lange) Landung
make full stop landing	machen Sie Abschlußlandung
vacate runway as soon as possible after landing	verlassen Sie die Landebahn baldmöglichst nach der Landung
taxi to apron via taxiway A	rollen Sie zum Vorfeld über Rollbahn A
taxi to General Aviation area	rollen Sie zum Abstellplatz für die Allgemeine Luftfahrt
taxi straight ahead	rollen Sie geradeaus
make a 180 and backtrack on runway	machen Sie kehrt und rollen Sie auf der Landebahn zurück
vacate runway 32 L immediately	verlassen Sie Landebahn 32 L sofort
taxi right next intersection	rollen Sie zur nächsten Einmündung nach rechts
taxi left second intersection	rollen Sie an der zweiten Einmündung nach links
taxi right highspeed taxiway	rollen Sie an der Schnellabrollbahn nach rechts
taxi straight ahead to end of runway	rollen Sie bis zum Landebahnende geradeaus
taxi right end of runway	rollen Sie am Landebahnende nach rechts
expedite taxi, succeeding traffic	beschleunigen Sie Rollen, nachfolgender Verkehr
follow preceding taxying B 737	folgen Sie der vorausrollenden B 737
caution taxi slower	Vorsicht, rollen Sie langsamer
taxi well to the right of taxiway centerline (or yellow line) due to opposite traffic	rollen Sie weit rechts der Rollbahnmittellinie (oder der gelben Linie) wegen entgegenkommenden Verkehrs
hold and advise before crossing parallel runway (or: runway 07 L)	melden Sie vor Überqueren der Parallelbahn (oder: Landebahn 07 L)
cross runway 07 L behind landing Iljuschin on 2 miles final	überqueren Sie Landebahn 07 L hinter landender Iljuschin 2 Meilen im Endanflug
report vacated	melden Sie das Verlassen
expedite crossing runway 07 L, Airbus on one and a half mile final	beschleunigen Sie Überqueren der Start- und Landebahn 07 L, Airbus im Eineinhalb-Meilen-Endanflug

Words and Phrases	**Verfahrenssprechgruppen**
acknowledge	bestätigen Sie
cancel	streichen Sie übermittelte Freigabe
check	überprüfen Sie (System oder Verfahren)

confirm, verify	überprüfen Sie
contact	rufen Sie
disregard	letzte Meldung ist nichtig, streichen Sie letzte Meldung
go ahead	setzen Sie Ihre Meldung ab
read back	wiederholen Sie wörtlich
report	melden Sie
say again	wiederholen Sie
speak slower	sprechen Sie langsamer
standby	warten (Sie)

Verwandeln Sie nach und nach alle im Imperativ auf den Seiten 279 bis 288 aufgeführten Sätze in sämtliche Personen der Wirklichkeitsform (Indikativ), und zwar Gegenwart, 1. und 2. Vergangenheit und 1. Zukunft sowie Mittelwort der Gegenwart.

Beispiel:

Befehlsform:	remain on the ground
Gegenwart:	I remain on the ground you ... etc.
1. Vergangenheit:	I remained on the ground you ... etc.
2. Vergangenheit:	I have remained on the ground you ... etc.
1. Zukunft:	I will remain on the ground you ... etc.
Mittelwort der Gegenwart:	I'm remaining on the ground you are ... etc.

Die Frageform

Gefragt wird im Frage- und Antwortspiel zwischen Flugzeug und Boden recht viel. Daher müssen wir auch auf diesem Gebiet sattelfest sein.

Zunächst die Fragefürwörter

	bei Personen	bei Sachen
1. Fall (Nominativ)	who? wer?	which? what? was?
2. Fall (Genitiv)	whose? of whom? wessen?	of which? of what? wovon?
3. Fall (Dativ)	(to) whom? wem?	to which? to what? wozu?
4. Fall (Akkusativ)	whom? wen?	which? what? was?

which und what heißen außer „was" auch noch „was für ein?" und „welcher?", wobei which bei Personen und Sachen *aus einer bestimmten Gattung oder Anzahl,* what hingegen *allgemein* bei Personen und Sachen verwendet wird.

which aircraft has departed?	welches Lfz. ist gestartet?

Während die Fragewörter „who" etc. mehr in der Umgangssprache als im Sprechfunk gebraucht werden, können wir ohne das Fragewort „what“ nicht auskommen.

Beispiele:

what are your intentions?	was sind Ihre Absichten? (wörtl.)
what is your rate of climb?	was ist Ihre Steiggeschwindigkeit?
what is your present position?	was ist Ihr gegenwärtiger Standort?
what is your present level? – altitude	was ist Ihre gegenwärtige Höhe?
what is your indicated airspeed?	was ist Ihre angezeigte Geschwindigkeit?
what is your Hamburg estimate?	was ist Ihre voraussichtliche Ankunftszeit in Hamburg?
what are your flight conditions?	was sind Ihre Flugbedingungen?
what was your last known position?	was war Ihr letzter bekannter Standort?
what is your ceiling?	was ist Ihre Hauptwolkenuntergrenze?
wind?	Ihr Wind?
visibility?	Ihre Sicht?
what is the length of your runway?	was ist die Länge Ihrer Landebahn? Wie lang ist Ihre Landebahn?
what is the runway condition?	was (wie) ist der Landebahnzustand? (wörtl.)
what is your full callsign?	was ist Ihr volles Rufzeichen?
what is your heading and altitude?	was ist Ihr Steuerkurs und Ihre Flughöhe?
what will be your route of flight?	was wird Ihre Flugstrecke sein?
what will be your speed on final?	wie hoch wird Ihre Geschwindigkeit im Endteil sein?

Die vorstehenden Sätze werden in der Praxis meist mit der hierfür vorgeschriebenen Sprechgruppe „request“ = ich möchte wissen, ich beantrage, erbitte, gebildet, z. B.: „request your intentions, request your rate of climb.“ Versuchen Sie es auch bei den übrigen Sätzen mit „request“.

ferner:

which is the nearest aerodrome?	welches ist der nächstgelegene Flughafen?
which pilot has violated the rules?	welcher Flugzeugführer hat die Bestimmungen übertreten?
who calls the aircraft?	wer ruft das Luftfahrzeug?

Verhältnismäßig einfach ist die Fragebildung auch mit Hilfszeitwörtern. Sie ist ähnlich wie im Deutschen. Achten Sie jedoch gleich von Anfang an auf die Satzstellung: Hilfszeitwort – Satzgegenstand – Zeitwort (falls vorhanden). Zeit- und Ortsbestimmungen stehen im Englischen meist am Satzende:

has the helicopter landed at Karlsberg?	ist der Hubschrauber in Karlsberg gelandet?
have you left flight level 60?	haben Sie Flugfläche 60 verlassen?

how much fuel *have you* (got) *remaining?*	wieviel Kraftstoff haben Sie noch?
have you reached flight level 60?	haben Sie Flugfläche 60 erreicht?
can you see the aerodrome?	können Sie den Flughafen sehen?
can you continue visually?	können Sie mit Bodensicht weiterfliegen?
can (could) you expedite (taxying) a bit? – a little?	können (könnten) Sie (das Rollen) ein wenig beschleunigen?
shall I follow the follow-me car?	soll ich dem Vorfeldleitfahrzeug folgen?
shall I circle the aerodrome?	soll ich den Flugplatz umkreisen?
shall I go around?	soll ich durchstarten?
shall I (may I) make a 180 degree turn and backtrack on the runway?	soll ich (darf ich) eine 180-Grad-Wendung machen und auf der Landebahn zurückrollen?
will you use concrete or grass runway?	werden Sie Beton- oder Gras(-bahn) benutzen?
will you be ready in 3 minutes?	werden Sie in 3 Minuten startbereit sein?
may I descend now?	darf ich jetzt sinken?
may I enter control zone?	darf ich in die Kontrollzone einfliegen?
may I join traffic circuit?	darf ich in die Platzrunde einfliegen?
may I land on concrete (grass) runway?	darf ich auf der Beton- (Gras-)bahn landen?
may I taxi to holding position?	darf ich zum Rollhaltepunkt rollen?
may I cross the runway ahead of me?	darf ich die Startbahn vor mir kreuzen?
may I turn at this intersection?	darf ich bei dieser Abzweigung drehen?
am I number one to land?	bin ich Landenummer eins?
am I cleared to land?	bin ich zur Landung freigegeben?
are you in an emergency?	sind Sie in Not?
are you at 4000 feet?	sind Sie in 4000 Fuß?
are you within control zone?	sind Sie innerhalb der Kontrollzone?
are you ready for departure?	sind Sie startbereit?
are the approach and runway lights lit? (switched on?)	brennen die Anflug- und Landebahnlichter (brennt die A- und L-Befeuerung)?
are you heading west?	fliegen (steuern) Sie nach Westen?
are you ready to copy?	sind Sie schreibbereit?
is your high-intensity approach lighting system on? is it on?	ist Ihr Hochleistungsanflugbefeuerungssystem an(geschaltet?, eingeschaltet?) ist es an?
is the wind calm? is it calm?	ist der Wind still? ist er still?
is the runway sanded?	ist die Landebahn gestreut?
is this taxiway closed?	ist diese Rollbahn gesperrt?

is your heading still 180?	ist Ihr Steuerkurs immer noch 180?

Auch statt „may I" paßt in der Regel die Sprechgruppe „request to", zum Beispiel: „request to descend", „request to enter control zone" etc. Bilden Sie auch die übrigen „may"-Beispiele mit „request".

In den seitherigen Beispielen mußte die Frageform nicht umschrieben werden, weil Hilfszeitwörter verwendet wurden, die normalerweise nicht umschrieben werden müssen.

Mit dem Hilfszeitwort „to do" = tun muß das *Zeitwort* in einer Frage umschrieben werden, wenn kein Fragefürwort und kein Hilfszeitwort vorhanden ist oder falls das Fragefürwort nicht Satzgegenstand ist. Das ist etwas schwierig, daher einige Beispiele:

what *does* the word MAYDAY *mean?*	was *bedeutet* das Wort MAYDAY?

"the word MAYDAY" ist Satzgegenstand, folglich Umschreibung,

whom *do you call* in an emergency?	wen *rufen Sie* in einem Notfall?

you ist Satzgegenstand, folglich Umschreibung;

hingegen:

who calls the aircraft?	wer ruft das Luftfahrzeug?

Hier muß nicht mit „to do" umschrieben werden, da das Fragefürwort „who" Satzgegenstand ist.

Außerdem muß die Frageform sehr häufig mit „to do" umschrieben werden, wenn gar kein Fragewort und kein Hilfszeitwort, sondern lediglich ein Zeitwort vorhanden ist:

do you wish to land on grass runway?	wollen Sie auf der Grasbahn landen?
yes, I wish to land on grass runway, or: yes, I do	ja, ich will auf der Grasbahn landen
do you declare an emergency?	erklären Sie einen Luftnotfall?
yes, I declare an emergency, or: yes, I do	ja, ich erkläre einen Luftnotfall
does the airplane land at Stuttgart?	landet das Flugzeug in Stuttgart?
yes, the airplane lands at Stuttgart, or: yes, it does	ja, das Flugzeug landet in Stuttgart
do you hold a pilot licence?	haben Sie einen Flugzeugführerschein?
yes, I hold a pilot licence, or: yes, I do	ja, ich habe einen Flugzeugführerschein

Im Sprechfunkwesen steht für „yes" das Wort „affirm", und so müßte die Antwort auf die obigen Fragen eigentlich heißen: „affirm".

do you prefer grass or concrete runway?	ziehen Sie die Gras- oder die Betonbahn vor?
do you see me?	sehen Sie mich?
does my landing gear appear to be down and in place?	scheint mein Fahrwerk unten und eingerastet zu sein?

do you request special VFR?	wollen Sie Sonder-VFR-Freigabe?
did you monitor (my last transmission)?	haben Sie (meine letzte Ausstrahlung) mitgehört?
do you want me to make long landing?	wollen Sie, daß ich lang lande?
do you set course to Nürnberg now?	nehmen Sie jetzt Kurs nach Nürnberg auf?
oder	
are your setting course to Nürnberg?	wörtl.: sind Sie setzend Kurs nach Nürnberg?

Die nun folgende Form der Frage ist recht gebräuchlich, kann man doch ohne Umschreibung mit „to do" fragen, ob etwas jetzt soeben getan wird oder geschieht. Man benötigt dazu allerdings das Mittelwort der Gegenwart.

are you climbing on course?	steigen Sie auf Kurs? eigentlich: sind Sie steigend auf Kurs?
are you using the grass runway?	benutzen Sie die Grasbahn?
are you maintaining VMC?	bleiben Sie in VMC?
are you going to land at München?	werden Sie in München landen?
are you flying in cloud?	fliegen Sie in Wolken?
above cloud?	über (den) Wolken?
below cloud?	unter(halb von) Wolken?
between layers?	zwischen Wolkenschichten?
in and out of cloud?	in und außerhalb von Wolken?
in visual met conditions?	in Sichtwetterbedingungen?
are you turning to the right?	drehen Sie soeben nach rechts?
are you making an emergency landing?	machen Sie eine Notlandung?
are you passing the outer marker?	überfliegen Sie das Voreinflugzeichen?

Bilden Sie weitere Beispiele mit dem Mittelwort der Gegenwart in der Frage aus den auf den Seiten 269–273 angeführten -ing-Sätzen.

Beispiel: I'm taxying to runway 26	ich rolle (soeben) zur Startbahn 26
Frage: are you taxying to runway 26?	rollen Sie (soeben) zur Startbahn 26?

Stellen Sie auch mit den „request"-Sätzen auf den Seiten 261/262 Fragen:
Beispiel:

statt „request start-up" fragen Sie
do you request start-up? etc., oder:
are you requesting start-up?

Während Sätze mit Hilfszeitwörtern normalerweise in der Frageform nicht mit „to do" umschrieben werden,

can you continue visually?	können Sie mit Bodensicht weiterfliegen?
may I pick up my banner now?	darf ich jetzt mein Banner aufnehmen?

wird das Hilfszeitwort „to have" in der Frageform und in der Verneinung häufig mit „to do" umschrieben,

do you have the field in sight?	haben Sie den Platz in Sicht?

no, I haven't oder I don't have the field in sight (yet), in der Praxis: „negative"

do you have ILS aboard?	haben Sie ILS an Bord?
do you have engine (or radio or gear) trouble?	haben Sie Motoren- (oder Funk- oder Fahrwerk- usw.)Störung?
do you have a little town in sight below your left wing?	haben Sie unterhalb Ihrer linken Tragfläche eine kleine Stadt in Sicht?
do you have any radio navigation equipment (VOR, ADF) aboard?	haben Sie Funknavigationseinrichtungen (VOR, Radiokompaß) an Bord?

Der Engländer sagt statt dessen häufig „have you got = hast du, haben Sie".

Weitere Fragewörter; auch hier in vielen Fällen Umschreibung mit „to do", da das Fragewort nicht Satzgegenstand bzw. weil kein Hilfszeitwort vorhanden ist:

Örtlich: where?	wo, wohin?
where can I drop my banner?	wo kann ich mein Werbeband abwerfen?
where shall I park my plane?	wo soll ich mein Flugzeug abstellen?
where can I refuel?	wo kann ich auftanken?

Bei Hilfszeitwörtern (can, shall etc.) normalerweise keine Umschreibung mit „to do".

Art und Weise: how?	wie?
how do you read?	wie hören Sie (mich)?
how does my banner look?	wie schaut mein Werbeband aus? (wörtl.)
how long will it take you to be ready?	wie lange werden Sie brauchen, bis Sie startbereit sein werden? (wörtl.)

Zeitlich: when?	wann?
when do you estimate Lauffen? oder: when are you estimating Lauffen?	wann schätzen Sie Lauffen? (wörtl.)
when did you pass Rottweil?	wann haben Sie Rottweil überflogen?

Zahl: how much? wieviel?	how many? wieviele?
how much fuel have you remaining?	wieviel Kraftstoff haben Sie noch?
how many persons are injured?	wieviele Personen sind verletzt?

Wie schon gesagt, wird das Hilfszeitwort „to have" im Sprechfunk häufig mit „to do“ umschrieben, insbesondere dann, wenn es am Satzanfang oder -ende steht:

how much fuel do you have?	wieviel Treibstoff haben Sie?
how much delay do I have?	wieviel Verzögerung habe ich? (wörtl.)
how many passengers do you have aboard?	wieviele Fluggäste haben Sie an Bord?

Grund: why? — warum?

why did you take off without permission?	warum sind Sie ohne Genehmigung gestartet?
why did the aircraft crash?	warum ist das Luftfahrzeug abgestürzt?
why is the runway closed?	warum ist die Landebahn gesperrt?

Zwecks Vertiefung Ihrer Kenntnisse hinsichtlich der Fragerei sollten Sie die einzelnen Sätze in diesem Kapitel nochmals durchgehen und sich in jedem Falle überlegen, warum der betreffende Fragesatz mit „to do“ umschrieben wird bzw. warum nicht.

Gründe fürs *Nicht*-Umschreiben könnten sein:

a) der Satz enthält ein Hilfszeitwort (can, may, must, to be)
Beispiel:

may I descend?	darf ich sinken?

b) der Satz enthält ein Fragefürwort (who, what, which), das Satzgegenstand ist
Beispiel:

who comes?	wer kommt?

Gründe fürs Umschreiben mit „to do“ könnten sein:

a) der Satz enthält kein Fragefürwort und kein Hilfszeitwort (wobei allerdings „to have“ meist umschrieben wird)
Beispiel:

do you have transponder aboard?	haben Sie Transponder an Bord?
do you climb VMC?	steigen Sie in VMC?

b) er enthält zwar ein Fragefürwort, aber dies ist *nicht* Satzgegenstand!

whom do you call?	wen rufen Sie?

„you“ ist Satzgegenstand.

Ziemlich schwierig. Bilden Sie daher Fragesätze aus den Beispielen von den Seiten 277–288.

Die Verneinung

wird, falls ein Hilfszeitwort vorhanden ist, wie im Deutschen aus dem betreffenden Hilfszeitwort und dem Wörtchen not (nicht) oder no (kein) gebildet, wobei „not“ unmittelbar dem Hilfszeitwort folgt:

the airplane is not IFR-equipped	das Luftfahrzeug ist nicht IFR-ausgerüstet (wörtl.)

I am not ready for departure (yet)	ich bin (noch) nicht startbereit
the runway is not (isn't) open	die Landebahn ist nicht offen
the taxiway is not sanded	die Rollbahn ist nicht gestreut
you are not (aren't) cleared for take-off	Sie sind nicht frei zum Start (wörtl.)
runway 25 left is not usable	Startbahn 25 links ist nicht benutzbar
that is not correct	das ist nicht richtig
sod runway is not available	die Grasbahn ist nicht verfügbar
permission is not granted request is not approved	Erlaubnis wird nicht erteilt
VOR is not on the air, is inoperative	die VOR strahlt nicht, ist außer Betrieb
kein = no (Sprechfunk: negative)	
he has no take-off clearance	er hat keine Starterlaubnis
the pilot has no IFR-licence	der Flugzeugführer hat keine IFR-Erlaubnis
negative transponder	kein Transponder (an Bord)

Wo kein Hilfszeitwort vorhanden ist, muß die Verneinung mit dem Hilfszeitwort do (tun) und dem Wörtchen not (nicht) gebildet werden, zum Beispiel so:

the airplane does not (doesn't) land	das Flugzeug landet nicht (tut nicht landen)
the pilot does not carry an instrument ticket (licence)	der Flugzeugführer hat keine Instrumentenflugerlaubnis
the tower does not (doesn't) issue take-off clearance	der Kontrollturm gibt keine Starterlaubnis
I don't know my present position	ich kenne meinen gegenwärtigen Standort nicht
I don't have you in sight	ich habe Sie nicht in Sicht
left wheel does not appear to be in place	linkes Rad scheint nicht voll ausgefahren
if you do not have runway in sight go around	falls Sie die Landebahn nicht in Sicht haben, starten Sie durch

Auch zur verneinenden Befehlsform benötigen wir die Umschreibung mit „to do“. Das Zeitwort folgt unmittelbar auf „do not“ (don't).

do not turn right until further advised	drehen Sie bis auf weiteres nicht rechts
do not exceed 3000 feet until Echo	gehen Sie nicht über 3000 ft. bis Echo
do not climb above 3000 feet	steigen Sie nicht über 3000 ft.
do not (don't) enter the control zone	fliegen Sie nicht in die Kontrollzone ein
do not depart until further notice	starten Sie bis auf weiteres nicht
do not cross the runway	überqueren Sie die Startbahn nicht
do not reply to further instructions	beantworten Sie weitere Anweisungen nicht (Präzisionsanflug)
do not use the first (oder initial) 500 m for touchdown	benutzen Sie die ersten 500 m nicht zum Aufsetzen

do not proceed along approach sector	fliegen Sie nicht entlang des Anflugsektors

Verneinen Sie die ab Seite 279 aufgeführten Befehlsform-Beispiele wie folgt:

remain on the ground = do not remain on the ground

not ... yet verwendet man für „noch nicht", wobei das Wörtchen „yet" meist an das Satzende gesetzt wird.

I am (I'm) *not* ready *yet*	ich bin noch nicht (start-)bereit
the tower doesn't give take-off clearance yet	der Kontrollturm gibt noch keine Startfreigabe

EIGENSCHAFTSWÖRTER (Adjektive)

sind im Englischen unveränderlich, selbst in der Mehrzahlbildung, wie die nachfolgenden Beispiele zeigen:

the small airplane	das kleine Flugzeug
the airplane is small	das Flugzeug ist klein
the small airplanes	die kleinen Flugzeuge

the runway is *wet – dry – slippery*	*die Landebahn ist naß – trocken – glatt*
I am landing at an *adjacent* airfield	ich lande auf einem benachbarten Flugplatz
the airplane has a *flat* tyre (tire)	das Flugzeug hat einen platten Reifen
he has a *sick* passenger aboard	er hat einen kranken Fluggast an Bord
that is (that's) *correct*	das ist richtig
traffic on *short* final	(der) Verkehr (ist) im kurzen Endteil
no *essential* traffic reported	kein wesentlicher Verkehr gemeldet (wörtl.)
the wind is pretty *gusty*	der Wind ist ziemlich böig
you are too *close*	Sie sind zu dicht auf, zu nahe (wörtl.)
the runway is not *usable (available)*	die Start- und Landebahn ist nicht benutzbar (verfügbar)
light snow on the runway	leichter Schnee (ist) auf der Landebahn
the radio is *inoperative*	das Funkgerät ist außer Betrieb
opposite traffic approaching from Leonberg	Gegenverkehr nähert sich aus (Richtung) Leonberg
additional traffic one helicopter near Weiler	zusätzlicher Verkehr, ein Hubschrauber in der Nähe von Weiler
I'm *ready* (for departure)	ich bin startbereit
I'm *ready* to copy	ich bin schreibbereit
I'm *short* of fuel, *low* on fuel	ich bin knapp an Treibstoff
there is *heavy* turbulence	starke Turbulenz
heavy traffic	starker Verkehr

clearance *void* if not airborne at 45	Freigabe (wird) ungültig, falls Sie um 45 nicht gestartet sind
weather forecast (is) *valid* until 1800	die Wettervorhersage ist bis 1800 gültig
I was over Heidelberg *several* minutes ago	vor einigen Minuten war ich über Heidelberg
I am on *right* downwind	ich bin im rechten Gegenanflug
use *extreme* caution with ...	verwenden Sie äußerste Vorsicht mit ... (wörtl.)
cleared *low* approach	frei zum Tiefanflug (tiefen ...)
I have a *sick* passenger aboard	ich habe einen kranken Fluggast an Bord
flight level 60 not *available* due to traffic	Flugfläche 60 nicht verfügbar wegen Verkehrs (wörtl.)
visibility is pretty *poor*	die Sicht ist ziemlich schlecht
moderate icing at FL 60	mäßige Vereisung(sgefahr) in FL 60
braking action (is) *poor – medium – good*	Bremswirkung (ist) schwach – mittelmäßig – gut
thin layer of ice on the runway	dünne Eisschicht auf der Landebahn
make *short* approach – *long* landing	machen Sie kurzen Anflug – lange Landung
black smoke west of the field	schwarzer Rauch westlich des Flughafens
severe turbulence above 4000 ft.	starke Böigkeit oberhalb 4000 ft.
wind is *variable*	der Wind ist wechselhaft, umlaufend
new heading 310°	neuer Steuerkurs 310°
occasional – frequent rainshowers	gelegentliche – häufige Regenschauer
you are *unreadable*	Sie sind unleserlich (wörtl.) unverständlich
read back the *entire* clearance	lesen Sie die ganze Freigabe zurück
I'm entering *normal* traffic pattern	ich fliege in normale Platzrunde ein
runway is *soft* and *muddy*	Landebahn aufgeweicht und schlammig
I'm *unable* to approve	ich bin unfähig zu genehmigen, ich kann nicht genehmigen
clear runway if *possible (practicable)*	machen Sie die Landebahn frei, falls möglich
taxiways are *icy*	die Rollbahnen sind vereist
the runway is *clear*	die Landebahn ist geräumt
the runway is *covered* with snow	die Landebahn ist mit Schnee bedeckt

„covered" ist zwar ein Mittelwort der Vergangenheit, aber es wurde bereits dort gesagt, daß Mittelwörter der Gegenwart und der Vergangenheit ähnlich gebraucht werden wie Eigenschaftswörter:

the *big* aircraft (Eigenschaftswort)	das große Luftfahrzeug
the *landing* aircraft (Mittelwort)	das landende Luftfahrzeug

the aircraft is *big* (Eigenschaftswort)	das Luftfahrzeug ist groß
the aircraft is *landing* (Mittelwort)	das Luftfahrzeug ist landend (landet soeben)

„unable“ ist ein gelegentlich gebrauchtes Eigenschaftswort im Flugsprechfunkwesen; „nicht können bzw. nicht in der Lage sein“ wird mit diesem Wörtchen to be unable = unfähig sein ausgedrückt. Hier mehrere Beispiele: (Frage: are you able to oder can you ... ?)

I'm unable to ...	ich bin unfähig zu; ich kann nicht
... approve flight level 60	ich kann Flugfläche 60 nicht genehmigen
... maintain altitude due to icing	wegen Vereisung bin ich nicht in der Lage, Höhe zu halten
... issue clearance due to traffic (weather)	kann keine Freigabe erteilen wegen Verkehrs (oder wegen der Wetterlage)
... maintain VMC	kann nicht VMC bleiben, einhalten
... approve right turn	Rechtskurve negativ
... taxi off the runway	ich kann nicht von der Landebahn abrollen
... accept clearance due to ...	ich kann die Freigabe nicht annehmen wegen ...

Gesteigert werden einsilbige Eigenschaftswörter ähnlich wie bei uns

small	klein
smaller	kleiner
smallest	am kleinsten (Germanische Steigerung)

Endet ein Eigenschaftswort auf e, braucht man nur „r“ bzw. „st“ anhängen

late	spät
later	später
latest	am spätesten

Bei Eigenschaftswörtern, die mit einem Mitlaut enden, verdoppelt sich dieser, wenn ihm ein einfacher, kurzer, betonter Selbstlaut vorangeht

big	groß	hot	heiß	thin	dünn	wet	naß
bigger		hotter		thinner		wetter	
biggest		hottest		thinnest		wettest	

Germanisch gesteigert werden fast alle einsilbigen und hauptsächlich die zweisilbigen Eigenschaftswörter, die auf der zweiten Silbe betont werden oder solche, die auf y, er, ow oder le mit vorhergehendem Mitlaut enden. y wird zu ie.

happy	glücklich	heavy	schwer	gusty	böig	narrow	eng
happier		heavier		gustier		narrower	
happiest		heaviest		gustiest		narrowest	

Viele zwei- und alle drei- und mehrsilbigen Eigenschaftswörter steigert man unter Voransetzung von

more und most,

also entsprechend wie im Französischen (= Romanische Steigerung).

slippery	glatt, rutschig	beautiful	schön
more slippery	glatter	more beautiful	schöner
most slippery	am glattesten	most beautiful	am schönsten

Zweisilbige Eigenschaftswörter steigert man – wie schon angedeutet – entweder nach der einen oder nach der anderen Methode; in vielen Fällen muß jedoch das Sprachgefühl entscheiden. Steigern Sie übungshalger die in den Beispielssätzen vorkommenden Eigenschaftswörter. Glücklicherweise gibt es im Sprechfunkverkehr wenig zu steigern. Hier jedoch ein Beispiel:

low cloud layer	niedrige Wolkenschicht
lower cloud layer	niedrigere Wolkenschicht
lowest cloud layer	niedrigste Wolkenschicht
call again at *closer* range	rufen Sie wieder in geringerer Entfernung
join airway blue 6 at FL 60 or *higher (lower)*	fliegen Sie in Luftstraße Blau 6 in Flugfläche 60 oder höher (tiefer) ein
proceed on course upon reaching VMC on top or leaving control zone whichever is *sooner* (oder: *earlier*)	fliegen Sie auf Kurs weiter beim Erreichen von VMC über Dunstobergrenze oder Verlassen der Kontrollzone, je nachdem, was früher ist (wörtl.)

Unregelmäßig gesteigert werden u. a.

little	wenig	good – well	gut	bad	schlecht	much, many	viel, viele
less		better		worse		more	
least		best		worst		most	

the weather becomes *worse* – *better*	das Wetter wird schlechter – besser
climb with 1000 feet per minute or *more (less)*	steigen Sie mit 1000 Fuß pro Minute oder mehr (weniger)

Zweierlei Steigerungsformen haben u. a.

late spät	far weit	near nahe
later – latter	farther – further	nearer
latest – last	farthest – furthest	nearest – next
(spätest) (letzt)	(nur räumlich)	

commence approach at estimated time of arrival or expected approach time whichever is *later*	beginnen Sie den Anflug zur voraussichtlichen Ankunftszeit oder zur voraussichtlichen Anflugzeit, je nachdem, was später ist
the *latter* is *later*	die letztere liegt (ist) später
request your *latest* weather	erbitte Ihr letztes (spätestes) Wetter
what was your *last* known position?	was war Ihr letzter bekannter Standort?
Bombay is *farther* away than Frankfurt	Bombay ist weiter entfernt als Frankfurt (farther = *räumlich:* weiter)

hold on the ground until *further* advised	halten Sie am Boden, bis weitere Anweisungen erfolgen further: im übertragenen Sinne: weiter, zusätzlich
do not reply to *further* instructions	beantworten Sie weitere Anweisungen nicht (Präzisionsanflug)
turn *further* right heading 250	drehen Sie weiter rechts auf Steuerkurs 250
contact Frankfurt control for *further* instructions (clearance)	rufen Sie Frankfurt Control wegen weiterer Anweisungen (Freigabe) (wörtl.)
Frankfurt is the *nearest* airport from Stuttgart	Frankfurt ist von Stuttgart der *nächstliegende* Flughafen
Frankfurt is the *next* destination on my flight	Frankfurt ist der *nächstfolgende* Zielflughafen auf meinem Flug
make *next* report over Charlie	machen Sie die nächste Meldung über Charlie (wörtl.)

Verglichen wird im Englischen wie folgt:

as ... as	(eben)so ... wie
this pilot is *as* tall *as* that pilot	dieser Flugzeugführer ist so groß wie jener Flugzeugführer
turn right *as* soon *as* possible	drehen Sie nach rechts so bald wie möglich (wörtl.)
clear runway *as* soon *as* practicable	machen Sie die Landebahn baldmöglichst frei (so bald wie möglich)
as	wie
hold *as* published	halten Sie wie veröffentlicht
not as ... as	nicht so ... wie
this pilot is *not as* old *as* that pilot	dieser Flugzeugführer ist nicht so alt wie jener Flugzeugführer
this airport is *not as* large *as* that airport	dieser Flughafen ist nicht so groß wie jener Flughafen
more ... than – less ... than	mehr ... als – weniger ... als
this pilot has *more* experience *than* that pilot	dieser Flugzeugführer hat mehr Erfahrung als jener Flugzeugführer
flight visibility *more than* 50 km	Flugsicht mehr als 50 km
ceiling *more than* 7/8 at 4000 ft.	Hauptwolkenuntergrenze mehr als 7/8 in 4000 ft.
climb not *less than* 500 fpm	steigen Sie nicht weniger als 500 fpm
later than	später als
cross Lauffen not *later than* 50	überfliegen Sie Lauffen nicht später als 50
expect approach clearance not *later than* 45	erwarten Sie die Anflugfreigabe nicht später als 45, nicht nach 45
im Gegensatz dazu: cross Lauffen *not before* 50	überfliegen Sie Lauffen nicht vor 50

UMSTANDSWÖRTER (Adverbien)

sind teilweise selbständig (here = hier, there = dort, now = jetzt), teils werden sie von den Eigenschaftswörtern abgeleitet; man hängt meist die Silbe „ly“ an.

Eigenschaftswort:	Umstandswort:	
immediate	immediately	sofort
normal	normally	normal

Ausnahmen:

fast	=	schnell ist sowohl Eigenschaftswort als auch Umstandswort
good	=	gut ist Eigenschaftswort
well	=	gut ist Umstandswort

Es gibt verschiedene Arten von selbständigen Umstandswörtern.

Umstandswörter des Ortes:

here	hier	the pilot was here	der Flugzeugführer war hier
there	dort	the airport is there	der Flughafen ist dort
next	nächst	turn right next intersection	drehen Sie bei der nächsten Abzweigung rechts
up down	oben unten	wheels and flaps are up (down)	Räder und Landeklappen sind oben (eingefahren) (oder unten = ausgefahren)
		landing gear is still up (down)	das Fahrwerk ist immer noch ...
somewhere	irgendwo	I must be somewhere near Kirchheim	ich muß irgendwo bei Kirchheim sein
		I lost my banner somewhere	ich habe mein Werbeband irgendwo verloren
anywhere	überall	it could be anywhere	es könnte überall sein
everywhere	überall	everywhere around the airport are gliders	überall um den Flughafen herum sind Segelflugzeuge
elsewhere	anderswo	in controlled airspace you need 8, elsewhere 1,5 km flight visibility	im kontrollierten Luftraum benötigt man 8, anderswo 1,5 km Flugsicht
out	außerhalb, aus, hinaus	I'm 5 miles out make right turn out	ich bin 5 Meilen entfernt machen Sie Rechtskurve hinaus (wörtl.)
ahead	voraus, vor	traffic 3 miles ahead	Verkehr 3 Meilen voraus
		2 planes are landing ahead of you	2 Flugzeuge landen vor Ihnen
		DC 3 is running up ahead of the other aeroplane	die DC 3 bremst vor dem anderen Flugzeug ab
		it will depart ahead of the Piper	sie wird vor der Piper starten

straight ahead	geradeaus	taxi / fly / climb / proceed } straight ahead	rollen, fliegen, steigen Sie geradeaus

Umstandswörter der Zeit

always never	immer nie	the airliner is always late (never late)	das Fluglinienflugzeug kommt immer zu spät (nie zu spät)
when	wann	when are you estimating (over) Rottweil?	wann sind Sie voraussichtlich über Rottweil?
then	dann	taxi to the end of runway, then taxi right	rollen Sie zum Ende der Landebahn, dann rollen Sie rechts
often seldom	oft selten	this airport is closed very often (seldom)	dieser Flughafen ist oft (selten) gesperrt
yesterday	gestern	yesterday (betont) I was at Baden-Baden oder: I was at BB yesterday (gestern unbetont)	gestern war ich in Baden-Baden
today	heute	today we fly to Paris	heute fliegen wir nach Paris
tomorrow	morgen	tomorrow we'll travel to Rome	morgen werden wir nach Rom reisen
once twice three times	einmal zweimal dreimal	I have called the tower once (twice, three times)	ich habe den Kontrollturm einmal (zweimal, dreimal) gerufen
still	noch	traffic still on runway	Verkehr noch auf der Landebahn
		your landing gear is still retracted	Ihr Fahrwerk ist noch eingefahren
		are your still on the air?	hören Sie noch?
		runway still covered with ice	Landebahn noch mit Eis bedeckt
		are you still at FL 60?	sind Sie noch in FL 60?
		is my clearance still valid?	ist meine Freigabe noch gültig? (wörtl.)
		you are still unreadable	Sie sind immer noch unverständlich
		we still have landing traffic	wir haben immer noch landenden Verkehr
not yet	noch nicht	not yet within radar coverage	noch nicht im Radar-Überdeckungsbereich
		your landing gear is not yet retracted	Ihr Fahrwerk ist noch nicht eingefahren
now	jetzt nun	have you left FL 60 now?	haben Sie jetzt FL 60 verlassen?
		how do you read (me) now?	wie hören Sie (mich) jetzt?
		now cleared to land	nunmehr Landung frei
		I'm in cloud now	ich bin jetzt in Wolken
		now passing Elbe VOR	passiere (jetzt) soeben Elbe

		start descent now	beginnen Sie jetzt mit dem Sinkflug
		turn right – now	drehen Sie rechts – jetzt
		stop turn – now	Kurve beenden – jetzt!
about	ungefähr	I observe about 3 helicopters	ich beobachte ungefähr 3 Hubschrauber
to be about	im Begriff sein	I am about to depart	ich bin im Begriff zu starten
now and then	ab und zu (manchmal)	readable now and then	ab und zu hörbar, verständlich
sometimes	manchmal	sometimes the ILS is inoperative (Zeit am Satzanfang)	das ILS ist manchmal gestört, außer Betrieb
soon	bald	turn right as soon as possible	drehen Sie baldmöglichst nach rechts
		expect departure clearance soon	erwarten Sie in Bälde Startfreigabe
		he will leave the runway soon	er wird bald die Landebahn verlassen
meanwhile	mittlerweile	meanwhile your clearance	mittlerweile Ihre Freigabe
presently	gegenwärtig	presently the aircraft is on downwind	das Luftfahrzeug ist gegenwärtig im Gegenanflug
		I'm presently over Tango	gegenwärtig über Tango
lateron	später(hin)	lateron I will make touch and go landing	später werde ich eine Durchstartübung machen
again	wieder	again over the outer marker inbound	wieder über dem VEZ platzwärts (vermutlich nach einem Vollkreis:)
		again on right (downwind) base	wiederum im rechten (Gegenanflug) Queranflug
		say again before wind	wiederholen Sie vor Wind
		call again in 5 minutes	rufen Sie in 5 Minuten wieder
before	vorher, früher	cross Tango at 50 or before	überfliegen Sie Tango um 50 oder früher, eher
already	schon	have you left FL 60 already?	haben Sie schon FL 60 verlassen?
		have you already entered control zone?	sind Sie schon in die Kontrollzone eingeflogen?

already steht im einen Fall am Satzende, im zweiten zwischen Satzgegenstand und Zeitwort. Falsch wäre: have you entered already control zone? Zeitangaben stehen nie zwischen Zeitwort (Verb) und Objekt. Umstandswörter des Ortes und der Zeit stehen gewöhnlich am Satzende, und zwar Ort vor Zeit. Umstandswörter der Zeit stehen auch häufig am Satzanfang.

Das Satzgefüge ändert sich somit gegenüber dem Deutschen.

I'll be ready for departure in a few minutes	ich werde in ein paar Minuten startbereit sein

Orts- und Zeitangaben stehen also nicht wie bei uns zwischen Satzaussage und Ergänzung (Objekt). Falsch also:

I fly *today* to England	ich fliege heute nach England

Richtig:

today I fly to England	oder
I fly to England today	also (today) entweder am Anfang oder am Ende des Satzes

Treffen wie gesagt Orts- und Zeitangabe am Satzende zusammen, steht Ort vor Zeit

the aircraft will stay on the ground for half an hour	das Luftfahrzeug wird eine halbe Stunde auf dem Boden bleiben (wörtl.)

Umstandswörter der unbestimmten Zeit, die wir beim Funksprechen gelegentlich verwenden, stehen allerdings meist in der Satzmitte (always, just, never, soon, still, already).

the airplane is just airborne	das Flugzeug hebt gerade ab
I have already entered control zone	ich bin bereits in die Kontrollzone eingeflogen
I'm still in FL 60	ich bin noch in Flugfläche 60

Das Umstandswort (Adverb) der Art und Weise steht nie zwischen Satzaussage und Objekt wie bei uns

das Flugzeug benötigte offensichtlich Hilfe,

sondern davor, also zwischen Satzgegenstand und Satzaussage:

the aircraft obviously needed assistance

Umstandswörter der Art und Weise:

how	wie	advise how to proceed after passing Rottweil	teilen Sie mit, wie ich nach Überfliegen von Rottweil weiterfliegen soll
as	wie	climb as cleared	steigen Sie wie freigegeben (wörtl.)
very	sehr	the visibility is very bad	sie Sicht ist sehr schlecht
		the runway is very wet	die Landebahn ist sehr naß
at least	mindestens	climb at least 1000 fpm.	steigen Sie mindestens 1000 fpm
		maintain at least 1000 feet on top	fliegen Sie mindestens 1000 Fuß über der Obergrenze
almost	fast beinahe	the sky is almost clear	der Himmel ist beinahe klar
	nahezu	traffic almost on the ground	Verkehr fast am Boden

		the runway is almost dry	die Landebahn ist fast trocken
		I'm almost at FL 60	ich bin fast in Flugfläche 60
		visibility almost unlimited	Sicht fast unbegrenzt
too	zu	this runway is too short	diese Landebahn ist zu kurz
		there is too much ice and snow on the runway	auf der Start- und Landebahn ist zuviel Eis und Schnee
		you are 20 feet too high	Sie sind 20 Fuß zu hoch (Präzisionsanflug)
		you are too close	Sie sind zu sehr dichtauf
quite	ganz	landing gear is not quite down	das Fahrwerk ist nicht ganz ausgefahren
		he flies quite well	er fliegt ganz gut
only	nur	visibility is only 800 m	die Sicht beträgt nur 800 m
		runway is only wet	die Landebahn ist nur naß
		only the first part of runway is usable	nur der erste Teil der Landebahn ist benutzbar
partly	teilweise, stellenweise	runway partly covered with ice	die Landebahn ist stellenweise mit Eis bedeckt
enough	genug	I have enough fuel to proceed to my alternate	ich habe genügend Treibstoff, um zu meinem Ausweichflughafen zu fliegen
also, too	auch, ebenfalls	do you also have ILS aboard?	haben Sie auch ILS?
		do you have ILS, too?	
		Cessna is also using grass runway	die Cessna benutzt ebenfalls die Grasstart- und -landebahn

Umstandswörter des Grundes

why	warum	why is the aerodrome closed?	warum ist der Flugplatz geschlossen?
therefore	deshalb	therefore we'll divert	deshalb werden wir ausweichen

Die abgeleiteten Umstandswörter

werden einfach durch Anhängen der Endung „ly" an das entsprechende Eigenschaftswort gebildet. Dabei wird aus End-Y beim Eigenschaftswort ein i:

heavy – heavily = schwer
Aus l wird ll: general – generally = allgemein;
normal – normally = normal.

Unregelmäßig ist: good – well = gut.

Eigenschaftswörter, die ohnehin schon auf „ly" enden, nehmen bei Ableitung zum Umstandswort natürlich kein weiteres ly an.

Das Eigenschaftswort beschreibt jeweils eine *Eigenschaft* (wie *ist* etwas), das Umstandswort eine *Tätigkeit* (wie *tut man* etwas).

Hier einige Beispiele für *abgeleitete* Umstandswörter:

Eigenschaftswort	Umstandswort
the *aircraft is slow* das Luftfahrzeug ist langsam	the aircraft *flies slowly (taxies slowly)* das Luftfahrzeug fliegt (rollt) langsam
cleared fo *immediate take-off* frei zum sofortigen Start	*take off immediately* or vacate the runway starten Sie sofort oder machen Sie die Landebahn frei
the airplane is in the *proper sequence* das Flugzeug ist in der richtigen Reihenfolge	I'll *space* myself *properly* ich werde mich richtig einreihen (wörtl.)
there was a *rapid increase* in temperature es gab einen schnellen Temperaturanstieg (wörtl.)	temperature was *rising rapidly* die Temperatur stieg schnell
the engine develops *heavy smoke* der Motor entwickelt starken Rauch	the engine *smokes heavily* der Motor raucht stark
he is *very expeditious* er ist sehr schnell	he *vacates* the runway (most) *expeditiously* er räumt die Landebahn sehr schnell
ferner: his *approach is normal* sein Anflug ist normal he is making a *normal approach* er macht einen normalen Anflug	he *approaches normally* er fliegt normal an

Hier sehen Sie ganz deutlich den Unterschied zwischen Eigenschaftswort und Umstandswort: im ersten und zweiten Satz wird die *Eigenschaft* des Anfluges beschrieben; wie ist der *Anflug?* normal, (englisch: normal); was für einen *Anflug* macht er? einen normalen. Die *Eigenschaft* des *Hauptwortes* wird näher beschrieben.
Im dritten Satz wird die *Tätigkeit* des Anfliegens, also das Tätigkeitswort, das Zeitwort *„fliegt an"* näher beschrieben. Wie *fliegt er an?* normal (englisch: normally); während im Deutschen das Eigenschaftswort „normal" unverändert zum Umstandswort wird, erhält es im Englischen meist die Endung „ly".

Eigenschaftswort	Umstandswort
I make a *visual approach* ich mache einen sichtmäßigen Anflug (wörtl.)	I *approach visually, continue visually* ich fliege sichtmäßig an (wörtl.), fliege sichtmäßig weiter (wörtl.)

I make a *slow approach* to the centerline	I am *slowly approaching* centerline
ich mache einen langsamen Anflug auf die Anfluggrundlinie	ich nähere mich langsam der Anfluggrundlinie
I will lose radar contact in a *short time*	I will *shortly lose* radar contact
ich werde in kurzer Zeit Radarverbindung verlieren	ich werde *bald* Radarverbindung *verlieren*
my *present position* is Modau	*presently I am passing* Modau
mein gegenwärtiger Standort ist Modau	gegenwärtig überfliege ich Modau

Hier noch zwei Beispiele, die treffend zeigen, daß das Eigenschaftswort (slow, careful) die Eigenschaft eines Hauptwortes (aeroplane, pilot) beschreibt, während das Umstandswort (slowly, carefully) eine Tätigkeit beschreibt (taxies, flies).

the *slow aeroplane taxies slowly*	das langsame Flugzeug rollt langsam
the *careful pilot flies carefully*	der vorsichtige Pilot fliegt vorsichtig

Weitere abgeleitete Umstandswörter:

pressure rising (dropping) rapidly	der Luftdruck steigt (sinkt) rasch
you are (flying) slightly left of runway centerline	Sie fliegen leicht links der Landebahnmittellinie
will you be able to continue visually below clouds?	werden Sie in der Lage sein, nach Sicht (mit Bodensicht) unterhalb der Wolken weiterzufliegen? (1. Zukunft)
hold well behind Convair in runup position	halten Sie weit (gut) hinter der Convair am Abbremsplatz
you are (transmitting) continuously on intercom	Sie strahlen fortgesetzt Ihre Bordverständigung aus (wörtl.)
you are completely unreadable	Sie sind vollkommen unverständlich

Gesteigert wird das Umstandswort auf Grund seiner Länge normalerweise durch Vorsetzen von more und most (also romanisch):

clear runway expeditiously	räumen Sie die Landebahn schnell
... more expeditiously	... schneller
... most expeditiously	... am schnellsten
most probably I am over Ludwigsburg	sehr wahrscheinlich bin ich über Ludwigsburg (wörtl.)

Nur wenige ursprüngliche Umstandswörter haben die germanische Steigerung: soon, sooner, soonest; early, earlier, earliest.

Unregelmäßig werden gesteigert:

well	better	best	gut
much }	more	most	viel
many }	more	most	viele

Einige Eigenschaftswörter werden unverändert als Umstandswörter gebraucht, erhalten also kein „ly“:

	Eigenschaftswort	Umstandswort
fast	this is a *fast airplane* (Eig.) dies ist ein schnelles Flugzeug	this airplane *flies* very *fast* dieses Flugzeug fliegt sehr schnell
late	the *airplane is late* das Flugzeug ist spät (verspätet)	the airplane *arrives late* das Flugzeug kommt spät an
loud	his *voice is pretty loud* seine Stimme ist ziemlich laut	he *speaks loud* er spricht laut
low	the *cloud base* ist very *low* die Wolkenuntergrenze ist sehr niedrig	the helicopter *flies low* der Hubschrauber fliegt niedrig
long short	the *runway is long* (short) die Landebahn ist lang (kurz)	he *lands long (short)* er landet lang (kurz)

aber: expect landing clearance *shortly* = erwarten Sie in Kürze Landefreigabe.

VERHÄLTNISWÖRTER (Präpositionen)

regieren den Wenfall (benötigen also kein „to“) und zeigen – wie der Name sagt – das räumliche oder zeitliche Verhältnis an, das Personen und/oder Gegenstände zueinander haben. Man muß sie als Flieger besonders gut kennen und damit umgehen können, denn als Flieger ist man in der dritten Dimension zu Hause, und auf welchem anderen Gebiet gibt es so viele Bewegungsvorgänge wie in der Fliegerei?

at – in – into

Wenn man irgendwo ist, ist man „at“, zuweilen auch „in“.

I am (I'm) at Frankfurt	ich bin in Frankfurt
I'm at the airport	ich bin auf dem Flughafen
I'm at flight level 90	ich bin in Flugfläche 90
tops are at 4000 feet	die Obergrenze ist in 4000 Fuß
traffic is at your 1 o'clock position	der (gemeldete) Verkehr ist in Ihrer 1-Uhr-Position
stop climb/descent at FL 80	beenden Sie den Steigflug/Sinkflug in FL 80

„at“ zeitlich angewandt:

estimating your VOR at 29	bin voraussichtlich um 29 über Ihrer VOR
clearance expires at 59	die Freigabe wird um 59 ungültig (erlischt um 59)
cross Luburg at 15 or later	überfliegen Sie Luburg um 15 oder später
commence approach at 55	beginnen Sie den Anflug um 55
both aircraft landed at the same time	beide Luftfahrzeuge landeten zur gleichen Zeit, gleichzeitig
expect further clearance at 49	erwarten Sie weitere Freigabe um 49

„at“ kann in ein und demselben Satz räumlich und zeitlich gebraucht werden:

at 55 or at Tango VOR descend to flight level 110	um 55 oder über Tango VOR sinken Sie auf FL 110
expect descent/climb at 59 or at Walda	erwarten Sie Sinken/Steigen um 59 oder über Walda

„at“ kann also bedeuten: in, bei, auf; zeitlich: um, bei.

„at“ in Verbindung mit anderen Wörtern:

to look at	ansehen	the pilot looks at the approach chart	der Flugzeugführer schaut die Anflugkarte an
at first	zuerst	at first I request touch and go, then full stop landing	zuerst erbitte ich Durchstartübung, dann Abschlußlandung
at present	gegenwärtig	at present I'm over the Rhein valley	gegenwärtig bin ich über dem Rheintal
at sunrise	bei Sonnenaufgang	the airport opens at sunrise and closes at sunset	der Flughafen wird bei Sonnenaufgang geöffnet und bei Sonnenuntergang geschlossen
at sunset	bei Sonnenuntergang		

„in“ heißt meist „in“.

expect further clearance in 5 minutes (also zeitlich)	erwarten Sie weitere Freigabe in 5 Minuten

räumlich:

I'm in the hangar	ich bin in der Flugzeughalle
I'm in the holding pattern	ich bin in der Warteschleife
I'm in clouds	ich bin in Wolken
I'm in the traffic circuit	ich bin in der Platzrunde

aber:

I'm on downwind, on base, on final	ich bin im Gegenanflug/Queranflug/Endanflug

geht, fährt, rollt, fliegt man irgendwo hinein, verwendet man „into“

we push the airplane into the hangar	wir schieben das Flugzeug in die Halle (hinein)
taxi into holding bay	rollen Sie in die Haltebucht
the airplane flies into clouds (the plane enters clouds)	das Flugzeug fliegt in Wolken ein

from, of, off – to, until

from = von (räumlich und zeitlich):

the airplane came from Cairo this morning (Zeit am Satzende)	das Flugzeug kam heute morgen aus (von) Kairo

rainshower moving in from NW	Regenschauer nähert sich (soeben) aus (von) Nordwesten
proceed on course from present position	fliegen Sie vom gegenwärtigen Standort (aus) auf Kurs weiter
DEABC, VFR from Hannover, for landing	DEABC, VFR von Hannover, erbitte Landeanweisung (wörtl.: zur Landung)
200 m from end of runway	200 m vom Landebahnende (entfernt)
3 (nautical) miles from beginning of runway	3 sm vom Landebahnbeginn (entfernt)
2 (nautical) miles from touchdown	2 sm vom Aufsetzpunkt (entfernt) (Angaben bei Radarflügen)
helicopter approaching from SW	Hubschrauber nähert sich (im Anflug) von Südwesten
hold 100 m from runway edge	halten Sie 100 m vom Startbahnrand (entfernt)
the new QNH differs from last QNH	das neue QNH unterscheidet sich vom alten QNH
orbit left/right from present position	kreisen Sie links/rechts am (vom) gegenwärtigen Standort

of = (ebenfalls) von, durch „from" verdrängt, gibt sehr häufig den Bezug, die Zugehörigkeit zu etwas an:

the airplane is of Cargo Airlines	das Flugzeug ist von CA (gehört Cargo Airlines)
I'm in the holding pattern of Elbe VOR	ich bin in der Warteschleife von Elbe VOR
2 helicopters right of runway	2 Hubschrauber rechts von der Startbahn
in the vicinity of Leonberg	in der Nähe von Leonberg
holding point of grass runway	Haltepunkt der Grasbahn

„of" im übertragenen Sinn:

in case of radio failure ... in the event of radio failure ...	im Falle von Funkausfall (wörtl.)
a flight of 3 helicopters	eine Formation von drei Hubschraubern
über Städten: over the city of Hamburg	über der Stadt Hamburg

in zusammengesetzten Hauptwörtern:

point of departure	Abflugort
rate of descent	Sinkgeschwindigkeit
rate of climb	Steiggeschwindigkeit
end of runway	Landebahnende; eigentlich: Ende (von) der Landebahn
beginning of runway	Landebahnbeginn; eigentlich? ...
flock of birds	Vogelschwarm
flock of sheep	Schafherde
scene of crash (accident)	Unfallort
top of haze	Dunstobergrenze

hinter Eigenschaftswörtern:

I'm short of fuel	ich bin knapp an Treibstoff (wörtl.)
report clear of runway neu: report (runway) vacated	melden Sie das Verlassen der Landebahn (frei von der Landebahn)
I'm south of Stuttgart	ich bin südlich von Stuttgart
west of the airfield	westlich des Flughafens
left of concrete runway	links der Betonlandebahn

ferner: in typisch englischen Redewendungen:

I'm running out of gasoline	mein Treibstoff wird knapp
I lost him out of sight	ich verlor ihn aus den Augen
make good a track of 180°	fliegen Sie Kurs über Grund 180°
I'm short of fuel	ich bin knapp an Treibstoff

zur Umschreibung des Wessenfalles (2. Falles):

the plane of the businessman	das Flugzeug des Geschäftsmannes

zur Bezeichnung des Stoffes und der Herkunft:

a gallon of gasoline	eine Gallone Benzin
aeroplanes are made of metal	Flugzeuge sind aus Metall (gemacht)
a sheet of paper	ein Blatt Papier

„of" darf nicht mit „off" = weg von, herunter von ... verwechselt werden.

the aircraft taxies off the runway	das Luftfahrzeug rollt von der Landebahn herunter (wörtl.)
the airplane is flying off course (off track)	das Luftfahrzeug fliegt außerhalb des (vorgesehenen) Kurses
the plane keeps off the runway	das Flugzeug hält sich außerhalb der Startbahn auf
the pilot switches off the landing lights	der Luftfahrzeugführer schaltet die Landescheinwerfer aus
I am taking off	ich starte (soeben); wörtl.: nehme ab, weg

„to" verwendet man, wenn man irgendwo hinrollt, -fliegt, -steigt, -sinkt, -geht, also sich auf etwas zubewegt:

taxi to holding point/taxi holding position Bravo	rollen Sie zum Haltepunkt/Rollhalteort Bravo
taxi to the hangar	rollen Sie zur Halle
taxi to terminal/general aviation area/stand	rollen Sie zum Vorfeld/Abstellplatz für Allgemeine Luftfahrt/Abstellplatz (3mal Befehlsform)
(you are) cleared to Frankfurt airport	frei zum Flughafen Frankfurt
proceed to the outer marker west	fliegen Sie zum Voreinflugzeichen West
climb/descend to FL 60	steigen/sinken Sie auf (zur) FL 60
maintain VMC to FL 60/to Luburg	bleiben Sie VMC bis FL 60/bis Luburg

climb inbound to Herrenberg	steigen Sie in Richtung Herrenberg
proceed on course to Munich	fliegen Sie auf Kurs nach München
depart to the south	fliegen Sie nach Süden
visibility to the east 3000 m	Sicht nach Osten 3000 m
change to approach on 119,2	wechseln Sie zur Anflugkontrolle auf 119,2
reduce/increase speed to 150 knots	verringern/vergrößern Sie Ihre Geschwindigkeit auf 150 Knoten
the pilot speaks to the ground station	der Flugzeugführer spricht mit (zu) der Bodenstation

geht, rollt, fährt, fliegt man von (from) da weg, wo man sich befindet zu (to) einem anderen Ort, benutzt man „from ... to":

the aeroplane taxies from the ramp (or apron) to holding point	das Flugzeug rollt vom Vorfeld zum Haltepunkt
the aeroplane is en route from Köln/Bonn VFR to Nürnberg	das Flugzeug ist unterwegs von Köln/Bonn VFR nach Nürnberg
flock of sheep is crossing the taxiway from right to left	eine Schafherde überquert die Rollbahn (soeben) von rechts nach links
the airplane descends from FL 150 to FL 130	das Flugzeug sinkt von Flugfläche 150 auf (zur) Flugfläche 130
the aircraft is crossing the CVFR area from north to south	das Flugzeug durchquert das CVFR-Gebiet von Norden nach Süden
the airliner is closing the localizer from left to right	das Linienflugzeug nähert sich dem Landekurs von links nach rechts
the wind changes (shifts) from northeast to southeast	der Wind ändert sich (wechselt) von Nordost auf Südost

„from" und „from ... to" wird auch zeitlich angewandt: von, von ... bis

expect clearance in 5 minutes from now	erwarten Sie Freigabe in 5 Minuten von jetzt
from now on the airport is closed	von jetzt an ist der Flughafen geschlossen
the airport is open from sunrise to sunset	der Flughafen ist offen von Sonnenaufgang bis Sonnenuntergang
oder: ... is open ... *until* sunset	(statt zeitlich „to" also „until")
parachute activities from 8 to 9 o'clock	Fallschirmabsprünge (finden statt) von 8 bis 9 Uhr

„to" also = zu, nach, bis
„until" = bis (zeitlich und räumlich, betont)

hold over Weser VOR until 25	halten Sie über Weser bis 25
maintain FL 150 until passing Warburg	halten Sie Flugfläche 150 bis zum Überflug Warburg
maintain FL 130 until advised by Nürnberg Radar	halten Sie Flugfläche 130 bis durch Nürnberg Radar angewiesen (wörtl.)

expedite climb/descent until passing FL 100	beschleunigen Sie Steigflug/Sinkflug bis zum Durchfliegen von FL 100
track 030 from Maisach VOR until 36	fliegen Sie Kurs über Grund 030 von Maisach VOR bis 36
maintain 120 knots until OM	halten Sie 120 Knoten bis zum VEZ
maintain present heading until further advised	behalten Sie gegenwärtigen Steuerkurs bei, bis weiter angewiesen (wörtl.)
airport closed until 1700 due to airshow	der Flughafen ist wegen Luftfahrtveranstaltung bis 17.00 Uhr gesperrt
hold position until Boeing	halten Sie bis Boeing
has passed	vorbeigerollt ist
has parked	abgestellt ist
has left the ramp	das Vorfeld verlassen hat
proceed on heading 040 until intercepting radial 325	fliegen Sie auf Steuerkurs 040 bis zum Anschneiden des Leitstrahls 325

nach „until“ kommt häufig das Gerundium: until passing, until intercepting ...

on – over – above – via

Das Verhältniswort „on“ wird meist dann gebraucht, wenn man ausdrücken möchte, daß man sich „auf“ etwas befindet, z. B. auf dem Boden (on the ground). Aber auch bei „im Endanflug“ verwendet man „on“ (on final). Hier mehrere Beispiele:

on the ground at 40	auf dem Boden (Landezeit) 40
water patches on the taxiway	Wasserlachen auf der Rollbahn
2 Boeing 737 are parked on the ramp (apron)	Zwei B 737 sind auf dem Vorfeld abgestellt
remain on this frequency	bleiben Sie auf dieser Frequenz (hörbereit)
Piper landing on runway 06	Piper landet auf Landebahn 06
report (on) downwind/base/final	melden Sie im Gegenanflug/Queranflug/Endanflug
report established on the ILS localizer	melden Sie, wenn Sie sich auf dem ILS-Landekurs befinden
contact Tower on (frequency) 118.6	rufen Sie Turm auf (Frequenz) 118.6
continue on heading 250	fliegen Sie auf Steuerkurs 250 weiter
hold on the 340 radial of the Dinkelsbühl VOR	halten Sie auf dem Leitstrahl 340 der VOR Dinkelsbühl
proceed on radial 160	fliegen Sie auf dem Leitstrahl 160
climb on runway heading	steigen Sie auf Startbahnkurs
you are on centerline – on glide path (PAR/GCA approach)	Sie sind auf der Anfluggrundlinie – auf dem Gleitweg (beim PAR/GCA-Anflug)
the airport is closed on weekends (on Sunday)	der Flughafen is an Wochenenden geschlossen (am Sonntag)

the airplane flies on top of clouds	das Flugzeug fliegt an der Wolkenobergrenze
the aeroplane landed on the hour	das Flugzeug landete zur vollen Stunde
fire brigade overtaking on the left	die Feuerwehr überholt (Sie) links (auf der Linken)
proceed on course to München	fliegen Sie auf Kurs nach München (weiter)
equipment on test	Gerät ist in Erprobung
I keep you advised on my position	ich halte Sie über meinen Standort auf dem laufenden

Übersetzung von „on" einmal mit „über", einmal „im", einmal „an", aber meistens mit „auf"

on, upon = bei

upon passing Tango descend to 4000 feet	sinken Sie beim (nach) Überfliegen von Tango auf 4000 Fuß
request medical assistance upon (on) landing	erbitte ärztliche Hilfe bei der (nach der)Landung

over benutzt man, wenn man allgemein und ohne besondere Betonung anzeigen will, daß man sich über etwas (Ortschaft, Funkfeuer, Anflugbefeuerung, Landebahnschwelle) befindet.

hold over Modau until 30	halten Sie über Modau bis 30
(I'm) over Leonberg	(ich bin) über Leonberg
over the Neckar river (valley)	über dem Neckar(tal)
over the outer marker	über dem Voreinflugzeichen
over the approach lights	über der Anflugbefeuerung
over the beginning of the runway	über dem Landebahnanfang
over the threshold	über der Schwelle
over the touchdown point	über dem Aufsetzpunkt
several light aircraft (are) over the city	mehrere leichte Luftfahrzeuge (sind) über der Stadt
I was over Karlsruhe at 50	ich war über Karlsruhe um 50
hold visual over Warburg	halten Sie mit Sicht über Warburg
the helicopters meet over Leonberg Autobahn cutoff	die Hubschrauber treffen sich über der Autobahn-Abfahrt Leonberg

Will man betonen, daß sich etwas über einem (oberhalb eines) meist in der Luft befindlichen Bezugsobjektes (Wolken, Gleitweg, 3000 Fuß) und nicht darunter befindet, nimmt man „above" = über, oberhalb, darüber.

cloud base 1000 feet above ground	Wolkenuntergrenze 1000 Fuß über Grund
the jet is above my airplane (above me)	der Düsenjäger ist über meinem Flugzeug (über mir)
do not climb above 3000 ft	steigen Sie nicht über 3000 Fuß
you are 10 feet above the glide path	Sie sind 10 Fuß über dem Gleitweg

cross Tango above FL 80, or: at FL 80 or above	überfliegen Sie Tango über FL 80, oder: in Flugfläche 80 oder darüber

via = by way of = „über" verwendet man unter Umständen auch auf der Erdoberfläche. Es bedeutet, daß man seinen Weg über eine näher bezeichnete Strecke nimmt.

cleared to Frankfurt via ATS route Green 31	frei nach Frankfurt über Flugverkehrsstrecke Grün 31
proceed via outer marker west	fliegen Sie über Voreinflugzeichen West
cleared to London airport via flight plan(ned) route	frei zum Flughafen London über Flugplanstrecke (wörtl.)
taxi to holding point C runway 27 via taxiways A, B and C	rollen Sie zum Haltepunkt C Startbahn 27 über Rollbahnen A, B und C
taxi via runway 32 right	rollen Sie über Start- und Landebahn 32 R
enter control zone via Echo	fliegen Sie in die Kontrollzone über Echo ein
vacate runway via highspeed taxiway	verlassen Sie die Landebahn über die Schnellabrollbahn
proceed from München to Stuttgart via Walda VOR	fliegen Sie von München nach Stuttgart über die VOR Walda
request route via Kempten due to heavy thunderstorms	erbitte Strecke über Kempten wegen starker Gewitter

under – below – underneath

Was „over" für „über", ist „under" für „unter" – ganz schlicht und unbetont: unter. Als Flieger brauchen wir es so gut wie gar nicht, denn wir sind – hoffentlich – immer „over".

„below" = unterhalb spielt schon eine größere Rolle:

I'm below all clouds	ich bin unterhalb aller Wolken
below the glide path	unterhalb des Gleitwegs
below 3000 feet	unterhalb von 3000 Fuß

„below" ist, wie Sie sicher schon bemerkt haben, das Gegenteil von „above". Seltener benutzt man hierfür „underneath".

the balloon is drifting underneath (below) clouds	der Ballon treibt unter den Wolken
do you have an airfield in sight below your right wing?	haben Sie unterhalb Ihrer rechten Tragfläche einen Flugplatz in Sicht?
cross Warburg below FL 80	überfliegen Sie Warburg unterhalb FL 80
cross Elbe at FL 80 or below	überfliegen Sie Elbe in FL 80 oder niedriger
the airliner is at FL 80, below clouds	das Linienflugzeug ist in Flugfläche 80, unterhalb der Wolken

in front of – behind – beside = **vor** (räumlich) – **hinter** – **neben**

follow DC 9 in front of you	folgen Sie der DC 9 vor Ihnen

3 Boeings parked in front of terminal building	3 Boeings sind vor dem Hauptgebäude abgestellt
hold in front of the hangar	halten Sie vor der Flugzeughalle
... behind the freight building	... hinter dem Frachtgebäude
behind Rockwell Commander on 3 miles final line up	hinter Rockwell Commander 3 Meilen im Endanflug rollen Sie zum Startpunkt
will cross runway behind DO 27	werde die Landebahn hinter der DO 27 überqueren
the helicopter parks beside the hangar	der Hubschrauber parkt neben der Flugzeughalle

before – during – after – since
= vor – während – nach – seit (alles zeitlich)

Im Gegensatz zum räumlichen „vor“ (in front of, siehe oben), übersetzt man das im zeitlichen Sinne verwendete „vor“ mit before.

report before entering control zone	melden Sie vor Einflug in die Kontrollzone
hold before crossing runway	halten Sie vor Kreuzen der Landebahn

Man kann hier statt „before“ auch „prior to“ sagen.
während = during

the airport is closed during the airshow (Zeit am Schluß)	der Flughafen ist während der Luftfahrtveranstaltung gesperrt

after = nach

left turn approved after passing 3000 feet	Linkskurve genehmigt nach Durchfliegen von 3000 Fuß
after completion of this circle continue approach as number one	nach Abschluß dieses Kreises setzen Sie Anflug als Nummer eins fort
after departure contact Stuttgart approach on 119,2	rufen Sie Stuttgart Anflug auf 119,2 nach dem Start
request ambulance (and medical assistance) after landing	erbitte Krankenwagen (und ärztliche Hilfe) nach der Landung

seit = since

the aerodrome is IMC since sunrise (Zeit am Satzende)	der Flughafen ist seit Sonnenaufgang IMC

past – towards – between – near – along – across – around – through – beyond (fast alles räumlich)

we taxi past the terminal building	wir rollen am Abfertigungsgebäude vorbei
we taxi towards the runway	wir rollen auf die Startbahn zu
we are between the ramp and the runway	wir sind zwischen Vorfeld und Startbahn
we are near (or: close to) the runway	wir sind in der Nähe der Startbahn
we taxi along the runway	wir rollen an der Startbahn entlang
we taxi across the runway	wir rollen über die Startbahn

we taxi around the construction area	wir rollen um die Baustelle herum
we taxi through the construction area	wir rollen durch die Baustelle
we are beyond the construction area	wir sind jenseits der Baustelle
ferner:	
construction work near (or: close to) east threshold	Bauarbeiten in Nähe der Ostschwelle
the airport is closed on and between the holidays	der Flughafen ist an und zwischen den Feiertagen geschlossen
the aircraft arrives between 0730 and 0830	das Luftfahrzeug kommt zwischen 0730 und 0830 an (zwischen hier zeitlich)
drainage work along the taxiway	Entwässerungsarbeiten entlang der Rollbahn
snow drifts along both sides of the runway	Schneewehen beiderseits entlang der Start- und Landebahn
we taxi across the ramp	wir rollen quer über das Vorfeld
expect vectors across (through) the localizer for spacing	erwarten Sie Radarführung durch den Landekurs zwecks Staffelung
will vector you around a precipitation area extending from N to S	werde Sie um ein Niederschlagsgebiet herumführen, das sich von N nach S erstreckt

inside – outside – out of (räumlich) = **innerhalb, außerhalb**

the airplane is inside the hangar	das Flugzeug ist in der Flugzeughalle
the airplane is outside the hangar	das Flugzeug ist außerhalb der Flugzeughalle
you are out of radar coverage	Sie sind außerhalb des Radarerfassungsbereichs
the controller lost the aircraft out of sight	der Fluglotse verlor das Luftfahrzeug aus der Sicht(weite)

about

zeitlich: „ungefähr um ...", „etwa ..."

estimating your field about 50	bin voraussichtlich an Ihrem Platz um ungefähr 50
I'll call you again in about (around) 5 minutes	werde Sie in etwa 5 Minuten wieder rufen

bei Zahlen und Maßen: „etwa, ungefähr"

your traffic on about 5 miles final	Ihr Verkehr (befindet sich) auf (im) etwa 5 Seemeilen Endteil
visibility about 4 kilometers	Sicht ungefähr 4 km

with = mit

(use) caution with prop wash	Vorsicht mit Propellerböen (wörtl.) achten Sie auf ...
runway covered with ice and snow	Startbahn mit Eis und Schnee bedeckt

taxi with caution	rollen Sie mit Vorsicht (vorsichtig)
I lost radar contact with the aircraft	ich verlor Radarverbindung mit dem Luftfahrzeug

within = **innerhalb** (räumlich und zeitlich)

maintain VMC within control zone	bleiben Sie VMC innerhalb der Kontrollzone
do not climb above (or: do not exceed) 2500 ft within control zone	steigen Sie nicht über 2500 ft innerhalb der Kontrollzone
you have to depart within 15 minutes	Sie müssen innerhalb 15 Minuten starten
expect ATC clearance within 3 minutes	erwarten Sie FVK-Freigabe innerhalb 3 Minuten

without = **ohne**

you are number two without delay	Sie sind Nummer zwei (im Anflug) ohne Verzögerung
I'm flying without passengers	ich fliege ohne Fluggäste
he took off without clearance	er startete ohne Freigabe

Ein sehr wichtiges, häufig und in vielfältigem Sinn gebrauchtes Verhältniswort ist **„for“** = **für.**
Man benutzt es auch oft im Sinne von **„zu, zum, zwecks“.**

(I'm) ready for (immediate) departure	ich bin (sofort) startbereit, bereit zum (sofortigen) Start
for departure squawk A 6501	zum Start transpond 6501
cleared for take-off	Start frei (frei zum Start)
will advise later for right turn	Anweisung für Rechtskurve erfolgt später
for your information: ...	zu Ihrer Information: ...
I've fuel aboard for 2 hours	ich habe für 2 Stunden Kraftstoff an Bord
approaching for banner pick-up	fliege an zur Banneraufnahme
DEFAM, PA 18, VFR from Hamburg, for landing	DEFAM, PA 18, VFR von Hamburg, erbitte Landeanweisung (eigentl.: zur Landung)
transmit for DF	senden Sie zwecks Peilung
for identification turn left/right to heading 360	zur Identifizierung drehen Sie links/rechts auf Steuerkurs 360
expect vectoring for downwind runway 26	erwarten Sie Radarführung zum Gegenanflug Landebahn 26
transmit for identification and report heading	senden Sie zur (zwecks) Identifizierung und melden Sie Steuerkurs
expect vectoring for visual approach runway 08	erwarten Sie Radarführung zum Sichtanflug Landebahn 08
... vectoring for surveillance radar approach	... Führung zum SRE-Anflug
... vectoring for ILS approach runway 26	... Radarführung zum ILS-Anflug Landebahn 26
number one for concrete runway	Landenummer eins für die Betonbahn

turn left now	drehen Sie jetzt nach links
... for traffic	... wegen Verkehr
... for spacing	... zwecks Staffelung
... for delaying action	... zwecks Verzögerung
... for downwind/base/final	... in den (zum) Gegenanflug/ Queranflug/Endanflug
perform cockpit check for landing	machen Sie Führerraumkontrolle zur Landung
take over for landing	übernehmen Sie zur (zwecks) Landung

for = auf, nach

I'm waiting for weather improvement	ich warte auf Wetterbesserung
stand by for (further) clearance	warten Sie auf (weitere) Freigabe
I'm departing for Nice	ich fliege ab nach Nizza
I'm leaving for Paris	ich fliege ab nach Paris
I prepare for short landing	ich bereite mich auf kurze Landung vor
prepare for immediate take-off	bereiten Sie sich auf Sofortstart vor
prepare for straight-in approach	bereiten Sie sich auf Geradeausanflug vor
the pilot looks for a cloud hole for descent (to look for = suchen, schauen nach)	der Luftfahrzeugführer sucht ein Wolkenloch zum Heruntergehen

zeitlich im Sinne von „... lang"

request clearance to leave your frequency for 3 minutes	erbitte Freigabe zum Verlassen Ihrer Frequenz für 3 Minuten (... 3 Minuten lang)
remain on this frequency for 5 minutes	bleiben Sie auf dieser Frequenz für 5 Minuten (... 5 Minuten lang)
hold on the ground for 5 minutes	halten Sie 5 Minuten (lang) auf dem Boden
maintain runway heading for 3 minutes	fliegen Sie 3 Minuten (lang) auf Startbahnkurs
if no transmissions received for 5 seconds, ... follow missed approach procedure	falls Sie 5 Sekunden (lang) keine Sendungen empfangen, ... fliegen Sie das Fehlanflugverfahren

by = durch, von, um:

obtain permission by Luftaufsicht	holen Sie sich Erlaubnis durch die Luftaufsicht ein
expect level change by radar	erwarten Sie Höhenänderung durch Radar
acknowledge by moving ailerons/rudder	bestätigen Sie durch Bewegen der Querruder/des Seitenruders
acknowledge by rocking wings	bestätigen Sie durch (Flächen)-wackeln
acknowledge by flashing landing lights	bestätigen Sie durch Blinken mit Landescheinwerfer

reduce speed by 20 knots	verringern Sie Ihre Geschwindigkeit um 20 Knoten
runway length reduced by 200 m	die Landebahnlänge ist um 200 m reduziert
braking action reported poor by preceding landing aircraft	die Bremswirkung wurde von dem zuvor gelandeten Lfz. als schlecht gemeldet

due to, because of = wegen

returning due to bad weather	kehre zurück wegen schlechten Wetters
diverting due to engine trouble	weiche aus wegen Motorenstörung
transmitting blind due to receiver failure	sende blind wegen Empfängerausfalls
runway closed due to ice and snow	Landebahn gesperrt wegen Eis und Schnee
unable to approve due to traffic	kann wegen Verkehrs nicht genehmigt werden
the airport is closed due to	der Flughafen ist geschlossen wegen
snow	Schnee
flood	Überschwemmung
construction	Bauarbeiten
ice on runways and taxiways	Eis auf den Lande- und Rollbahnen
bad weather	schlechten Wetters
circle north of the field due to landing traffic	kreisen Sie nördlich des Platzes wegen landendem Verkehr

Wiederholungsübungen Verhältniswörter

Decken Sie – wie sich das ja im ganzen Buch bei Wiederholungen anbietet – den Englischteil ab und versuchen Sie, die deutschen Sätze ins Englische zu übersetzen. Sollten Ihnen einzelne Wörter fehlen, schauen Sie ruhig im deutsch-englischen Wörterverzeichnis nach – auch dabei können Sie lernen. Sie können selbstverständlich auch zuerst die englischen Sätze ins Deutsche übersetzen und dabei den deutschen Teil zudecken.

räumlich:

the aircraft is *in front of* (or: *before*) the hangar	das Luftfahrzeug ist vor der Halle
it is *outside* the hangar	es ist außerhalb der Halle
we push the aircraft *into* the hangar	wir schieben das Luftfahrzeug in die Halle (hinein)
now the aircraft is *in(side)* the hangar	jetzt ist das Luftfahrzeug in der Halle
before the flight (zeitlich)	vor dem Flug
we pull the aircraft *out of* the hangar	ziehen wir das Luftfahrzeug aus der Halle
it will depart *for (to)* Frankfurt	es wird nach Frankfurt abfliegen
we put it *on* the ramp	wir stellen es auf das Vorfeld
beside the hangar	neben die Halle

near the hangar	in die Nähe der Halle
behind the freight building	hinter das Frachtgebäude
between hangar and terminal building, or *on* the grass area *beyond* the ramp	zwischen Halle und Hauptgebäude oder auf die Grasfläche jenseits des Vorfeldes
it had trouble *with* its landing gear	es hatte Schwierigkeiten mit seinem Fahrwerk
we taxi *across* the ramp	wir rollen quer über die Rampe
past the terminal building	am Hauptgebäude vorbei
onto the taxiway	auf die Rollbahn
along the taxiway	entlang der Rollbahn
we taxi *towards* the runway	rollen wir in Richtung Startbahn
mower *near* taxiway	Mähmaschine in Rollbahnnähe
on the way *to* the runway the airplane is taxying *through* a construction area *near* east threshold	unterwegs zur Startbahn rollt das Flugzeug durch eine Baustelle in der Nähe der Ostschwelle
there is work *in* progress *along* both sides (right, left side) *of* taxiway (runway)	es sind Bauarbeiten im Gange beiderseits (rechts, links) der Rollbahn (Landebahn)
snowdrifts *along* both sides *of* runway	Schneewehen beiderseits der Landebahn
the airplane is en route *from* Stuttgart *to* Frankfurt	das Flugzeug ist unterwegs von Stuttgart nach Frankfurt
it is *of* (belongs *to*) Cargo Airlines	es gehört (der Fluggesellschaft) Cargo Airlines
it is climbing *on* track 330 *to* flight level 60	es steigt (soeben) auf Kurs über Grund 330 auf Flugfläche 60
the aircraft is slightly *off* track	das Luftfahrzeug ist etwas vom Kurs abgekommen (weg vom ...)
the aircraft is reaching FL 60, it is *at* FL 60	das Luftfahrzeug erreicht FL 60, es ist in FL 60
the aircraft climbs *from* FL 60 *to* FL 80	das Luftfahrzeug steigt von FL 60 zur FL 80
the aircraft is leaving FL 60, it is (still) *below* (the) clouds	das Luftfahrzeug verläßt FL 60, es ist (noch) unterhalb (der) Wolken
at FL 65 the aircraft is entering (the) clouds, it is flying *into* (the) clouds	in FL 65 fliegt das Luftfahrzeug in (die) Wolken ein, es fliegt in die Wolken
the aircraft is passing flight level 70, it is *in* cloud(s)	das Luftfahrzeug durchfliegt (soeben) Flugfläche 70, es ist in Wolken
the aircraft is passing flight level 75, it is *on* top *of* cloud(s)	das Luftfahrzeug durchfliegt (soeben) Flugfläche 75, es ist an der Wolkenobergrenze
the aircraft is reaching FL 80, it is *at* FL 80, *above* clouds	das Luftfahrzeug erreicht (soeben) Flugfläche 80, es ist in Flugfläche 80, über den Wolken
at flight level 80 the airplane is (at least) 500 feet *on* top *of* clouds; it is not VMC yet	in Flugfläche 80 ist das Flugzeug (mindestens) 500 Fuß über der Wolkenobergrenze; es ist noch nicht VMC

on top of ist man, wenn man sich über einer Wolken-, Dunst-, Nebel- oder ähnlichen Schicht befindet.

Weitere Beispiele aus der Praxis:

will vector you *around* a shower area (precipitation area) extending *from* north *to* south	werde Sie um ein Schauergebiet (Niederschlagsgebiet) herumführen, das sich von Norden nach Süden erstreckt
behind Conquest *on* final line up	hinter Conquest im Endanflug rollen Sie zum Startpunkt
the aircraft taxies *to* take-off position	das Luftfahrzeug rollt zum Startpunkt
you are *out of* radar coverage	Sie sind außerhalb der Radarreichweite (wörtl.)
follow DC 9 *in front of* you	folgen Sie der DC 9 vor Ihnen
taxi *via* northern ramp	rollen Sie über das nördliche Vorfeld
taxi *on* east taxiway	rollen Sie auf der östlichen Rollbahn
taxi *off* the runway	rollen Sie von der Landebahn herunter
hold 100 m *from* runway 26	halten Sie 100 m von Startbahn 26 (entfernt)
hold short (clear) *of* runway	halten Sie vor der Startbahn
workmen *on* the taxiway	Bauarbeiter auf der Rollbahn
do not climb *above* (exceed) 3000 ft. *within* control zone	steigen Sie nicht über 3000 Fuß innerhalb der Kontrollzone
climb *on* the 160 radial *of* Tango VORTAC	steigen Sie auf Leitstrahl 160 der Tango VORTAC
descend *to* FL 80	sinken Sie auf FL 80
maintain FL 80 *to* König	bleiben Sie in FL 80 bis König
hold *over* Modau *until* 00	halten Sie über Modau bis 00
... *over* entry point Echo	... über Einflugpunkt Echo
climb *on* runway heading *until* 2 miles *out*	steigen Sie auf Startbahnkurs bis zwo Meilen entfernt
3 helicopters *in* the southern holding pattern	3 Hubschrauber in der südlichen Warteschleife
orbit/circle *at* or *below* 4000 ft.	kreisen Sie in oder unterhalb 4000 ft.
report *over* or abeam gasometer „abeam" ist Umstandswort	melden Sie über oder querab Gasometer
cross Maisach *at* 4000 feet	überfliegen Sie Maisach in 4000 Fuß
below 4000 feet	unterhalb 4000 Fuß
above 4000 feet	oberhalb 4000 Fuß
at 4000 feet or *below*	in 4000 Fuß oder tiefer
at 4000 feet or *above*	in 4000 Fuß oder höher
departing *to* south	im Abflug nach Süden
6 miles *from* Luburg	6 Seemeilen von Luburg entfernt
you have 6 miles *to* Luburg	Sie haben 6 sm bis Luburg
upon passing Tango descend *to* 4000 feet	sinken Sie beim (nach) Überfliegen von Tango auf 4000 Fuß
over Lauffen *at* 20 *at* FL 80	über Lauffen um (zeitlich!) 20 in (räumlich!) Flugfläche 80
switching now *to* 118,8	schalte jetzt auf 118.8
descending *to* traffic circuit altitude	sinke (soeben) auf Platzrundenhöhe

over the outer marker inbound	über dem Voreinflugzeichen platzwärts
three miles *from* touchdown	3 Meilen vom Aufsetzpunkt (entfernt)
approaching *from* east	im Anflug von Osten
(on) downwind (base, final)	(im) Gegenanflug (Queranflug, Endanflug)
10 feet *above (below)* glide path	10 Fuß über (unter) dem Gleitweg (Radar)
on glide path (radar)	auf dem Gleitweg
over the approach lights	über der Anflugbefeuerung
construction work *near* east threshold	Arbeiten in Nähe der Ostschwelle
over the beginning *of* runway	über dem Landebahnanfang
on the ground *at* 55	auf dem Boden um (zeitlich!) 55
on the ramp, switching *off*	auf dem Vorfeld, schalte ab

zeitlich:

about 0730 (half past seven a. m.) the pilot arrives *at* (räumlich) the airport,	etwa um 0730 kommt der Luftfahrzeugführer auf dem Flughafen an
he plans to depart *at* (zeitlich) 0830	er hat vor, um 0830 Uhr zu starten
by 0930 – that is *in* 2 hours *from* now he hopes (expects) to be *at* (räumlich) his destination	gegen 0930 – in 2 Stunden von jetzt – hofft er, an seinem Bestimmungsort zu sein (wörtl.)
between 0730 and 0830 he is very busy	zwischen 0730 und 0830 ist er sehr beschäftigt
during this time he prepares his flight	während dieser Zeit bereitet er seinen Flug vor
his weather briefing is valid *until* 0930	seine Wetterberatung ist bis 0930 gültig
weather forecast is valid *until* 1800	die Wettervorhersage ist bis 1800 gültig
the airport which is open *from* sunrise *to* sunset (SR – SS) is IMC *since* sunrise	der Flughafen, welcher von Sonnenaufgang bis Sonnenuntergang offen (geöffnet) ist, ist seit Sonnenaufgang IMC
the aircraft carries fuel *for* 6 hours	das Luftfahrzeug führt Treibstoff für 6 Stunden mit sich (wörtl.)
at 0815 the pilot boards the airplane	um 0815 betritt der Flugzeugführer das Flugzeug
he hopes to be airborne *within* the next 15 minutes	er hofft, innerhalb der nächsten 15 Minuten gestartet zu sein
hold position *until* further advised	halten Sie bis auf weiteres
hold *until* Convair has passed	halten Sie, bis Convair vorbei ist
advise *before* crossing the runway	melden Sie vor Kreuzen der Startbahn
maintain present heading	halten Sie gegenwärtigen Steuerkurs
until further notice	bis auf weiteres
until reaching VMC	bis Erreichen von VMC
until three miles *out* (or west)	bis 3 Seemeilen entfernt (oder westlich)

expect entry *in* 5 minutes	erwarten Sie Einflug in 5 Minuten
expect ATC clearance *within* 3 min.	erwarten Sie FS-Freigabe innerhalb 3 Minuten
maintain visual met conditions	bleiben Sie in Sichtwetterbedingungen
after passing Sulz VOR	nach Überflug von Sulz VOR
until further advised	bis weiter angewiesen (wörtl.)
until 6 minutes *past* Modau	bis 6 Minuten nach Modau
climb *on* track 240 *to* 4000 feet	steigen Sie auf Kurs über Grund 240 bis 4000 Fuß
hold and advise *before* crossing runway	halten und melden Sie vor Überqueren der Startbahn
report *before* entering IMC, control zone	melden Sie vor Einflug in IMC, in die Kontrollzone
maintain runway heading *until* Echo	fliegen Sie auf Startbahnkurs bis Echo
turn left *after* departure	drehen Sie nach dem Start links
proceed *along* the Autobahn *until* leaving the control zone	fliegen Sie entlang der Autobahn bis zum Verlassen der Kontrollzone
cross Modau not *before* 50	überfliegen Sie Modau nicht vor 50

BINDEWÖRTER (Konjunktionen)

braucht man selbstverständlich auch im Englischen, um Sätze und Satzteile miteinander zu verbinden.

Hier einige Bindewörter, die wir brauchen:

and	und	snow and ice on the runway	Schnee und Eis auf der Landebahn
		reading you loud and clear	höre Sie laut und klar
		make a 180 and backtrack	machen Sie kehrt und rollen Sie zurück
		report heading and altitude	melden Sie Steuerkurs und Flughöhe
		check wheels down and locked	überprüfen Sie, ob die Fahrwerkräder ausgefahren und verriegelt sind
		maintain own separation and VMC, if not possible, maintain FL 90 and advise	halten Sie eigene Staffelung und VMC, falls nicht möglich, halten Sie FL 90 und melden Sie
		cleared touch and go	frei zum Aufsetzen und Durchstarten
but	aber	runway snow/ice removed but not sanded	Landebahn geräumt, aber nicht gestreut

		reading you weak but clear	höre Sie schwach, aber klar
because	denn	hold over Leonberg because the CTR is IMC	halten Sie über Leonberg, denn die CTR ist IMC
for since as	da	since the CTR is IMC as the CTR is IMC	da die CTR IMC ist
		runway is closed since it is damaged (for, because it is damaged)	die Start- und Landebahn ist gesperrt, da sie beschädigt ist
or	oder	request FL 60 or 80	erbitte FL 60 oder 80
		take off immediately or vacate runway	starten Sie sofort oder verlassen Sie die Startbahn
		do you prefer grass or concrete runway?	bevorzugen Sie die Gras- oder Betonbahn?
		do you request low approach or touch and go landing?	wünschen Sie Tiefanflug oder Aufsetzen und Durchstarten?
as well as	sowohl als auch sowie	you may use grass as well as concrete runway	Sie dürfen sowohl die Gras- als auch die Betonbahn benutzen
neither ... nor	weder ... noch	I have neither VOR nor ADF aboard	ich habe weder VOR-Empfänger noch Radiokompaß
either ... or	entweder ... oder	you will get either FL 60 or FL 80	Sie werden entweder FL 60 oder FL 80 bekommen
as ... as	so ... wie	you will be cleared to land as soon as runway is vacated	sobald die Landebahn frei ist, erhalten Sie Landefreigabe
		turn right as soon as possible	drehen Sie baldmöglichst rechts (so bald wie möglich)
before	ehe, (be)vor	make good a track of 160 to 4000 feet before proceeding on course	steigen Sie auf Kurs über Grund 160 auf 4000 ft., bevor Sie auf Kurs gehen (wörtl.)
if	wenn, falls, ob	climb to 4000 ft. VMC, if not possible, maintain 2000 ft, and advise	steigen Sie in VMC auf 4000 ft., falls nicht möglich, in 2000 ft. bleiben und melden
		if runway not in sight follow mis-	falls Landebahn nicht in Sicht,

		sed approach procedure	machen Sie Fehlanflugverfahren
		if you read, rock your wings	falls Sie hören, wackeln Sie mit den Flächen
		if you read, give me a call	falls Sie hören, rufen Sie mich
		if you lose (oder: if losing) radio contact on final approach, continue visually	falls Sie im Endanflug Funkverbindung verlieren, fliegen Sie mit Erdsicht weiter
		if you cannot continue visually initiate missed approach procedure	falls Sie nicht mit Erdsicht weiterfliegen können, leiten Sie Fehlanflugverfahren ein
		expedite climb if practicable	beschleunigen Sie den Steigflug, wenn möglich
		clear runway expeditiously if possible	räumen Sie die Landebahn beschleunigt, falls möglich
		right turn approved, if desired	Rechtskurve genehmigt, falls erwünscht
than	als (nach Vergleich)	cross Cola not later than on the hour	überfliegen Sie Cola nicht später als zur vollen Stunde
		climb more than (less than) 1000 ft. per minute	steigen Sie mehr als (weniger als) 1000 ft. pro Minute
		a TMA is larger than a CTR	ein Nahverkehrsbereich ist größer als eine Kontrollzone
that	daß	weather station advises that the weather will deteriorate	die Wetterwarte teilt mit, daß das Wetter sich verschlechtern wird
		tower reports that the control zone is IMC	der Turm meldet, daß die Kontrollzone IMC ist
although	obwohl	he turned left although he was advised to turn right	er drehte links, obwohl er angewiesen war, rechts zu drehen
unless	sofern nicht, wenn nicht, außer wenn	do not continue approach unless having field in sight	setzen Sie Ihren Anflug nicht fort, wenn Sie den Platz nicht in Sicht haben

when	als, wenn	monitor frequency 125.05 when airborne	monitor Frequenz 125.05 wenn gestartet
		request right turn when two miles out	erbitte Rechtskurve wenn 2 Meilen entfernt
		report when ready for departure	melden Sie (wenn) startbereit
		advise when field/runway/approach lights in sight	melden Sie Platz, Landebahn-/Anflugbefeuerung in Sicht
		when I passed Modau I entered a cloud layer oder: when passing M ...	als ich Modau überquerte, flog ich in eine Wolkenschicht ein
		cleared to leave tower frequency when 8 miles out	frei zum Verlassen der Turmfrequenz, wenn 8 Meilen entfernt
whether	ob	do you know (can you tell me) whether your VOR is in operation?	wissen Sie (können Sie mir sagen), ob Ihre VOR in Betrieb ist?
while	während	maintain VMC while in controlled airspace	bleiben Sie in VMC, während Sie im kontrollierten Luftraum sind (wörtl.)

ZAHLEN

müssen wir im Sprechfunkwesen eigentlich nur 10 können, nämlich von 0 – 9, denn außer den vollen Tausendern werden im Sprechfunk alle Zahlen einzeln ausgesprochen.

Grundzahlen

0	zero	['zi:rou]
1	one	[wʌn]
2	two	[tu:]
3	three	[tri:, θri:]
4	four	[fɔ:]
5	five	[faiv]
6	six	
7	seven	
8	eight	[eit]
9	nine	['nainə, nain]

also ...

17	=	one seven
20	=	two zero
75	=	seven five
100	=	one zero zero
2500	=	two five zero zero

hingegen ...

2000	=	two thousand ['tausənd, 'θausənd]
3000	=	three thousand etc.

Volle Tausender dürfen, nein *müssen* als solche ausgesprochen werden, zumindest bis „niner thousand";

jedoch ...

	10000	one zero thousand
	25000	two five thousand
aber ...	25500	two five five zero zero
	30300	three zero three zero zero

Sprechen Sie folgende Zahlen sprechfunkmäßig aus:

20, 15, 4500, 14000, flight level 60, 22000, 22500
QNH 1014 hPa, aber: QNH 1000 hPa

ceiling $^5/_8$ (five oktas) in 1500 feet	Hauptwolkenuntergrenze $^5/_8$ in 1500 ft.
runway visual range 500 m	Landebahnsicht 500 m
wind 240 15 kt with gusts up to 25 kt	Wind 240 (Grad) 15 Knoten mit Böen bis 25 Knoten

München met report observation time 0950: wind 090 12 knots with gusts up to 19 knots, visibility 3000 m, haze, clouds less than $^1/_8$ in 1200 feet, $^4/_8$ 3000 feet, more than $^7/_8$ estimated in 5000 feet; temperature −3, dew point −5 degrees centigrade, QNH 1000 Hektopascal. Trend: visibility up to 6 km, ceiling up to 9000 feet

parachute jumps 12 miles southwest of the airport from 4500 feet	Fallschirmabsprünge 12 Meilen südwestlich des Flughafens aus 4500 Fuß
expect landing clearance in half a minute	erwarten Sie Landefreigabe in einer halben Minute
number 3 to land, follow Boeing 727 on $2^1/_2$ miles final	Landenummer 3, folgen Sie der Boeing im $2^1/_2$ Meilen Endanflug

Uhrzeit wird im Sprechfunkwesen wie folgt gegeben:
1420 (UTC); meist gibt man nur die beiden letzten Zahlen, insbesondere dann, wenn keine Verwechslung möglich ist: 20; gemeint ist: 20 Minuten nach der laufenden Stunde. 2355: fünf Minuten vor Mitternacht (koordinierte Weltzeit).

Standorte anderer Luftfahrzeuge oder anderer Objekte, z. B. die Lage eines Flugplatzes mit Bezug auf die Flugzeuglängsachse des angesprochenen Luftfahrzeugs werden häufig mit Hilfe der Uhrzifferblatteinteilung gegeben:

12
11 1
10 2
9 eigener + Standort 3
8 4
7 5
6

unidentified target 3 o'clock (your position), range 4 NM	nicht identifiziertes Ziel 3 Uhr (von Ihrem Standort), Entfernung 4 sm
the airport is at your 10 o'clock position (= ten sagen)	der Flughafen ist in Ihrer 10-Uhr-Position

Richtungsangaben nach Uhrzeigersinn bei Verkehrshinweisen müssen ausnahmsweise als „ten, eleven, twelve o'clock" übermittelt werden. Auch der zu fliegende Vollkreis darf als „make a three sixty" ausgesprochen werden.

Ordnungszahlen

1st	first [fə:st]	1.	6th	sixth [siksθ]	6.
2nd	second ['sekənd]	2.	7th	seventh [sevenθ]	7.
3rd	third [θə:d]	3.	8th	eighth [eitθ]	8.
4th	fourth [fɔ:θ]	4.	9th	ninth [nainθ]	9.
5th	fifth [fifθ]	5.			

taxi right second intersection	rollen Sie bei der zweiten Einmündung rechts
first taxiway closed due to snow	die erste Rollbahn ist wegen Schnee gesperrt
third part (of the runway): braking action medium	dritter Teil (der Landebahn): Bremswirkung mittelmäßig
taxi left first intersection	rollen Sie bei der ersten Einmündung links
use second intersection to the left	benutzen Sie die zweite Einmündung nach links
take first/second turn left/right	rollen Sie in die erste/zweite Einmündung links/rechts
behind second landing light type line up	hinter zweitem landendem Leichtflugzeug rollen Sie zum Startpunkt

Wiederholungszahlen

once [wʌns]	einmal	three times	dreimal
twice [twais]	zweimal	four times etc.	viermal usw.

Brüche

a) Dezimal

118,8 (MHz) one one eight decimal eight (MHz)
125,25 (MHz) one two five decimal two five (MHz)
119,10 (MHz) one one nine decimal one zero (MHz)

b) einfach

1/4 one quarter ['kwɔ:tə]
1/2 one half [ha:f]
1/8 one eighth [eitθ] oder one okta

clouds 3/8 in 5000 feet	Wolken 3/8 in 5000 Fuß
8/8 in 6500 feet	8/8 in 6500 Fuß

Einführung zum Teil II

Bei Prüfungen zum Erwerb eines englischsprachigen Sprechfunkzeugnisses wird von einzelnen Prüfungsbehörden die mündliche Übersetzung eines Textes aus der englischen in die deutsche Sprache verlangt, nachdem der Bewerber den Text laut vorgelesen hat. Die Texte haben einen Umfang von ca. 10 Schreibmaschinenzeilen und besitzen unterschiedliche Schwierigkeitsgrade. Es kommen darin Ausdrücke vor, die im Sprechfunkverkehr nicht oder nur selten auftauchen, Wörter, die mancher Prüfling noch nie gehört hat und auch weiterhin kaum mehr brauchen wird.
Dieses Buch enthält daher im englisch/deutschen Wörterverzeichnis zahlreiche Vokabeln, die in den Übersetzungen vorkommen. Da es sich bei manchen Texten um eine Art „Gesetzesenglisch" handelt, das in langen verschachtelten Sätzen steht und mit dem selbst auslandserfahrene und konversationsgeübte Kandidaten ihre Probleme haben, werden in dem nun folgenden zweiten Buchteil die wichtigsten Grammatikteile aus dem ersten Teil anhand von Satzbeispielen aus Übersetzungstexten nochmals behandelt.
Am Schluß des Buches finden Sie eine Reihe von Übersetzungsbeispielen. Während im Luftfahrthandbuch und in den NOTAMs – woraus die Texte im allgemeinen stammen – aus Flüssigkeitsgründen und oft unter Anhebung des Textumfangs eine sehr freie Übersetzungsweise gewählt wird, die beim Vergleich englischer Text/deutscher Text verwirren oder gar entmutigen kann, wurde hier im Buch ein Stil versucht, der sich ziemlich eng an die jeweilige englische Fassung hält, dafür aber naturgemäß an Flüssigkeit und eleganter Wortwahl zu wünschen übrig läßt. Dieses Vorgehen entspricht jedoch der bei den Prüfungen üblichen und von den Prüfern geduldeten Übersetzungsweise.

Grammatik II

Doch beginnen wir am Anfang, nämlich mit dem

GESCHLECHTSWORT (Artikel)

Sicher erinnern Sie sich ... : vor Mitlauten (Konsonanten) wird der bestimmte Artikel the = ðə ausgesprochen: the clearance, the runway, the flight plan, während er vor den Selbstlauten (Vokalen = a, e, i, o, u) „ði" ausgesprochen wird: the aircraft, the arrival message, the airmiss report. Der unbestimmte Artikel „a" wird zu „an", wenn das nachfolgende Wort mit einem Selbstlaut beginnt: an aircraft, an arrival message, an airmiss report.

the pilot transmits *an arrival message*	der Luftfahrzeugführer übermittelt eine Landemeldung
an assignment of departure times must be expected	eine Zuweisung von Startzeiten muß erwartet werden
the pilot files *an airmiss* report	der Luftfahrzeugführer gibt eine Meldung über gefährliche Begegnung auf
wake turbulences are *an invisible* hazard	Luftwirbelschleppen sind eine unsichtbare Gefahr

Hier folgt auf „an" ein Eigenschaftswort, welches mit einem Selbstlaut beginnt.

DAS HAUPTWORT (Substantiv)

haben Sie ja ebenfalls im ersten Buchteil bereits kennengelernt. Auch die Mehrzahlbildung sollte uns nicht mehr zu schaffen machen: das Hauptwort erhält in den allermeisten Fällen lediglich ein „s" am Ende.

on *IFR flights* radio contact shall be established	auf IFR-Flügen muß Funkverbindung hergestellt werden
reports on noticed *irregularities* (Einzahl irregularity) shall be transmitted to ATC (Air Traffic Control)	Meldungen über wahrgenommene Unregelmäßigkeiten müssen an den FVK (Flugverkehrskontrolldienst) übermittelt werden
lower minimum *values* may be applied	geringere Mindestwerte dürfen angewendet werden
wake *turbulences* may constitute *hazards* to other *aircraft*	Luftwirbelschleppen können Gefahren für andere Luftfahrzeuge bilden

„aircraft" ist in Ein- und Mehrzahl gleich. Bei Zischlauten am Wortende wird am Schluß „iz" gesprochen – siehe „turbulences". Nachdem bereits einige neue Sätze aufgetaucht sind, einige Bemerkungen zur

Wortstellung

Sie wurde bereits im ersten Teil des Buches behandelt (s. S. 249), doch kann eine Wiederholung nicht schaden.
Außer in Fragesätzen steht im Englischen wie im Deutschen Satzgegenstand (Subjekt) vor Satzaussage (Prädikat). Während in der deutschen Sprache Umstandsbestimmungen des Ortes und der Zeit nicht unbedingt am Satzanfang oder -ende stehen (ich kann *morgen* nicht kommen), stellt man diese im Englischen meist ans Satzende (I cannot come *tomorrow*), zuweilen auch an den Satzanfang.
Schwieriger wird es bei zusammengesetzten Zeiten (Perfekt, Zukunft) oder wo sonst Hilfszeitwörter und Zeitwörter gemeinsam auftauchen:

während im Deutschen Hilfszeitwort und Zeitwort häufig getrennt werden:	bleiben im Englischen Hilfsverb und Verb zusammen:
„eine gewissenhafte Flugvorbereitung *kann* Ihr Leben *retten*,"	„a conscientious pre-flight action *may save* (kann retten) your life"

Nur einzelne Umstandswörter wie normally, only, not, also, therefore usw. können sich im Englischen zwischen Hilfszeitwort und Zeitwort drängen:

populated areas will *also* be avoided	besiedelte Gebiete werden *auch* gemieden

In den nun folgenden zahlreichen Satzbeispielen wird immer wieder auf Besonderheiten der englischen Satzstellung hingewiesen. Immer wieder wird Ihnen auffallen, daß in der englischen Sprache viel konsequenter als in der deutschen Sprache die Reihenfolge „Satzgegenstand (Subjekt) – Satzaussage (Prädikat)" erhalten bleibt, daß Hilfszeitwort und Zeitwort nicht voneinander getrennt werden und daß Orts- und Zeitbestimmungen am Satzanfang oder am Satzende stehen.
Häufig wird bei den Satzbeispielen in der deutschen Übersetzung die Wortstellung des englischen Textes beibehalten, um die Unterschiede in der Wortstellung hervorzuheben.

Die vier Fälle

1. Fall (Werfall, Nominativ)	3. Fall (Wemfall, Dativ)
2. Fall (Wessenfall, Genitiv)	4. Fall (Wenfall, Akkusativ)

wurden im ersten Teil des Buches ab Seite 258 bereits ausführlich behandelt. Während der 1. Fall und der 4. Fall gleich sind und keine zusätzlichen Wörter erfordern, benötigt der 2. Fall – außer beim sächsischen Genitiv – das Verhältniswort „of" und der 3. Fall – außer in Sätzen, in denen die Reihenfolge 3. Fall/4. Fall auftritt – das Verhältniswort „to".
1. und 4. Fall werden daher an dieser Stelle nicht mehr behandelt.
Bemerkenswert ist allerdings auch, daß eine große Anzahl englischer Zeitwörter (Verben) abweichend vom Deutschen den Akkusativ (4. Fall) „regieren":

the tower *answers the pilot* (4. Fall)	der Turm antwortet dem(!) Luftfahrzeugführer (3. Fall)

the aeroplane *follows the follow-me car* (4. Fall)	das Flugzeug folgt dem(!) Vorfeldleitfahrzeug (3. Fall)

Außerdem regieren alle Verhältniswörter (Adverbien) den 4. Fall:

some aircraft are excepted *from this regulation* (4. Fall)	einige Luftfahrzeuge sind von dieser Regelung (3. Fall) ausgenommen

Der 2. Fall (= Wessenfall, Genitiv)

des Hauptwortes (Substantiv) muß mit dem Verhältniswort „of" = von gebildet werden, also z. B. „the noise disturbance of the population ..." = „die Lärmbelästigung von der Bevölkerung ...", besser: die Lärmbelästigung der Bevölkerung. In der Fliegerei gebraucht man selten den sächsischen Genitiv unter Vermeidung des Wörtchens „of": man hängt an das Hauptwort den Buchstaben „'s": the pilot's log book = das Bordbuch des – einen – Piloten. In der Mehrzahl steht der Apostroph *nach* dem „s": the pilots' log books = die Bordbücher der Piloten. Man verwendet den sächsischen Genitiv nur bei Personen.
Hier nun mehrere Beispiele für den anderen, nennen wir ihn den „romanischen Genitiv":

The noise disturbances *of the population* should be kept as small as possible	die Lärmbelästigungen der Bevölkerung sollten so klein (gering) wie möglich gehalten werden
the efforts *of the BFS* are supported *by pilots'* (sächs. Genitiv, Mehrzahl!) reports on airmisses. They enable the BFS to reduce incidents *of the reported nature* by improvements *of existing ATC systems* and procedures as well as by initiation *of appropriate remedial measures*	die Bemühungen der BFS werden unterstützt durch Pilotenmeldungen über gefährliche Begegnungen. Sie befähigen die BFS, Vorfälle der gemeldeten Art durch Verbesserungen der bestehenden FVK-Systeme und Verfahren sowie durch Einleitung geeigneter Abhilfemaßnahmen zu verringern

Einmal sächsischer Genitiv und viermal normaler Wessenfall, was für ein Beispiel!

the type *of the leading aircraft* shall be indicated in item ...	das Baumuster des führenden Luftfahrzeugs muß in Feld ... angegeben werden
the type *of the other aircraft* shall be given in item ... in the sequence *of the aircraft* identifications	das Baumuster der anderen Luftfahrzeuge muß in Feld ... angegeben werden in der Reihenfolge der Luftfahrzeugkennungen
continuation *of the flight* within controlled airspace is mandatory	die Fortsetzung des Fluges innerhalb kontrollierten Luftraumes ist Pflicht (obligatorisch)
an assignment *of departure time* must be expected	Zuweisung einer Abflugzeit muß erwartet werden

in the interest *of safety* pilots *of non-exercise aircraft* are advised to avoid the high level area	im Interesse der Sicherheit werden Luftfahrzeugführer von nicht an der Übung teilnehmenden Luftfahrzeugen angewiesen, den Luftraum in großen Höhen zu meiden
obtain information important for the safe conduct *of a flight*	holen Sie Informationen ein, die für die sichere Durchführung eines Fluges wichtig sind

Wir brauchen hier einen Nebensatz, der Engländer nicht.

smaller aircraft enter the potential area of turbulent wake *of the larger aircraft*	kleinere Luftfahrzeuge fliegen in das mögliche Luftwirbelschleppengebiet des größeren Luftfahrzeugs ein

Beachten Sie die Steigerung der beiden Eigenschaftswörter: small, smaller; large, larger

flight preparation is required for the safe conduct *of the flight*	Flugvorbereitung ist erforderlich für die sichere Durchführung des Fluges
more than one aircraft *of the same type* was involved	mehr als ein Luftfahrzeug desselben Baumusters war betroffen
incidents *of the reported nature* shall be reported	Vorfälle der gemeldeten Art müssen gemeldet werden
CVFR service is available to pilots who conduct part *of their flight* within a CVFR area	CVFR-Dienst ist verfügbar (vorhanden) für Luftfahrzeugführer, die einen Teil ihres Fluges in einem CVFR-Gebiet durchführen
report entering downwind *of traffic circuit* concerned	melden Sie das Einfliegen in den Gegenanflug der betreffenden Platzrunde
the preceding aircraft must have reached a distance of 800 meters from the touchdown point *of the succeeding aircraft*	das vorausfliegende Luftfahrzeug muß eine Entfernung von 800 m vom Aufsetzpunkt des nachfolgenden Luftfahrzeugs erreicht haben
indication *of Hannover airport* as alternate aerodrome will not be accepted	die Angabe des Flughafens Hannover als Ausweichflugplatz wird nicht angenommen (akzeptiert)
in the interest *of noise abatement* and fluent handling *of flight operations* compliance with the specified traffic circuit is mandatory (im Englischen zuerst Satzgegenstand, dann Satzaussage!)	im Interesse der Lärmbekämpfung und der flüssigen Abwicklung des Flugbetriebs ist die Einhaltung der angegebenen Platzrunde Pflicht
aircraft and cargo have to be in a condition ensuring operational safety *of the aircraft*	Luftfahrzeug und Ladung müssen in einem Zustand sein, welcher die betriebliche Sicherheit des Luftfahrzeugs sicherstellt

wir benötigen einen Nebensatz, wo der Engländer mit der „ing-Form" (ensuring!) ganz schön kürzen kann.

the civil aviation authorities *of the above countries* complain of the lacking knowledge *of the respective national rules*	die zivilen Luftfahrtbehörden der obigen Länder beschweren *sich* über die fehlenden Kenntnisse der entsprechenden nationalen Regeln

Hier noch einige Sätze mit interessanter Wortstellung:

in order to prevent danger to the safety *of air traffic,* a maximum speed is established	um Gefahr für die Sicherheit des Luftverkehrs zu verhindern, wird eine Höchstgeschwindigkeit festgelegt (wird ... festgelegt)

(um zu = in order to). Stets zuerst Satzgegenstand (a maximum speed), dann Satzaussage (is established) – Hilfszeitwort und Zeitwort zusammen

the application shall be made not later than 1300 *of the preceding day*	der Antrag muß gestellt (gemacht) werden nicht später als 1300 des vorhergehenden Tages

Satzgegenstand (application), dann gleich Satzaussage (shall be made). Hilfszeitwörter und Zeitwort zusammen und Zeitbestimmung am Satzende!

a conscientious pre-flight action may save your life and that *of your passengers*	eine gewissenhafte Flugvorbereitung kann Ihr Leben und das Ihrer Fluggäste retten

„may save" – Hilfszeitwort und Zeitwort müssen beisammen stehen

if pilots fail to report the competent service unit might have doubts about the safety *of the flight.* (might have: zusammen!)	falls Luftfahrzeugführer es unterlassen, sich (!) zu melden, könnte die zuständige Dienststelle Zweifel über die Sicherheit des Fluges haben

Der 3. Fall (Dativ) = Wemfall (Frage wem?)

des Hauptwortes wird im Englischen unter Voransetzung des Verhältniswortes „to" gebildet. „to" kann entfallen, wenn in einem Satz die Reihenfolge 3. Fall – 4. Fall eintritt (siehe auch Seite 260):

the tower gives me (3. Fall) a clearance (4. Fall)	der Turm gibt mir eine Freigabe
pilots are requested to attach (4. Fall) special importance *to a* (3. Fall) *conscientious pre-flight action*	(die) Luftfahrzeugführer werden gebeten, (wem?) einer gewissenhaften Flugvorbereitung besondere Bedeutung zu widmen
pilot's reports will be made available *to other aircraft*	Pilotenmeldungen werden (wem?) anderen Luftfahrzeugen verfügbar gemacht (werden)

will be made: 2 Hilfszeitwörtere und ein Zeitwort – alles beisammen.

the FIS frequencies are available *to General Aviation*	die FIS-Frequenzen stehen (wem?) der Allgemeinen Luftfahrt zur Verfügung

information will be supplied *to you* about all changes	Informationen werden Ihnen geliefert (werden) über alle Änderungen
there are special circumstances unknown *to the pilot* prior to take-off (departure)	es gibt besondere Umstände, die dem Luftfahrzeugführer vor dem Start unbekannt sind (wir benötigen einen Nebensatz, „er" nicht)
it is requested to pay attention *to the following* and to transmit (4. Fall) an airmiss report *to the competent ATC unit* (3. Fall, also „to")	es wird gebeten, (wem?) dem folgenden Aufmerksamkeit zu widmen (wörtlich) und (wem?) der zuständigen FVK-Stelle eine Meldung über gefährliche Begegnung zu übermitteln

FÜRWÖRTER (Pronomen)

Persönliche und Besitzanzeigende Fürwörter (Possessivpronomen) werden ähnlich wie in der deutschen Sprache angewendet:

are *you* aware of all sources at *your* disposal to make *your* flight safer?	sind Sie aller Quellen gewahr zu Ihrer Verfügung, um Ihren Flug sicherer zu machen? (wörtlich)
together with amendments to *your* AIP *you* also receive the latest NOTAMs	zusammen mit den Berichtigungen zu Ihrer AIP erhalten Sie auch die neuesten NOTAMs
they supply this information	sie liefern diese Information
use *it* for *your* pre-flight action and for *your* map preparation	benutzen Sie sie(!) für Ihre Flugvorbereitung und für Ihre Kartenvorbereitung
insert all information important to *you* into *your* aeronautical chart	tragen Sie alle Informationen, die für Sie wichtig sind, in Ihre Luftfahrtkarte ein
obtain *your* departure information already before establishing radio communication	holen Sie Ihre Abfluginformation(en) schon (bereits) vor Aufnahme des Sprechfunkverkehrs ein

(die letzten drei Sätze stehen in der Befehlsform = Imperativ)

if the pilot intends to deviate from *his* departure time *he* shall coordinate a new departure time (he shall ...)	falls der Luftfahrzeugführer beabsichtigt, von seiner Abflugzeit abzuweichen, muß er eine neue Abflugzeit vereinbaren (muß er ...)
Radar notifies the pilot on *his* position	Radar benachrichtigt den Luftfahrzeugführer über seinen Standort
an exercise aircraft flies between the border and one mile west of *it*	ein Übungsflugzeug fliegt zwischen der Grenze und einer Meile westlich von ihr
it crosses the flight path of the other aircraft	es kreuzt den Flugweg des anderen Luftfahrzeugs
pilots are requested in *their* own interest to make a conscientious flight preparation	(die) Luftfahrzeugführer werden gebeten in ihrem eigenen Interesse, eine gewissenhafte Flugvorbereitung zu machen

In den englischen Sätzen wird am Satzanfang zuweilen das bestimmte Geschlechtswort weggelassen

CVFR services will be available to pilots who intend to conduct part of *their* flight within a CVFR area	CVFR-Dienste werden verfügbar sein für Luftfahrzeugführer, die beabsichtigen, einen Teil ihres Fluges innerhalb eines CVFR-Gebietes durchzuführen
flights are only permitted if *they* can be conducted in VMC	Flüge werden nur genehmigt, wenn sie in VMC durchgeführt werden können

Versuchen Sie, in den obigen Sätzen die persönlichen und die besitzanzeigenden Fürwörter zu unterscheiden!
Beachten Sie auch immer wieder die konsequente Reihen- und Aufeinanderfolge Satzgegenstand (Subjekt) – Satzaussage (Prädikat) – auch da, wo wir die Reihenfolge ändern!
Eine Aufstellung aller persönlichen und besitzanzeigenden Fürwörter finden Sie auf Seite 263 dieses Buches.

Das rückbezügliche Fürwort (Reflexivpronomen)

Wo der Deutschsprechende „mich, dich, sich; uns, euch, sich“ sagt, benutzt der Englischsprechende „myself, yourself, himself, herself, itself; ourselves, yourselves, themselves“ (siehe auch Seite 265).

Beispiele:

the pilot shall familiarize *himself* with all important information (shall = muß!)	der Luftfahrzeugführer muß sich mit allen wichtigen Informationen vertraut machen

Das hinweisende Fürwort (Demonstrativpronomen)

this (Mehrzahl these) = dieser, diese, dieses bezeichnet häufig etwas Nahes; that (Mehrzahl those) = jener, jene, jenes; jene etwas Ferneres.

this information is transmitted via the appropriate VOR	diese Information wird über die zugehörige VOR ausgestrahlt
some aircraft are excepted from this regulation	einige Luftfahrzeuge sind von dieser Regelung (Bestimmung) ausgenommen
BFS supplies this information	die BFS liefert diese Information(en)
aircraft operators may coordinate this with the appropriate ATC units	(die) Luftfahrzeughalter können dies mit den zuständigen FVK-Stellen absprechen
during this time approach lighting will be shortened	während dieser Zeit wird die Anflugbefeuerung gekürzt werden
this is admissible in view of the operational safety	dies ist zulässig im Hinblick auf die Betriebssicherheit

Mehrzahl: these = diese

these services may be requested to render assistance	diese Dienste können (dürfen) gebeten werden, Hilfe zu leisten

arrival and departure routes are particularly established for these flights	Einflug- und Abflugstrecken werden besonders für diese Flüge festgelegt
these reports enable BFS to reduce incidents of the reported nature	diese Meldungen befähigen die BFS, Vorfälle der gemeldeten Art zu verringern

that = das; jener, jene, jenes; those = jene

a conscientious pre-flight action may save your life and that of your passengers (may save: zusammen)	eine gewissenhafte Flugvorbereitung kann Ihr Leben und das (jenes) Ihrer Fluggäste retten (kann ... retten: getrennt)

Das Bezugsfürwort (Relativpronomen)

für Personen: who = die

CVFR service is available to pilots who intend to conduct their flight within a CVFR area	CVFR-Dienst ist verfügbar für Luftfahrzeugführer, die beabsichtigen, ihren Flug innerhalb eines CVFR-Gebietes durchzuführen

... intend to conduct: beide Zeitwörter beisammen; bei uns werden sie getrennt: beabsichtigen, ... durchzuführen. Dasselbe passiert im nächsten Satz mit Hilfszeitwort und Zeitwort (are excepted).

für Sachen: which = welche

aircraft which have to be operated at a higher airspeed are excepted from this regulation	Luftfahrzeuge, welche (die) mit einer höheren Fluggeschwindigkeit betrieben werden müssen, sind von dieser Bestimmung ausgenommen
due to construction work which will be completed by spring 1987 special caution shall be taken	wegen Bauarbeiten, welche (die) etwa im Frühjahr 1987 beendet sein werden, muß besondere Vorsicht genommen werden (wörtl.)
the DWD uses automatic telephone responders which are connected to the public telephone system	der DWD benutzt automatische Anrufbeantworter, die an das öffentliche Fernsprechnetz angeschlossen sind

Das unbestimmte Fürwort (unbestimmtes Pronomen)

wird in manchen Fällen wie ein Hauptwort (substantivisch) verwendet, z. B. nobody (comes) = niemand (kommt), in manchen Fällen wie ein Eigenschaftswort (adjektivisch), z. B. no (flight plan) = kein (Flugplan), und teils adjektivisch, both (pilots) = beide (Piloten), *und* substantivisch, z. B. both (are here) = beide (sind hier).

some = einige
any = irgendwelche, irgendein, jeder beliebige
other = ander ...

some military aerodromes are admitted to civil use	einige Militärflugplätze sind für zivile Benutzung zugelassen

(Satzaussage folgt unmittelbar dem Satzgegenstand, Objekt am Satzende)

some VFR flights are not subject to Air Traffic Control	einige VFR-Flüge unterliegen nicht der Flugverkehrskontrolle
in order to (= um zu) eliminate any possible hazard ATC units will apply larger separations	um irgendwelche mögliche Gefahren auszuschließen, werden die FVK-Stellen größere Staffelungen anwenden
if for any reason it should not be possible to report to the competent unit, any other ATS unit may be notified	falls es aus irgendeinem Grunde nicht möglich sein sollte, sich bei der zuständigen Dienststelle zu melden, darf jede beliebige andere ATS-Stelle benachrichtigt werden

(Hilfszeitwörter und Zeitwörter zusammen, allenfalls getrennt durch ein Umstandswort, z. B. „not")

there is no other alternative but (hier: als) to transmit a report	es gibt keine andere Möglichkeit als eine Meldung zu übermitteln
obtain other information important for the safe conduct of flight (Befehlsform)	holen Sie andere (weitere) Informationen ein, die für die sichere Flugdurchführung wichtig sind
ATIS informs you also about other information important for take-off and landing (wir brauchen einen Nebensatz)	die ATIS informiert Sie auch über andere Informationen, die für Start und Landung wichtig sind

one – both = einer – beide

if one or both pilots feel endangered pilots shall transmit an airmiss report	falls einer oder beide Luftfahrzeugführer sich(!) gefährdet fühlen, müssen die Luftfahrzeugführer eine Meldung über gefährliche Begegnung übermitteln

every – each = jeder, jede, jedes

Man sagt zwar, „every" bedeute „jeder" im allgemeinen und „each" bedeute „jeder" aus einer beschränkten Anzahl, aber die Grenzen scheinen etwas fließend zu sein, wie die beiden letzten Beispiele beweisen.

every year during the summer months citizens complain about noise disturbances	jedes Jahr während der Sommermonate beschweren sich Bürger über Lärmbelästigungen (-störungen)
(citizens complain: zuerst Satzgegenstand, dann Satzaussage)	(beschweren sich Bürger: zuerst Satzaussage, dann Satzgegenstand)

Grund: die Zeitbestimmung am Satzbeginn bedingt im Deutschen eine Umstellung!

pilots shall make a comprehensive pre-flight action before *each* flight (Zeitbest. am Satzende!)	(die) Luftfahrzeugführer müssen vor jedem Flug eine umfassende Flugvorbereitung machen

FIRs affected will be announced before *each* exercise (auch hier!)	(die) betroffene(n) FIRs werden vor jeder Übung bekanntgegeben (werden)
the entire airspace will not be completely activated for *every* exercise	der gesamte Luftraum wird nicht für jede Übung ganz aktiviert werden

einmal *each* exercise, einmal *every* exercise. Es ist etwas schwierig.

all = alle

the pilot shall familiarize himself with all important information	der Luftfahrzeugführer muß sich mit allen wichtigen Informationen vertraut machen
information will be supplied about all changes to air traffic services and facilities	Informationen werden geliefert über alle Änderungen bei den Flugsicherungsdiensten und -einrichtungen
insert all information into your aeronautical chart	tragen Sie alle Informationen in Ihre Luftfahrtkarte ein
use all information for your map preparation	benutzen Sie alle Informationen für Ihre Kartenvorbereitung
all aircraft are advised to keep a sharp look-out (alle Zeitwörter zusammen)	alle Luftfahrzeuge werden angewiesen, einen scharfen Ausblick zu halten (Zeitwörter getrennt)

ZEITWÖRTER (Verben)

sind im Englischen recht einfach zu handhaben. Lediglich in der 3. Person Einzahl (er, sie, es = he, she, it) erhalten sie in der Gegenwart am Ende ein „s", nach Zischlauten „es". In den übrigen Personen bleiben sie unverändert, wie die nachfolgenden Beispiele zeigen:

the Air Force *complains* ...	... beschwert sich = 3. Person Einzahl, erhält also ein „s"
citizens *complain* ...	(die) Bürger beschweren sich = 3. Person Mehrzahl, also kein „s"

Einige Vorbemerkungen zur Wortstellung beim Zeitwort:

the pilot *shall obtain* a clearance	der Pilot *muß* eine Freigabe *einholen*

Satzaussage (Hilfszeitwort und/oder Zeitwort = shall obtain) muß unmittelbar *nach* Satzgegenstand (Hauptwort oder Fürwort) = the pilot – stehen. Hilfszeitwort (shall) und Zeitwort (obtain) müssen zusammen stehen, allenfalls getrennt durch Umstandswörter wie „not, also, therefore, normally" usw.
Ausnahmen zu dem soeben Gesagten treten bei Fragen auf, die jedoch in den Übersetzungsbeispielen kaum vorkommen.

3. Person Einzahl:

the BFS *points out* that flights shall be conducted (or executed) with utmost care	die BFS weist darauf hin, daß Flüge mit äußerster Sorgfalt (Vorsicht) durchgeführt werden müssen

3. Person Mehrzahl:

airmiss reports *enable* the BFS to reduce such incidents	Fastzusammenstoß-Meldungen ermöglichen es der BFS, solche Vorfälle zu reduzieren

2 Beispiele für „shall". Es erhält in der 3. Person Einzahl kein „s":

the pilot shall transmit an airmiss report to ATC	der Luftfahrzeugführer muß eine Fastzusammenstoßmeldung an den FVK übermitteln
the pilot shall obtain sufficient information on available weather reports	der Luftfahrzeugführer muß genügend Auskunft über verfügbare Wettermeldungen einholen

(shall transmit und shall obtain stehen beisammen – muß ... übermitteln, muß ... einholen werden getrennt)

Jetzt weitere Beispiele in bunter Mischung. Auf dritte Person Einzahl wird meist hingewiesen, zumindest durch ein (!) = ... „s" nicht vergessen!

Gegenwart (Präsens)

operation of heavy aircraft *causes* (!) ('kɔːsiz, e wird als i hörbar) increased occurrence of wake turbulences	der Betrieb von schweren Luftfahrzeugen verursacht erhöhtes Auftreten von Luftwirbelschleppen
a light aircraft *follows* a heavier one and *crosses* the flight path of a medium one at the same altitude	ein leichtes Luftfahrzeug folgt einem schwereren und kreuzt den Flugweg eines mittleren in derselben Flughöhe

(zweimal dritte Person Einzahl! Endet das Zeitwort mit einem Zischlaut, wird in der 3. Person Einzahl „es" angehängt: cross – crosses)

ATC units *apply* larger separation when a smaller aircraft *enters*(!) the turbulent wake area of a heavier aircraft and *instruct* the aircraft *to fly* along appropriate routes	FVK-Stellen wenden größere Staffelung an, wenn ein kleineres Luftfahrzeug in das Luftwirbelschleppengebiet eines schwereren Luftfahrzeuges einfliegt und weisen die Luftfahrzeuge an, entlang geeigneter Strecken zu fliegen

(einmal dritte Person Einzahl – mit s – und zweimal dritte Person Mehrzahl – ohne s. Außerdem zweimalige Steigerung von Eigenschaftswörtern: small – smaller, heavy – heavier)

if the pilot *intends*(!) *to deviate* from his departure time, he *shall* coordinate a new departure time	falls der Luftfahrzeugführer beabsichtigt, von seiner Abflugzeit abzuweichen, muß er eine neue Startzeit vereinbaren

(engl.: he shall; zuerst Satzgegenstand, dann Satzaussage)

aircraft *shall* not (!) *exceed* a maximum speed of 250 knots IAS	das Luftfahrzeug (kann auch heißen: die Luftfahrzeuge) dürfen eine Höchstgeschwindigkeit von 250 Kt nicht überschreiten
aircraft *shall maintain* the minimum speed and *shall* not *fail to report*	die Luftfahrzeuge müssen die Mindestgeschwindigkeit einhalten und dürfen es nicht versäumen, sich zu melden

(to report heißt melden und sich melden)

ATS units *render* assistance in case of disorientation and *notify* the pilot on his position	ATS-Stellen leisten Hilfe im Fall von Orientierungsverlust und benachrichtigen (informieren) den Luftfahrzeugführer über seinen Standort

(zwei Zeitwörter in der dritten Person Mehrzahl – also kein s am Schluß)

pilots *shall adhere* to all relevant air traffic rules	die Luftfahrzeugführer müssen alle einschlägigen Luftverkehrsregeln befolgen
the same *applies* (!) to VFR flights	dasselbe gilt für VFR-Flüge
the aircraft *shall remain* clear of clouds when the change from IFR to VFR *takes* (!) *place* at the established minimum altitude	das Luftfahrzeug (oder: die Luftfahrzeuge) müssen frei von Wolken bleiben, wenn der Wechsel von IFR auf VFR in der festgelegten Mindesthöhe stattfindet
aircraft *shall approach* the field from the north, *establish* radio contact and *report* on downwind	(die) Luftfahrzeuge müssen den Platz von Norden anfliegen, Funkverbindung herstellen und sich (!) im Gegenanflug melden
you *help to reduce* the workload of ATC if you *obtain* ATIS-information before you *establish* (oder Gerundium: before establishing) radio communication	Sie helfen (mit), die Arbeitsbelastung des FVK zu vermindern, wenn Sie (die) ATIS-Information einholen, bevor Sie Funkverkehr aufnehmen
you *receive* the latest NOTAMs and AICs. BFS *supplies* (!) this information	Sie erhalten die neuesten NOTAMs und AICs. Die BFS liefert diese Information
use it for your map preparation. *Insert* it in your aeronautical chart (zweimal Befehlsform!)	benutzen Sie sie (im Engl.: it!) für Ihre Kartenvorbereitung. Tragen Sie sie (!) in Ihre Luftfahrtkarte ein
the pilot *has* (!) to file a flight plan. AIS *accepts* (!) and *signs* (!) it and *provides* (!) it with a time stamp. (viermal 3. Person Einzahl, also „s")	der Luftfahrzeugführer muß einen Flugplan aufgeben. AIS nimmt ihn (engl.: it) an und versieht ihn mit einem Zeitstempel
DWD *provides* (!) flight weather forecasts to pilots. The weather forecasts *cover* a region N and S which *overlap* in the Rhein district (to overlap = *sich* überlappen)	der Deutsche Wetterdienst versorgt die Luftfahrzeugführer mit Wettervorhersagen. Die Wettervorhersagen überdecken ein Gebiet N und S, die sich im Rheinland überlappen

1. **Vergangenheit** (Imperfekt)

Die erste Vergangenheit wird bei den regelmäßigen Verben durch Anhängen von „ed" gebildet, bei den unregelmäßigen wie im ersten Teil des Buches ab Seite 252 behandelt. „s" in der 3. Person Einzahl entfällt!

until now the CVFR service only *offered* the possibility to cross a CVFR area on VFR enroute flights	bis jetzt (seither) bot der CVFR-Dienst nur die Möglichkeit, ein CVFR-Gebiet auf VFR-Streckenflügen zu durchqueren (durchfliegen)

2. **Vergangenheit** (Perfekt)

Die zweite Vergangenheit wird mit dem Hilfszeitwort „to have" = haben (3. Person Einzahl = has) und dem Mittelwort der Vergangenheit gebildet.

the government *has announced* an environment protection program	die Regierung hat ein Umweltschutzprogramm angekündigt (das noch besteht)
the aircraft *has reached* a distance of 800 m from the touchdown point	das Luftfahrzeug hat eine Entfernung von 800 m vom Aufsetzpunkt erreicht (u. ist noch dort)
has announced, has reached: Hilfszeitwort und Zeitwort beisammen	hat ... angekündigt, hat ... erreicht: Hilfszeitwort und Zeitwort ... getrennt

1. **Zukunft** (Futur)

Zur Bezeichnung künftiger Geschehnisse wird – konsequenter als im Deutschen – das Futur verwendet. Es wird gebildet aus dem Hilfszeitwort will und der Grundform (Infinitiv) des Zeitwortes. Hilfszeitwort „will" und Zeitwort (z. B. come) müssen im Englischen stets zusammenstehen (he *will come* tomorrow = er *wird* morgen *kommen*), allenfalls getrennt durch Umstandswörter wie not, therefore, also, normally usw. He will *not* come tomorrow = er wird morgen *nicht* kommen, im Englischen: er wird nicht kommen morgen (Zeit muß an den Satzschluß).

NOTAM-Texte kündigen Kommendes an, stehen daher meist in der 1. Zukunft.

flights *will avoid* controlled airspace (Ort am Satzende)	(die) Flüge *werden* kontrollierten Luftraum *meiden*
demonstration flights of high performance aircraft *will take place*	Vorführungsflüge von Hochleistungsluftfahrzeugen *werden stattfinden*
operation of heavier aircraft *will cause* increased occurrence of wake turbulences	(der) Betrieb von schwereren Luftfahrzeugen *wird* erhöhtes Auftreten von Luftwirbelschleppen *verursachen*
exercise traffic *will fly* between the border and 70 NM west of it	(der) Übungsverkehr *wird* zwischen der Grenze und 70 NM westlich davon *fliegen*

ATC units *will therefore apply* larger separation minima	die FVK-Stellen *werden daher* größere Staffelungsmindestwerte *anwenden*
ATC *will not accept* Hannover airport as alternate airport	der FVK *wird* den Flughafen Hannover *nicht* als Ausweichflughafen *annehmen*
ATIS *will inform* you about actual aerodrome weather	die ATIS-Aufsprache *wird* Sie über das aktuelle Flugplatzwetter *informieren*
construction work *will start* at the future threshold and *will proceed* to the east	die Bauarbeiten *werden* an der künftigen Schwelle *beginnen* und nach Osten *fortschreiten*
existing threshold *will remain* unchanged	die bestehende Schwelle *wird* unverändert *bleiben*

Jetzt einige Beispiele der 1. Zukunft mit „will" und dem Hilfszeitwort „to be", also mit: „will be" = wird sein (muß zusammenstehen außer bei den bereits bekannten Umstandswörtern)

approach lighting will (not) be available	(die) Anflugbefeuerung *wird* (nicht) *verfügbar sein*
in the future CVFR services *will be available* within a CVFR area	in der Zukunft (künftig) *werden* CVFR-Dienste innerhalb eines CVFR-Gebietes *verfügbar sein*
there *will be* intensive exercise traffic	es *wird* starker Übungsverkehr *sein* (wörtlich)

Selbstverständlich kommen in den Übersetzungstexten auch unregelmäßige Zeitwörter vor, also solche, die in der Vergangenheit nicht einfach die Endung „ed" angehängt bekommen, sondern ... Sie werden sehen. Im Anschluß an die Beispiele werden jeweils die Gegenwarts- und die beiden Vergangenheitsformen angegeben.

the pilot *left* controlled airspace (to leave, left, left)	der Luftfahrzeugführer verließ (den) kontrollierten Luftraum
a conscientious pre-flight action *makes* your flight safer	eine gewissenhafte Flugvorbereitung macht Ihren Flug sicherer
the airspace will be *made* available to other aircraft	der Luftraum wird anderen Luftfahrzeugen verfügbar gemacht werden
the application shall be *made* to Hannover ATC	der Antrag muß bei Hannover FVK gemacht (gestellt) werden
it (!) shall be *made* in writing or via telephone (to make, made, made)	er (!) muß schriftlich oder über Fernsprecher gemacht (gestellt) werden
special caution shall be *taken* when approaching runway 07 L	besondere Vorsicht muß genommen werden beim Anflug auf Landebahn 07 L (wörtlich)
steps will be *taken* within the scope of legal regulations (to take, took, taken)	Schritte werden unternommen (!) im Rahmen der gesetzlichen Vorschriften
both pilots concerned *felt* endangered (to feel, felt, felt)	beide betroffene Luftfahrzeugführer fühlten sich (!) gefährdet
all pilots are advised to *keep* a sharp look-out	alle Luftfahrzeugführer werden angewiesen, einen scharfen Ausblick zu halten (wörtlich!)

the noise disturbance by powered sporting planes should be *kept* small	die Lärmbelästigung durch Motorsportflugzeuge sollte gering gehalten werden
the necessary details on the flight are entered into the log book as far as it is to be *kept* (to keep, kept, kept)	die notwendigen Einzelheiten über den Flug werden in das Bordbuch eingetragen, soweit es geführt (gehalten) werden muß

Auch hier stehen in mehreren englischen Sätzen zwei Hilfszeitwörter und ein Zeitwort jeweils zusammen.

Mittelwort der Gegenwart (... ing)

wird bei progressiven Vorgängen verwendet, d. h., wenn eine Handlung soeben vor sich geht, ein Zustand noch andauert. Ein Beispiel:

he goes to the flying school	er geht zur Flugschule, er ist Flugschüler
he *is going* to the flying school	er *geht soeben* ... er ist auf dem Schulweg

Diese Form kennen wir im Deutschen nicht, im Englischen wird sie sehr häufig dann verwendet, wenn eine Tätigkeit soeben oder bald stattfindet.

Jetzt ein Satz, der fast alle möglichen Formen beinhaltet, in denen das Mittelwort der Gegenwart verwendet wird:

the Airforce is *complaining* of the *increasing* number of entries into CTR *involving endangering* and *impeding* of military flight operations	die Luftwaffe beschwert sich (soeben) über die zunehmende Zahl von Einflügen in die Kontrollzone zur Folge habend (wörtl.) (eine) Gefährdung und Behinderung des militärischen Flugbetriebs

Betrachten wird den Satz etwas näher:

is complaining: die Luftwaffe beschwert sich (soeben)

increasing number: zunehmende Zahl:
Hier wird das Mittelwort der Gegenwart angewandt wie bei uns, nämlich attributiv, d. h. wie ein Eigenschaftswort

involving: umfassend, zur Folge habend:
Im Englischen spart man sich das „which are involving", während wir sagen müssen: „die zur Folge haben", also einen Relativsatz bilden müssen.

endangering and impeding of ... Gefährdung und Behinderung von ...
Hier werden aus zwei Zeitwörtern durch Anhängen von „ing" zwei Hauptwörter = Verbalsubstantive. Das „ing" entspricht unserem „ung".

Weitere Beispiele zunächst in der Form, in der wir das Mittelwort der Gegenwart gebrauchen, nämlich ähnlich wie ein Eigenschaftswort:

a *succeeding* light aircraft may be cleared for take-off when a *preceding* aircraft is airborne	ein nachfolgendes Leichtluftfahrzeug darf zum Start freigegeben werden, wenn ein vorausfliegendes Luftfahrzeug abgehoben hat
aircraft shall be equipped with a *functioning* transceiver	Luftfahrzeuge müssen mit einem funktionierenden Sprechfunkgerät ausgerüstet sein
approaching aircraft shall establish radio contact with ATC	anfliegende Luftfahrzeuge müssen Funkverbindung herstellen mit dem FVK (wörtlich)
existing thresholds will not be changed	bestehende Schwellen werden nicht geändert
a *corresponding* regulation will be added to the *existing* CVFR regulations	eine entsprechende Bestimmung wird den bestehenden CVFR-Vorschriften hinzugefügt werden
the *following* lower minimum values are established: ...	die folgenden niedrigeren Mindestwerte werden festgelegt: ...
it is requested to transmit the *following* data: ...	es wird gebeten, folgende Angaben zur übermitteln: ...

Nun ein Beispiel, in dem ausgedrückt werden soll, daß etwas soeben geschieht:

the airplane *is flying* in the CVFR area	das Flugzeug fliegt (jetzt gerade) im CVFR-Gebiet

Das Gerundium

ist die zum Hauptwort gewordene Form des Zeitworts. Man bedient sich ihrer im Englischen sehr häufig, weil sie ein bequemes Ausdrucksmittel ist, mit dessen Hilfe man schwierige Konstruktionen leicht umschreiben und vermeiden kann.
Das Gerundium steht stets ohne Artikel nach Zeitwörtern wie avoid ..., report ..., sowie nach Wörtern wie after, before, by, for, prior to, without, if, when ...

pilots are allowed to conduct a VFR flight *without entering* a CVFR-area, i. e. *by flying* below the area	Luftfahrzeugführer sind erlaubt (= dürfen) einen VFR-Flug durchführen, ohne Einflug in ein CVFR-Gebiet, d. h. durch Fliegen unterhalb des Gebietes
when filing the CVFR flight plan during the flight pilots are requested to transmit the following data: ...	bei der Aufgabe des CVFR-Flugplans während des Fluges werden die Flugzeugführer gebeten (aufgefordert), folgende Daten zu übermitteln: ...
the type of aircraft shall be indicated *by using* the appropriate aircraft type designator	das Luftfahrzeugbaumuster muß angegeben werden unter Benutzung der entsprechenden Luftfahrzeugbaumusterbezeichnung
radio contact shall be established at the latest 5 minutes *prior to reaching* the compulsory reporting point	Funkverbindung muß hergestellt werden spätestens 5 Minuten vor Erreichen des Pflichtmeldepunktes

report entering the assigned downwind (Befehlsform)	melden Sie den Einflug in den zugewiesenen Gegenanflug
obtain your departure information already *before establishing* radio communication	holen Sie Ihre Abfluginformation bereits vor der Aufnahme des Funkverkehrs ein (Befehlsform)
special caution shall be taken *when approaching* runway 07 L	besondere Vorsicht muß beim Anflug zur Landebahn 07 L angewandt werden
FIS frequencies are available *for obtaining* information	die FIS-Frequenzen sind verfügbar für die Einholung von Informationen (Auskünften)
filing of flight plans during the flight is not permitted. Exceptions see AIP.	Flugplanaufgabe während des Fluges ist nicht gestattet. Ausnahmen siehe AIP.
a new departure time shall be coordinated *prior to starting* the engines	eine neue Abflugzeit muß abgesprochen werden vor Anlassen der Triebwerke
it is necessary to request an ATC clearance *prior to entering* the control zone	es ist notwendig, eine Flugverkehrskontrollfreigabe vor Einflug in die Kontrollzone einzuholen
if entering the control zone is unavoidable an ATC clearance has to be requested	falls der Einflug in die Kontrollzone unvermeidlich ist, muß eine FVK-Freigabe beantragt werden
touching down on the new portion *when landing* on 07 L is not permitted	das Aufsetzen auf dem neuen Teilstück bei der Landung auf 07 L ist nicht gestattet
unnecessary measures by SAR can be avoided if pilots *report leaving* the radio contact frequency ...	unnötige Maßnahmen durch SAR können vermieden werden, wenn die Luftfahrzeugführer das Verlassen der Funkkontaktfrequenz melden

after having ...: = nach ...

establish radio contact with Trier info *after having crossed* road 47	stellen Sie Funkverbindung mit Trier Info nach Überfliegen der B 47 her (Befehlsform)
the flight plan is accepted *after having been*(!) *signed* by the AIS official	der Flugplan ist angenommen nach Unterzeichnung durch den AIS-Bediensteten

Das Mittelwort der Vergangenheit (Perfektpartizip)

wird wie das Mittelwort der Gegenwart wie ein Eigenschaftswort gebraucht.
Hier ein Beispiel:

the pilot receives a *new* clearance	der Luftfahrzeugführer erhält eine neue Freigabe

„new“ ist ein Eigenschaftswort;
und jetzt:

the pilot receives a *revised* clearance	der Luftfahrzeugführer erhält eine geänderte Freigabe

„revised“ ist ein Mittelwort der Vergangenheit. Es wird auch in der Leideform (Passiv) verwendet, wie wir später sehen werden. Zunächst in der Anwendungsform wie ein Eigenschaftswort:

flights will avoid *controlled* airspace, *protected* zones and *populated* areas	die Flüge werden kontrollierten Luftraum, geschützte Zonen (Schutzzonen) und besiedelte Gebiete meiden
activated airspace shall not be passed	aktivierter Luftraum darf (!) nicht durchflogen werden
FIRs *affected* will be announced before each exercise	betroffene FIRs werden vor jeder Übung angekündigt (bekanntgegeben, -gemacht)
the Airforce complains of *unauthorized* entries into the control zone	die Luftwaffe beschwert (beklagt) sich über ungenehmigte Einflüge in die Kontrollzone
the *prescribed* documents are available	die vorgeschriebenen Dokumente sind vorhanden (verfügbar)
noticed irregularities and incidents of the *reported* nature shall be reported	wahrgenommene Unregelmäßigkeiten und Vorfälle der gemeldeten Art müssen gemeldet werden (das 2. „reported" ist Leideform)
permissions already *issued* will be amended in *justified* exceptional cases only	bereits erteilte Genehmigungen werden nur in berechtigten (begründeten) Ausnahmefällen abgeändert
operation of heavier aircraft will cause *increased* occurrence of wake turbulence	der Betrieb von schwereren Luftfahrzeugen wird erhöhtes Auftreten von Luftwirbelschleppen verursachen
the *estimated* time of departure is the time of *intended* take-off	die geschätzte Startzeit ist die Zeit des beabsichtigten Starts
the pilot intends to deviate from his *assigned* departure time	der Luftfahrzeugführer beabsichtigt, von seiner zugewiesenen Startzeit abzuweichen
aircraft shall report entering the *assigned* downwind leg of the traffic circuit *concerned*	die Luftfahrzeuge müssen den Einflug in den zugewiesenen Gegenanflugteil der betreffenden Platzrunde melden
the ADIZ is a *restricted* area and may be penetrated in well *motivated* and *authorized* cases	die FlugÜZ ist ein Flugbeschränkungsgebiet (beschränktes Gebiet) und darf in wohlbegründeten und genehmigten Fällen beflogen werden
the *established* and *published* routes shall be used (used ist Leideform – siehe nächstes Kapitel)	die festgelegten und veröffentlichten Strecken müssen benutzt werden

Noch ein vergleichendes Beispiel:

a revised ATC clearance is required	eine geänderte FVK-Freigabe ist erforderlich
a revised ATC clearance is necessary	eine geänderte FVK-Freigabe ist notwendig

„required" ist Mittelwort der Vergangenheit, das wie ein Eigenschaftswort (adjektivisch) verwendet wird (revised übrigens auch), „necessary" ist Eigenschaftswort.

Jetzt einige Beispiele, in denen wir einen Nebensatz bilden müssen, der Englischsprechende nicht:

a) Mittelwort der Gegenwart (Präsenspartizip):

for a flight *leading* beyond the vicinity of the aerodrome the pilot shall obtain sufficient weather information	für einen Flug, der über die Umgebung des Flugplatzes hinausführt, muß der Flugzeugführer ausreichende Wetterauskünfte einholen

(typisch: zuerst Satzgegenstand: the pilot, dann Satzaussage: shall obtain)

the pilot *having* radio contact shall transmit a corresponding airmiss report	der Flugzeugführer, der Funkverbindung hat, muß eine entsprechende Fastzusammenstoßmeldung übermitteln
the EOBT for flights *intending* to depart between 1400 and 2100 shall be coordinated with Hannover AIS	die EOBT für Flüge, welche zwischen 1400 und 2100 zu starten beabsichtigen, muß abgestimmt werden mit H. AIS (Objekt am Schluß)
aircraft *leaving* the airfield have to fly along the appropriate departure route (Ortsbestimmung am Satzende)	Luftfahrzeuge, die den Flugplatz verlassen, müssen entlang der entsprechenden Abflugstrecke fliegen
when *preparing* the flight the pilot shall familiarize himself with all information *ensuring* the operational safety of the aircraft	wenn er den Flug vorbereitet, muß sich der Luftfahrzeugführer mit allen Informationen vertraut machen, welche die Betriebssicherheit des Luftfahrzeugs sicherstellen
aircraft *operating* in the airspace below FL ... shall not exceed a certain speed	Luftfahrzeuge, die im Luftraum unterhalb FL ... betrieben werden, dürfen(!) eine gewisse Geschwindigkeit nicht überschreiten
the BFS points out that for flights *passing* this area an ATC clearance is required	die BFS weist darauf hin, daß für Flüge, die dieses Gebiet durchfliegen, eine FVK-Freigabe erforderlich ist
aircraft and cargo have to be in a condition *ensuring* the operational safety of the aircraft	Luftfahrzeug und Ladung müssen in einem Zustand sein, der die betriebliche Sicherheit (Betriebssicherheit) des Luftfahrzeugs sicherstellt

b) Mittelwort der Vergangenheit (Perfektpartizip)

airfields *located* outside the restricted areas are open	Flugplätze, die außerhalb des Flugbeschränkungsgebietes liegen, sind geöffnet

citizens complain about noise disturbances *caused* by light aircraft	die Bürger beschweren sich über Lärmbelästigungen, die durch Leichtluftfahrzeuge verursacht werden
there are special circumstances *unknown* to the pilot prior to take-off	es gibt besondere Umstände, die dem Luftfahrzeugführer vor dem Start unbekannt sind

c) Eigenschaftswort

the FIS frequencies are available for obtaining information *important* for the safe conduct of a flight	die FIS-Frequenzen sind verfügbar zum Einholen von Informationen, die für die sichere Durchführung eines Fluges wichtig sind
insert all information *important* to you into your aeronautical chart	tragen Sie alle Informationen, die für Sie wichtig sind, in Ihre Luftfahrtkarte ein

Die Leideform (Passiv)

kommt in unseren Übersetzungstexten besonders häufig vor. Sie wird mit dem Hilfszeitwort „to be" = sein (in der Leideform wird es mit „werden" übersetzt) und seinen verschiedenen Formen (am, are, is) sowie dem Mittelwort der Vergangenheit (Perfektpartizip) gebildet. Der Urheber der Tätigkeit erhält das Verhältniswort „by": the telephone responders *are operated by* the DWD = die Anrufbeantworter werden durch den Deutschen Wetterdienst betrieben.
Um an den Unterschied zwischen Aktivform und Passivform zu erinnern, hier ein Beispiel in mehreren Zeiten:

Es handelt sich um stattfindende Vorführungsflüge (demonstration flights). Um die Übersichtlichkeit zu wahren, werden diese „demonstration flights" jeweils mit „d.f." gekürzt.

	Aktiv	Passiv
Gegenwart:	d.f. take place finden statt	d.f. are conducted werden durchgeführt
Mittelwort der Gegenwart:	d.f. are taking place finden (soeben) statt	d.f. are being conducted werden (soeben) durchgeführt
1. Vergangenheit:	d.f. took place (unregelm.) fanden statt	d.f. were conducted wurden durchgeführt
2. Vergangenheit:	d.f. have taken place haben stattgefunden	d.f. have been conducted sind durchgeführt worden
1. Zukunft:	d.f. will take place werden stattfinden	d.f. will be conducted werden durchgeführt werden

Wie Sie sehen, brauchen wir – wie übrigens in der deutschen Sprache auch – beim Passiv in allen Zeiten das Mittelwort der Vergangenheit (Perfektpartizip).
Die entsprechende Form des Hilfszeitwortes „to be“ und das Mittelwort der Vergangenheit müssen zusammen stehen, allenfalls getrennt durch Umstandswörter (Adverbien) wie not, therefore, also, only, normally ...
In unseren Übersetzungsbeispielen treffen wir hauptsächlich Gegenwart und 1. Zukunft an.

Gegenwart

with effect from 1 April, 1988, a maximum speed *is established*	mit Wirkung vom 1. April 1988 wird eine Höchstgeschwindigkeit festgelegt

(Satzstellung: zuerst Satzgegenstand – a maximum speed, dann Satzaussage – is established: Hilfszeitwort und Zeitwort zusammen!)

this information *is transmitted* via the appropriate VOR	diese Information wird über die entsprechende VOR abgestrahlt
the following lower minima *are established:* ...	die folgenden niedrigeren Mindestwerte werden festgelegt: ...
it *is pointed out* that flights are only permitted in VMC	es wird darauf hingewiesen, daß (die) Flüge nur in VMC erlaubt (gestattet) sind
it *is emphasized* again that flights have to be conducted with extreme thoroughness	es wird nochmals betont, daß (die) Flüge mit äußerster Sorgfalt durchgeführt werden müssen
pilots shall make certain (Aktiv) that details on the flight *are entered* into the log book	Die Luftfahrzeugführer müssen sicherstellen, daß Einzelheiten über den Flug ins Bordbuch eingetragen werden

Häufig steht beim Passiv im Englischen unmittelbar nach dem Mittelwort der Vergangenheit noch ein weiteres Zeitwort in der Grundform, z. B. to avoid, to use, to pay (attention), to make (use), to conduct, to transmit, to request ... Bei uns stehen diese Verben am Satzende:

non-exercise aircraft *are strongly(!) advised to avoid* the exercise area	Nicht-Übungsluftfahrzeuge werden (stark) dringend angewiesen, das Übungsgebiet zu meiden
pilots *are requested to avoid* the low level area	die Luftfahrzeugführer werden angewiesen, den Luftraum in niederen Höhen zu meiden

(pilots are requested bzw. it is requested kommt recht häufig vor)

civil aircraft operators *are not permitted to use* military aerodromes	zivile Luftfahrzeughalter sind nicht erlaubt (besser: dürfen nicht) militärische Flugplätze (zu) benutzen
it *is urgently requested to pay* attention to other traffic	es wird dringend gebeten, auf anderen Verkehr zu achten

(Hilfszeitwort und Zeitwort dürfen durch ein Umstandswort – urgently – getrennt werden)

it *is recommended to use* the ILS	es wird empfohlen, das ILS zu benutzen
pilots *are allowed to conduct* a VFR flight below a CVFR area	die Luftfahrzeugführer sind erlaubt (= dürfen) einen VFR-Flug unterhalb eines CVFR-Gebietes durch(zu)führen
pilots *are requested to transmit* the following data: ...	(die) Luftfahrzeugführer werden aufgefordert, die folgenden Daten zu übermitteln: ...
it *is recommended to request* an ATC clearance	es wird empfohlen, eine Flugverkehrskontrollfreigabe anzufordern

... beide Zeitwörter im Englischen beisammen stehend ... im Deutschen getrennt stehend.

Jetzt noch einige Gegenüberstellungen Aktivform – Passivform mit ein und demselben Zeitwort:

Aktiv	Passiv
ATC *permits* the landing der FVK erlaubt die Landung	the landing *is permitted* by ATC die Landung wird durch den FVK erlaubt
the government *establishes* a restricted area die Regierung legt ein Flugbeschränkungsgebiet fest	a restricted area *is established* by the government ein Flugbeschränkungsgebiet wird durch die Regierung festgelegt

1. Zukunft (Futur)

Etwas schwieriger wird die Leideform (Passiv) in der 1. Zukunft (Futur); hier vereinigt sich das Hilfszeitwort „will", mit dem die 1. Zukunft gebildet wird, mit dem Hilfszeitwort „be" aus der Leideform zu „will be" und dem Mittelwort der Vergangenheit (Perfektpartizip) (z. B. accepted): will be accepted = wird angenommen werden.

Alle drei müssen beisammen stehen, allenfalls getrennt durch die bereits wiederholt genannten Umstandswörter, not, also, therefore usw. oder durch abgeleitete Umstandwörter, z. B. completely, normally.

indication of Hannover airport as alternate aerodrome *will not be accepted*	die Angabe von Flughafen Hannover als Ausweichflugplatz wird nicht angenommen (werden)
a new regulation *will be added* to the existing regulations	eine neue Vorschrift wird den bestehenden Vorschriften hinzugefügt (werden)
densely populated areas *will also be avoided*	dichtbesiedelte Gebiete werden ebenfalls (auch) gemieden (werden)
interceptions *will be carried out* in accordance with standard ICAO procedures	Ansteuerungen werden gemäß den normalen ICAO-Verfahren durchgeführt werden

identified aircraft *will (therefore) not be intercepted*	identifizierte Luftfahrzeuge werden (daher) nicht angesteuert (werden)
approach lighting *will be shortened* to 330 m	die Anflugbefeuerung wird gekürzt auf 330 m
the remaining gap *will be closed*	die verbleibende Lücke wird geschlossen werden
construction work *will be completed* by spring 1987	die Bauarbeiten werden etwa im Frühjahr 1987 beendet werden
the entire exercise airspace *will not be completely activated* for every exercise	der gesamte Übungsluftraum wird nicht für jede Übung in Betrieb genommen (aktiviert) (werden)
it *will be made* available to other aircraft	er (im engl. sächlich: it = es) wird anderen Luftfahrzeugen verfügbar gemacht (werden)
FIRs affected *will normally be announced* before each exercise	die betroffenen FIRs werden normalerweise vor jeder Übung angekündigt (werden)
permissions *will be amended* in exceptional cases	(die) Genehmigungen werden in Ausnahmefällen geändert (werden)
a corresponding regulation *will be implemented*	eine entsprechende Vorschrift wird eingeführt (werden)
runway 09 R *will be used* for flight operations in connection with the international airshow	die Start- und Landebahn 09 R wird für Flugbetrieb in Verbindung mit der Internationalen Flugschau benützt (werden)
numerous flights *will be conducted*	zahlreiche Flüge werden durchgeführt
runway 09 C/27 C *will be closed* for take-offs and landings; it *will be used* as apron/parking area	Start- und Landebahn 09 C/27 C wird für Starts und Landungen gesperrt sein; sie(!) wird als Vorfeld/Abstellfläche benutzt werden

2. *Vergangenheit* (mit have been bzw. has been)

authorization *has been granted* and coordination *has been effected*	Genehmigung ist erteilt worden und Koordinierung ist durchgeführt worden
prior permission *has been obtained* from the competent authorities	vorherige Genehmigung ist von den zuständigen Behörden eingeholt worden
SAR *has been requested* to render assistance	der Such- und Rettungsdienst ist gebeten worden, Hilfe zu leisten

HILFSZEITWÖRTER (Hilfsverben)

spielen in unseren Übersetzungstexten auch eine besondere Rolle, müssen wir sie doch, um einen verständlichen deutschen Satz bilden zu können, manchmal recht mühsam im hinteren Teil des englischen Satzes suchen und nach vorne bringen: (hier: are = sind)

between 2100 and 0500 traffic circuit flights as well as approaches and departures, conducted repeatedly by one aircraft for training purposes in immediate succession, *are* not permitted	zwischen 2100 und 0500 *sind* Platzrundenflüge sowie An- und Abflüge, die wiederholt von einem Luftfahrzeug zu Übungszwecken in unmittelbarer Aufeinanderfolge durchgeführt werden, nicht erlaubt

ein herrlicher Satz!

Wir benötigen Hilfszeitwörter hauptsächlich in den zusammengesetzten Zeiten (1. Zukunft, 2. und 3. Vergangenheit), in der Leideform und bei „müssen" (to have to).
So wird die 1. Zukunft mit dem Hilfszeitwort „will" = werden gebildet, das in allen Personen gleich ist. Wir haben die 1. Zukunft ausführlich auf den Seiten 344/345 und im ersten Teil des Buches, Seite 357 behandelt. Hier stellvertretend ein Beispiel:

ATS units *will* apply larger separation minima	(die) ATS-Stellen werden größere Staffelungsmindestwerte anwenden

Zur Bildung der 2. Vergangenheit benötigen wir neben dem Mittelwort der Vergangenheit (Perfektpartizip) das Hilfszeitwort „to have" (haben) – 3. Person Einzahl: has – (siehe Seite 344).
Auch hierfür ein Beispiel:

the government *has* announced an environment protection program	die Regierung hat ein Umweltschutzprogramm angekündigt

(has announced: Hilfszeitwort und Zeitwort beisammen; hat ... angekündigt: getrennt!)

to have to = „haben zu" wird oft für „müssen" gebraucht:

flights *have to* be conducted with extreme thoroughness	(die) Flüge müssen mit äußerster Sorgfalt durchgeführt werden
the pilot *has to* file a flight plan	der Luftfahrzeugführer muß einen Flugplan aufgeben

typischer Satzaufbau: Satzgegenstand – the pilot, Satzaussage – has to file, alles zusammen –; Akkusativobjekt am Satzende.

aircraft which *have to* be operated at a higher airspeed are excepted from this regulation	Luftfahrzeuge, die mit einer höheren Fluggeschwindigkeit betrieben werden müssen, sind von dieser Vorschrift ausgenommen
prior permission *has to* be obtained from the competent authorities	vorherige Genehmigung muß eingeholt werden von (bei) den zuständigen Behörden
the change from IFR to VFR flight *has to* take place in VMC	der Wechsel vom IFR zum VFR-Flug muß in VMC stattfinden

„müssen" in einer etwas anderen Einstufung wird auch mit der entsprechenden Form des Hilfszeitwortes „to be to" ausgedrückt:

ATC units will apply larger separations if *it is to be* expected that a smaller aircraft will enter the potential turbulent wake hazards	FVK-Stellen werden größere Staffelungen anwenden, wenn erwartet werden muß (oder wenn zu erwarten ist), daß ein kleineres Luftfahrzeug in die möglichen Luftschleppenwirbelgefahren einfliegen wird
pilots *are to* attach special importance to a conscientious pre-flight action	Luftfahrzeugführer müssen besondere Wichtigkeit einer gewissenhaften Flugvorbereitung beimessen (wörtlich)
in the exercise area pilots *are to* keep a sharp look-out	im Übungsgebiet müssen Luftfahrzeugführer einen scharfen Ausblick halten

„müssen" heißt aber auch ganz einfach „must", das in allen Formen der Gegenwart und Vergangenheit gleich bleibt (he, she, it must):

pilots must adhere to air traffic rules (to adhere to: befolgen)	(die) Luftfahrzeugführer müssen (die) Luftverkehrsregeln befolgen

auch hier: Satzgegenstand – pilots –, Satzaussage – must adhere to –, (zusammen) bei uns: Luftfahrzeugführer müssen ... befolgen (also getrennt).

the controlled airspace must be left	**der kontrollierte Luftraum muß verlassen werden ... befolgen**
an assignment of departure time must be expected	**eine Abflugzeit-Zuweisung muß erwartet werden**
aircraft operators must obtain prior permission	**(die) Luftfahrzeughalter müssen vorherige Genehmigung einholen**
attention must be paid to the fact that a comprehensive flight preparation is required	**geachtet werden muß auf die Tatsache, daß eine umfassende Flugvorbereitung erforderlich ist**

Das für die Leideform (Passiv) maßgebende Hilfszeitwort „to be" wird häufig durch andere Hilfszeitwörter ergänzt, wie folgende Beispiele zeigen.
Auch hier darf das 1. Hilfszeitwort vom zweiten (stets: be) nur durch die bereits mehrfach erwähnten Umstandswörter getrennt werden:

radio contact *shall* (only) be established with Hamburg ATC	Funkverbindung muß (nur) mit Hamburg FVK hergestellt werden
the published routes *shall* (not) be used	die veröffentlichten Strecken müssen (nicht) benutzt werden
a revised clearance *shall* (also) be requested	eine geänderte Freigabe muß (auch) beantragt werden
activated airspace *shall* not be passed	aktivierter Luftraum darf(!) nicht durchflogen werden

Das Hilfszeitwort „may" bezeichnet die Möglichkeit (kann) und die Erlaubnis (darf). „may" ist in allen Personen gleich.

a conscientious pre-flight action may save your life	eine gewissenhafte Flugvorbereitung kann Ihr Leben retten
lower minimum values may be applied	niedrigere Mindestwerte können (oder dürfen) angewendet werden
the pilot in command may file a flight plan	der verantwortliche Luftfahrzeugführer kann einen Flugplan aufgeben
reduced separation may be applied on runway 09 R/27 L	herabgesetzte Staffelung darf angewendet werden auf Start- und Landebahn 09 R/27 L
wake turbulences may constitute hazards to other aircraft	Luftwirbelschleppen können Gefahren für andere Luftfahrzeuge bilden
a succeeding light aircraft may (therefore not) be cleared for take-off or to land (*for* take-off: = *zum* Start; *to* land = *zu* landen)	ein nachfolgendes leichtes Luftfahrzeug darf (daher nicht) zum Start oder zur Landung freigegeben werden
any other ATC unit may (normally) be notified	jede andere FVK-Stelle darf (normalerweise) benachrichtigt werden
aircraft operators may coordinate with the appropriate ATC or FIS units	(die) Luftfahrzeughalter können mit den entsprechenden ATC- oder FIS-Stellen koordinieren
flights are only permitted if it can be anticipated that they may be conducted in VMC	(die) Flüge sind nur gestattet, falls vorhergesehen werden kann, daß sie in VMC durchgeführt werden können
aircraft leaving the airfield may be instructed to fly along appropriate departure route	Luftfahrzeuge, die den Flugplatz verlassen, können angewiesen werden, entlang der entsprechenden Abflugstrecke zu fliegen

might (von may): könnte

if pilots fail to report, the competent service unit might have doubts about the safety of the flight	falls Luftfahrzeugführer es unterlassen, sich zu melden, könnte die zuständige Dienststelle Zweifel über die Sicherheit des Fluges haben

should [ʃud] = sollte and would [wud] = würde: in allen Personen gleich

flight plans should not be filed later than ... prior to the intended take-off	Flugpläne sollten nicht aufgegeben werden später als ... vor dem beabsichtigten Start
if a pilot fails to report the search and rescue service would be called out	falls ein Luftfahrzeugführer es unterläßt, sich zu melden, würde der Such- und Rettungsdienst herausgerufen werden

if it should not be possible to report to the competent service unit transmit an arrival message	falls es nicht möglich sein sollte, sich(!) bei der zuständigen Dienststelle zu melden, übermitteln Sie eine Landemeldung
the noise disturbance by powered sporting planes should be kept small	die Lärmbelästigung durch Motorsportflugzeuge sollte klein gehalten werden

auch bei may, might, should und would: Hilfszeitwörter und Zeitwörter stehen beisammen.

Das Hilfszeitwort „to be" in seinen verschiedenen Formen (am, is, are) benötigen wir zur Bildung der Leideform (Passiv, siehe Seite 351); Vergangenheit: was, were.

Auch hierzu nochmals ein Beispiel in Gegenwart und Vergangenheit:

the search and rescue is called out	der Such- und Rettungsdienst wird herausgerufen
the search and rescue was called out	der Such- und Rettungsdienst wurde herausgerufen

Da in den Texten keine Fragen und Verneinungen (außer no und not) vorkommen, können wir hier auf das Hilfszeitwort „to do" = tun und seine Formen verzichten.

Sehr häufig kommt dagegen „shall" = sollen vor, das in unseren Texten jedoch mit „müssen" übersetzt werden muß. Beispiele hierfür sind über den ganzen Buchteil verteilt. Hier eines:

aircraft shall use the published routes (shall use: Hilfsverb und Verb zusammen!)	(die) Luftfahrzeuge müssen die veröffentlichten Strecken benutzen (bei uns: müssen ... benutzen)

„shall" bleibt in allen Personen gleich, erhält also in der 3. Person Einzahl kein „s". Es kann gelegentlich auch „dürfen" heißen:

aircraft shall not exceed FL 100	Luftfahrzeuge dürfen FL 100 nicht überfliegen

Das EIGENSCHAFTSWORT (Adjektiv)

wird ähnlich wie im Deutschen verwendet

in addition to the *individual* briefing the DWD makes *available* flight weather forecasts via *automatic* telephone responders which are connected to the *public* telephone system	zusätzlich zur Einzelberatung macht der DWD verfügbar (wörtl.) Flugwettervorhersagen über automatische Anrufbeantworter, welche an das öffentliche Fernsprechnetz angeschlossen sind

Die Steigerung des Eigenschaftswortes

Hier einige Beispiele der germanischen Art der Steigerung:

a *smaller* aircraft will enter the potential turbulence area of a *larger* aircraft (small, smaller, smallest; large, larger, largest)	ein kleineres Luftfahrzeug wird in das potentielle (mögliche) Turbulenzgebiet eines größeren Luftfahrzeuges einfliegen

radio contact shall be established *at the latest* 5 minutes prior to reaching the compulsory reporting point (late, later, latest)	Funkverbindung muß hergestellt werden spätestens 5 Minuten vor Erreichen des Pflichtmeldepunktes
ATC units will apply *larger* separation minima (large, larger, largest)	(die) FVK-Stellen werden größere Staffelungsmindestabstände anwenden
the following *lower* minimum values are established (low, lower, lowest)	die folgenden niedrigeren Mindestwerte werden festgelegt: ...
this aircraft has to be operated at a *higher* airspeed (high, higher, highest)	dieses Luftfahrzeug muß mit einer höheren Fluggeschwindigkeit betrieben werden
make your flight *safer* from the very beginning (safe, safer, safest)	machen Sie Ihren Flug sicherer von Anfang an! (Befehlsform; „very" als weitere Steigerung)
operation of *heavier* aircraft will cause increased occurrence of wake turbulences (heavy, heavier, heaviest)	der Betrieb von schwereren Luftfahrzeugen wird erhöhtes Auftreten von Luftwirbelschleppen verursachen
flight plans should not be filed *earlier* than ... hours but not *later* than ... minutes prior to the EOBT (early, earlier, earliest; late, later, latest)	Flugpläne sollten nicht aufgegeben werden früher als ... Stunden, aber nicht später als ... Minuten vor der EOBT

Romanisch (mit „more" und „most") werden in der Regel mehrsilbige Eigenschafts- und Umstandswörter gesteigert. Entsprechende Beispiele finden Sie auf Seite 300.

Hier noch zwei weitere Beispiele für die romanische Steigerungsform:

pilots must adhere *strictly* to the rules	Piloten müssen die Regeln genau befolgen
pilots must adhere *more strictly* to the rules	Piloten müssen die Regeln genauer befolgen
pilots must adhere *most strictly* to the rules	Piloten müssen die Regeln genauestens befolgen (einhalten)
the first pilot made a *conscientious* flight preparation	der erste Luftfahrzeugführer machte eine gewissenhafte Flugvorbereitung
the second pilot made a *more conscientious* flight preparation	der zweite Luftfahrzeugführer machte eine gewissenhaftere Flugvorbereitung
the third pilot made the (a) *most conscientious* flight preparation	der dritte Luftfahrzeugführer machte die gewissenhafteste Flugvorbereitung

Folgen in einem Satz einem durch ein Eigenschaftswort (light) beschriebenen Hauptwort (aircraft) weitere sich auf das Hauptwort (aircraft) beziehende Eigenschaftswörter (heavier, medium), so kann das Hauptwort durch das den weiteren Eigenschaftswörtern angefügte „one" (Mehrzahl „ones") vertreten werden. Beispiel:

a *light aircraft* follows a *heavier one* and crosses the flight path of a *medium one* at the same altitude	ein leichtes Luftfahrzeug folgt einem schwereren und kreuzt den Flugweg eines mittleren in derselben Flughöhe

UMSTANDSWÖRTER (Adverbien)

Abgeleitete Umstandswörter

Während die soeben betrachteten Eigenschaftswörter ein Hauptwort näher beschreiben, beschreiben die jetzt zu besprechenden Umstandswörter eine Tätigkeit näher, stehen also bei einem Zeitwort (Verb). Versuchen wir mal, einige der folgenden Sätze so umzugestalten, daß sie statt des Eigenschaftswortes ein Umstandswort (das durch Anhängen der Nachsilbe „ly“ an das Eigenschaftswort gebildet wird) verlangen.

Zunächst 3 Satzbeispiele mit Eigenschaftswörtern:

flights have to be conducted with *extreme* thoroughness	(die) Flüge müssen mit großer Sorgfalt durchgeführt werden
strict adherence to the regulations is *mandatory*	strenge Befolgung der Vorschriften ist obligatorisch
a *thorough* and *comprehensive* flight preparation is required	eine sorgfältige und umfassende Flugvorbereitung ist erforderlich

Jetzt dieselben Sätze mit Umstandswörtern anstelle der Eigenschaftswörter:

flights have to be conducted *extremely thoroughly*	(die) Flüge müssen *extrem sorgfältig* durchgeführt werden
the pilot has to *strictly* adhere to the regulations	der Luftfahrzeugführer muß die Vorschriften *streng* befolgen

(das Umstandswort soll nicht zwischen Zeitwort und Objekt stehen)

the pilot has to prepare his flight *thoroughly* and *comprehensively*	der Luftfahrzeugführer muß seinen Flug *gründlich* und *umfassend* vorbereiten

Fazit: durch die Eigenschaftswörter extreme, strict, thorough und comprehensive werden die Hauptwörter thoroughness (Sorgfalt), adherence (Befolgung) und flight preparation (Flugvorbereitung) beschrieben, während durch die Verhältniswörter extremely, thoroughly, strictly sowie thoroughly and comprehensively die Tätigkeitswörter conducted (durchgeführt), adhere (befolgen) und prepare (vorbereiten) näher beschrieben werden.

Hier noch ein besonderes (im wahrsten Sinne des Wortes) Umstandswort: particularly = besonders, insbesondere. Ähnliche Bedeutung haben: in particular und especially:

pilots are to (statt have to) adhere to all air traffic rules, *particularly* in respect of airspace structure and flight restrictions	Luftfahrzeugführer müssen alle Luftverkehrsregeln befolgen, besonders im Hinblick auf Luftraumstruktur und Flugbeschränkungen

„in particular“ und „especially“ hätten hier auch gepaßt.
„in respect of“ und „with respect to“ heißen „in bezug auf, hinsichtlich, betreffs“.

Jetzt zunächst weitere Sätze mit abgeleiteten Umstandswörtern. Sowohl diese als auch die durch die Umstandswörter beschriebenen Zeitwörter sind besonders gekennzeichnet. Auch können wir wieder deutlich sehen, wie sich ein Umstandswort – auch ein von einem Eigenschaftswort abgeleitetes – zwischen Hilfszeitwort und Zeitwort drängen kann:

pilots are *strongly advised* to keep a sharp look-out	(die) Flugzeugführer werden stark angewiesen, einen scharfen Ausblick zu halten (wörtl.)
it is *urgently recommended* to request an ATC clearance	es wird dringend empfohlen, eine Flugverkehrskontrollfreigabe zu beantragen
insert all informations *immediately* into your aeronautical chart	tragen Sie alle Informationen sofort in Ihre Luftfahrtkarte ein
start up permissions will *normally be issued*	Anlaßerlaubnisse werden normalerweise erteilt
the entire exercise airspace will not be *completely activated* for every exercise	der gesamte Übungsluftraum wird nicht vollständig aktiviert für jede Übung
it is *generally permitted* to file a CVFR flight plan via radio	es ist allgemein erlaubt, einen CVFR-Flugplan über Funk aufzugeben (Ausnahmen: AIP)
obtain meteorological information *especially* during extreme weather conditions	holen Sie Wetterinformationen besonders während (bei) außergewöhnlichen Wetterbedingungen ein
wake turbulence hazards *occur particularly* if aircraft follow heavier ones	Randwirbelschleppengefahren treten besonders auf, wenn Luftfahrzeuge schwereren folgen (schwereren: heavier ones!)
the flight plan is *automatically accepted* after having been signed and time stamped by AIS	der Flugplan ist automatisch angenommen, nachdem er vom AIS unterschrieben und zeitgestempelt worden ist
the pilot shall *familiarize* himself *mainly* with regard to met reports	der Luftfahrzeugführer muß sich hauptsächlich im Hinblick auf Wettermeldungen vertraut machen

Ursprüngliche Umstandswörter

Ort

out = heraus, hinaus

the SAR was called out on an unnecessary mission	der Such- und Rettungsdienst wurde zu einem unnötigen Einsatz herausgerufen

down = herunter, hinunter

I taxi down the runway	ich rolle die Startbahn hinunter

up = auf, hinauf, auf ... hinauf

military helicopter traffic takes place from ground up to 1200 ft MSL	militärischer Hubschrauberverkehr findet statt vom Boden bis auf 1200 Fuß über NN

there = da, dort

Im Englischen gibt es eine Redewendung, gebildet aus dem Umstandswort „there" und dem Hilfszeitwort „is" = there is, Mehrzahl „there are", die ins Deutsche meist mit „es ist, es gibt", Mehrzahl: „es sind, es gibt" übersetzt wird. Häufig wird die Übersetzung von „there is, there are" durch recht freie Umschreibung vermieden.

there are special circumstances unknown to the pilot prior to take-off	es gibt besondere Umstände, die dem Luftfahrzeugführer vor dem Start unbekannt sind
there is no other alternative but to transmit an arrival message	es gibt keine andere Möglichkeit als (!) eine Landemeldung zu übermitteln

Zukunft:

there will be intensive exercise traffic within the exercise area	es wird starker Übungsverkehr im Übungsgebiet herrschen

1. Vergangenheit

there was intensive exercise traffic ...	es herrschte starker Übungsverkehr ...

2. Vergangenheit

there has been intensive exercise traffic ...	es hat starker Übungsverkehr ... geherrscht

Zeit

already = schon, bereits

permissions already issued will be amended	bereits erteilte Genehmigungen werden geändert
obtain your departure information already before establishing radio communication	holen Sie Ihre Abfluginformationen schon ein, bevor Sie Funkverkehr aufnehmen (vor Aufnahme ... = Gerundium)

now = jetzt, nun(mehr)

until now the CVFR service only offered the possibility to cross a CVFR area on an en-route flight	bis jetzt bot der CVFR-Dienst nur die Möglichkeit, ein CVFR-Gebiet auf einem Streckenflug zu durchqueren

again = wieder, nochmals

it is emphasized again that flights have to be conducted with extreme thoroughness	es wird wieder (nochmals) betont, daß (die) Flüge mit äußerster Sorgfalt durchgeführt werden müssen

prior – prior to

prior = vorherig ist zwar ein Eigenschaftswort, paßt aber ganz gut an diese Stelle

prior to = vor (zeitlich), ist ein Umstandswort, das in den Übersetzungstexten recht häufig vorkommt. Daher mehrere Beispiele:

zunächst prior:

VFR flights to X. require prior permission	VFR-Flüge nach X. erfordern vorherige Erlaubnis (Genehmigung)
aircraft are only permitted to approach the airfield after prior permission by Luftaufsicht	Luftfahrzeuge dürfen (!) den Flugplatz nur nach vorheriger Genehmigung durch die Luftaufsicht anfliegen
aircraft operators must obtain prior permission to use military airfields	Luftfahrzeughalter müssen vorherige Genehmigung einholen, um Militärflugplätze zu benutzen

(also immer wieder: prior permission!)

prior to:

obtain your departure information prior to take-off (Befehlsform)	holen Sie Ihre Abfluginformation vor dem Start ein
... before establishing radio communication	... vor Aufnahme des Funkverkehrs
the flight plan shall be filed prior to take-off but not later than ... minutes prior to the EOBT	der Flugplan muß vor dem Start aufgegeben werden, aber nicht später als ... Minuten vor der EOBT
it is necessary to request an air traffic control clearance prior to entering the control zone (Zeit am Satzende)	es ist notwendig (erforderlich), eine Flugverkehrskontrollfreigabe vor Einflug in die Kontrollzone anzufordern
prior to an IFR flight the pilot shall obtain sufficient information on available weather reports	vor einem IFR-Flug muß der Luftfahrzeugführer ausreichende Information über verfügbare Wettermeldungen einholen
it is not necessary to file a flight plan for a CVFR flight prior to take-off (departure)	es ist nicht notwendig, einen Flugplan für einen CVFR-Flug vor dem Start aufzugeben (Ausnahmen siehe AIP)
a new departure time shall be coordinated prior to starting the engines	eine neue Startzeit muß abgesprochen werden vor Anlassen der Triebwerke
radio contact shall be established at the latest (or: not later than) 5 minutes prior to reaching the compulsory reporting points	Funkverbindung muß hergestellt werden spätestens 5 Minuten vor Erreichen der Pflichtmeldepunkte (2mal Gerundium)

only = nur, erst

Hilfszeitwort und Zeitwort können durch die bereits mehrfach genannten Umstandswörter getrennt werden. Dazu gehört auch „only". Soll „only" besonders betont werden, kommt es bei kurzen Sätzen an das Satzende:

permissions will be amended in exceptional cases only	Genehmigungen werden nur in Ausnahmefällen geändert
civil aircraft operators are only permitted to use military aerodromes after prior permission has been obtained	zivile Luftfahrzeughalter dürfen militärische Flugplätze (nur) benutzen, nachdem vorherige Genehmigung eingeholt worden ist
flights are only permitted if they can be conducted in VMC	Flüge sind nur erlaubt, falls sie in VMC durchgeführt werden können
aircraft without functioning transceiver are only permitted to approach the airfield with prior permission	Luftfahrzeuge ohne betriebsklares Sprechfunkgerät dürfen den Flugplatz nur mit vorheriger Genehmigung anfliegen
until now the CVFR service only offered the possibility to cross a CVFR area on an en-route flight	bis jetzt bot der CVFR-Dienst nur die Möglichkeit, ein CVFR-Gebiet auf einem Streckenflug zu durchqueren

(only kann auch zwischen Satzgegenstand und Satzaussage stehen)

together = zusammen

together with amendments to AIP *you receive* the latest NOTAMs Class II	zusammen mit den Änderungen (Berichtigungen) zur AIP *erhalten Sie* die neuesten (spätesten) NOTAMs Klasse II

(you receive: 1. Satzgegenstand, 2. Satzaussage; bei uns umgekehrt). Übrigens ein ähnlicher Fall wie derjenige der Bindewörter if, in order to, unless und when (s. Seite 383–385).

very = sehr

very often *smaller aircraft enter* the potential area of turbulent wake of the larger aircraft	sehr oft *fliegen kleinere Luftfahrzeuge* in das mögliche Luftwirbelschleppengebiet des größeren Luftfahrzeugs ein

Beginnt der Satz mit einer Zeitbestimmung (z. B. very often), wird im Deutschen die Satzaussage (fliegen) vor den Satzgegenstand (kleinere Luftfahrzeuge) gestellt. Im Englischen bleibt die Reihenfolge Satzgegenstand (smaller aircraft) – Satzaussage (enter) erhalten. „often" ist ein Umstandswort der Zeit.

Umstandswörter des Grundes

therefore = daher, deshalb

therefore non-exercise aircraft are advised to avoid the exercise area (Ortsangabe ans Satzende!)	daher werden Nicht-Übungsluftfahrzeuge angewiesen, das Übungsgebiet zu meiden
the BFS, therefore, points out to prepare flights with utmost care	die BFS weist daher darauf hin, (die) Flüge mit äußerster Sorgfalt vorzubereiten
the government therefore has announced that a time limitation of powered sporting planes is explored	die Regierung hat daher angekündigt, daß eine Zeitbeschränkung für Motorsportflugzeuge erwogen wird

Hilfszeitwort „has" und Zeitwort „announced" stehen im allgemeinen zusammen, daher wird das Umstandswort „therefore" vorgezogen.
Es kann aber auch wie andere bereits erwähnte Umstandswörter (only, not, also, ...) zwischen Hilfszeitwort und Zeitwort stehen, besonders bei Sätzen in der 1. Zukunft (Futur):

ATC units will therefore apply larger separation minima	(die) FVK-Stellen werden daher größere Staffelungsmindestwerte anwenden

Was bei „therefore" gesagt wurde, gilt auch für „also":
also, too = auch, ebenfalls

populated areas will also be avoided	besiedelte Gebiete werden auch vermieden
pilots are also advised to avoid the low level area	(die) Luftfahrzeugführer werden auch (außerdem) angewiesen, das Tieffluggebiet zu meiden
together with the amendments to your AIP you also receive the latest NOTAMs	zusammen mit den Berichtigungen zu Ihrer AIP erhalten Sie auch die neuesten NOTAMs

„also" steht, wie Sie vielleicht bemerkt haben, zwischen Hilfszeitwort und Zeitwort oder – wie im letzten Beispiel – gar zwischen Satzgegenstand und Satzaussage.

Sonstige Umstandswörter:

even = selbst, sogar

transmit an arrival message even if no flight plan has been filed (Befehlsform)	übermitteln Sie eine Landemeldung, selbst wenn kein Flugplan aufgegeben worden ist (natürlich nur in besonderen Fällen!)

whole = ganz, gesamt

during the whole construction period existing thresholds will be maintained unchanged	während der gesamten Bauzeit werden die bestehenden Schwellen unverändert bleiben

at least = mindestens

the pilot shall have a flight visibility of at least X km	der Luftfahrzeugführer muß eine Flugsicht von mindestens X km haben

(shall have: beide Hilfszeitwörter stehen zusammen)

touch down at least X m from the touchdown point (Befehlsform)	setzen Sie auf mindestens X m vom Aufsetzpunkt (entfernt)

not = nicht
steht wie andere selbständige und abgeleitete Umstandswörter zwischen Hilfszeitwort und Zeitwort – so zum Beispiel auch bei der Verneinung eines Zeitwortes, die mit „to do" und „not" umschrieben werden muß:

the airplane *does not fly* on sundays	das Flugzeug *fliegt* sonntags *nicht*

Oft steht „not" auch zwischen Hilfszeitwort und zweitem Hilfszeitwort, wie die nachfolgenden Beispiele zeigen. Beim Hilfszeitwort „can" wurde sogar das Wort „cannot" geschaffen.
Und beim letzten Beispiel steht außer „not" sogar noch ein anderes Umstandswort (generally) zwischen zwei Hilfszeitwörtern:

activated airspace *shall not be* passed	aktivierter Luftraum darf (!) nicht durchflogen werden
approach lighting *will not be* available	Anflugbefeuerung wird nicht verfügbar sein
if assigned routes *cannot be* maintained a revised ATC clearance shall be requested	falls zugewiesene Strecken nicht eingehalten werden können, muß eine geänderte Freigabe beantragt werden.
filing of flight plan during the flight *is generally not permitted* (exceptions see AIP)	Flugplanaufgabe während des Fluges ist im allgemeinen nicht erlaubt (Ausnahmen siehe AIP)

„not" wird also im allgemeinen wie in der deutschen Sprache das Wort „nicht" angewendet.

the ILS is not available	das ILS ist nicht verfügbar

no = kein ist ein Eigenschaftswort!

the pilot has filed no flight plan	der Flugzeugführer hat keinen Flugplan aufgegeben

VERHÄLTNISWÖRTER (Präpositionen)

nehmen auch in unseren Übersetzungstexten einen breiten Raum ein.

at – in – into – near
at:

construction work will start at the future threshold 07 L	(die) Bauarbeiten werden beginnen an der künftigen Schwelle 07 L (Ort am Schluß!)
at aerodromes with AIS unit the flight plan shall be filed with AIS	auf Flughäfen mit AIS-Stelle muß der Flugplan bei AIS aufgegeben werden
are you aware of all sources at your disposal?	sind Sie gewahr von (kennen Sie) alle(n) Quellen zu Ihrer Verfügung? (wörtl.)
the helicopter crossed the flight path of the other aircraft at the same altitude	der Hubschrauber kreuzte den Flugweg des anderen Luftfahrzeugs in derselben Flughöhe
aircraft which have to be operated at a higher airspeed are excepted from this regulation	Luftfahrzeuge, die mit einer größeren Geschwindigkeit betrieben werden müsssen, sind von dieser Vorschrift ausgenommen
radio contact shall be established at the latest 5 minutes prior to reaching the compulsory reporting point	Funkverbindung muß aufgenommen werden spätestens 5 Minuten vor Erreichen des Pflichtmeldepunktes
the change to VFR flight took place at the established minimum altitude for IFR flights	der Wechsel zum VFR-Flug fand statt in der festgelegten Mindesthöhe für IFR-Flüge
ATIS informs you about construction work at or near runway	(die) ATIS informiert Sie über Bauarbeiten auf oder in der Nähe der Startbahn
the preceding aircraft must have reached a point at a distance of 800 m from the threshold	das vorausfliegende Luftfahrzeug muß einen Punkt in einer Entfernung von 800 m von der Schwelle erreicht haben

(Sie erinnern sich: sind in einem Satz Hilfszeitwörter und Zeitwörter, stehen diese zusammen)

„at" also = an, auf, zu, in, mit ... je nach Zusammenhang
„in" heißt im Deutschen normalerweise ebenfalls „in":

altitude in the traffic circuit 1600 ft MSL	(die) Flughöhe in der Platzrunde (beträgt) 1600 Fuß NN
in this case the approach to land shall be conducted according to runway in use	in diesem Fall muß der Landeanflug gemäß Betriebspiste (Landebahn in Benutzung) durchgeführt werden
in the interest of safety flights are only permitted in VMC	im (in the = im) Interesse der Sicherheit sind die Flüge nur in VMC erlaubt
in addition to the SIGMET broadcasts the FIS frequencies are available to General Aviation	zusätzlich (!) zu den SIGMET-Ausstrahlungen sind die FIS-Frequenzen für die Allgemeine Luftfahrt verfügbar

„into" steht für „in ... hinein":

flights into the ADIZ have to be conducted with extreme thoroughness	Flüge in die FlugÜZ müssen mit größter Sorgfalt durchgeführt werden

the Airforce complains of the increasing number of unauthorized entries into X control zone	die Luftwaffe beschwert sich über die zunehmende Zahl von ungenehmigten Einflügen in die Kontrollzone X
penetrations into the control zone are irregularities pursuant to § 58	Einflüge in die Kontrollzone sind Unregelmäßigkeiten gemäß § 58
the necessary details on the flight are entered into the log book	die notwendigen Einzelheiten über den Flug werden in das Bordbuch eingetragen
insert all information into your aeronautical chart	tragen Sie alle Informationen in Ihre Luftfahrtkarte ein (Befehlsf.)

from – of – to – until

from (allgemein) = von, örtlich und zeitlich

from ... to (örtlich) = von ... nach ...	from ... to und from ... until (zeitlich) = von ... bis
conscientious pre-flight action makes your flight safer from the very beginning (Zeitbestimmung am Satzende)	gewissenhafte Flugvorbereitung macht Ihren Flug von Anfang an sicherer
a revised ATC clearance shall be requested from München ATC	eine geänderte Flugverkehrskontrollfreigabe muß von München ATC beantragt werden

(Hilfszeitwörter und Zeitwörter zusammen, auch in den folgenden Sätzen)

prior permission has to be obtained from the Luftaufsicht	vorherige Genehmigung muß eingeholt werden von der Luftaufsicht (wörtlich)
the light aircraft has reached a distance of 800 m from the take-off point	das Leichtluftfahrzeug hat erreicht eine Entfernung von 800 m vom Abhebepunkt (wörtl.)
if the pilot intends to deviate from his EOBT he shall coordinate a new departure time	falls der Luftfahrzeugführer beabsichtigt, von seiner EOBT abzuweichen, muß er eine neue Abflugzeit absprechen
aircraft shall approach the aerodrome from the north	Luftfahrzeuge müssen den Flugplatz von Norden her anfliegen
with effect from 1 April, 1987, a maximum speed is established	mit Wirkung vom 1. April 1987 wird eine Höchstgeschwindigkeit festgelegt
aircraft which have to be operated at a higher airspeed are excepted from this regulation	Luftfahrzeuge, die mit einer höheren Fluggeschwindigkeit betrieben werden müssen, sind von dieser Vorschrift ausgenommen
within controlled airspace aircraft shall fly with the specified distance from clouds	innerhalb des kontrollierten Luftraums müssen Luftfahrzeuge mit dem festgelegten Abstand von Wolken fliegen

in case the aircraft departs from a controlled aerodrome radio contact shall be established	falls das Luftfahrzeug von einem kontrollierten Flugplatz startet, muß Funkverbindung hergestellt werden
flights to and from München airport are subject to air traffic control	Flüge zum und vom Flughafen München unterliegen der Flugverkehrskontrolle
for the change from IFR flight to VFR flight lower minimum values are established; the change from IFR to VFR has to take place at the minimum altitude for IFR flights	für den Wechsel von IFR-Flug zum VFR-Flug sind niedrigere Mindestwerte festgelegt worden; der Wechsel von IFR auf VFR muß stattfinden in der Mindestflughöhe für IFR-Flüge
military helicopter traffic takes place from ground up to 1200 ft MSL	militärischer Hubschrauberverkehr findet statt vom Boden bis 1200 Fuß NN
demonstration flights will take place from 0900 to (or: until) 1030	Vorführungsflüge werden stattfinden von 0900 bis 1030
from 26 April to (or: until) 4 May, 1987, demonstration flights will be conducted daily from 0900 to 1630 (or: between 0900 and 1630)	vom 26. April bis 4. Mai 1987 werden Vorführungsflüge durchgeführt täglich von 0900 bis 1630 (oder: zwischen 0900 und 1630)

of = von

wohl die meisten Funktionen hat das Verhältniswort „of".

Dient es doch zur Bildung des Wessenfalles (Genitiv) sowie als Bindeglied in langen Hauptwörtern, von denen Sie bereits im ersten Teil des Buches eine Reihe kennenlernen konnten. Hier nochmals ein Beispiel:

conduct of flight shall be executed with utmost care	die Flugdurchführung muß mit äußerster Vorsicht erfolgen

Im übrigen wird „of" sowohl im örtlichen als auch im zeitlichen Sinne durch „from" vertreten.

Hier ein paar Beispiele, wo „of" verlangt wird:

the aircraft had reached a distance of 800 m from (!) the threshold	das Luftfahrzeug hatte eine Entfernung von 800 m von der Schwelle erreicht
the aircraft will fly with a minimum flight visibility of 8 km ... south of Düsseldorf	das Luftfahrzeug wird mit einer Mindestflugsicht von 8 km fliegen ... südlich von Düsseldorf
aircraft operating below FL X shall not exceed a maximum speed of Y kt	Luftfahrzeuge, die unterhalb FL X operieren (betrieben werden) dürfen eine Höchstgeschwindigkeit von Y kt nicht überschreiten
heavier aircraft will cause occurrence of wake turbulences	schwerere Luftfahrzeuge werden das Auftreten von Luftwirbelschleppen verursachen
the aircraft shall remain clear of clouds	die Luftfahrzeuge müssen frei von Wolken bleiben

hingegen:

distance from clouds: 1,5 km	... Abstand von Wolken: 1,5 km

Eine ausführliche Beschreibung aller Funktionen des Verhältniswortes „of" finden Sie im ersten Teil dieses Buches ab Seite 311.

„To" wird außer bei Bildung des 3. Falles (Wemfalles, Dativ) als Verhältniswort wie folgt verwendet:

approach lighting will be shortened to 330 m	(die) Anflugbefeuerung wird auf 330 m verkürzt (werden)
construction work will proceed to the east	die Bauarbeiten werden nach Osten voranschreiten
the change to VFR flight took place in the established minimum altitude for IFR flights	der Wechsel zum VFR-Flug fand statt in der festgelegten Mindestflughöhe für IFR-Flüge
special attention is drawn to military helicopter traffic	besondere Aufmerksamkeit wird gezogen auf militärischen Hubschrauberverkehr (wörtl.)
VFR flights to X require prior permission	VFR-Flüge nach X benötigen vorherige Genehmigung
wake turbulences may constitute considerable hazards to other aircraft	Luftwirbelschleppen können erhebliche Gefahren für andere Luftfahrzeuge bilden
fly along the appropriate departure route to the left	fliegen Sie entlang der entsprechenden Abflugstrecke nach links (Befehlsform)
radio contact shall be established on flights to an aerodrome below the CVFR area	Funkverbindung muß hergestellt werden auf Flügen zu einem Flugplatz unter(halb) des CVFR-Gebietes
information will be supplied about all changes to air traffic services and facilities	Informationen werden geliefert über alle Änderungen von Flugverkehrsdiensten und -einrichtungen
in order to prevent danger to the safety of air traffic a maximum speed is established	um Gefahr für die Sicherheit des Luftverkehrs zu verhüten, wird eine Höchstgeschwindigkeit festgelegt
the automatic telephone responders of the DWD are connected to (!) the public telephone system	die automatischen Anrufbeantworter des DWD sind an das öffentliche Fernsprechnetz angeschlossen
together with the latest amendments to your AIP you receive the latest NOTAMs Class II	zusammen mit den letzten (neuesten) Berichtigungen zu Ihrer AIP erhalten Sie die letzten (neuesten) NOTAMs Klasse II
the same applies to VFR flights	dasselbe gilt für (!) VFR-Flüge
the pilot shall transmit an airmiss report to ATC	der Luftfahrzeugführer muß eine Meldung über gefährliche Begegnung an den FVK abgeben

Wie Sie sehen, kann „to" außer mit „zu" auch mit „auf, nach, für, an", je nach Zusammenhang, übersetzt werden

until = bis (zeitlich):

until now the CVFR service offered only the possibility to cross a CVFR area on VFR en-route flights	bis jetzt hat der CVFR-Dienst nur die Möglichkeit geboten, ein CVFR-Gebiet auf VFR-Streckenflügen zu durchqueren

on – above – via – below

on heißt meist „auf", zuweilen aber auch in entsprechendem Zusammenhang „über" oder „in" oder „bei"

radio contact shall be established on en-route flights as well as on departures from an aerodrome below the CVFR area and on flights through the CVFR area	Funkverbindung muß hergestellt werden auf Streckenflügen sowie bei Abflügen von einem Flugplatz unterhalb des CVFR-Gebietes und auf Flügen durch das CVFR-Gebiet
the search and rescue was called out on an unnecessary mission	der Such- und Rettungsdienst wurde zu einem unnötigen Einsatz herausgerufen
the pilot shall obtain information on available weather reports	der Luftfahrzeugführer muß Informationen über vorhandene Wettermeldungen einholen
the approach to land shall be conducted on the pilot's own responsibility	der Landeanflug muß durchgeführt werden auf eigene Verantwortung des Luftfahrzeugführers
on the basis of the weather forecast the VFR-part of the flight can be conducted in VMC	auf der Grundlage der Wettervorhersage kann der VFR-Teil des Fluges in VMC durchgeführt werden
on VFR/IFR flights radio contact with Bremen Information shall be established on frequency 135.70	auf VFR/IFR-Flügen muß Funkverbindung mit Bremen Information auf der Frequenz 135.70 hergestellt werden
appropriate VOR is listed on the aeronautical chart 1:500000	die entsprechende (geeignete) VOR ist in(!) der Luftfahrtkarte 1:500000 aufgeführt
NOTAMs contain information on changes of the usability of navigation facilities	NOTAMs enthalten Informationen über (!) Änderungen der Benutzbarkeit von Navigationseinrichtungen
obtain sufficient information on the usability of aerodromes	holen Sie genügend Informationen über die Benutzbarkeit von Flugplätzen ein
touching down on the new runway portion is not permitted	(das) Aufsetzen auf dem neuen Landebahnteil ist nicht gestattet
the necessary details on the flight are entered into the log book	die notwendigen (erforderlichen) Einzelheiten über den Flug werden in das Bordbuch eingetragen

above = über, aber auch „obengenannt" oder „oben angeführt":

the civil aviation authorities of the above countries complain of the increasing number of contraventions	die zivilen Luftfahrtbehörden der oben genannten Länder beschweren (beklagen) sich über die zunehmende Zahl von Zuwiderhandlungen

Das Wörtchen via verwendet man, wenn man eine Wegebeschreibung durchführt (z. B. nach Köln via Düsseldorf), aber auch im übertragenen Sinne, z. B. bei der Beschreibung eines Nachrichtenweges

the approach to land shall be conducted via the traffic circuit concerned	der Landeanflug muß über die betreffende Platzrunde durchgeführt werden
obtain your departure information via ATIS	holen Sie Ihre Abfluginformationen über ATIS ein (Befehlsform)
this information is transmitted via the appropriate VOR	diese Information wird (!) über die betreffende VOR übermittelt (Leideform)
FIS frequencies are available for obtaining information via radiotelephony communication	(die) FIS-Frequenzen sind verfügbar für das Einholen von Informationen über Sprechfunk(verkehr)
it is generally permitted to file a CVFR flight plan via radio (by radio)	es ist allgemein erlaubt, einen CVFR-Flugplan über Funk aufzugeben (Ausnahmen AIP)
the DWD makes available flight weather forecasts via automatic telephone responders	der DWD macht verfügbar (wörtlich) Flugwettervorhersagen über automatische Anrufbeantworter

below = unterhalb, unter

pilots are allowed to conduct a VFR flight below the CVFR area	Luftfahrzeugführer dürfen(!) einen VFR-Flug unterhalb des CVFR-Gebietes durchführen
aircraft operating below flight level 100 shall not exceed a maximum speed of ... knots	Luftfahrzeuge, die unterhalb FL 100 operieren (betrieben werden), dürfen (!) eine Höchstgeschwindigkeit von ... Knoten nicht überschreiten
military helicopter traffic is below the civil traffic circuit	militärischer Hubschrauberverkehr ist unterhalb der zivilen Platzrunde
flights to and from aerodromes below CVFR area X are possible	Flüge zu und von Flugplätzen unterhalb des CVFR-Gebietes X sind möglich

before – during – after (vor, während, nach)

Anwendung ähnlich wie in der deutschen Sprache: before = vor (zeitlich und räumlich) wird zeitlich in ähnlichem Zusammenhang wie das Umstandswort „prior to" gebraucht.

FIRs affected will be announced before each exercise	die betroffenen FIRs werden vor jeder Übung bekanntgegeben
obtain your departure information already before (or: prior to!) establishing radio communication	holen Sie Ihre Abfluginformationen bereits vor Aufnahme des Funkverkehrs ein
make a conscientious flight preparation before every flight	machen Sie eine gewissenhafte Flugvorbereitung vor jedem Flug (2mal Befehlsform)

during = während

filing of flight plan during the flight is not permitted	Flugplanaufgabe während des Fluges ist nicht erlaubt (Ausnahmen: AIP)
when filing the CVFR flight plan during the flight pilots shall transmit the following data ...	wenn sie den CVFR-Flugplan während des Fluges aufgeben, müssen Piloten folgende Daten übermitteln ...
wake turbulence occurs if aircraft follow heavier ones either during approach or departure	Luftwirbelschleppen treten auf, wenn Luftfahrzeuge schwereren (Lfz.) folgen entweder während des An- oder Abflugs
obtain information on the usability of aerodromes especially during extreme weather conditions (Befehlsform)	holen Sie Information ein über die Benutzbarkeit von Flughäfen, besonders während extremer Wetterbedingungen

Steht „during ..." (Zeitbestimmung) am Satzbeginn, folgt im Englischen stets Satzgegenstand (Subjekt) und dann gleich Satzaussage (Prädikat), während bei uns zuerst zumindest ein Teil des Prädikats kommt und dann erst Satzgegenstand:

during the summer months *citizens complain* about noise disturbances	während der Sommermonate *beschweren sich Bürger* über Lärmbelästigungen
during the whole construction period existing thresholds will be maintained unchanged	während der ganzen (gesamten) Bauzeit werden die bestehenden Schwellen unverändert bleiben
during this time the approach lighting will be shortened	während dieser Zeit wird die Anflugbefeuerung verkürzt werden
approach lighting will not be available during this time	(die) Anflugbefeuerung wird während dieser Zeit nicht verfügbar sein

(Zeit einmal am Satzanfang, einmal am Schluß, je nach Betonung)

after = nach

radio contact shall be established as soon as possible after take-off ... immediately after departure	Funkverbindung muß hergestellt werden baldmöglichst nach dem Start ... sofort nach dem Start
aircraft are only permitted to approach the airfield after prior permission by Luftaufsicht	Luftfahrzeuge dürfen(!) den Flugplatz erst(!) nach vorheriger Genehmigung durch die Luftaufsicht anfliegen
insert all information after receipt into your aeronautical chart	tragen Sie alle Informationen nach Empfang (Erhalt) in Ihre Luftfahrtkarte ein

between – along – through – within – outside – beyond – Anwendung wie im Deutschen between = zwischen (räumlich und zeitlich)

reduced separation may be applied between a departing and a landing light aircraft or between 2 departing light aircraft	herabgesetzte Staffelung darf angewendet werden zwischen einem startenden und einem landenden Leichtluftfahrzeug oder zwischen 2 startenden Leichtluftfahrzeugen
the EOBT for flights intending to depart between 1400 and 2100 shall be coordinated with ATC	die EOBT für Flüge, die beabsichtigen, zwischen 1400 und 2100 zu starten, muß mit dem FVK abgestimmt werden
the gap between the existing runway and the new portion will be closed	die Lücke zwischen der bestehenden Start- und Landebahn und dem neuen Teilstück wird geschlossen (werden)
the regions overlap between the Ruhr and Rhein/Main district	die Gebiete überlappen zwischen dem Ruhr- und Rhein-Main-Gebiet
exercise aircraft will fly between the border and 70 NM west of it	Übungsluftfahrzeuge werden fliegen zwischen der Grenze und 70 NM westlich davon (von ihr)
flights between airfields located outside the restricted area are not permitted	Flüge zwischen Flugplätzen, die außerhalb des Flugbeschränkungsgebietes liegen, sind nicht erlaubt

along = entlang

flights to München airport are to be conducted along VFR arrival routes	Flüge zum Flughafen München müssen (!) entlang der VFR-Anflugstrecken durchgeführt werden
aircraft may be instructed to fly along the appropriate departure route (zweimal Ortsbestimmung – am Satzende!)	(die) Luftfahrzeuge können angewiesen werden, entlang der entsprechenden Abflugstrecke zu fliegen

through = durch (räumlich und im übertragenen Sinn)

civil operators must obtain prior permission to use Army aerodromes through AFOD	zivile Halter müssen vorherige Genehmigung einholen, um Armee-Flugplätze zu benutzen, durch AFOD (wörtlich)
radio contact shall be established on flights through the CVFR area	Funkverbindung muß hergestellt werden auf Flügen durch das CVFR-Gebiet

within = innerhalb, im, in

demonstration flights are (Zukunft: will be) conducted within Hannover control zone	Vorführungsflüge werden durchgeführt (werden) innerhalb der Kontrollzone Hannover (wörtlich)

CVFR service will be available to pilots who intend to conduct their flight within a CVFR area	CVFR-Dienst wird Luftfahrzeugführern zur Verfügung stehen, die beabsichtigen, ihren Flug innerhalb eines CVFR-Gebietes durchzuführen
when flying within controlled airspace higher VFR minima will have to be observed	beim Flug innerhalb kontrollierten Luftraumes werden größere VFR-Mindestwerte beachtet werden müssen
if aerodrome of departure lies within Hannover FIR radio communication with Hannover Radar shall be established on frequency 124.35 MHz	falls der Abflugplatz innerhalb der FIR Hannover liegt, muß Sprechfunkverkehr mit Hannover Radar auf der Frequenz 124,35 aufgenommen werden
the change from IFR to VFR took place within controlled airspace	der Wechsel von IFR auf VFR fand statt innerhalb kontrollierten Luftraums
for flights within the ADIZ see AIP	für Flüge innerhalb der FlugÜZ siehe AIP
steps will be taken within the scope of legal regulations for a time limitation	Schritte werden unternommen im Rahmen (innerhalb des Rahmens) der gesetzlichen Vorschriften für eine Zeitbeschränkung (wörtlich)

outside = außerhalb

radio contact shall be established outside the CVFR area	Funkverbindung muß hergestellt werden außerhalb des CVFR-Gebiets
airfields located outside the restricted area are open	Flugplätze, die außerhalb des Flugbeschränkungsgebietes liegen, sind geöffnet

beyond = jenseits, über ... hinaus

for a flight leading beyond the vicinity of the aerodrome the pilot shall obtain sufficient weather information (zuerst Satzgegenstand: the pilot, dann Satzaussage: shall obtain)	für einen Flug, der über die Umgebung des Flugplatzes hinausführt, muß der Luftfahrzeugführer ausreichende Wetterinformationen einholen (... muß der Luftfahrzeugführer ... einholen)

about = über im übertragenen Sinne; in anderem Zusammenhang = ungefähr, etwa:
about 3 o'clock, about 5 airplanes = etwa 3 Uhr, circa 5 Flugzeuge

during the summer months citizens complain about noise disturbances	während der Sommermonate beschweren sich Bürger über Lärmbelästigungen

(Satzgegenstand: citizens; Satzaussage: complain. Im Deutschen umgekehrt: beschweren sich Bürger. Grund: Zeitbestimmung am Satzanfang)

the competent authority complains of (!) increasing number of contraventions	die zuständige Behörde beschwert sich über die zunehmende Zahl von Zuwiderhandlungen
information will be supplied about all changes to air traffic services and facilities	Informationen werden geliefert über alle Änderungen bei den Flugverkehrsdiensten und Einrichtungen
ATIS informs you about construction work. ATIS informs you also about other information important for take-off and landing, especially about actual weather	ATIS informiert Sie über Bauarbeiten. ATIS informiert Sie auch über andere (Dinge) Informationen, die für Start und Landung wichtig sind, besonders über das aktuelle (Platz)Wetter
the competent service unit might have doubts about the safety of the flight	die zuständige Dienststelle könnte Zweifel über die Sicherheit des Fluges haben

with = mit ist ein sehr häufig verwendetes Verhältniswort und weist in seiner Anwendung sehr große Ähnlichkeit zum Deutschen auf ...

aircraft shall be equipped with a functioning transceiver and establish radio contact with Damme Info	(die) Luftfahrzeuge müssen ausgerüstet sein mit einem betriebsklaren Sprechfunkgerät und Funkverbindung herstellen mit Damme Info (ziemlich wörtlich)
with effect from 1 April a maximum speed is established	mit Wirkung vom 1. April wird eine Höchstgeschwindigkeit festgelegt
together with the amendments to AIP you receive the latest NOTAMs	zusammen mit den Berichtigungen zur AIP erhalten Sie die letzten (neuesten) NOTAMs
(englisch: Satzgegenstand: you, dann Satzaussage: receive)	(deutsch: Satzaussage: erhalten – Satzgegenstand: Sie)
radio contact shall be established with Hamburg ATC	Funkverbindung muß hergestellt werden mit der Flugverkehrskontrolle Hamburg
runway 09 R/27 L will be used in connection with the airshow	Start- und Landebahn 09 R/27 L wird benutzt werden in Verbindung mit der Luftfahrtveranstaltung
exercise aircraft will fly with a minimum visibility of 5 km and with a vertical cloud distance of less than 1000 feet	(die) Übungsluftfahrzeuge werden fliegen mit einer Mindestsicht von 5 km und mit einem senkrechten Wolkenabstand von weniger als 1000 Fuß

... Es gibt allerdings einige Redewendungen, bei denen im Englischen „with“ erscheint, im Deutschen nicht!

the pilot shall familiarize himself with all important information mainly *with regard to* met reports	der Luftfahrzeugführer muß sich vertraut machen mit allen wichtigen Informationen hauptsächlich *im Hinblick auf*(!) Wettermeldungen

(with regard to = hinsichtlich, im Hinblick auf, bezüglich)

compliance with the specified traffic circuit and altitude is mandatory	Einhaltung der festgelegten Platzrunde und Flughöhe ist Pflicht (!)

to comply with = einhalten, befolgen; Hauptwort: compliance (with)

„with" kann auch „bei" heißen:

the pilot having radio contact with an ATC unit shall file an airmiss report *with* this unit	der Luftfahrzeugführer, der Funkverbindung mit einer Flugverkehrskontrollstelle hat, muß bei dieser Stelle eine Meldung über gefährliche Begegnung aufgeben
at aerodromes with AIS the flight plan shall be filed *with* AIS. It is accepted after being signed and provided with a time stamp	auf Flugplätzen mit Flugberatungsdienst muß der Flugplan bei (!) AIS aufgegeben werden (with – hier = bei). Er(!) ist angenommen, nachdem er unterschrieben und mit einem Zeitstempel versehen ist

without = ohne

pilots may conduct a VFR flight without entering a CVFR area	Luftfahrzeugführer können (dürfen) einen VFR-Flug durchführen, ohne in ein CVFR-Gebiet einzufliegen
aircraft without functioning transceivers are not permitted (!) to approach the airfield (Ortsbestimmung am Satzende)	Luftfahrzeuge ohne betriebsbereite Sprechfunkgeräte dürfen (!) den Flugplatz nicht anfliegen

for = für wird ebenfalls meist wie in der deutschen Sprache verwendet:

it is not necessary to file a flight plan for every flight	es ist nicht nötig, für jeden Flug einen Flugplan aufzugeben (siehe AIP)
use all information for your map preparation	benützen Sie alle Informationen für Ihre Kartenvorbereitung (Befehlsform)
arrival and departure routes are published for VFR flights	An- und Abflugstrecken sind veröffentlicht für VFR-Flüge
runway 09 R/27 L will be used for flight operations	Start- und Landebahn 09 R/27 L wird benutzt werden für den Flugbetrieb
the possibilities for a time limitation for light aircraft are explored	die Möglichkeiten für eine Zeitbeschränkung für leichte Luftfahrzeuge werden untersucht
some procedures for light aircraft are the same as for heavy aircraft	einige Verfahren für leichte Luftfahrzeuge sind dieselben wie für schwere Luftfahrzeuge

for = um

the efforts of the BFS for continuous improvement of the safety are supported by pilots' reports (= sächsischer Genitiv)	die Bemühungen der BFS um (!) fortgesetzte Verbesserung der Sicherheit werden durch Meldungen von Luftfahrzeugführern unterstützt

for = zu(m)

cleared for take-off	frei zum(!) Start, Start frei

for this reason = aus diesem Grund:

if *for special reasons* a CVFR flight cannot be conducted, ATC shall be notified	falls *aus besonderen Gründen* ein CVFR-Flug nicht durchgeführt werden kann, muß die Flugverkehrskontrolle benachrichtigt werden
if assigned routes cannot be maintained *for (!) meteorological reasons,* a revised ATC clearance shall be requested	falls zugewiesene Strecken *aus meteorologischen Gründen* nicht eingehalten werden können, muß eine geänderte FVK-Freigabe angefordert werden

Auch das Verhältniswort „wegen" = due to trifft man gelegentlich an:

due to construction work special caution shall be taken when approaching runway 07 L	wegen Bauarbeiten muß besondere Vorsicht angewendet werden beim Anflug auf Landebahn 07 L
the number of contraventions of air traffic rules is increasing due to lacking knowledge of the national rules and due to an insufficient pre-flight action	die Zahl der Zuwiderhandlungen gegen die Luftverkehrsregeln nimmt zu wegen fehlender Kenntnis der nationalen Regeln (Vorschriften) und wegen einer unzureichenden Flugvorbereitung

„by" bedeutet meist „durch"

z. B. beim Verursacher eines Vorgangs ...

citizens complain about noise disturbances caused by light aircraft	die Bürger beklagen sich über Lärmbelästigungen, die durch Leichtflugzeuge hervorgerufen (verursacht) werden
the noise disturbance by powered sporting aeroplanes should be reduced	die Lärmbelästigung durch Motorsportflugzeuge sollte herabgesetzt werden
unnecessary measures by the SAR can be avoided	unnötige Maßnahmen durch den SAR können vermieden werden
the pilot may file a flight plan if required by special circumstances	der Luftfahrzeugführer darf einen Flugplan abgeben, falls erforderlich durch besondere Umstände (wörtlich)

In der Leideform (Passiv) erhält der Urheber einer Tätigkeit „by" = durch

a time limitation is explored by the competent authorities	eine Zeitbeschränkung wird durch die zuständigen Behörden erwogen
the telephone responders are operated by the aeronautical met offices	die telefonischen Anrufbeantworter werden durch die (von den) Flugwetterwarten betrieben
the flight plan is accepted after having been signed and time stamped by the AIS official	der Flugplan ist angenommen, nachdem er durch den (von dem) AIS-Bediensteten unterschrieben und zeitgestempelt worden ist
military aerodromes are operated by the competent military authorities	militärische Flugplätze (Militärflugplätze) werden durch die zuständigen Militärbehörden(stellen) betrieben
an airmiss experienced by 2 aircraft by which one or both pilots feel endangered shall be reported by the pilots	ein Fastzusammenstoß, erlebt von 2 Luftfahrzeugen (wörtl.), durch den sich einer oder beide Piloten gefährdet fühlen, muß durch die (von den) Luftfahrzeugführern gemeldet werden
permissions already issued will be amended by ATC	bereits erteilte Erlaubnisse werden durch den FVK geändert

Tätigwerden durch ..., Hilfe, Unterstützung durch ...

BFS reduces airmisses by initiation of appropriate remedial measures and by improvement of ATC systems	die BFS verringert gefährliche Begegnungen durch Einleitung geeigneter Abhilfemaßnahmen und durch Verbesserung der FVK-Systeme
the efforts of the BFS are supported by pilots' reports	die Anstrengungen der BFS werden durch (die) Pilotenmeldungen unterstützt

zur Beschreibung eines Nachrichtenweges ...

it is generally permitted to file a CVFR flight plan by radio (via radio)	es ist allgemein erlaubt, einen CVFR-Flugplan durch Funk aufzugeben (siehe AIP)

zeitlich um ... herum; bei Zahlen ... um ...

construction work will be completed by spring	(die) Bauarbeiten werden um das Frühjahr (herum) beendet sein
the pilot intends to deviate from his EOBT by more than 60 minutes	der Luftfahrzeugführer beabsichtigt, von seiner EOBT um mehr als 60 Minuten abzuweichen
approach lighting will be shortened by 300 m	die Anflugbefeuerung wird um 300 m gekürzt werden
reduce speed by 20 knots	verringern Sie Ihre Geschwindigkeit um 20 Knoten

„by“ auch „bei“ ... (aber selten)

construction work will be conducted by day and night	(die) Bauarbeiten werden durchgeführt bei Tag und Nacht

BINDEWÖRTER (Konjunktionen)

dienen zur Verbindung von Sätzen oder Satzteilen und werden im wesentlichen wie in der deutschen Sprache angewandt (z. B. and = und; oder: or = oder). Sie haben während des Studiums unseres Buches unbewußt schon zahlreiche Bindewörter gelesen, so daß wir uns auf einige wenige Beispiele beschränken können und nur auf Besonderheiten etwas gründlicher eingehen werden.

and = und ist wohl das am häufigsten verwendete Bindewort

light aircraft and powered gliders cause noise disturbances and shall avoid populated areas, restricted areas and prohibited areas	Leichtluftfahrzeuge und Motorsegler verursachen Lärmbelästigungen und müssen bewohnte Gebiete, Flugbeschränkungsgebiete und Sperrgebiete meiden

after = nachdem

civil aircraft operators are permitted to use military aerodromes after prior permission has been obtained	zivile Luftfahrzeughalter dürfen (!) militärische Flugplätze benützen, nachdem vorherige Genehmigung eingeholt worden ist

„as“ ist einmal Umstandswort, einmal Bindewort – und hier wollen wir es auch generell einordnen.

„as“ = als

runway 09 C will be used as apron	Start- und Landebahn 09 C wird als Abstellfläche benutzt
indication of Hannover as alternate aerodrome will not be accepted	(die) Angabe von Hannover als Ausweichflugplatz wird nicht angenommen (akzeptiert)

as = wie

radio contact shall be established with Hamburg ATC as follows ...	Funkverbindung muß hergestellt werden mit Hamburg FVK wie folgt ...
... especially during extreme weather conditions as heavy rainfalls, snow and ice	... insbesondere während extremer (außergewöhnlicher) Wetterbedingungen wie starke Regenfälle, Schnee und Eis
procedures for light aircraft are the same as for heavy ones(!)	(die) Verfahren für leichte Luftfahrzeuge sind dieselben wie für schwere (natürlich nicht immer!)

as well as = sowie

the BFS reduces airmisses by improvement of ATC systems as well as by initiation of appropriate remedial measures	die BFS reduziert (verringert) gefährliche Begegnungen durch Verbesserungen des FVK-Systems sowie durch Einleitung geeigneter Abhilfemaßnahmen
radio contact shall be established on en-route flights as well as on flights through the CVFR area	Funkverbindung muß hergestellt werden auf Streckenflügen sowie auf Flügen durch das CVFR-Gebiet

as ... as = so ... wie

the noise disturbance should be kept *as small as* possible	die Lärmbelästigung sollte so klein (gering) wie möglich gehalten werden
radio contact shall be established *as soon as* possible after take-off	Funkverbindung muß so bald wie möglich (baldmöglichst) nach dem Start hergestellt werden
touching down is not permitted *as long as* construction work is going on	(das) Aufsetzen ist nicht erlaubt, so lange (wie) Bauarbeiten im Gang sind
details are entered into the log book *as far as* it is to be kept	Einzelheiten werden in das Bordbuch eingetragen, soweit (wie) es geführt werden muß (wörtl.: es ist zu sein geführt)
transmit an arrival message *as soon as* possible	senden Sie eine Landemeldung (Ankunftsmeldung) so bald wie möglich (baldmöglichst)

but = aber

the flight plan shall be filed prior to take-off but not later than ... minutes prior to EOBT	der Flugplan muß vor dem Start aufgegeben werden, aber nicht später als ... Minuten vor der EOBT
but are you aware of all sources at your disposal?	aber kennen Sie alle Quellen, die Ihnen (zur Flugvorbereitung) zur Verfügung stehen?

but ist nicht nur Bindewort, sondern in anderem Zusammenhang auch Umstandswort (Adverb) und wieder in anderem Zusammenhang Verhältniswort (Präposition). Hierfür ein Beispiel:

there is no alternative but to transmit an arrival message	es gibt keinen anderen Ausweg, als eine Landemeldung zu übermitteln

Daß ein und dasselbe Wort mehreren Wortarten angehören kann, gibt es häufig.

either ... or = entweder ... oder

aircraft operators may coordinate this either before or during the exercise	(die) Luftfahrzeughalter können dies entweder vor oder während der Übung absprechen

not ... either = auch nicht, ebenfalls nicht

if this cannot be done either, transmit an arrival message	falls dies auch nicht getan werden kann, senden Sie eine Landemeldung (Befehlsform)

however = jedoch

the efforts of the BFS are supported, however, also by airmiss reports	die Anstrengungen der BFS werden jedoch auch durch Meldungen über gefährliche Begegnungen unterstützt
however, insert all information into your aeronautical chart	tragen Sie jedoch alle Informationen in Ihre Luftfahrtkarte ein (Befehlsform)

„however" ist im zweiten Beispiel am besten am Satzanfang aufgehoben

in view of = im Hinblick auf, hinsichtlich

this is admissible in view of the operational safety of the aircraft	dies ist zulässig hinsichtlich der Betriebssicherheit des Luftfahrzeugs

provided that = vorausgesetzt, daß

fly along the appropriate departure route to the left, provided that this is admissible	fliegen Sie entlang der entsprechenden Abflugstrecke nach links, vorausgesetzt, daß dies zulässig ist

than = als, z. B.: more than = mehr als; later than = später als; „than" wird also bei der Vergleichsform (Komparativ) verwendet

more than one aircraft of the same type was involved	mehr als ein Luftfahrzeug vom selben Baumuster war betroffen
if the pilot intends to deviate from his EOBT by *more than* 60 minutes he shall coordinate a new departure time (he shall)	falls der Luftfahrzeugführer beabsichtigt, von seiner EOBT um mehr als 60 Minuten abzuweichen, muß er eine neue Startzeit vereinbaren (muß er)
the application shall be made not *later than* 1300	der Antrag muß (darf) nicht später als 1300 Uhr gemacht (gestellt) werden
the flight plan shall be filed not *earlier than* ... hours, but not *later than* ... prior to the EOBT	der Flugplan darf (!) nicht früher als ... Stunden, aber nicht später als ... vor der EOBT aufgegeben werden
ATC units will apply *larger* separations *than* the specified minima	(die) FVK-Stellen werden größere Staffelungen als die festgelegten Mindestwerte anwenden

that = daß

„that“ ist außer hinweisendem Fürwort (Demonstrativpronomen) auch Bindewort (Konjunktion), das zur Einleitung von Folgesätzen verwendet wird.

the government has announced that the possibilities for a time limitation are explored	die Regierung hat angekündigt, daß die Möglichkeiten für eine Zeitbeschränkung untersucht werden
the BFS points out that pre-flight action shall be executed with utmost care	die BFS weist darauf hin, daß die Flugvorbereitung mit größter Vorsicht (Sorgfalt) durchgeführt werden muß
the pilot shall make certain that aircraft and cargo are in good condition and that the admissible all-up weight is not exceeded and that the necessary details are entered into the log book	der Luftfahrzeugführer muß sicherstellen, daß Luftfahrzeug und Ladung in gutem Zustand sind und daß das zulässige Höchstgewicht nicht überschritten wird(!) und daß die notwendigen Einzelheiten ins Bordbuch eingetragen werden

Es folgen jetzt die Bindewörter if (falls), in order to (um zu), together with (zusammen mit), unless (sofern nicht, außer wenn) und when (wenn). Wenn eines dieser Bindewörter am Anfang eines Doppelsatzes steht, ist die Wortstelllung im 2. Satz, dem Hauptsatz, in der englischen Sprache wie üblich:

Satzgegenstand (ATC) – Satzaussage (issues), während im Deutschen die Wortfolge umgestellt und zuerst Satzaussage (erteilt) und dann erst Satzgegenstand (ATC) kommt. Hier jetzt der Satz:

if it is required, *ATC issues* a clearance	falls es erforderlich ist, *erteilt ATC* eine Freigabe

Wenn der Hauptsatz „... ATC *will issue* a clearance“ lauten würde, käme im Deutschen das Hilfszeitwort „wird“, also nur Teil der Satzaussage, an den Satzbeginn: ... *wird* ATC eine Freigabe *erteilen*, der Rest der Satzaussage (erteilen) an das Satzende. Im Englischen bleibt die ganze Satzaussage zusammen: ... *will issue* ... = wird erteilen

if = wenn, falls

if the pilot intends to deviate from his EOBT, he shall (!) coordinate a new EOBT	falls der Luftfahrzeugführer beabsichtigt, von seiner EOBT abzuweichen, muß er (!) eine neue EOBT absprechen
if the aerodrome of departure lies within X FIR radio communication with X Radar shall be established	falls der Abflugplatz innerhalb der X FIR liegt, muß Funkverkehr mit X Radar aufgenommen werden
if it is not possible to avoid the exercise area pilots are to keep a sharp look out	falls es nicht möglich ist, das Übungsgebiet zu meiden, müssen (die) Luftfahrzeugführer einen scharfen Ausblick halten (wörtl.)

if entering the control zone is unavoidable an air traffic clearance shall be requested	falls der Einflug in die Kontrollzone unvermeidbar ist, muß eine Flugverkehrsfreigabe beantragt werden
operation of aircraft will cause occurrence of wake turbulences, particularly if aircraft follow heavier ones or if they cross the flight paths of heavy aircraft	der Betrieb von Luftfahrzeugen wird das Auftreten von Luftwirbelschleppen verursachen, besonders wenn Luftfahrzeuge schwereren folgen oder wenn (falls) sie den Flugweg von schweren Luftfahrzeugen kreuzen
if required ATIS will inform you about runway condition and braking action	falls erforderlich, wird Sie ATIS über Landebahnzustand und Bremswirkung informieren
ATC units will apply larger separations if it is to be expected that a smaller aircraft will enter the potential turbulent wake hazards	FVK-Stellen werden größere Staffelungen anwenden, wenn zu erwarten ist, daß ein kleineres Luftfahrzeug in das mögliche Luftwirbelschleppengefahrengebiet einfliegen wird
flights are only permitted if it can be anticipated that they may be conducted in VMC	(die) Flüge sind nur erlaubt, falls vorhergesehen werden kann, daß sie in VMC durchgeführt werden können
if a pilot fails to report, ATC might have doubts about the safety of the flight	falls ein Luftfahrzeugführer es unterläßt, sich zu melden, könnte der FVK Zweifel über die Sicherheit des Fluges haben
if it should not be possible to report to the competent ATC unit, any other ATS unit may be notified	falls es nicht möglich sein sollte, sich bei der zuständigen FVK-Stelle zu melden, darf jede andere ATS-Stelle benachrichtigt werden
if this cannot be done either transmit an arrival message even if no flight plan has been filed	falls dies ebenfalls nicht getan werden kann, senden Sie eine Landemeldung, selbst wenn kein Flugplan aufgegeben worden ist
you help to reduce the work load of ATC if you obtain your departure information before establishing radio contact	Sie helfen die Arbeitsbelastung des FVK zu verringern, wenn Sie Ihre Abfluginformationen vor Aufnahme der Funkverbindung einholen

in order to = um zu steht im Englischen immer zusammen, im Deutschen wird es meist getrennt:

in order to eliminate any possible hazards ATC units will apply larger separations	um alle möglichen Gefahren auszuschalten, werden die FVK-Stellen größere Staffelungen anwenden
the flight plan should not be filed later than one hour before take-off in order to avoid traffic congestion	der Flugplan sollte nicht später als eine Stunde vor dem Start aufgegeben werden, um einen Verkehrsstau zu vermeiden

in order to ensure a high degree of uniformity it is requested to pay attention to the following ...	um einen hohen Grad von Einheitlichkeit sicherzustellen, wird gebeten, das folgende zu beachten (to pay attention = beachten)
in order to prevent danger to air traffic a maximum speed is established	um Gefahr(en) für den Luftverkehr zu verhindern, wird eine Höchstgeschwindigkeit festgelegt

unless = sofern nicht, wenn nicht, außer wenn, also ein Wort, dem wir nichts ähnlich Kurzes gegenüberstellen können:

unless permission to enter is obtained flights will avoid this airspace	sofern nicht eine Genehmigung zum Einflug eingeholt wird, werden die Flüge diesen Luftraum meiden
unless flying in controlled airspace non-exercise aircraft are strongly advised to avoid the exercise area	wenn sie nicht in kontrolliertem Luftraum fliegen, werden nicht-Übungsluftfahrzeuge streng angewiesen, den Übungsluftraum zu meiden
pilots are advised to avoid the high level area unless authorization has been granted	(die) Luftfahrzeugführer werden angewiesen, den Luftraum in großen Höhen zu meiden, außer wenn eine Genehmigung erteilt worden ist.

when = wenn, nicht zu verwechseln mit „when = wann“ (Umstandswort)

when preparing the flight the pilot shall familiarize himself with all important information	wenn er den Flug vorbereitet, muß sich der Luftfahrzeugführer mit allen wichtigen Informationen vertraut machen
reduced separation may be applied when a preceding departing aircraft is airborne	herabgesetzte Staffelung darf angewendet werden, wenn ein vorausfliegendes abfliegendes Luftfahrzeug gestartet ist
special caution shall be taken when approaching runway 07 L	besondere Vorsicht muß genommen werden wenn anfliegend Landebahn 07 L (wörtlich); besser: der Anflug auf Landebahn 07 L muß besonders vorsichtig durchgeführt werden
touching down on the new portion when landing on 07 L is not permitted	das Aufsetzen auf dem neuen Teilstück beim (!) Landen auf 07 L ist nicht gestattet

Jetzt noch einige besondere Ausdrücke und Redewendungen, die erfahrungsgemäß bei den Übersetzungen einiges Kopfzerbrechen bereiten:

Das Wort „operation“ bzw. „operations“ und die davon abstammenden Ausdrücke „to operate“ und „operational“ übersetzt man in den allermeisten Fällen am besten mit „Betrieb“ bzw. „betreiben“ bzw. „betrieblich“

operation of aircraft will cause occurrence of wake turbulences	der Betrieb von Luftfahrzeugen wird das Auftreten von Luftwirbelschleppen verursachen
runway 09R/27L will be used for *flight operations* in connection with the International Airshow	die Start- und Landebahn 09R/27L wird für (den) Flugbetrieb in Verbindung mit der internationalen Luftfahrtveranstaltung benutzt
the telephone responders are *operated by* the DWD	die automatischen Anrufbeantworter werden durch den DWD betrieben
this is admissible in view of the *operational safety* of the aircraft	dies ist zulässig im Hinblick auf die betriebliche Sicherheit (Betriebssicherheit) des Luftfahrzeugs

Besonders gewunden sind die Redewendungen, die man anwendet, um den Luftfahrzeugführer auf Gefahren aufmerksam zu machen und ihn zu bitten, doch (besonders) vorsichtig und gewissenhaft zu sein. Hier ein paar ziemlich wörtlich übersetzte Beispiele, die man sich merken sollte:

due to construction work *special caution shall be taken*	wegen Bauarbeiten muß besondere Vorsicht genommen werden
it is requested to *pay (special) attention* to the following	es wird gebeten, dem folgenden (besondere) Aufmerksamkeit zu schenken (bezahlen)
attention must be paid to the fact that for all flights flight preparation is required	Aufmerksamkeit muß geschenkt werden der Tatsache, daß für alle Flüge Flugvorbereitung erforderlich ist
special attention is drawn to military helicopter traffic	besondere Aufmerksamkeit wird gezogen auf militärischen Hubschrauberverkehr
mind CVFR area Düsseldorf	beachten Sie CVFR-Gebiet Düsseldorf
pilots are to *attach special importance* to a conscientious preflight action	Luftfahrzeugführer müssen besondere Wichtigkeit einer gewissenhaften Flugvorbereitung beilegen
beware of wake turbulences	hüten Sie sich vor Luftwirbelschleppen

Alle diese Beispiele lassen sich mit der deutschen Redewendung „achten Sie (besonders) auf ..." übersetzen.

compliance with, adherence to = Befolgung;
befolgen muß man ja allerhand in der Fliegerei. Daher ein paar Beispiele:

compliance with the specified traffic circuits and altitudes is mandatory	Befolgung der festgelegten Platzrunden und Flughöhen ist Pflicht

die entsprechenden Zeitwörter: to comply with, to adhere to:

pilots are to adhere most strictly to all traffic rules	die Luftfahrzeugführer müssen strengstens alle Verkehrsregeln befolgen

Die in ihrer Bedeutung ähnlichen Wörter „according to", „in accordance with" und „pursuant to" kann man allesamt mit „gemäß, entsprechend" übersetzen:

the approach to land shall be conducted *according to* the runway in use	der Landeanflug muß entsprechend der Betriebspiste durchgeführt werden
an ATC clearance *according to* the purpose of the flight shall be requested	eine FVK-Freigabe entsprechend dem Zweck des Fluges muß beantragt werden
interceptions will be carried out *in accordance with* standard ICAO-procedures	Ansteuerungen werden gemäß den normalen ICAO-Verfahren durchgeführt
radio contact shall be established *in accordance with* instructions of competent ATC unit	Funkverbindung muß hergestellt werden gemäß den Anweisungen der zuständigen FVK-Stelle
penetrations into the control zone are irregularities *pursuant to* § 58	Einflüge in die Kontrollzone sind Unregelmäßigkeiten gemäß § 58
lower minimum values are established *pursuant to* § 28 of the LuftVO	niedrigere Mindestwerte werden festgelegt gemäß § 28 der LuftVO

hinsichtlich, im Hinblick auf = with regard to, in view of

the pilot shall familiarize himself with all important information mainly with regard to met reports	der Luftfahrzeugführer muß sich mit allen wichtigen Informationen vertraut machen, hauptsächlich im Hinblick auf Wettermeldungen
wake turbulences may constitute considerable hazards mainly with regard to aerodrome traffic	Luftwirbelschleppen können erhebliche Gefahren bilden, hauptsächlich im Hinblick auf den Flugplatzverkehr

Ähnlich: in respect of, with respect to = in bezug auf, hinsichtlich, betreffs:

pilots are to adhere most strictly to all air traffic rules, particularly in respect of (or: with respect to) airspace structure and flight restrictions	die Luftfahrzeugführer müssen genauestens alle Luftverkehrsregeln einhalten, insbesondere hinsichtlich Luftraumstruktur und Flugbeschränkungen

„in connection with" heißt wie bei uns „in Verbindung mit"

runway 09 R/27 L will be used in connection with the airshow	Start- und Landebahn 09 R/27 L wird in Verbindung mit der Luftfahrtveranstaltung benutzt werden

„zusätzlich" übersetzt man mit „in addition to" und „additionally"

in addition to the SIGMET broadcasts the FIS frequencies are available to General Aviation	zusätzlich zu den SIGMET-Ausstrahlungen sind die FIS-Frequenzen für die Allgemeine Luftfahrt verfügbar
in addition to the individual briefing the DWD makes available flight weather forecasts via automatic telephone responders	zusätzlich zu der Einzelberatung stellt der DWD Flugwettervorhersagen über automatische Anrufbeantworter zur Verfügung

im Hauptsatz ist die Satzstellung wie bei „if" und ähnlichen Bindewörtern (s. S. 383)

„on condition that" = unter der Voraussetzung daß, vorausgesetzt, daß ...

the lower minimum values may be applied on condition that the controlled airspace is left immediately (Zeit am Schluß)	die niedrigeren Mindestwerte dürfen angewendet werden unter der Voraussetzung, daß der kontrollierte Luftraum sofort verlassen wird

Ähnliches bezweckt das Wort „provided that" = vorausgesetzt, daß ... man kann im obigen Satz den Ausdruck „on condition that" durch „provided that" ersetzen

„mit Wirkung vom", „ab" übersetzt man mit „with effect from", „effective ..."

with effect from 1 April 1985 a maximum speed is established	mit Wirkung vom 1. April 1985 wird eine Höchstgeschwindigkeit festgelegt

Am Satzanfang steht eine Zeitbestimmung. Bei uns ändert sich in einem solchen Fall die Wortstellung in: Satzaussage–Satzgegenstand. Im Englischen bleibt die Reihenfolge Satzgegenstand–Satzaussage erhalten.

„dürfen" übersetzt man außer mit „may" auch mit „to be permitted, to be allowed to" = erlaubt sein. Danach folgt gleich das Zeitwort in der Grundform

civil aircraft operators *are permitted to use* civil aerodromes	zivile Luftfahrzeughalter dürfen zivile Flugplätze benützen
pilots *are allowed to conduct* a VFR flight below the CVFR area	Luftfahrzeugführer dürfen einen VFR-Flug unterhalb des CVFR-Gebietes durchführen
aircraft *are only permitted to approach* the airfield after prior permission by Luftaufsicht	Luftfahrzeuge dürfen den Flugplatz erst (nur) nach vorheriger Erlaubnis durch die Luftaufsicht anfliegen
aircraft without functioning transceiver *are not permitted to approach* the airfield	Luftfahrzeuge ohne betriebsklares Sprechfunkgerät dürfen den Flugplatz nicht anfliegen

hier nochmal „permitted" im ursprünglichen Sinne:

flights between airfields located outside this area are not permitted	Flüge zwischen Flugplätzen, die außerhalb dieses Gebietes liegen, sind nicht erlaubt (gestattet)
in the interest of safety flights are only permitted in VMC	im Interesse der Sicherheit sind Flüge nur in VMC erlaubt

„to take into account" heißt „in Betracht ziehen, berücksichtigen"

the possibilities for a time limitation are explored taking into account the local conditions	die Möglichkeiten für eine Zeitbeschränkung werden untersucht unter Berücksichtigung der örtlichen Bedingungen

„to be subject to" heißt im übertragenen Sinne „unterliegen"

flights along the VFR arrival and departure routes are subject to air traffic control	Flüge entlang der VFR-Anflug- und Abflugstrecken unterliegen der Flugverkehrskontrolle
some VFR flights are not subject to ATC	einige VFR-Flüge unterliegen nicht der Flugverkehrskontrolle

„to be aware of" übersetzt man im allgemeinen mit „gewahr sein, kennen"

are you aware of all sources at your disposal?	sind Sie gewahr (kennen Sie) alle Quellen zu Ihrer Verfügung?

to provide with = versehen mit, versorgen mit

AIS provides the flight plan with a time stamp	der Flugberatungsdienst versieht den Flugplan mit einem Zeitstempel

Ein Allerweltswort ist „appropriate". Es eignet sich für alles mögliche: entsprechend, zuständig, zugehörig, angemessen, passend, zweckmäßig, zweckdienlich und kommt entsprechend häufig in den Texten vor:

fly along the appropriate departure route to the left	fliegen Sie entlang der entsprechenden Abflugstrecke nach links
appropriate VOR is listed on the aeronautical chart	die zugehörige VOR (geeignete VOR) ist in der Luftfahrtkarte angegeben
the BFS reduces airmisses by initiation of appropriate remedial measures	die BFS reduziert gefährliche Begegnungen durch Einleitung zweckdienlicher Abhilfemaßnahmen
aircraft operators may coordinate with the appropriate ATC unit	(die) Luftfahrzeughalter können mit der zuständigen FVK-Stelle koordinieren
ATC units instruct the aircraft to fly along appropriate routes	FVK-Stellen weisen die Luftfahrzeuge an, entlang geeigneter Strecken zu fliegen

Für das Wort „durchführen" gibt es ebenfalls mehrere Ausdrücke: to conduct, to execute, to carry out, to perform ...

the approach to land shall be conducted via the traffic circuit concerned	der Landeanflug muß über die betreffende Platzrunde durchgeführt werden (Mittelwort am Satzende!)

à propos „traffic circuit concerned" = betreffende Platzrunde,
the pilots concerned oder
the pilots involved = die betroffenen (beteiligten) Piloten:
das Mittelwort der Vergangenheit steht hier hinter dem Hauptwort, wohl ein Relikt aus dem Romanischen, in dem die englische Sprache ja auch ihre Wurzeln hat.
Weitere Beispiele:

FIRs affected will be announced before each exercise	die betroffenen FIRs werden vor jeder Übung bekanntgegeben
permissions already issued will be amended	bereits erteilte Genehmigungen werden geändert (werden).

ÜBERSETZUNGSTEXTE – BEISPIELE

Special Regulation for Air Traffic at Hannover Airport during the Hannover Fair

Numerous demonstration flights will be conducted daily between 0900 and 1630 within Hannover CTR.

From 16 April to 6 May, RWY 09C/27C will be closed for take-offs and landings; it will be used as apron/parking area.

Reduced separation may be applied between a departing and a landing light aircraft or between two departing light aircraft on RWYs 09R/27L and 09L/27R, in which case a succeeding light aircraft may be cleared to take off or land, when a preceding aircraft is airborne and has reached a point at a distance of at least 800 m from the touchdown or take-off point of the succeeding aircraft.

Sonderregelung für den Luftverkehr am Flughafen Hannover während der Hannover-Messe

Zahlreiche Vorführungsflüge werden täglich zwischen 0900 und 1630 innerhalb der Kontrollzone Hannover durchgeführt (werden).

Von 16. April bis 6. Mai wird die Start- und Landebahn 09C/27C für Starts und Landungen geschlossen sein; sie wird als Vorfeld/Abstellfläche benutzt werden.

Herabgesetzte Staffelung kann zwischen einem startenden und einem landenden Leichtluftfahrzeug oder zwei startenden Leichtluftfahrzeugen auf Start- und Landebahnen 09R/27L und 09L/27R angewendet werden, wobei ein nachfolgendes Leichtluftfahrzeug zum Start oder zur Landung freigegeben werden kann, wenn ein vorausfliegendes Luftfahrzeug gestartet ist und einen Punkt in einer Entfernung von mindestens 800 m vom Aufsetz- oder Startpunkt des nachfolgenden Luftfahrzeuges erreicht hat.

For VFR flights to Hannover Airport, prior permission is required (PPR). The application shall be made in writing or via telephone to the Zentrale Koordinierungsstelle (Flight Operation Coordination Centre) not later than 1300 of the preceding day.

Permissions already issued will be amended by the Zentrale Koordinierungsstelle in justified exceptional cases only. From 0700 to 1600 RWY 09R/27L will be used exclusively for flight operations in connection with the International Airshow.

Demonstration flights of high-performance aircraft will take place from 0900 to 1030.

Flight plans should not be filed later than one hour prior to take-off in order to avoid take-off delays.

The estimated time of departure for flights intending to depart between 1400 and 2100 shall be coordinated with Hannover AIS. An assignment of departure time must be expected in order to avoid traffic congestions. If the pilot intends to deviate from this assigned departure time by more than 15 minutes, he shall coordinate a new departure time with Hannover AIS prior to starting the engines.

For all flights a start-up clearance shall be obtained.

Start-up clearances will normally be issued not earlier than 20 minutes prior to the estimate time of departure.

Für VFR-Flüge zum Flughafen Hannover ist vorherige Genehmigung erforderlich. Der Antrag muß schriftlich oder fernmündlich an die Zentrale Koordinierungsstelle nicht später als 1300 Uhr des vorhergehenden Tages gestellt werden.

Bereits erteilte Genehmigungen werden durch die Zentrale Koordinierungsstelle nur in berechtigten Ausnahmefällen geändert. Von 0700 bis 1600 wird die Start- und Landebahn 09R/27L ausschließlich für den Flugbetrieb in Verbindung mit der Internationalen Luftfahrtschau benutzt werden.

Vorführungsflüge von Hochleistungsluftfahrzeugen werden von 0900 bis 1030 stattfinden.

Flugpläne sollten nicht später als eine Stunde vor dem Start aufgegeben werden, um Startverzögerungen zu vermeiden.

Die voraussichtliche Startzeit für Flüge, die beabsichtigen, zwischen 1400 und 2100 zu starten, müssen mit dem FB Hannover abgesprochen werden. Die Zuweisung einer Startzeit muß erwartet werden, um Verkehrsballungen zu vermeiden. Falls der Luftfahrzeugführer beabsichtigt, von dieser zugewiesenen Startzeit um mehr als 15 Minuten abzuweichen, muß er eine neue Startzeit mit dem FB Hannover vereinbaren, bevor er die Triebwerke anläßt.

Für alle Flüge muß eine Anlaßfreigabe eingeholt werden.

Anlaßfreigaben werden normalerweise nicht früher als 20 Minuten vor der voraussichtlichen Startzeit erteilt.

Flights of General Aviation in Great Britain, France, Switzerland and Italy

The civil aviation authorities of the above countries complain of the increasing number of contraventions of air traffic rules, due to lacking knowledge of the respective national rules and, thus, to an insufficient pre-flight action.

Pilots-in-command are therefore urgently requested, in their own interest, to attach special importance to a conscientious pre-flight action before each flight and to adhere most strictly to all relevant air traffic rules, particularly in respect of airspace structure and flight restrictions.

Flüge der Allgemeinen Luftfahrt in Großbritannien, Frankreich, der Schweiz und Italien

Die Zivilluftfahrtbehörden der obengenannten Länder beklagen sich über die zunehmende Zahl von Zuwiderhandlungen gegen Luftverkehrsregeln wegen fehlender Kenntnisse der entsprechenden (jeweiligen) nationalen Regeln und, somit, einer unzureichenden Flugvorbereitung.

Die verantwortlichen Luftfahrzeugführer werden daher dringend aufgefordert, in ihrem eigenen Interesse vor jedem Flug besonderen Wert auf eine gewissenhafte Flugvorbereitung zu legen und strengstens alle einschlägigen Verkehrsregeln zu befolgen, besonders hinsichtlich Luftraumstruktur und Flugbeschränkungen.

Regulation of Aerodrome Traffic

Approaching aircraft shall be equipped with a functioning transceiver and establish radio contact with Luftaufsicht 5 minutes prior to entering the traffic circuit and report entering of the assigned downwind leg of the runway in use. Approaches shall be conducted in compliance with the traffic circuit established in the Visual Approach Chart.

Aircraft without functioning transceiver are only permitted to approach the airfield after prior permission by Luftaufsicht. In this case the approach-to-land shall be conducted according to the runway in use via the traffic circuit concerned on the pilot's own responsibility.

In the interest of noise abatement and fluent handling of the joint military/civil flight operations, compliance with the specified traffic circuits and altitude is mandatory. Altitude in the traffic circuit: 1600 ft MSL.

Regelung des Flugplatzverkehrs

Anfliegende Luftfahrzeuge müssen mit einem betriebsklaren Sprechfunkgerät ausgerüstet sein und Funkverbindung mit der Luftaufsicht 5 Minuten vor Einflug in die Platzrunde aufnehmen und den Einflug in den zugewiesenen Gegenanflug der Betriebspiste melden. Anflüge müssen gemäß der in der Sichtanflugkarte festgelegten Platzrunde erfolgen.

Luftfahrzeuge ohne betriebsklares Sprechfunkgerät dürfen den Flugplatz erst nach vorheriger Genehmigung durch die Luftaufsicht anfliegen. In diesem Fall muß der Landeanflug gemäß der in Betrieb befindlichen Landebahn über die betreffende Platzrunde in Eigenverantwortung des Luftfahrzeugführers durchgeführt werden.

Im Interesse der Lärmbekämpfung und flüssigen Abwicklung des gemeinsamen militärischen/zivilen Flugbetriebs ist Einhaltung der festgelegten Platzrunden und Flughöhe Pflicht. Flughöhe in der Platzrunde: 1600 ft NN.

Aircraft leaving the airfield in NE direction may be instructed by Luftaufsicht, after having crossed road Nr. 47, to fly along the appropriate departure route to the left, provided that this is admissible in view of the operational safety and performance criteria of the aircraft.

Luftfahrzeuge, welche den Flugplatz in nordöstlicher Richtung verlassen, können durch die Luftaufsicht nach Überqueren der B 47 angewiesen werden, entlang der entsprechenden Abflugstrecke nach links zu fliegen, vorausgesetzt, daß dies hinsichtlich der Betriebssicherheit und Leistungsdaten des Luftfahrzeugs zulässig ist.

17th World Championship 1981 for Gliders at Paderborn-Haxterberg

Starting point: Paderborn-Haxterberg Special Airfield (51 41 N 08 47 E)

Time: 16 MAY–7 JUN 1981, SR–SS, in VMC only

Participants: 99 pilots in 3 groups

Area: X Y Z FIRs

MAX altitude: FL 95

The individual day tasks will be announced by NOTAM Class I.

As for the execution of the competition the Federal Minister of Transport has arranged for extensive facilitation in airspace organization. This means, for instance, that in individual cases, depending upon each day task, IFR flights will have to expect delays or diversions (radar vectoring). Such control measures are intended to separate IFR flights from competition flights.

At Paderborn-Haxterberg Special Airfield increased glider activity must be expected during the indicated times. Pilots not participating in the competition are requested to avoid the area within a radius of 10 NM around the above coordinates and to keep a special lookout when flying in the vicinity of the day routes announced by NOTAM Class I.

17. Weltmeisterschaft 1981 für Segelflugzeuge in Paderborn-Haxterberg

Ausgangspunkt: Sonderlandeplatz P.-H.

Zeit: 16. Mai–7. Juni 1981, Sonnenaufgang–Sonnenuntergang, nur in VMC

Teilnehmer: 99 Luftfahrzeugführer in 3 Gruppen

Gebiet: FIRs X, Y, Z.

Größte Flughöhe: FL 95

Die einzelnen Tagesaufgaben werden durch NOTAM Klasse I bekanntgegeben werden.

Für die Durchführung des Wettbewerbs hat der Bundesverkehrsminister erhebliche Erleichterungen in der Luftraumorganisation veranlaßt. Das bedeutet z. B., daß in Einzelfällen, abhängend von jeder Tagesaufgabe, IFR-Flüge Verzögerungen oder Umleitungen (Radarführung) erwarten müssen. Solche Kontrollmaßnahmen bezwecken (beabsichtigen), IFR-Flüge von Wettbewerbsflügen zu staffeln.

Auf dem Sonderlandeplatz P.-H. muß während der angegebenen Zeiten erhöhter Segelflugbetrieb erwartet werden. Luftfahrzeugführer, die nicht am Wettbewerb teilnehmen, werden aufgefordert, das Gebiet in einem Radius von 10 Seemeilen um die obigen Koordinaten zu meiden und den Luftraum besonders gut zu beobachten, wenn sie in der Nähe der durch NOTAM Klasse I bekanntgegebenen Tagesstrecken fliegen.

Flight Plans for CVFR-flights

For CVFR flights the flight plan should be filed preferably during the flight unless previous filing of a flight plan prior to take-off is compulsory for continuance of the intended flight beyond a CVFR area (ADIZ flights, change of flight rules to IFR, flights to foreign states, etc.).

When filing a CVFR flight plan during the flight the transmission of the following data to the competent ATC unit is sufficient:

aircraft identification – type of aircraft – route – transponder equipment (if carried)

Upon leaving the CVFR area the flight plan is cancelled automatically, unless a flight plan is prescribed for continuation of the flight.

Flugpläne für CVFR-Flüge

Für CVFR-Flüge sollte der Flugplan vorzugsweise während des Fluges aufgegeben werden, sofern nicht eine vorherige Flugplanaufgabe vor dem Start für die Fortsetzung des beabsichtigten Fluges über ein CVFR-Gebiet hinaus Pflicht ist (ADIZ-Flüge, Änderung der Flugregeln auf IFR, Flüge ins Ausland usw.).

Bei CVFR-Flugplanaufgabe während des Fluges ist die Übermittlung der folgenden Angaben an die zuständige FVK-Stelle ausreichend:

Luftfahrzeugkennung – Luftfahrzeugbaumuster – Flugstrecke – Transponderausrüstung (falls mitgeführt).

Beim Verlassen des CVFR-Gebietes ist der Flugplan automatisch aufgehoben, sofern nicht ein Flugplan für die Fortsetzung des Fluges vorgeschrieben ist.

Changes at Berlin-Tegel Airport

From 0500 on 1st November, 1974, the new control tower and the new terminal located on the south part of the aerodrome will be operated.

Simultaneously, the northern control tower and the northern terminal will be closed.

At the same time the resurfaced south runway will be reopened to the air traffic, but for VMC operations only.

With the exception of „Sierra Whisky" the complete network of taxiways located south of the north runway will be put into service. The new characteristics of the aerodrome will be published.

Änderungen auf dem Flughafen Berlin-Tegel

Von 0500 Uhr an am 1. November 1974 wird der neue Kontrollturm und das neue Abfertigungsgebäude, die im südlichen Teil des Flughafens gelegen sind, in Betrieb gehen.

Gleichzeitig wird der nördliche Kontrollturm und das nördliche Empfangsgebäude geschlossen.

Zur selben Zeit wird die mit neuem Belag versehene südliche Start- und Landebahn für den Luftverkehr wieder geöffnet, aber nur für VMC-Betrieb.

Mit Ausnahme von „SW" wird das vollständige südlich der nördlichen Piste gelegene Rollbahnnetz in Dienst gestellt. Die neuen Flughafenmerkmale (-daten) werden veröffentlicht.

Avoidance of Unnecessary Search and Rescue Measures

Unnecessary and costly measures by the search and rescue service for VFR flights can be avoided if pilots report leaving the radio contact frequency with an ATS unit (FIS or ATC service), especially if these services have been requested to render assistance, e.g. in cases of disorientation.

If a pilot fails to report, the competent service unit might have doubts about the safety of the flight; this would result in the search and rescue service being called out on an unnecessary mission.

If, for any reason, it should not be possible to report to the competent service unit, any other ATS unit may be notified and requested to transmit the message. If this cannot be done either, there is no other alternative but to transmit an arrival message as soon as possible, even if no flight plan has been filed.

Vermeidung unnötiger Such- und Rettungsmaßnahmen

Unnötige und kostspielige (teure) Maßnahmen durch den Such- und Rettungsdienst für VFR-Flüge können vermieden werden, wenn Luftfahrzeuge das Verlassen der Betriebsfrequenz einer Flugverkehrsdienststelle (FIS oder FVK-Dienst) melden, besonders, wenn diese Dienste gebeten worden sind, Hilfe zu leisten, z. B. im Falle von Orientierungsverlust.

Wenn ein Luftfahrzeugführer es unterläßt, sich zu melden, könnte die zuständige Dienststelle Zweifel über die Sicherheit des Fluges haben; dies würde zur Folge haben, daß der Such- und Rettungsdienst zu einem unnötigen Einsatz gerufen wird.

Falls es aus irgendeinem Grund nicht möglich sein sollte, sich bei der zuständigen Dienststelle zu melden, kann jede andere Flugverkehrsdienststelle benachrichtigt und gebeten werden, die Meldung zu übermitteln. Falls dies ebenfalls nicht getan werden kann, gibt es keine andere Alternative (Möglichkeit) als baldmöglichst eine Landemeldung zu übermitteln, selbst wenn kein Flugplan aufgegeben worden ist.

Landings on RWY 07L during Construction Measures for the Extension of Runway North

Due to construction work which will be completed by spring 1982 special caution shall be taken when approaching RWY 07L.

Landungen auf der Landebahn 07L während der Baumaßnahmen für die Verlängerung der Start- und Landebahn Nord

Wegen der Bauarbeiten, die etwa im Frühjahr 1982 beendet sein werden, müssen Anflüge auf die Landebahn 07L mit besonderer Vorsicht durchgeführt werden.

In the first phase construction work will start at the future THR 07 L and proceed to the east. During this time approach lighting will be shortened to 330 m. In the second construction phase the remaining gap between the existing 3900 m long runway and the new portion will be closed. Approach lighting will not be available during this time.

During the whole construction period, existing THRs 07 L and 25 R will be maintained unchanged. Touching down on the new portion when landing on 07 L is not permitted as long as construction work is going on.

It is recommended to make use of ILS 07 L or the 2-Bar-VASIS landing aid.

Im ersten Bauabschnitt werden die Bauarbeiten an der künftigen Schwelle 07 L beginnen und nach Osten voranschreiten. Während dieser Zeit wird die Anflugbefeuerung auf 330 m verkürzt. Im zweiten Bauabschnitt wird die verbleibende Lücke zwischen der bestehenden 3900 m langen Start- und Landebahn und dem neuen Teilstück geschlossen werden. Die Anflugbefeuerung wird während dieser Zeit nicht zur Verfügung stehen.

Während der ganzen Bauzeit werden die bestehenden Schwellen 07 L und 25 R unverändert bleiben. Das Aufsetzen auf dem neuen Teil bei der Landung auf 07 L ist nicht erlaubt, solange Bauarbeiten stattfinden.

Es wird empfohlen, vom ILS 07 L oder der 2-Barren-VASIS-Landehilfe Gebrauch zu machen.

Temporary Frequency Change of Dortmund VOR(TAC)

With effect from 9 JUL 1981 the VOR part of Dortmund VORTAC, identification DOM, frequency 112.70 MHz, will temporarily operate on frequency 115.90 MHz due to reconstruction work (parallel construction near its present position).

The TACAN part will not be available during this time.

Approximately 2 days before the frequency change the VOR facility will have to discontinue operation. It will then operate „ground-checked-only" on interim frequency 115.90 MHz until termination of the necessary flight check. The exact times will be announced by NOTAM Class I.

Implementation of Dortmund DVORTAC with previous frequency 112.70 MHz at its new position ... is expected by November 1981. The exact time will be published by NOTAM.

Vorübergehender Frequenzwechsel der VOR(TAC) Dortmund

Mit Wirkung vom 9. Juli 1981 wird der VOR-Teil der Dortmunder VORTAC, Kennung DOM, Frequenz 112,70 MHz wegen Umbauarbeiten (Parallelaufbau in der Nähe des gegenwärtigen Standortes) vorübergehend auf der Frequenz 115,90 MHz betrieben.

Der TACAN-Teil wird während dieser Zeit nicht zur Verfügung stehen.

Etwa 2 Tage vor dem Frequenzwechsel wird die VOR-Anlage den Betrieb einstellen müssen. Sie wird dann „nur bodenvermessen" auf der Interimsfrequenz 115.90 MHz bis zur Beendigung der notwendigen Flugvermessung betrieben. Die genauen Zeiten werden durch NOTAM Klasse I bekanntgegeben.

Die Inbetriebnahme der DVORTAC Dortmund mit der seitherigen Frequenz 112.70 MHz an ihrem neuen Standort ... wird im November 1981 erwartet. Die genaue Zeit wird durch NOTAM veröffentlicht werden.

Establishment of a Maximum Speed below FL 100

In order to prevent danger to the safety of air traffic, the following maximum speed is established:

With effect from 1 April aircraft operating in the airspace of the Federal Republic of Germany below FL 100 in meterological conditions permitting VFR flights, shall not exceed a maximum speed of 250 KT IAS. Aircraft which have to be operated at a higher airspeed because of their specific flying characteristics, are excepted from this regulation. In such cases aircraft shall maintain the minimum speed permitted by their respective flight configuration and the prevailing flight conditions.

Festlegung einer Höchstgeschwindigkeit unterhalb Flugfläche 100

Um Gefahren für die Sicherheit des Luftverkehrs zu vermeiden, wird die folgende Höchstgeschwindigkeit festgelegt:

Mit Wirkung vom 1. April dürfen Luftfahrzeuge, die im Luftraum der Bundesrepublik Deutschland unterhalb Flugfläche 100 in Wetterbedingungen betrieben werden, die VFR-Flüge erlauben, eine Höchstgeschwindigkeit von 250 Knoten IAS nicht überschreiten. Luftfahrzeuge, die wegen ihrer besonderen Flugeigenschaften mit einer höheren Fluggeschwindigkeit betrieben werden müssen, sind von dieser Bestimmung ausgenommen. In solchen Fällen müssen die Luftfahrzeuge die Mindestgeschwindigkeit einhalten, welche ihre jeweilige Flugkonfiguration und die vorherrschenden Flugverhältnisse gestatten.

VFR Flights into France

Excerpt from the Circular Letter of the French Ministry of Transport

„As a measure to improve the identification of aircraft and the conditions of operation of the Flight Information and SAR Services, all pilots flying under VFR and penetrating into France by crossing over land frontiers are strongly recommended to contact an ATC unit when crossing the frontier and to give a position report.

1. The position report shall contain the following data:
- aircraft identification,
- aerodrome of departure and destination,
- item „crossing the frontier (passage frontière)",
- position and times.

1.1 The competent flight information centres shall be called on the frequencies listed below.

VFR-Flüge nach Frankreich

Auszug aus dem Rundschreiben des Franz. Verkehrsministeriums

Als Maßnahme zur Verbesserung der Identifizierung von Luftfahrzeugen und der Betriebsbedingungen des Fluginformations- und Such- und Rettungsdienstes wird allen Luftfahrzeugführern, die nach VFR fliegen und nach Frankreich durch Überqueren der Landgrenzen einfliegen stark empfohlen, beim Grenzüberflug eine FVK-Stelle zu rufen und eine Standortmeldung abzugeben.

Die Standortmeldung muß folgende Angaben enthalten:
- Luftfahrzeugkennung,
- Start- und Zielflugplatz,
- die Angabe „Grenzüberflug",
- Standort und Zeiten.

Die zuständigen Fluginformationszentralen müssen auf den untenstehenden Frequenzen gerufen werden.

1.2 If it is impossible to contact the appropriate FIC upon crossing the frontier (which may be a common occurrence below 3000 ft QNH, radio coverage not being totally ensured), and/or in case the penetration into French airspace occurs near an aerodrome located in a border region, the pilots may contact the tower of the aerodrome to send the „frontier crossing (passage frontière)" report.

Falls es unmöglich ist, die zuständige Fluginformationszentrale beim Grenzüberflug zu rufen (was unter 3000 ft. QNH ein übliches Vorkommnis sein kann, da Funküberdeckung nicht völlig gewährleistet ist) und/oder falls der Einflug in den französischen Luftraum in der Nähe eines in einem Grenzgebiet gelegenen Flugplatzes erfolgt, können die Luftfahrzeugführer den Turm des Flugplatzes rufen, um die „Grenzüberflugsmeldung" zu übermitteln.

2. If radio contact cannot be established at the time of crossing the frontier, it must be established as soon as possible thereafter.

Falls Funkverbindung zum Zeitpunkt des Grenzüberfluges nicht hergestellt werden kann, muß sie so bald wie möglich danach hergestellt werden.

2.1 If for any reason radio contact cannot be established, the pilot shall contact the ATC unit he should have contacted in flight, immediately after landing.

Falls aus irgendeinem Grund Funkverbindung nicht hergestellt werden kann, muß der Luftfahrzeugführer die FVK-Stelle, die er im Fluge hätte rufen sollen, sofort nach der Landung (an)rufen.

3. Pilots leaving France are also requested to call the above FICs before or directly when crossing the frontier.

Luftfahrzeugführer, die Frankreich verlassen, werden auch aufgefordert, die obigen Fluginformationszentralen vor oder direkt beim Grenzüberflug zu rufen.

This measure does not supersede the regulations concerning radio contact, notably for penetration into restricted areas as well as for maritime overflights, nor those concerning the closing of the flight plan."

Diese Maßnahme ersetzt nicht die Vorschrift bezüglich Funkverbindung insbesondere für den Einflug in Flugbeschränkungsgebiete sowie für Seeüberflüge, noch jene, die das Abschließen des Flugplanes betreffen.

Turbulences and their Avoidance

In order to eliminate any possible hazard, ATC units will apply larger separations than the specified minima, if it is to be expected that a smaller aircraft will enter the potential area of turbulent wake hazards of the larger aircraft. For application of the enlarged separation minima, aircraft will be classified into the following wake turbulence categories:

Turbulenzen und ihre Vermeidung

Um jede mögliche Gefahr auszuschließen, werden die FVK-Stellen größere Staffelungen als die vorgeschriebenen Mindestwerte anwenden, falls erwartet werden muß, daß ein kleineres Luftfahrzeug in das mögliche Wirbelschleppengefahrengebiet des größeren Luftfahrzeugs einfliegen wird. Für die Anwendung der vergrößerten Staffelungsminima werden die Luftfahrzeuge in die folgenden Wirbelschleppenkategorien eingeteilt:

heavy (schwer) – medium (mittel) – light (leicht)

Pilots having the preceding heavy aircraft in sight and being able to attend to a safe distance themselves (for instance during approach-to-land by remaining over the flight path of the aircraft flying ahead and by performing a long landing) are requested to inform ATC that an enlarged distance is not necessary.

The same applies, if under suitable wind conditions the pilot wishes to renounce enlarged separation standards.

Pilots on uncontrolled flights are advised to observe the abovementioned separation minima whenever they are behind an aircraft of a higher wake category either at the same altitude or less than 1000 ft below.

When taxying behind an aircraft of higher wake turbulence category, a minimum distance of 200 m should be kept whenever possible.

Luftfahrzeugführer, die das vorausfliegende schwere Luftfahrzeug in Sicht haben und in der Lage sind, für einen sicheren Abstand selbst zu sorgen (z. B. während des Landeanfluges durch ein Verbleiben über dem Flugweg des vorausfliegenden Luftfahrzeugs und Durchführung einer langen Landung) werden gebeten, den FVK zu informieren, daß ein vergrößerter Abstand nicht notwendig ist.

Dasselbe gilt, wenn unter günstigen Windbedingungen der Luftfahrzeugführer auf vergrößerte Staffelungsnormen verzichten möchte.

Luftfahrzeugführer auf unkontrollierten Flügen werden angewiesen, die o. a. Staffelungsmindestwerte zu beachten, wenn sie hinter einem Luftfahrzeug einer höheren Wirbelschleppenkategorie entweder in derselben Flughöhe oder weniger als 1000 Fuß darunter sind.

Beim Rollen hinter einem Luftfahrzeug einer höheren Wirbelschleppenkategorie sollte falls möglich ein Mindestabstand von 200 m eingehalten werden.

Baden-Baden/Oos Airfield – International Fair for Secondhand Aircraft –

(NfL I – 253/80 of 18 SEP 1980)

During the International Fair for Secondhand Aircraft from 26–28 SEP availability of Baden-Baden/Oos Airfield is restricted as follows:

Take-offs and landings are permitted only on the northwest side of the asphalt runway (left of centre line direction 04, right of centre line direction 22); crossing of centre line shall be avoided (see Chart).

Grass RWY 04/22 and glider manoeuvring area are used as taxiways and parking area for aircraft not exhibited at the Fair.

Flugplatz Baden-Baden/Oos – Internationale Messe für Gebrauchtluftfahrzeuge –

Während der Internationalen Messe für Gebrauchtluftfahrzeuge vom 26.–28. September wird die Benutzbarkeit des Flugplatzes Baden-Baden/Oos wie folgt beschränkt:

Starts und Landungen sind nur auf der Nordwestseite der Asphalt-Start- und Landebahn erlaubt (links der Mittellinie bei Richtung 04, rechts der Mittellinie bei Richtung 22); das Überqueren der Mittellinie muß vermieden werden (s. Karte).

Grasstart- und Landebahn 04/22 und Segelflugzeug-Rollfeld werden als Rollbahnen und Abstellplätze für nicht in der Messe ausgestellte Luftfahrzeuge benutzt.

The manoeuvring area southeast of the runway as well as the apron are used as exhibition ground.

The airfield is not available to gliders and powered gliders.

Between 0900 and 1700 all other aircraft are permitted to depart only for flights of not less than 20 minutes duration; after take-off the traffic circuit shall be left as quickly as possible.

When approaching the airfield, however not later than upon entering the traffic circuit, landing lights shall be switched on.

Information and instructions given by Baden-Baden Info when establishing radio contact or later shall be observed, notwithstanding the pilot's personal responsibility. In case of increasing traffic density Baden-Baden Info is entitled in particular

- to request approaching aircraft to hold on call outside the traffic circuit, to fly a shortened or enlarged traffic circuit or to go around,
- to adjust the minimum flight time laid down in para 5 to safety requirements.

In the traffic circuit, i. e. especially in the final leg, aircraft shall maintain sufficient separation from aircraft ahead (at least 1000 m or 30 sec.).

In radio communication pilots shall strictly adhere to the rules and keep reports as brief as possible. (Listening watch established in good time will save unnecessary questions). Radio communication exercises in English language are not permitted.

Das Rollfeld südöstlich der Start- und Landebahn sowie das Vorfeld werden als Ausstellungsfläche benutzt.

Der Flugplatz steht Segelflugzeugen und Motorseglern nicht zur Verfügung.

Zwischen 0900 und 1700 Uhr dürfen alle anderen Luftfahrzeuge nur zu Flügen von nicht weniger als 20 Minuten Dauer starten; nach dem Start muß die Platzrunde so schnell wie möglich verlassen werden.

Beim Anflug auf den Flugplatz, jedoch nicht später als beim Einflug in die Platzrunde müssen die Landescheinwerfer eingeschaltet werden.

Informationen und Anweisungen, die von Baden-Baden Info bei Aufnahme der Funkverbindung oder später gegeben werden, müssen ungeachtet der persönlichen Verantwortung des Luftfahrzeugführers beachtet werden. Im Falle zunehmender Verkehrsdichte ist Baden-Baden Info im einzelnen berechtigt,

- anfliegende Luftfahrzeuge zum Warten auf Abruf außerhalb der Platzrunden, zum Fliegen einer verkürzten oder erweiterten Platzrunde oder zum Durchstarten aufzufordern,
- die in Ziffer 5 festgelegte Mindestflugzeit den Sicherheitserfordernissen anzupassen.

In der Platzrunde, d. h. besonders im Endanflug müssen Luftfahrzeuge genügend Staffelung vom vorausfliegenden Luftfahrzeug einhalten (mindestens 1000 m oder 30 -Sekunden).

Beim Sprechfunkverkehr müssen Luftfahrzeugführer die Regeln streng befolgen und Meldungen so kurz wie möglich halten. (Rechtzeitig aufgenommene Hörbereitschaft wird unnötige Fragen ersparen). Sprechfunkübungen in englischer Sprache sind nicht erlaubt.

FACHWISSEN VON A–Z

Wolfgang Dierich
Das große Handbuch der Flieger
Das Standardwerk mit Informationen über alle Bereiche der Fliegerei: Von der Flugtheorie und Meteorologie über die Belange der Militärluftfahrt bis zu den Bestimmungen der Luftverkehrsordnung – völlig überarbeitet und erweitert, auf aktuellem Stand.
680 Seiten, 723 Abb., geb.,
88,– Best.-Nr. 01289

Donald J. Clausing
Moderne Flug-Navigation
Alles über die Flugnavigation bei Sicht- und Instrumentenflügen vermittelt dieses Buch: Von der einfachen Koppelnavigation über die Funknavigationsverfahren bis zum satellitengestützten NAVSTAR-System der Zukunft. Mit einem zusätzlichen Kapitel für Langstreckenflüge und Navigation über See.
240 Seiten, 140 Abb., geb.,
48,– Best.-Nr. 01258

Günter Brinkmann
Das Buch vom Luftsport
Dieses großartige Hobbybuch, entstanden aus der NDR-Sendung „Die Erben Lilienthals", bietet eine umfassende Einführung in alle Arten des Luftsports. Neben Segel- und Motorpiloten – für die dieses Buch obligatorisch ist – finden auch Drachen-, Gleitschirm- und Ultraleichtflieger, Ballonfahrer und Modellbauer jede Menge Tips und Anregungen.
304 Seiten, 318 Abb., 70 farbig, geb.,
69,– Best.-Nr. 01297

Leonard Ceconi
Instrumentenflug-Praxis
Die theoretischen Instrumentenflug-Regeln in die Praxis umgesetzt: Mit jeder Menge Kunstgriffe und Praxistips, die das Fliegen mit Sport- und Geschäftsflugzeugen sicherer machen – voll auf die Praxis eingestellt.
160 Seiten, 27 Abb., geb.,
36,– Best.-Nr. 10667

Ronald und Leslie Hurst
Flugunfälle
Menschliches Versagen? – Die Autoren untersuchen, inwieweit der Mensch bei Flugunfällen eine Rolle spielt. Namhafte Wissenschaftler aus Psychologie, Technik, Forschung und Entwicklung diskutieren die Ursache, die zu Flugzeugkatastrophen führen können.
262 Seiten, 29 Abb., geb.,
39,– Best.-Nr. 01118

Dietrich Knapp
Wetterkunde für Piloten
Die klein- und großräumigen Vorgänge in der Lufthülle unserer Erde, die für die vielfältigen Wettererscheinungen verantwortlich zeichnen, werden von einem versierten Fluglehrer und Diplomphysiker anschaulich behandelt.
336 Seiten, 204 Abb.,
geb., **46,–**
Best.-Nr. 01335

Änderungen vorbehalten

Der Verlag für Luftfahrt **Motor buch Verlag**